浙江省"十一五"重点教材建设项目

纳 税 实 务

邱正山　李国辉 编

浙江工商大学出版社

图书在版编目(CIP)数据

纳税实务 / 邱正山,李国辉编. — 杭州：浙江工商大学出版社,2012.10(2016.7重印)

ISBN 978-7-81140-574-3

Ⅰ. ①纳… Ⅱ. ①邱… ②李… Ⅲ. ①纳税－税收管理－中国－高等学校－教材 Ⅳ. ①F812.423

中国版本图书馆 CIP 数据核字(2012)第 178072 号

纳税实务

邱正山　李国辉　编

责任编辑	郑　建	
封面设计	朱　丽	
责任校对	周敏燕	
责任印制	包建辉	
出版发行	浙江工商大学出版社	
	(杭州市教工路 198 号　邮政编码 310012)	
	(E-mail:zjgsupress@163.com)	
	(网址:http://www.zjgsupress.com)	
	电话:0571 - 88904980,88831806(传真)	
排　版	杭州朝曦图文设计有限公司	
印　刷	浙江新华数码印务有限公司	
开　本	787mm×960mm　1/16	
印　张	23	
字　数	470 千	
版印次	2012 年 10 月第 1 版　2016 年 7 月第 3 次印刷	
书　号	ISBN 978-7-81140-574-3	
定　价	40.00 元	

前　言

本教材是 2009 年度立项的浙江省"十一五"重点建设教材。

本教材立足企业,以我国 2012 年 9 月 15 日止国家最新的税收法律法规和财务会计准则、制度为依据进行编写,力求体现:

1. 系统性。本教材按照企业纳税工作的基本流程,本着企业涉税岗位必须、够用的知识和技能要求,在系统阐述各税种基本法律规定的基础上,侧重税款的计算与涉税业务的账务处理,突出纳税申报的实务操作。

2. 实用性。本教材注重理论与实践的结合,从例题到思考训练题,言之有物,贴近企业纳税工作实际,便于学生从知识到技能的转化,缩短教学与企业税务工作实际的距离。

3. 立体化。纳税实务课程不但有系统、实用的教材,还建立了精品课程网站、税务专业共享型资源库、纳税申报全真实践教学平台,授课教师完全可以凭借立体化的课程教学资源,采用"教学做"一体化的教学模式,达到事半功倍的效果。

本书的第一章、第二章、第三章、第四章、第六章、第七章由浙江经贸职业技术学院邱正山老师编写,第五章、第八章由浙江经贸职业技术学院李国辉老师编写。书稿由邱正山老师拟订提纲并负责全书的总纂和统稿。

在教材的编写过程中,参考了大量的资料,难以在参考文献栏中一一列示,在此谨表歉意,并为得到您的帮助,表示真诚的谢意。

限于作者水平和仓促,书中错漏在所难免,敬请同行、读者斧正。

编者
2012 年 9 月

目　录

第一章　纳税工作流程

知识目标

☆ 熟悉企业纳税工作的基本流程
☆ 了解税务登记的程序和方法
☆ 掌握发票的领购、使用要求
☆ 掌握纳税申报、税款缴纳的方法

能力目标

☆ 会办理税务登记事务
☆ 会领购、使用发票
☆ 会操作国税、地税网上申报平台

引导案例

2012届会计专业毕业生王小莉,在一家新成立的 ABC 公司找到了工作。部门领导告诉小王,公司完成工商登记不久,目前尚未进行税务登记,也没有办理过发票领购和网上申报纳税等手续,希望其协助完成这些工作。

第一节　税务登记

一、税务登记的基本规程

(一)税务登记的概念

税务登记是税务机关对纳税人有关开业、变动、歇业以及注销等基本情况的变化实行法定登记,并据此对纳税人实施税务管理的一项法定管理制度,也是纳税人履行纳税义务向税务机关办理的一项法定手续。

税务登记按时间和内容的不同可以分为开业(设立)登记、变更登记、停复业登记、注销登记、非正常业户管理、外出经营报验登记等内容。

(二)税务登记的范围

根据《中华人民共和国税收征收管理法》规定,需要办理税务登记的对象主要有四类:

1.从事生产经营的纳税人,主要包括企业,企业在外地设立的分支机构和从事生产、经营的场所,个体工商户和从事生产、经营的事业单位。

2.不从事生产经营的纳税人,除国家机关、个人和无固定生产、经营场所的流动性农村小商贩外,也应当按照规定办理税务登记。

3.根据税收法律、行政法规的规定负有扣缴税款义务的扣缴义务人(国家机关除外),应当办理扣缴税款登记。

4.从事生产、经营的纳税人外县(市)经营,在同一地累计超过 180 天的,应当在营业地办理税务登记。

根据《税收征管法》的规定,临时取得应税收入或发生应税行为以及只缴纳个人所得税、车船税纳税人,可不办理税务登记。

(三)税务登记的地点

纳税人应到其生产经营所在地点的县以上(含本级)国家税务局(分局)、地方税务局(分局)进行税务登记。所缴税款如分别涉及国税与地税的,要分别到相应国税局和地税局进行登记,分别接受管理。

目前,各省国家税务局、地方税务局推行联合办理税务登记,按照"统一受理税务登记、统一税务登记代码、统一税务登记证件、统一税务登记表式、统一信息采集标准"的原则,对共管的同一纳税人核发同一份加盖国家税务局(分局)、地方税务局(分局)印章的税务登记证。

(四)税务登记的程序

税务登记的一般程序为:纳税人申请——税务机关受理——核准批复——纳税人领取税务登记证。

二、税务登记的操作要点

(一)开业(设立)税务登记

"开业登记"是指在我国境内从事生产、经营,并经工商行政管理部门批准开业,或依照法律、行政法规规定负有纳税义务的单位和个人,在从事正式生产、经营之前依法向税务机关办理的登记。企业只有办理了开业税务登记手续,才能算作是合法经营者,也才拥有合法纳税人的权利。

1. 开业登记的时间

根据《税收征管法》规定,纳税人必须自领取工商行政管理部门颁发的营业执照或依照税收法律、行政法规规定成为纳税义务人之日起 30 日内,到当地税务机关办理开业登记手续,并依法领取税务登记证件。

2. 开业税务登记表的内容与类型

税务登记的内容主要是通过纳税人填写的税务登记表来体现(见表 1-1)。

表 1-1　税务登记表

(适用单位纳税人)

填表日期:

纳税人名称		纳税人识别号			
登记注册类型		批准设立机关			
组织机构代码		批准设立证明或文件号			
开业(设立)日期	生产经营期限		证照名称		证照号码
注册地址		邮政编码		联系电话	
生产经营地址		邮政编码		联系电话	
核算方式	请选择对应项目打"√"　□独立核算　　□非独立核算			从业人数____	其中外籍人数____
单位性质	请选择对应项目打"√"　□企业　□事业单位　□社会团体　□民办非企业单位　□其他				
网站网址		国标行业 □ □	□ □	□ □	
适用会计制度	请选择对应项目打"√"　□企业会计制度　　□小企业会计制度　　□金融企业会计制度　　□行政事业单位会计制度				
经营范围	请将法定代表人(负责人)身份证件复印件粘贴在此处。				

内容 项目 联系人	姓名	身份证件		固定电话	移动电话	电子邮箱
		种类	号码			
法定代表人（负责人）						
财务负责人						
办税人						

税务代理人名称		纳税人识别号		联系电话		电子邮箱

注册资本或投资总额	币种	金额	币种	金额	币种	金额

投资方名称	投资方经济性质	投资比例	证件种类	证件号码	国籍或地址

自然人投资比例		外资投资比例		国有投资比例	

分支机构名称	注册地址	纳税人识别号	

总机构名称		纳税人识别号	
注册地址		经营范围	
法定代表人姓名	联系电话	注册地址邮政编码	

代扣代缴代收代缴税款业务情况	代扣代缴、代收代缴税款业务内容	代扣代缴、代收代缴税种

续表

附报资料：		
经办人签章： 年　月　日	法定代表人(负责人)签章： 年　月　日	纳税人公章： 年　月　日

以下由税务机关填写：

纳税人所处街乡				隶属关系	
国税主管税务局		国税主管税务所(科)		是否属于国税、地税 共管户	
地税主管税务局		地税主管税务所(科)			
经办人(签章)： 国税经办人： 地税经办人： 受理日期： 　　年　　月　　日		国家税务登记机关 (税务登记专用章)： 核准日期： 　　年　月　日 国税主管税务机关：		地方税务登记机关 (税务登记专用章)： 核准日期： 　　年　月　日 地税主管税务机关：	
国税核发《税务登记证副本》数量：　　本　发证日期：　　年　月　日					
地税核发《税务登记证副本》数量：　　本　发证日期：　　年　月　日					

国家税务总局监制

　　开业(设立)税务登记表按适用对象不同分为三种类型,分别适用于单位纳税人、个体经营者和临时税务登记纳税人。

　　适用单位纳税人的税务登记表适用于包括单位纳税人、个人独资企业、一人有限公司办理税务登记,其中单位纳税人,包括各类内资企业,外商投资企业和各种类型企业的分支机构;

　　适用个体经营的税务登记表适用于个体工商户、个人合伙企业办理税务登记;

　　适用临时税务登记纳税人税务登记表适用于各类办理临时税务登记的纳税人填用。具体包括:从事生产、经营的纳税人领取临时工商营业执照的;有独立的生产经营权、在财务上独立核算并定期向发包人或者出租人上交承包费或租金的承包承租人;境外企业在中国境内承包建筑、安装、装配、勘探工程和提供劳务的。

3.纳税人需要提交的相关证件资料

　　纳税人按规定填写好相应的表格后,将表格提交主管税务机关税务登记窗口,并出

5

示相关证件资料:

(1)单位纳税人需提供

①工商营业执照或其他核准执业证件原件及复印件;

②有关合同、章程、协议书复印件(个人独资企业、非独立分支机构除外);

③组织机构统一代码证书副本原件及复印件;

④法定代表人(负责人)居民身份证、护照或其他证明身份的合法证件原件及其复印件;

⑤投资方为法人股的,需提供法人股东的营业执照和税务登记证复印件;

⑥房产使用证明(自有房提供房产证、土地证或购房合同,租用房提供租赁合同及出租方的有效证件,无偿使用的提供无偿使用证明及房产证明)原件及复印件;

⑦外商投资企业新办税务登记的,需提供外经贸委批准证书和批复文件复印件。

(2)个体工商户需提供

①工商营业执照或其他核准执业证件原件及复印件;

②业主身份证原件及其复印件(个体);

③负责人居民身份证、护照或其他证明身份的合法证件原件及其复印件(个人合伙企业);

④个体加油站、个人合伙企业及已办理组织机构代码证的个体工商户还需提供组织机构代码证书副本原件及复印件。

(二)变更税务登记

1. 变更登记的时间

如果纳税人原税务登记表上的主要内容发生变化,如纳税人名称、法定代表人(负责人)、登记类型、生产经营地址、生产经营范围等发生改变的,必须在工商行政管理部门办理执照变更登记后的 30 日内到原税务登记机关办理税务登记变更手续,领取并填写《税务登记变更表》(见表 1-2)。一般情况下,税务机关自受理之日起 30 日内,审核办理变更税务登记。

表 1-2 变更税务登记表

纳税人名称			纳税人识别号	
变更登记事项				
序号	变更项目	变更前内容	变更后内容	批准机关名称及文件

续表

送缴证件情况：

纳税人：

经办人：　　　　　　法定代表人(负责人)：　　　　　　纳税人(签章)
　　年　月　日　　　　　年　月　日　　　　　　　年　月　日

经办税务机关审核意见：

经办人：　　　　　　负责人：　　　　　　税务机关(签章)
　　年　月　日　　　　　年　月　日　　　　　　　年　月　日

2. 变更登记需要提交的相关证件资料

通常情况下,纳税人在办理税务登记变更时,除税务登记变更表外,还需提交相关资料：

(1)如果纳税人需在工商行政管理机关办理变更登记的

①工商登记变更表及工商营业执照；

②纳税人变更登记内容的有关证明文件；

③税务机关发放的原税务登记证件(登记证正、副本和税务登记表等)；

④其他有关资料。这些资料根据不同的变更内容而有所不同。

纳税人名称变更税务登记,需提供：变更后的工商营业执照或其他核准执业证件原件和复印件；变更后的组织机构代码证原件和复印件。

纳税人注册地址变更不涉及主管税务机关变化的,进行变更税务登记,需提供：变更后的组织机构代码证原件和复印件；自有房提供房产证或购房合同,租用房提供租赁合同；国税《特殊变更登记联系单》(涉及主管税务机关变更的)。

纳税人生产经营地址变更税务登记,需提供：生产经营场所为自有房提供房产证或购房合同、租用房提供租赁合同。

法定代表人(或负责人)变更税务登记,需提供：法定代表人(或负责人)的居民身份证或其他合法身份证件原件和复印件；变更后的组织机构代码证原件和复印件；涉及股权变更的还需提交相关资料。

注册资本变更税务登记,需提供：变更后的章程或章程修正案,或涉及注册资本变更的相关文件；涉及股权变更的还需提交相关资料。

投资者变更税务登记,需提供：变更后的章程或章程修正案；股权转让协议原件和复印件；投资者变更为法人股东的还应提供法人股东的税务登记证的复印件。

经济性质变更税务登记，需提供：转制批文（国有企业、集体企业转制为股份制或有限责任公司）；公司章程；国税《特殊变更登记联系单》；内资转外商投资，需提供中介机构出具的税务清算报告书原件。

银行与账号变更税务登记，需提供：新的银行开户证明；若变更的账号为税务缴税账号，还需到所在区税务主管税务机关签订相关扣缴协议。

（2）如果纳税人按照规定不需要在工商行政管理机关办理变更登记，或者其变更登记的内容与工商登记内容无关的：

①纳税人变更登记内容的有关证明文件；

②税务机关发放的原税务登记证件（登记证正、副本和税务登记表等）；

③其他有关资料。

（三）停复业登记

1. 停业登记

（1）实行定期定额征收方式的个体工商户在生产经营期间，因某种特殊原因不能正常进行生产经营和依法办理纳税申报的，必须按规定办理停业登记。纳税人的停业期不得超过一年。

（2）纳税人在申报办理停业登记时，应如实填写停业复业（提前复业）报告书（见表1-3），说明停业理由、停业期限、停业前的纳税情况和发票领、用、存情况，并结清应纳税款、滞纳金、罚款，交回税务登记证件正、副本和发票领购簿、未使用完的发票和其他税务证件。

（3）主管税务机关经过认真审核，对符合条件、准予办理停业登记的，在其申请审批表上签署"同意停业"字样，并核发注明了限期的《核准停业通知书》。

表 1-3　停业复业（提前复业）报告书

填表日期：年　月　日

纳税人基本情况	纳税人名称			纳税人识别号		经营地点		
停业期限	据实填写			复业时间	据实填写			
缴回发票情况	种类	号码	本数	领回发票情况	种类	号码	本数	
缴存税务资料情况	发票领购簿	税务登记证	其他资料	领用税务资料情况	发票领购簿	税务登记证	其他资料	
	是（否）	是（否）	是（否）		是（否）	是（否）	是（否）	

续表

结清税款情况	应纳税款	滞纳金	罚款	停业期是(否)纳税	已缴应纳税款	已缴滞纳金	已缴罚款
	是(否)	是(否)	是(否)		是(否)	是(否)	是(否)

纳税人(签章):
年 月 日

税务机关意见	经办人: 年 月 日	负责人: 年 月 日	税务机关(签章) 年 月 日

2.复业登记

(1)纳税人应当于恢复生产经营之前,持原《停业申请审批表》到主管税务机关办理复业手续,向税务机关如实报送《停业、复业报告书》,经税务机关确认后,领回并启用税务登记证件、发票领购簿及其停业前领购的发票,恢复正常纳税。

(2)联合办证后的国税、地税共管纳税人申请复业时,先向地税主管税务机关申请,办理地税复业手续后,领回税务登记证件,再凭税务登记证件向国税主管税务机关办理复业手续。

(3)纳税人停业期满不能及时复业的,应当在停业期满前向税务机关提出延长停业登记申请;纳税人提前复业的,按提前复业日期作为恢复纳税义务的日期。

(四)注销税务登记

依《税收征管法》规定,纳税人在生产经营期间发生破产、合并、分立、解散、撤销、或者因经营地址改变而改变主管税务登记机关的、或者依法终止纳税义务的,应当办理税务登记注销手续,填写注销税务登记申请审批表(见表1-4)。

表 1-4 注销税务登记申请审批表

纳税人名称		纳税人识别号	
注销原因			
附送资料			

纳税人

经办人:　　　法定代表人(负责人):　　　纳税人(签章)

年 月 日　　　年 月 日　　　年 月 日

	以下由税务机关填写			
受理时间	经办人： 　年　月　日	负责人： 　年　月　日		
清缴税款、 滞纳金、 罚款情况	经办人： 　年　月　日	负责人： 　年　月　日		
缴销发票 情况	经办人： 　年　月　日	负责人： 　年　月　日		
税务检查 意见	检查人员： 　年　月　日	负责人： 　年　月　日		
收缴税务 证件情况	种类	税务登记证正本	税务登记证副本	临时税务登记证正本	临时税务登记证副本
	收缴数量				
	经办人： 　年　月　日	负责人： 　年　月　日		
批准意见	部门负责人： 　年　月　日	税务机关(签章) 　年　月　日		

1.纳税人发生解散、破产、撤销以及其他情形，依法终止纳税义务的，应当在向工商行政管理机关或者其他机关办理注销登记前，持有关证件和资料向原税务登记机关申报办理注销税务登记；

2.按规定不需要在工商行政管理机关或者其他机关办理注册登记的，应当自有关机关批准或者宣告终止之日起15日内，持有关证件和资料向原税务登记机关申报办理注销税务登记。

3.纳税人被工商行政管理机关吊销营业执照或者被其他机关予以撤销登记的，应当自营业执照被吊销或者被撤销登记之日起15日内，向原税务登记机关申报办理注销税务登记。

4.纳税人因住所、经营地点变动,涉及改变税务登记机关的,应当在向工商行政管理机关或者其他机关申请办理变更、注销登记前,或者住所、经营地点变动前,持有关证件和资料,向原税务登记机关申报办理注销税务登记,并自注销税务登记之日起30日内向迁达地税务机关申报办理税务登记。

5.境外企业在中国境内承包建筑、安装、装配、勘探工程和提供劳务的,应当在项目完工、离开中国前15日内,持有关证件和资料,向原税务登记机关申报办理注销税务登记。

国税、地税共管的纳税人办理注销税务登记的,可根据需要向国税或地税主管税务机关申请,先受理申请并注销的税务机关应在税务登记证上加盖"××国(地)税已注销"的印章,并将注销信息传递给另一方税务机关,后受理注销申请的税务机关负责在税务登记证正、副本上加盖作废印章。

(五)纳税事项税务登记

1. 增值税一般纳税人认定登记

增值税一般纳税人认定是指新开业的纳税人、达到一般纳税人标准的小规模纳税人,主管税务机关对其一般纳税人认定申请,进行受理、调查、审核、审批的业务。新开业的符合一般纳税人条件的企业,应在办理税务登记的同时申请办理一般纳税人认定手续;已开业的小规模企业(商业零售企业除外),其年应税销售额达到一般纳税人标准的,应在次年1月底以前申请办理一般纳税人认定手续。

纳税人(非商贸企业)申请认定一般纳税人,应当向税务机关提供:

(1)纳税人书面申请报告。

(2)《增值税一般纳税人申请认定表》(见表1-5)。

(3)分支机构需提供总机构所在地主管税务机关批准其总机构为一般纳税人的证明(总机构申请认定表的复印件)。

表 1-5 增值税一般纳税人申请认定表

纳税人名称			纳税人识别号		
法定代表人 (负责人、业主)		证件名称及号码		联系电话	
财务负责人		证件名称及号码		联系电话	
办税人员		证件名称及号码		联系电话	
生产经营地址					
核算地址					
纳税人类别:企业、企业性单位□ 非企业性单位□ 个体工商户□ 其他□					

纳税人主业:工业□ 商业□ 其他□	
认定前累计应税销售额 (连续不超过12个月的经营期内)	年 月至 年 月共 元。
纳税人 声明	上述各项内容真实、可靠、完整。如有虚假,本纳税人愿意承担相关法律责任。 (签章): 年 月 日
税务机关	
受理 意见	受理人签名: 年 月 日
查验 意见	查验人签名: 年 月 日
主管税 务机关 意见	(签章) 年 月 日
认定机 关意见	(签章) 年 月 日

注:本表1式2份,主管税务机关和纳税人各留存1份。

2.税种认定登记

税种认定登记是在纳税人办理了开业税务登记和变更税务登记之后,由主管税务局(县级以上国税局、地税局)根据纳税人的生产经营项目,进行适用税种、税目、税率的鉴定,以指导纳税人、扣缴义务人办理纳税事宜。

纳税人应在领取《税务登记证》副本后和申报纳税之前,到主管税务机关的征收管理部门申请税种认定登记,填写《纳税人税种登记表》(见表1-6)。纳税人如果变更税务登记的内容涉及税种、税目、税率变化的,应在变更税务登记之后重新申请税种认定登记,并附送申请报告。税务机关对纳税人报送的《税种认定登记表》及有关资料进行审核,也可根据实际情况派人到纳税人的生产经营现场调查之后,对纳税人适用的税种、税目、税率、纳税期限、纳税方法等作出确认,在《纳税人税种登记表》的有关栏目中注明,或书面通知纳税人税种认定结果,以此作为办税的依据。

表 1-6　纳税人税种登记表

纳税人识别号：

纳税人名称：

一、增值税

| 类别 | 1.销售货物□
2.加工　□
3.修理修配□
4.其他　　□ | 货物或
项目名称 | 主营 | |
| | | | 兼营 | |

| 纳税人认定情况 | 1.增值税一般纳税人□　2.小规模纳税人□　3.暂认定增值税一般纳税人□ |
| 经营方式 | 1.境内经营货物□　2.境内加工修理□　3.自营出口□　4.间接出口□
5.收购出口□　6.加工出口□ |

备注：

二、消费税

| 类别 | 1.生产　　□
2.委托加工□
3.零售　　□ | 应税消
费品
名　称 | 1.烟□　2.酒及酒精□　3.化妆品□　4.护肤、护发品□
5.贵重首饰及珠宝玉石□　6.鞭炮、烟火□　7.汽油□
8.柴油□　9.汽车轮胎□　10.摩托车□　11.小汽车□ |

备注：

三、营业税：

类别	1.交通运输业□　2.建筑安装业□　3.金融保险业□　4.邮政电信业□　5.服务业□ 6.娱乐业□　7.文化体育业□　8.转让无形资产□　9.销售不动产□
经营项目	主营	
	兼营	

备注：

四、个人所得税：

| 类别 | 1.工资薪金所得□　2.个体工商户生产经营所得□　3.企事业单位承包经营所得□
4.劳务报酬所得□　5.稿酬所得□　6.特许权使用费所得□　7.利息、股息、红利所得□
8.财产转让所得□　9.财产租赁所得□　10.偶然所得□　11.其他所得□ |
| 是否扣缴个人所得税 | 1.扣缴个人所得税□　2.不扣缴个人所得税□ |

备注：

五、内资企业、外商投资企业和外国企业所得税：

| 法定或申请
纳税方式 | 1.按实纳税□　2.核定利润率计算纳税□　3.按经费支出换算收入计算纳税□
4.按佣金率换算收入纳税□　5.航空、海运企业纳税方式□　6.其他纳税方式□ |
| 非生产性收入占总收入的比例（%） | |

备注：季度预缴方式：1.按上年度四分之一□　2.按每季度实际所得□

六、资源税：

续表

计税类别	1.原油□ 2.天然气□ 3.煤炭□ 4.其他非金属矿原矿□ 5.黑色金属矿原矿□ 6.有色金属矿原矿□ 7.固体盐□ 8.液体盐□

备注：

七、土地增值税：

八、房产税：

计税类别	1.自有房产□ 2.出租房产□

1.自有房产原值   元；   2.免税房产原值   元；
3.新增减房产原值   元；   4.出租房屋租金(月、年)   元

备注：

九、车船税：

车船类别	1.机动船□ 2.非机动船□ 3.机动车□ 4.非机动车□

备注：

十、城镇土地使用税

税额类别	1.大城市□ 2.中等城市□ 3.小城市□ 4.县城、建制镇、工矿区□

备注：

十一、城市维护建设税：1.市区□   2.县城镇□   3.其他□

十二、印花税

计税类别	1.购销合同□ 2.加工承揽合同□ 3.建安工程承包合同□ 4.建安工程勘查设计合同□ 5.财产租赁合同□ 6.货物运输合同□ 7.仓储保管合同□ 8.借款合同□ 9.财产保险合同□ 10.技术合同□ 11.产权转移书据□ 12.营业账簿□ 13.权利许可证照□

备注：

十三、教育费附加：

十四、地方教育附加：

十五、文化事业建设费：

十六、基金：

十七、矿区使用费：

原油□	不超过一百万吨□ 一百万吨至一百五十万吨□ 一百五十万吨至二百万吨□ 二百万吨至三百万吨□ 三百万吨至四百万吨□ 四百万吨以上□
天然气□	不超过二十亿立方米□ 二十亿至三十五亿立方米□ 三十五亿立方米至五十亿立方米□ 五十亿立方米以上□
预缴方式	分次□ 分期□

十八、其他税：

十九、其他费、基金：

3. 代扣代缴税务登记

已办理税务登记的扣缴义务人应当在扣缴义务发生后向税务登记地税务机关申报办理扣缴税款登记(见表 1-7)。税务机关在其税务登记证件上登记扣缴税款事项,税务机关不再发给扣缴税款登记证件。根据税收法律、行政法规的规定可不办理税务登记的扣缴义务人,应当在扣缴义务发生后向机构所在地税务机关申报办理扣缴税款登记。税务机关核发扣缴税款登记证件。

已办理税务登记的扣缴义务人应当自扣缴义务发生之日起 30 日内,向税务登记地税务机关申报办理扣缴税款登记;根据税收法律、行政法规的规定可不办理税务登记的扣缴义务人,应当自扣缴义务发生之日起 30 日内,向机构所在地税务机关申报办理扣缴税款登记。

代扣代缴税务登记,需要向税务机关提供:(1)《税务登记证》(副本)原件(已办理税务登记的);(2)组织机构代码证书(未办理税务登记的);(3)受托加工应税消费品的相关协议,合同原件及复印件(发生本项代扣代缴义务的);(4)与非居民企业首次签订与其取得来源于中国境内的股息、红利等权益性投资收益和利息、租金、特许权使用费所得、转让财产所得以及其他所得有关的业务合同或协议原件及复印件。

表 1-7 扣缴义务人登记表

扣缴义务人名称		组织机构统一代码		
		纳税人识别号		
法定代表人(负责人)		身份证件名称		证件号码
地址			邮政编码	
财务负责人			联系电话	
行业		扣缴义务人类型		
开户银行		账 号		是否是缴税账号
代扣代缴、代收代缴税款的业务内容				

扣缴义务人

经办人: 法定代表人(负责人):   扣缴义务人(签章)

年 月 日

税务机关	
是否办理税务登记	是否发放扣缴税款登记证件
□　是　　　□　否	□　是　　　□　否

经办人：　　　　负责人：　　　　　　税务机关(签章)
　　　　　　　　　　　　　　　　　　年　月　日

三、税务登记实务操作

(一)案例资料

根据引导案例,王小莉奉命协助 ABC 公司的税务登记工作。税务机关确定 ABC 有限责任公司纳税人识别号为 330100699831055,该公司其他基本资料如下：

1.纳税人名称:ABC 有限责任公司

2.住所:××市 1 号大街 88 号

3.注册资金:300 万元

4.组织机构代码:12345678－0

5.批准设立机关及文号:××市工商行政管理局开发区分局;567891234

6.证照名称及号码:企业法人营业执照;330104000102523(1/1)

7.成立日期及营业期限:2012 年 6 月 5 日;2012 年 6 月 5 日至 2027 年 6 月 4 日

8.经营范围:批发、零售机电设备、激光设备、电脑设备、打印设备及耗材

9.开户银行及账号:浦发银行××市保俶支行　账号:9503 0154 8000 02034

10.会计核算:采用企业会计制度,独立核算

11.职工人数:20 人

12.邮编:310018

13.电话:86929678

14.企业网址:www. ABC. com

15.法人代表:张三,身份证号码 33010619760605005X,电话 86929671,手机 13588165558,电子邮箱 zhangs@163. com

16.财务负责人:李四,身份证号码 3301061980006010011,电话 86929672,手机 13588166668,电子邮箱 lis@163. com

17.办税人员:王小莉,身份证号码 3301061199005020022,电话 86929673,手机 13588167778,电子邮箱 wangxl@163. com

18. 股东情况：

A 公司，民营企业，位于××市文二路 138 号，工商营业执照号码 330105000302528 (1/1)，投资 180 万元，占 60％股份；税务登记证号 330105091001893。

B 公司，民营企业，位于××市文一路 98 号，工商营业执照号码 330105000202525 (1/1)，投资 60 万元，占 20％股份；税务登记证号 330105091001825。

C 公司，民营企业，位于××市文三路 58 号，工商营业执照号码 330105000402522 (1/1)，投资 60 万元，占 20％股份；税务登记证号 330105091001237。

19. ABC 公司自有房产及土地情况：房屋坐落在××市 1 号大街 88 号，房产证为杭房权证经开字第 0414298 号；土地坐落在××市 1 号大街 88 号，土地使用权证杭国用(2012)第 333 号。

(二)操作步骤

1. 准备开业税务登记的相关资料

(1)工商营业执照副本原件及复印件；

(2)组织机构统一代码证书副本原件及复印件；

(3)有关公司章程、生产经营地租赁协议书等；

(4)法定代表张三的居民身份证原件及其复印件；

(5)房产使用证明；

(6)法人股东 A 公司、B 公司、C 公司的营业执照和税务登记证复印件。

2. 确定开业税务登记的时间和地点

从事生产经营的纳税人，应当自领取工商营业执照之日起 30 日内，依法向其生产经营地的县以上(含本级)国家税务局(分局)、地方税务局(分局)进行税务登记。所以 ABC 有限责任公司应在 2012 年 7 月 4 日前到××市经济技术开发区国家税务局、地方税务局进行联合税务登记。

3. 填制开业税务登记表(见表 1-8)

按规定的要求正确、如实填写开业税务登记表，并在相关位置上加盖单位公章、法人代表章，再持填制好的税务登记表及其他相关材料，送交税务登记窗口。

表 1-8 税务登记表

(适用单位纳税人)

填表日期：

纳税人名称	ABC 有限责任公司		纳税人识别号		330100699831055	
登记注册类型	有限责任公司		批准设立机关		××市工商行政管理局开发区分局	
组织机构代码	12345678－0		批准设立证明或文件号		567891234	
开业(设立)日期	2012 年 6 月 5 日	生产经营期限	2012 年 6 月 5 日 至 2027 年 6 月 4 日	证照名称	企业法人营业执照	证照号码	330104000102523 (1/1)

17

注册地址	××市1号大街88号		邮政编码	310018	联系电话	86929678
生产经营地址	××市1号大街88号		邮政编码	310018	联系电话	86929678
核算方式	请选择对应项目打"√"□√ 独立核算 □ 非独立核算			从业人数	20人其中外籍人数0人	
单位性质	请选择对应项目打"√"□√企业 □ 事业单位 □ 社会团体 □ 民办非企业单位□ 其他					
网站网址	www.ABC.com		国标行业	□□ □□ □□ □□		
适用会计制度	请选择对应项目打"√" □√企业会计制度 □ 小企业会计制度 □ 金融企业会计制度 □ 行政事业单位会计制度					

经营范围 主营：批发、零售机电设备、激光设备、电脑设备、打印设备及耗材	请将法定代表人(负责人)身份证件复印件粘贴在此处。

内容 项目 联系人	姓 名	身份证件 种类	身份证件 号码	固定电话	移动电话	电子邮箱
法定代表人 (负责人)	张三	身份证	33010619760605005X	86929671	13588165558	zhangs@163.com
财务负责人	李四	身份证	330106198006010011	86929672	13588166668	lis@163.com
办税人	王小莉	身份证	330106199005020022	86929673	13588167778	wangxl@163.com
税务代理人名称		纳税人识别号		联系电话		电子邮箱

注册资本或投资总额	币种	金额	币种	金额	币种	金额
人民币叁佰万元整	人民币	叁佰万元				

投资方名称	投资方经济性质	投资比例	证件种类	证件号码	国籍或地址
A公司	民营企业	60%	工商营业执照	330105000302528(1/1)	××市文二路138号
B公司	民营企业	20%	工商营业执照	330105000202525(1/1)	××市文一路98号
C公司	民营企业	20%	工商营业执照	330105000402522(1/1)	××市文三路58号

自然人投资比例		外资投资比例		国有投资比例	
分支机构名称		注册地址		纳税人识别号	

总机构名称		纳税人识别号	
注册地址		经营范围	
法定代表人姓名		联系电话	注册地址邮政编码

续表

代扣代缴 代收代缴 税款业务 情况	代扣代缴、代收代缴税款业务内容	代扣代缴、代收代缴税种

附报资料：

经办人签章： **王小莉** 2012 年 6 月 20 日	法定代表人（负责人）签章： **张三** 2012 年 6 月 20 日	纳税人公章： 2012 年 6 月 20 日

以下由税务机关填写：

纳税人所处街乡			隶属关系	
国税主管税务局		国税主管税务所（科）		是否属于国税、地税 共管户
地税主管税务局		地税主管税务所（科）		
经办人（签章）： 国税经办人： 地税经办人： 受理日期： 　　年　　月　　日		国家税务登记机关 （税务登记专用章）： 核准日期： 　　年　　月　　日 国税主管税务机关：	地方税务登记机关 （税务登记专用章）： 核准日期： 　　年　　月　　日 地税主管税务机关：	
国税核发《税务登记证副本》数量：　　本　发证日期：　　年　　月　　日				
地税核发《税务登记证副本》数量：　　本　发证日期：　　年　　月　　日				

4.领取税务登记证

按照规定期限到主管税务机关领取税务登记证及其副本，并按规定缴付工本管理费。

第二节　发票使用

一、发票的概念

发票是指在购销商品、提供或者接受服务，以及从事其他经营活动中，开具、收取用以摘记经济业务活动的收付款凭证。发票不仅是财务收支的法定凭证和会计核算的原始凭证，而且是税收征收管理的重要依据。

二、发票的种类

发票按用途和使用范围,可分为增值税专用发票和普通发票。

专用发票,是增值税一般纳税人销售货物或者提供应税劳务开具的发票,是购买方支付增值税额并可按照增值税有关规定据以抵扣增值税进项税额的凭证。增值税一般纳税人应通过增值税防伪税控系统,使用专用发票。使用包括领购、开具、缴销、认证纸质专用发票及其相应的数据电文。专用发票由基本联次或者基本联次附加其他联次构成,基本联次为三联:发票联、抵扣联和记账联。发票联,作为购买方核算采购成本和增值税进项税额的记账凭证;抵扣联,作为购买方报送主管税务机关认证和留存备查的凭证;记账联,作为销售方核算销售收入和增值税销项税额的记账凭证。其他联次用途,由一般纳税人自行确定。

普通发票通常是营业税纳税人、商业零售企业纳税人、以及增值税小规模纳税人发生经济业务所开具的收付款凭证。其基本联次为存根联、发票联和记账联。一般纳税人(不含商业零售)开具的普通发票纳入增值税防伪税控系统开具和管理,亦即一般纳税人可以使用同套增值税防伪税控系统同时开具增值税专用发票、增值税普通发票和废旧物资发票等,简称"一机多票"。

三、发票的管理

发票由税务机关负责印制、领购、开具、取得、保管、缴销的管理和监督。增值税纳税人使用的发票由国家税务局管理;营业税纳税人使用的发票由地方税务局管理。如果一个企业以增值税为主,兼有营业税的经营项目,就应当分别到国税和地税主管税务机关办理。

发票应当套印全国统一发票监制章,全国统一发票监制章的式样和发票版面印刷的要求,由国家税务总局规定;除增值税专用发票以外的普通发票监制章由省、自治区、直辖市税务机关制作。

四、发票的领购

(一)适用范围

1.依法办理税务登记的单位和个人,在领取《税务登记证》后可以申请领购发票,属于法定的发票领购对象;

2.依法不需要办理税务登记的单位,发生临时经营业务需要使用发票的,可以凭单位介绍信和其他有效证件,到税务机关代开发票;

3.临时到本省、自治区、直辖市以外从事经营活动的单位和个人,凭所在地税务机关开具的《外出经营税收管理证明》,在办理纳税担保的前提下,可向经营地税务机关申请领购经营地的发票。

(二)领购手续

首次领购发票,需要办理以下手续:

1.提出购票申请,填写《发票购领证申请审批表》,一般纳税人申请最高开票限额时,需填报《最高开票限额申请表》;

2.提供经办人身份证明、税务登记证件及财务印章、发票专用章的印模等资料;

3.经主管税务机关审核后发给《发票领购簿》;

4.办理增值税专用发票初始发行。一般纳税人领购专用设备(金税卡、IC卡、读卡器和其他设备)后,凭《最高开票限额申请表》《发票领购簿》到主管税务机关办理初始发行,即由主管税务机关将一般纳税人的企业名称、税务登记代码、开票限额、购票限量、购票人员姓名、密码、开票机数量等信息载入空白金税卡和IC卡。

在首次领购发票后,一般纳税人凭《发票领购簿》、IC卡和经办人身份证明领购专用发票;其他纳税人凭发票领购簿、经办人身份证明等到税务机关领购发票。

(三)领购方式

1.批量供应。税务机关根据单位业务量对发票需求量的大小,确定一定时期内的合理领购数量,用量大的可以按月领购,用量不太大的可以按季领购,防止其积存较多发票而引起管理上的问题。这种方式主要适用于财务制度较健全、有一定经营规模的纳税人。

2.交旧购新。用票单位交回旧的(即已填用过的)发票存根联,经主管税务机关审核后留存,才允许领购新发票。主管税务机关对旧发票存根联进行审核,主要看其存根联是否按顺序号完整保存,作废发票是否全份缴销,填开的内容是否真实、完整、规范等。

3.验旧购新。这种方式与交旧购新基本相同,主要区别是税务机关审验旧发票存根以后,由用票单位自己保管。

交旧购新与验旧购新方式,适用于财务制度不太健全、经营规模不大的单位和个体工商业户。

五、发票的开具

(一)增值税专用发票的开具

1.开具范围

(1)增值税专用发票只能用于被税务机关确认为增值税一般纳税人的企业、单位在中华人民共和国境内销售货物或者提供加工、修理修配劳务以及进口货物的行为。

（2）已认定为增值税一般纳税人的商业零售企业，可以向购货方为一般纳税人的单位开具专用发票，但企业必须指定专人负责保管和开具专用发票。商业零售企业必须向购货方索取盖有一般纳税人戳记的税务登记证（副本），未提供证件的，商业零售企业一律不得开具专用发票。

（3）一般纳税人生产下列货物，可按简易办法依照6%征收率计算缴纳增值税，并可由其自己开具增值税专用发票：

①县以下小型水力发电单位生产的电力；

②建筑用和生产建筑材料所用的砂、土、石料；

③以自己采掘的砂、土、石料或其他矿物连续生产的砖、瓦、石灰；

④原料中掺有煤矸石、石煤、粉煤灰、烧煤锅炉的炉底渣及其他废渣（不包括高炉水渣）生产的墙体材料；

⑤用微生物、微生物代谢产物、动物毒素、人或动物的血液或组织制成的生物制品。

（4）增值税小规模纳税人需要开具专用发票的，可向主管税务机关申请代开。

商业企业一般纳税人零售的烟、酒、食品、服装、鞋帽（不包括劳保专用部分）、化妆品等消费品不得开具专用发票；销售免税货物不得开具专用发票，法律、法规及国家税务总局另有规定的除外。

2. 开具要求

（1）项目齐全，与实际交易相符；

（2）字迹清楚，不得压线、错格；

（3）发票联和抵扣联加盖财务专用章或者发票专用章；

（4）按照增值税纳税义务的发生时间开具。

3. 特殊处理

（1）汇总开具。一般纳税人销售货物或者提供应税劳务可汇总开具专用发票。汇总开具专用发票的，同时使用防伪税控系统开具《销售货物或者提供应税劳务清单》，并加盖财务专用章或者发票专用章。

（2）发票作废。一般纳税人在开具专用发票当月，发生销货退回、开票有误等情形，收到退回的发票联、抵扣联符合作废条件的，按作废处理；开具时发现有误的，可即时作废。

作废专用发票须在防伪税控系统中将相应的数据电文按"作废"处理，在纸质专用发票各联次上注明"作废"字样，全联次留存。

（3）红字发票。一般纳税人取得专用发票后，发生销货退回、开票有误等情形但不符合作废条件的，或者因销货部分退回及发生销售折让的，购买方应向主管税务机关填报《开具红字增值税专用发票申请单》。

《申请单》所对应的蓝字专用发票应经税务机关认证。经认证结果为"认证相符"并且已经抵扣增值税进项税额的,一般纳税人在填报《申请单》时不填写相对应的蓝字专用发票信息。

经认证结果为"纳税人识别号认证不符"、"专用发票代码、号码认证不符"的,一般纳税人在填报《申请单》时应填写相对应的蓝字专用发票信息。

《申请单》一式两联:第一联由购买方留存;第二联由购买方主管税务机关留存。《申请单》应加盖一般纳税人财务专用章。

主管税务机关对一般纳税人填报的《申请单》进行审核后,出具《开具红字增值税专用发票通知单》。

购买方必须暂依《通知单》所列增值税税额从当期进项税额中转出,未抵扣增值税进项税额的可列入当期进项税额,待取得销售方开具的红字专用发票后,与留存的《通知单》一并作为记账凭证。属于"纳税人识别号认证不符"、"专用发票代码、号码认证不符"的,不作进项税额转出。

销售方凭购买方提供的《通知单》开具红字专用发票,在防伪税控系统中以销项负数开具。

(4)价外费用。价外费用是指价外向购买方收取的手续费、补贴、基金、集资费、返还利润、奖励费、违约金、包装费、包装物租金、储备费、优质费、运输装卸费、代收款项、代垫款项及其他各种性质的价外收费。销售货物或应税劳务收取价外费用,如果价格与价外费用需要分别填写,可以在专用发票的"单价"栏填写价、费合计数,另附价外费用项目表交与购货方,但如果价外费用属于按规定不征收增值税的代收代缴的消费税,则该项合计数中不应包括此项价外费用,此项价外费用应另行开具普通发票。

(5)代开专用发票。小规模纳税人申请代开增值税专用发票时,到主管税务机关领取《代(监)开增值税专用发票申请审批表》,填写后连同以下资料交回主管税务机关:

①购货方《税务登记证》(副本)复印件或一般纳税人资格证书复印件;

②发票专用章或财务专用章;

③该笔业务税收缴款书复印件。

纳税人凭审批表及完税凭证到主管税务机关发票管理部门开具增值税专用发票。

(二)普通发票的开具

1. 开具范围

使用普通发票的主要是营业税纳税人和增值税小规模纳税人,增值税一般纳税人在不能开具专用发票的情况下也使用普通发票。

2. 开具要求

(1)开具时限。填开发票的单位和个人必须在实现经营收入或发生纳税义务时开具发票。发票的开具是确定当期应纳税额的依据,不能预开发票,不能拖延。

（2）填开顺序。必须按号码顺序填开发票，不能跳跃使用，也不能拆本使用，以利于发票的保管，防止发票丢失和舞弊行为的发生。

（3）填写内容。发票上列示的项目应逐项填写，项目齐全、内容真实、字迹清楚，全份一次复写，各联内容完全一致，并加盖单位财务印章或者发票专用章。不得为了迎合顾客的要求变更品名和金额，如"卖甲开乙"；不准通过单独填开顾客联窜改金额而"大头小尾"；客户名称应为全称，不得简化或更改；不准涂改发票，如填写有误，在误填的发票上注明"作废"字样。

（4）红字发票。开具发票后，如发生销货退回的，必须收回原发票并注明"作废"字样或取得对方有效证明；如发生销货折让的，必须收回原发票并注明"作废"字样后，重新开具销售发票。

六、发票的缴销

（一）专用发票的缴销

纳税人在办理专用发票缴销手续时，应向主管税务机关提供以下材料：

1．缴销的发票；

2．发票购领证；

3．购票人员的身份证；

4．注销或取消一般纳税人资格的纳税人的金税卡、IC 卡（指已纳入防伪税控开票系统的纳税人）。

（二）普通发票的缴销

普通发票的缴销是用票单位和个人按照规定向税务机关上缴已使用或者未使用的发票，包括以下二种情况：

1. 变更、注销税务登记时发票的缴销

（1）申请。纳税人因办理了纳税人名称、地址、电话、开户行、账号变更需废止原有发票或注销税务登记时，应持《税务登记变更申请表》或《注销税务登记申请审批表》、向主管税务机关领取并填写好《发票缴销登记表》，并持《发票购领证》及未使用的发票向主管税务机关办理发票缴销手续。

（2）税务机关审核、缴销。主管税务机关收到《发票缴销登记表》、《发票购领证》及未使用的发票，根据不同情况进行发票缴销处理：

①注销税务登记的，将其《发票购领证》和未使用发票剪角作废；在 CTAIS（China taxation administration information system，中国税收征管信息系统）中验销其相应的领购记录；在《注销税务登记申请审批表》、《发票缴销登记表》中签章交纳税人。

②变更税务登记的，将其未使用发票剪角作废；需要变更《发票购领证》内容的，收

缴旧的《发票购领证》，按《税务登记变更表》内容重新核发新的《发票购领证》；在CTAIS中验销其相应的领购记录；在《发票缴销登记表》、《税务登记变更表》中签章交纳税人收回。

2. 残损发票、改(换)版发票及次版发票的缴销

①纳税人的发票发生霉变、鼠咬、水浸、火烧等残损问题，或被通知发票将进行改版、换版，或发现有次版发票等问题时，必须按有关规定到主管税务机关领取并填报《发票缴销登记表》，连同《发票购领证》及应缴销的改版、换版和次版发票一并交主管税务机关。

②主管税务机关审核无误后，将其应缴销的发票剪角作废，并将缴销记录登记在CTAIS中和《发票购领证》上，并在《发票缴销登记表》中签章交纳税人。

七、发票的认证

根据《增值税专用发票使用规定》，用于抵扣增值税进项税额的专用发票应经税务机关认证相符(国家税务总局另有规定的除外)。所谓认证，是指税务机关通过防伪税控系统对专用发票所列数据的识别、确认；所谓认证相符，是指纳税人识别号无误，专用发票所列密文解译后与明文一致。

纳税人取得防伪税控系统开具的增值税专用发票抵扣联，必须自开票之日起180日内，在纳税申报之前到主管税务机关"认证窗口"认证或通过网上远程认证。若专用发票抵扣联无法认证的，可使用专用发票发票联到主管税务机关认证，将专用发票发票联复印件留存备查。

(一)认证结果处理

1. 经认证，有下列情形之一的，不得作为增值税进项税额的抵扣凭证，税务机关退还原件，购买方可要求销售方重新开具专用发票。

(1)无法认证。是指专用发票所列密文或者明文不能辨认，无法产生认证结果。

(2)纳税人识别号认证不符。是指专用发票所列购买方纳税人识别号有误。

(3)专用发票代码、号码认证不符。是指专用发票所列密文解译后与明文的代码或者号码不一致。

2. 经认证，有下列情形之一的，暂不得作为增值税进项税额的抵扣凭证，税务机关扣留原件，查明原因，分别情况进行处理。

(1)重复认证。是指已经认证相符的同一张专用发票再次认证。

(2)密文有误。是指专用发票所列密文无法解译。

(3)认证不符。是指纳税人识别号有误，或者专用发票所列密文解译后与明文不一致。但不包括"无法认证"、"纳税人识别号认证不符"(专用发票所列购买方纳税人识别号有误)和"专用发票代码、号码认证不符"三种情况。

(4)列为失控专用发票。是指认证时的专用发票已被登记为失控专用发票。

(二)丢失发票处理

1.丢失发票联和抵扣联。一般纳税人丢失已开具专用发票的发票联和抵扣联,如果丢失前已认证相符的,购买方凭销售方提供的相应专用发票记账联复印件及销售方所在地主管税务机关出具的《丢失增值税专用发票已报税证明单》,经购买方主管税务机关审核同意后,可作为增值税进项税额的抵扣凭证;如果丢失前未认证的,购买方凭销售方提供的相应专用发票记账联复印件到主管税务机关进行认证,认证相符的凭该专用发票记账联复印件及销售方所在地主管税务机关出具的《丢失增值税专用发票已报税证明单》,经购买方主管税务机关审核同意后,可作为增值税进项税额的抵扣凭证。

2.丢失抵扣联。一般纳税人丢失已开具专用发票的抵扣联,如果丢失前已认证相符的,可使用专用发票发票联复印件留存备查;如果丢失前未认证的,可使用专用发票发票联到主管税务机关认证,专用发票发票联复印件留存备查。

3.丢失发票联。一般纳税人丢失已开具专用发票的发票联,可将专用发票抵扣联作为记账凭证,专用发票抵扣联复印件留存备查。

八、企业具名发票的使用

(一)受理条件

具名发票是指直接在发票上印制有使用单位名称的发票。纳税人需要印制具名发票必须同时具备以下条件:

1.有固定的生产经营场所;

2.财务和发票管理制度健全;

3.发票使用量较大,且统一发票式样不能满足其业务需要。

(二)证明材料

同时具备上述条件的纳税人,第一次申请印制具名发票或需变更发票印制品种时,应先根据本单位的业务需要设计票样(即具名发票式样),填写《企业具名发票印制申请审批表》,并提交下列资料:

1.《发票领购簿》;

2.《税务登记证》(副本);

3.经办人身份证明;

4.企业自行设计的本单位发票式样;

5.财务印章或发票专用章印模;

6.法定代表人委托书等主管地税机关要求报送的其他资料。

(三)办理流程

1.受理。对纳税人提交的《企业具名发票印制申请审批表》及其他附报资料,税务机关受理并初审。资料不全的,一次性告知纳税人进行补正;资料齐全的,将《企业具名发票印制申请审批表》录入信息系统,并报县以上税务机关发票管理部门审批。

2.审批。由县以上税务机关发票管理部门负责审批,确定审批结果。同意印制的,制作《准予税务行政许可决定书》交纳税人,同时向省局报送印制计划,并将行政许可具名发票审批情况按月报省局备案;不同意印制的,制作《不予税务行政许可决定书》及时告知纳税人。

3.下达。省局收到具名发票审批资料后,打印《发票印制通知书》,连同《企业具名发票印制申请审批表》,将印制任务下达给发票定点印制企业。

4.发票印制。承印的定点印制企业按《发票印制通知书》和《企业具名发票印制申请审批表》的要求印制发票。

5.发票送达。发票印制完毕后,由承印的定点印制企业填报《承印发票完工报告表》,并送达企业主管税务机关。征管科对完工的发票进行验收入库,录入《发票入库单》,转发票库存管理。

第三节　纳税申报

纳税申报是指纳税人、扣缴义务人在发生法定纳税义务后,按照税法或税务机关相关行政法规所规定的内容,在申报期限内,以书面形式向主管税务机关提交有关纳税事项及应缴税款的法律行为。

依据《税收征管法》的规定,纳税人从开业(设立)之日起至注销税务登记日期止均要履行纳税申报义务,如实办理纳税申报,报送各税种纳税申报表和其他纳税资料。申报所属期包括:开业(设立)之日起至落户税种登记日期止;未按期申报认定非正常户至解除非正常户的走逃期间;申请注销税务登记至核准期间;注销税务登记至恢复税务登记期间。

为节约办税成本,纳税人如连续多个属期零申报的,可以将多个属期汇总一份申报表进行纳税申报。

一、纳税申报的对象

下列纳税人或者扣缴义务人、代征人应当按期向主管国家税务机关办理纳税申报或者代扣代缴、代收代缴税款报告、委托代征税款报告:

(一)依法已向国家税务机关办理税务登记的纳税人

1.各项收入均应当纳税的纳税人；

2.全部或部分产品、项目或者税种享受减税、免税照顾的纳税人；

3.当期营业额未达起征点或没有营业收入的纳税人；

4.实行定期定额纳税的纳税人；

5.应当向国家税务机关缴纳企业所得税以及其他税种的纳税人。

(二)按规定不需向国家税务机关办理税务登记,以及应当办理而未办理税务登记的纳税人

(三)扣缴义务人和国家税务机关确定的委托代征人

二、纳税申报的期限

纳税申报期限是指税收法律、法规规定或者税务机关依照税收法律、法规的规定确定的纳税人、扣缴义务人向税务机关办理申报和纳税的期限。

纳税申报期限是根据各个税种的特点确定的,各个税种的纳税期限因其征收对象、计税环节的不同而不尽相同,同一税种也可以因为纳税人的经营情况不同、财务会计核算不同、应纳税额大小不等,申报期限也不一样,可以分为按期申报纳税和按次申报纳税。按期纳税申报,是以纳税人发生纳税义务的一定期间为纳税申报期限,不能按期纳税申报的,实行按次申报纳税。纳税人、扣缴义务人如遇国家法定的公休假日,可以顺延。公休假日指元旦、春节、"五一"国际劳动节、国庆节以及双休日。

三、纳税申报的内容

纳税申报的内容主要包括两个方面,一是纳税申报表或者代扣代缴、代收代缴税款报告表;二是与纳税申报有关的资料或证件。

(一)申报表及代扣代缴、代收代缴报告表的填写

纳税人和扣缴义务人在填报纳税申报表或代扣代缴、代收代缴税款报告时,应将税种、税目、应纳税项目或者应代扣代缴、代扣代收税款项目,适用税率或单位税额,计税依据,扣除项目及标准,应纳税额或应代扣、代收税款,税款所属期限等内容逐项填写清楚。

(二)纳税人办理申报应报送的资料

1.纳税申报表。它是由税务机关统一负责印制的由纳税人进行纳税申报的书面报告,其内容因纳税依据、计税环节、计算方法的不同而有所区别。

2.财务会计报表。它是根据会计账簿记录及其他有关反映生产、经营情况的资料,

按照规定的指标体系、格式和序列编制的用以反映企业、事业单位或其他经济组织在一定的时期内经营活动情况或预算执行情况结果的报告文件。不同纳税人由于其生产经营的内容不同,所使用的财务会计报表也不一样,需向税务机关报送的种类也不相同。

3. 其他纳税资料。比如,与纳税有关的经济合同、协议书;固定工商业户外出经营税收管理证明;境内外公证机关出具的有关证件;个人工资及收入证明等等。

(三)扣缴义务人办理申报应报送的资料

1. 代扣代缴、代收代缴税款报告表。

2. 其他有关资料。通常包括:代扣代缴、代收代缴税款的合法凭证;与代扣代缴、代收代缴税款有关的经济合同、协议书、公司章程等。

四、纳税申报的方式

纳税申报方式是指纳税人和扣缴义务人在发生纳税义务和代扣代缴、代收代缴义务后,在其申报期限内,依照税收法律、行政法规的规定到指定税务机关进行申报纳税的形式。

目前,主要有直接申报(上门申报)、邮寄申报、数据电文申报、简易申报等方式。除上门申报外,纳税人选择其他申报方式的,应向主管税务机关提出书面申请,经批准后,方可实施。

(一)直接申报

直接申报也称"上门申报",是纳税人、扣缴义务人在规定的申报期限内,到主管税务机关指定的办税服务、场所报送纳税申报表、代扣代缴、代收代缴税款报告表有关资料。

(二)邮寄申报

是指经税务机关批准的纳税人使用统一规定的纳税申报特快专递专用信封,通过邮政部门办理交寄手续,并以邮政部门收据作为申报凭据的方式。

(三)数据电文申报

是指经税务机关批准的纳税人通过电话语音、电子数据交换和网络传输等形式办理的纳税申报。

(四)简易申报

简易申报是指实行定期定额的纳税人,经税务机关批准,通过以缴纳税款凭证代替申报或简并征期的一种申报方式。简易申报方式的实现有两种途径:一是纳税人按照税务机关核定的税款按期缴纳入库,以完税凭证代替纳税申报,从而简化纳税人纳税申报的行为;二是纳税人按照税务机关核定的税款和纳税期或 3 个月或半年或 1 年申报纳税,从而达到便利纳税的目的。

五、延期申报

延期申报是指纳税人、扣缴义务人不能按照税法规定的期限办理纳税申报或者扣缴税款的报告。

(一)延期纳税申报规定

1.延期申报是指纳税人、扣缴人基于法定原因,不能在规定的期限内办理申报,经核准延期一定时间申报的制度;

2.延期申报的法定原因,是指不可抗力因素,即无法预见、无法避免克服的自然灾害,包括水、火、风灾、地震等;财务处理的特殊原因,即财务处理未结束,在规定的申报期内申报确有特殊困难的;

3.地域性原因造成无法及时申报的,税务机关应公告延期申报期限。

(二)办理延期申报的程序

1.纳税人、扣缴义务人不能按期办理纳税申报或者报送代扣代缴、代收代缴税款报告表的,经税务机关核准,可以延期申报。但纳税人应当在纳税期内按照上期实际缴纳的税额或者税务机关核定的税额预缴税款,并在核准的延期内办理税款结算。

2.申请延期申报的纳税人、扣缴义务人应在规定的申报期前向办税服务厅涉税窗口递交申请资料。申请资料包含下列内容:

(1)书面申请报告;

(2)延期申报审批表;

(3)税务机关要求报送的其他资料。

3.纳税人、扣缴义务人因不可抗力,不能按期办理纳税申报或者报送代扣代缴、代收代缴税款报告表的,可以延期办理,但是,应在不可抗力情形消除后立即向税务机关报告,税务机关应当查明事实,予以核准。

六、网上申报平台

网络申报缴税是一种运用现代化的通信手段和计算机信息处理技术,实现纳税人、税务机关、银行三者之间网络联结并通过网络进行数据传递的一种申报缴税方式。使用网络申报缴税系统的纳税人可以在各税种申报期内,通过 Internet 完成申报缴税义务。

(一)浙江国税 VPDN 网上申报平台

"VPDN 网上申报平台"由浙江省电信有限公司和浙江省国税局共同推出。用户只要向浙江省电信有限公司申请使用 VPDN 业务,获得专用账户和密码,通过宽带上网或拨号上网,经 VPDN 专用隧道登陆国税网站,就可完成网上申报。

1. "VPDN"的开通

（1）开通条件

①必须是已办理国税登记并属建账建证的自行申报或委托税务师事务所代理申报的纳税人；

②税人的办税人员已经过专门的操作培训，会使用网上申报、网上认证等软件进行办税操作。

（2）开通程序

纳税人可持经办人员身份证、税务登记证副本及复印件到各电信营业网点申请，由业务人员办理 VPDN 账号开通的相关手续。纳税人停止使用网上报税系统，需持开通时经办人的身份证、税务登记证及复印件，到各电信营业网点办理注销手续。

2. "VPDN"的安装

（1）电信单机拨号用户

电信 16300 拨号连接、ADSL 连接、VDSL 连接、LAN 连接的单机拨号用户，无须安装任何辅助或者拨号软件。直接在拨号连接对话框中更改用户名和密码。用户名和密码为开户时所告知的 VPDN 账号和密码。

（2）非电信拨号用户或局域网用户

网通、铁通或单位自行组建局域网的用户必须先安装 VPDN 辅助软件，确定企业的上网方式和操作系统后，再安装拨号软件。不同的操作系统采取不同的安装方法。

3. VPDN 的使用

（1）系统登陆

①双击桌面"VPDN 或虚拟专用连接"，出现连接对话框，在用户名和密码栏中输入 VPDN 用户名和密码，点击连接；

②VPDN 连接成功后，进入浙江国税网站 www.zjtax.gov.cn，点击"网上申报"模块进入申报界面；

③在"用户名"中输入纳税人的纳税识别号；

④在"密码"栏中输入申报密码。第一次登陆系统时输入网上申报系统的初始密码，如需修改登录密码，可在登陆成功后可点击"密码修改"按钮，自行修改密码；

⑤"用户名"和"密码"输入完成后，点击"登陆"按钮，经系统确认用户名及密码正确，进入网上申报纳税服务页面。

（2）进入网上申报服务专区

①纳税申报。点击纳税申报按钮，进入纳税申报模块，在该模块中纳税人可以完成从申报到纳税的整个过程；

②软件下载。纳税人可以在这个模块中下载相关的软件。（如通用税务数据采集软件、福利企业退税数据申报系统等）；

31

③密码修改。纳税人可以在这里自行修改申报密码;

④数据查询。纳税人可以查询以前的申报数据和一些发票信息,此功能一般在征期后开放;

⑤填表说明。提示网上申报报表填写以及注意事项。

(3)纳税申报

①报表录入。进入报表申报页面后,纳税申报页面上部显示纳税人本期应申报的报表名称,纳税人可以点击报表名称进入相应的报表录入页面填写申报表;

②报表修改。报表上传成功后,纳税人如想修改报表的数据可点击纳税申报页面右上方"修改"按钮,进入报表修改页面对相应的报表进行修改。但全申报成功后,无法进行报表数据修改。

③报表作废。报表上传成功后,纳税人如想作废报表,可点击纳税申报页面右上方的"作废"按钮,进入报表作废页面作废相应的报表。但全申报成功后,无法进行报表作废。

④全申报。纳税人完成该税种所有报表的上传并对各项报表数据确认无误后,点击"全申报"按钮。系统对纳税人提交的报表自动进行表内和表间数据的稽核,如有问题,系统会提示纳税人录入错误及错误的栏次和原因,以便纳税人修改后重新提交。纳税人提交的报表数据通过系统校验后,系统将提示全申报成功,点击"确认"后返回该税种的申报页面,同时在页面上方"全申报"按钮右边出现红色的图形,表示该税种已完成申报。若全申报红色标志显示后,纳税人需要修改或作废申报时,需要与主管税务机关联系,由主管税务机关取消申报,纳税人再自行点击修改或作废;修改或作废完成后,必须重新点击"全申报"按钮;

⑤扣款。全申报完成后,纳税人可以点击全申报旁的"扣款"按钮,点击"确认"后,系统将直接从纳税人在国税机关预留的银行账户中扣除本期应缴纳的所有税款;

⑥打印。全申报成功后,纳税人可打印所提交的报表;点击纳税申报页面的右上方的"打印"按钮进入报表打印页面。进入报表打印页面后,页面显示已申报的所有报表名称,点击报表名称右边的"打印"按钮,即可打印选中的报表。

(二)浙江地税因特网办税服务系统

浙江地税因特网办税服务系统是纳税人通过计算机互联网办理纳税申报、获取政策信息、进行涉税咨询的现代化电子服务系统。

1.用户注册

(1)电子申报申请。纳税人填写《电子申报申请审批表》,报送税务机关。

(2)凭地税税务登记证原件领取《浙江地税因特网办税服务系统注册码发放通知》。

（3）根据《通知》上的注册码,在次月申报期内到浙江省地方税务局因特网办税服务系统的网站上进行用户注册。

2.用户登录

用户注册成功后,在相应的项目中分别录入前面注册的用户名和密码,选择"普通用户登录"(如果开通证书用户的请选证书用户登录)。用户登录成功后,可以进行纳税申报等其他操作。

3.纳税申报

点击纳税申报,根据实际情况,纳税人可以选择相应的申报表进行申报。

（1）综合通用申报表。录入申报数据时,需先将申报下的小方框打钩,否则无法录入数据。零申报也一样需先将申报下的小方框打钩,否则零申报也无法上报。

若是当月已经进行过申报了,为防止出现重复申报现象,系统会出现提示页面。申报保存成功后,系统会出现新的页面,此时可进行申报表的打印和保存。

（2）企业所得税纳税申报表。系统分(核定征收)、(查账征收)两种类型表单。系统会自动获取上期数,并显示出来,纳税人只需如实录入累计数,系统会自动计算出本期数,以及本期应缴税额。

（3）社会保险费申报。企业社保五费在《社会保险费缴费申报表》中申报。

（4）对于当天申报并没有扣款的申报表,可以自行作废。点击"作废"就可以将该笔申报数据作废。

4.财务管理

对于不同的纳税人,需要上报的财务数据也不同。如报表状态为"上期未上报"的,需把所属日期改为上个月,再补报。注意:

（1）要纳税申报必须先申报财务报表,点击财务报表右边出来的财务报表全部都要申报。

（2）当财务报表申报有误需要修改时,无法在本地进行维护,只有通过【涉税文书】—【纳税人其他涉税事项申请表】申报并选择纳税人财务报表修改申请,经税务机关批准同意后,该报表申请操作下的修改字样才会变成红色,点击进去后方可以进行修改。

5.涉税文书

目前通过该功能可以进行申请修改已录入财务报表数据、隔天作废已申报未开票数据等操作。

纳税申报表作废申请:对于非当天申报,并未扣款的纳税申报记录,无法通过网上自行作废,如申报有误需作废,可以通过【涉税文书】—【审批审核类】—【纳税人其他涉税事项申请表】申请选择"纳税人网上申报资料修改申请",并写清申请原因和申请理由,进行提交申请,网上申请后,还需要电话联系税务机关进行确认,才能作废。注意:"确认申请"前面的小方框一定要打钩,起始日期、终止日期为报表所属日期,比如要修改 2 月份报表,起始日期和终止日期分别为"2012-02-01"和"2012-02-29"。

6. 涉税查询

该功能可以对本单位的基本信息、纳税申报、文书、财务报表、发票使用及企业违章情况进行查询统计,并打印已申报过的纳税申报表、财务报表等。其中较为常用的为"纳税申报查询"和"财务报表查询",电子缴税付款凭证打印为纳税人通过一户通扣款的,可以在此打印缴税付款凭证,该凭证可直接当完税证明做账。而申报表查询可用来查询以前所用申报表,当纳税人需查找或打印申报记录时可在此操作,财务报表查询功能能与此相同。

7. 其他操作

(1)登记管理。用来办理登记相关事项,包括办理税务登记流程、税务登记表单下载、税务变更登记、社会保险费单位个人缴费信息登记和委托扣税(费)协议受理功能。

(2)发票管理。用来办理发票的订购和缴销等事项,主要包括普通发票订购、发票预约缴销登记和发票使用明细数据导入(电脑发票如通过网税系统上传,在这里操作)。

(3)个税管理。主要适用于全员申报的纳税人及个人所得税在专用申报表中申报的纳税人,包括员工信息管理、股东投资情况导入、个人所得税扣缴明细导入和个税全员申报软件下载。

(4)通知告示。主要用于查看税务机关发布的针对本企业的最新通知。

(5)系统设置。主要是用来修改登录密码和注册信息。

8. 因特网办税服务系统操作注意事项

(1)注册码的有效期限一般为 30 天,具体按照税务机关发放的《浙江地税因特网办税服务系统注册码发放通知》,纳税人未在有效期内注册,造成注册码失效无法注册的,应及时到主管税务机关申请领取新的注册码。

(2)系统对注册用户的数量有严格的规定,即一个注册码只允许注册三个不同的用户。用户可通过定期修改来增强保密性。

(3)纳税人若忘记密码可通过主页的【忘记密码】,录入本单位的企业编码和有效注册码(如过期需到税务机关领取新的注册码),取回或删除本单位已注册的用户名和密码。

(4)当联系方式(手机、电子邮箱、联系电话)或单位的企业编码、企业名称、缴款方式、CA 认证方式等信息发生变动时,应及时在【系统设置】—【修改注册信息】中修改,以确保系统首页显示信息的准确性和税企联系的方便性。

(5)纳税人在因特网申报系统中可以进行申报的税种是已在税务机关进行过税种登记的税种。在申报过程中如果因税种未登记而不能申报时,应及时向税务机关反映,进行相关的税种登记后再行申报。如申报期限有错误的,也应及时向税务机关指出,要求修改完善。

(6)网上申报只能处理当月应申报的税费,如果纳税人申报以前月份的税费需到税务机关处理。

(7)纳税人需要进行零申报的,必须在当期应申报税种前的小方框内打上钩,并保证各栏数据为零,确认后可完成零申报工作。

(8)当用户选择申报表进行申报时如果本月已申报的,请先核对系统显示的本月已申报情况,在确认无误后,如需继续申报,再点击继续申报按钮进行操作。

(9)缴纳房产税、城镇土地使用税、车船税的单位和个人,在网上进行纳税申报前必须到税务机关详细登记房产、土地或车船情况。登记后,如果企业税务登记信息和税种税源登记信息如房产原值、土地实际占地面积发生变动时,还应及时上报税务机关,确保数据的准确性,避免少报、漏报税款,造成不必要的损失。

(10)个人所得税全部纳税人要求实行全员申报管理。个人所得税的申报限缴时间为每月 15 号。

(11)纳税申报保存成功时,系统自动弹出提示页面,该页面提供了"打印"和"另存为"的功能。如果需要立即打印申报表,可以通过"打印"功能以 A4 纸张的统一格式进行打印,然后经纳税人签字、盖章确认后报送主管税务机关。也可以将申报表另存为HTML 文件,以便以后在本地电脑随时查看。

(12)企业数据录入并保存后,后来又发现数据有差错,而数据录入后有些报表是无法自行修改或作废的。企业必须通过文书申请向地税局提出修改。

(13)纳税人通过因特网办税服务系统传给税务机关的数据必须与纸质文件相符。

(14)各种纸质文件,包括申报表、财务报表、文书申请审批表应根据税务机关确定的报送期限及时申报和申请,相关的期限见网上通知。

(15)为确保银行能及时足额地扣缴税款,避免给企业造成不必要的损失,企业在每月申报期限提前几天就将税款足额存入储税账户。目前的一户通缴税扣款方式,法定休息日并不会自动执行扣款操作,而平时扣款时间为每个工作日的下午下班前后。

(16)《其他税(费)结算申报表》、《社会保险费结算申报表》和《企业所得税年度纳税申报表》为年终申报时使用,一年只需申报一次,注意要在规定申报期内及时申报(申报期一般为次年年初,具体咨询税务机关或查看报表限缴日期),并注意不要重复申报。

第四节　税款缴纳

税款缴纳是指纳税人、扣缴义务人依照国家法律、行政法规的规定实现的税款依法通过不同方式缴纳入库的过程。纳税人、扣缴义务人应按税法规定的期限及时足额缴纳应纳税款,以完全彻底地履行应尽的纳税义务。

一、税款缴纳的方式

纳税人应当按照主管国家税务机关确定的征收方式缴纳税款。

(一)自核自缴

生产经营规模较大,财务制度健全,会计核算准确,一贯依法纳税的企业,经主管国家税务机关批准,企业依照税法规定,自行计算应纳税款,自行填写、审核纳税申报表,自行填写税收缴款书,到开户银行解缴应纳税款,并按规定向主管国家税务机关办理纳税申报并报送纳税资料和财务会计报表。

(二)申报核实缴纳

生产经营正常,财务制度基本健全,账册、凭证完整,会计核算较准确的企业依照税法规定计算应纳税款,自行填写纳税申报表,按照规定向主管国家税务机关办理纳税申报,并报送纳税资料和财务会计报表。经主管国家税务机关审核,并填开税收缴款书,纳税人按规定期限到开户银行缴纳税款。

(三)申报查定缴纳

即财务制度不够健全,账簿凭证不完备的固定业户,应当如实向主管国家税务机关办理纳税申报并提供其生产能力、原材料、能源消耗情况及生产经营情况等,经主管国家税务机关审查测定或实地查验后,填开税收缴款书或者完税证,纳税人按规定期限到开户银行或者税务机关缴纳税款。

(四)定额申报缴纳

生产经营规模较小,确无建账能力或者账证不健全,不能提供准确纳税资料的固定业户,按照国家税务机关核定的营业(销售)额和征收率,按规定期限向主管国家税务机关申报缴纳税款。纳税人实际营业(销售)额与核定额相比升降幅度在20%以内的,仍按核定营业(销售)额计算申报缴纳税款;对当期实际营业(销售)额上升幅度超过20%的,按当期实际营业(销售)额计算申报缴纳税款;当期实际营业(销售)额下降幅度超过20%的,当期仍按核定营业(销售)额计算申报缴纳税款,经主管国家税务机关调查核实后,其多缴税款可在下期应纳税款中予以抵扣。需要调整定额的,向主管国家税务机关申请调升或调降定额。但是对定额的调整规定不适用实行起点定额或保本定额缴纳税款的个体工商户。

二、税款的退还

根据《中华人民共和国税收征收管理法》第五十一条规定,纳税人超过应纳税额缴纳的税款,税务机关发现后应当立即退还;纳税人自结算缴纳税款之日起三年内发现的,可以向税务机关要求退还多缴的税款并加算银行同期存款利息,税务机关及时查实后应当立即退还;涉及从国库中退库的,依照法律、行政法规有关国库管理的规定退还。

(一)税款退还的情形

1.误收退税。由于纳税人或税务机关工作人员,因工作疏忽或计算机操作(包括设备网络故障、软件升级)等原因产生计算错误,或税收征管、税收政策等政策性原因,造成多征、误征应退还纳税人的税款。

2.减免退税。按照国家税收法规规定给予纳税人减免税等政策性鼓励、照顾所形成已征税款的减免退库。

3.汇(结)算退税。纳税人按照税收法规规定,实行预征缴税而超过应缴税款的,以及所得税汇算清缴所形成的应退还纳税人的税款。如企业所得税年度汇算清缴,个人独资、合伙企业、个体工商户个人所得税年度汇算清缴,土地增值税结算等。

4.其他退税。其他经财政部、国家税务总局规定的退税项目。

(二)税款退还的程序

1.若是由税务机关发现纳税人多缴税款的,应填制《税收收入退还书》,于发现后10日内办理退库,也可按纳税人的要求抵缴下期应纳税款;

2.若是由纳税人发现多缴税款的,可以自结算之日起3年内填写申请退款书,向税务机关要求退款,税务机关应于收到纳税人申请退款书之日起30日内查实并办理退库手续,也可按纳税人的要求抵缴下期应纳税款。

纳税人发现多缴税款的,应向主管税务机关提供所需以下证明文件及资料:

(1)《退税申请审批表》。所有申请税款退还的纳税人均需填报,若表中"申请理由"格式不够填写或情况复杂的,可另附《申请退还税款报告》。

(2)完税凭证复印件。是指纳税人已缴纳入库的税收完税凭证复印件。

(3)涉及下列情形申请退还税款的,纳税人应补充下列资料:

①属于税收征管原因及执行税收政策等政策性因素的,应提供相关的税收法律法规和税收政策文件复印件。

②属于减免税的,应提供主管税务机关批复或备案的减免税文书复印件。

③属于汇算清缴或多收退税的,应提供主管税务机关已核实的各类清算表、结算表、处理决定书、纳税评估书等文书复印件。

④相关的纳税申报表、财务报表等文书复印件。

⑤主管税务机关需要的其他资料。

三、税款的追征

根据《中华人民共和国税收征收管理法》第五十二条规定,因税务机关责任,致使纳税人、扣缴义务人未缴或者少缴税款的,税务机关在3年内可要求纳税人、扣缴义务人补缴税款,但是不得加收滞纳金。因纳税人、扣缴义务人计算等失误,未缴或者少缴税款的,税务机关在3年内可以追征税款、滞纳金;有特殊情况的追征期可以延长到5年。

所称特殊情况,是指纳税人或者扣缴义务人因计算错误等失误,未缴或者少缴、未扣或者少扣、未收或者少收税款,累计数额在10万元以上的。

对偷税、抗税、骗税的,税务机关追征其未缴或者少缴的税款、滞纳金或者所骗取的税款。不受前款规定期限的限制。

四、延期纳税

(一)延期条件

纳税人遇有特殊困难,不能按期缴纳税款的,经省级税务局批准,可以延期缴纳税款,但最长不得超过3个月。纳税人因有特殊困难,经批准延期缴纳税款的,在批准的期限内,不加收滞纳金。纳税人的特殊困难是指以下情况:

1.水、火、风、雹、海潮、地震等人力不可抗拒的自然灾害;

2.可供纳税的现金、支票以及其他财产等遭遇偷盗、抢劫等意外事故;

3.国家调整经济政策的直接影响;

4.短期货款拖欠;

5.其他经省、自治区、直辖市国家税务局、地方税务局明文列举的特殊困难。

(二)办理手续

纳税人因有特殊困难,需延期缴纳税款的,应在纳税期限内,向主管税务机关提出延期缴纳税款申请,并提供以下资料:

1.《延期缴纳税款申请审批表》,明确填写申请表中申请延期的税种、税额、税款所属期、限缴日期等有关项目,由法定代表人签章,并加盖公章;

2.税务登记证副本;

3.资产负债表;

4.当期货币资金余额情况及所有银行存款账户的对账单及复印件;

5.书面申请报告,说明纳税人的财务状况、申请延期缴纳税款的理由、应付职工工资和社会保险费的开支预算等;

6.因不可抗力,导致纳税人发生较大损失,正常生产经营活动受到较大影响的原因申请延期缴纳税款的,还应提供相应的证明资料;

7.税务机关要求的其他相关资料。

主管税务机关按税收管理权限上报审批,并将审批结果及时书面通知纳税人。获准的,制作《核准延期纳税通知书》,通知纳税人;未予批准的,纳税人仍按规定期限缴纳税款。

纳税人延期税款到期后,应按时向主管税务机关缴纳延期税款,缴纳时应携带原批准的"申请表"查验。超过批准期限缴纳税款的,应按《中华人民共和国税收征收管理法》的有关规定加收滞纳金。

五、违反税款缴纳的处罚方式

(一)拒绝缴纳税款的处罚

纳税人、扣缴义务人在规定期限内不缴或者少缴应纳或者应解缴的税款,经税务机关责令限期缴纳,逾期仍未缴纳的,税务机关除依照《中华人民共和国税收征收管理法》第四十条的规定采取强制执行措施追缴其不缴或者少缴的税款外,可以处不缴或者少缴的税款百分之五十以上五倍以下的罚款。

(二)扣缴义务人应扣未扣、应收而不收税款的处罚

扣缴义务人应扣未扣、应收而不收税款的,由税务机关向纳税人追缴税款,对扣缴义务人处应扣未扣、应收未收税款百分之五十以上三倍以下的罚款。

(三)纳税人拒绝代扣、代收税款的处罚

纳税人拒绝代扣、代收税款的,扣缴义务人应当向税务机关报告,由税务机关直接向纳税人追缴税款、滞纳金;纳税人拒不缴纳的,依照《中华人民共和国税收征收管理法》第六十八条的规定执行。

(四)偷税及处罚

纳税人伪造、变造、隐匿、擅自销毁账簿、记账凭证,或者在账簿上多列支出或者不列、少列收入,或者经税务机关通知申报而拒不申报或者进行虚假的纳税申报,不缴或者少缴应纳税款的,是偷税。对纳税人偷税的,由税务机关追缴其不缴或者少缴的税款、滞纳金,并处不缴或者少缴的税款百分之五十以上五倍以下的罚款;构成犯罪的,依法追究刑事责任。扣缴义务人采取前款所列手段,不缴或者少缴已扣、已收税款,由税务机关追缴其不缴或者少缴的税款、滞纳金,并处不缴或者少缴的税款百分之五十以上五倍以下的罚款;构成犯罪的,依法追究刑事责任。

(五)逃避追缴欠税及处罚

纳税人欠缴应纳税款,采取转移或者隐匿财产的手段,妨碍税务机关追缴欠缴的税款的,由税务机关追缴欠缴的税款、滞纳金,并处欠缴税款百分之五十以上五倍以下的罚款;构成犯罪的,依法追究刑事责任。

(六)骗取出口退税及处罚

以假报出口或者其他欺骗手段,骗取国家出口退税款,由税务机关追缴其骗取的退税款,并处骗取税款一倍以上五倍以下的罚款;构成犯罪的,依法追究刑事责任。对骗取国家出口退税款的,税务机关可以在规定期间内停止为其办理出口退税。

(七)抗税及处罚

以暴力、威胁方法拒不缴纳税款的,是抗税,除由税务机关追缴其拒缴的税款、滞纳金外,依法追究刑事责任。情节轻微,未构成犯罪的,由税务机关追缴其拒缴的税款、滞纳金,并处拒缴税款一倍以上五倍以下的罚款。

思考训练

1.企业税务登记有哪些类型? 各类税务登记应当如何办理?

2.什么叫发票? 发票有哪些种类? 不同种类的发票有什么区别?

3.怎样办理发票的领购手续? 发票领购有哪些方式?

4.增值税专用发票的领购、使用、保管有哪些具体要求?

5.纳税申报有哪些常见的方式?

6.网上申报有哪些平台? 如何操作?

7.税款缴纳有哪些方式?

8.税款的退还主要是什么原因? 怎样办理?

第二章　增值税实务

知识目标

☆ 了解增值税的基本原理
☆ 熟悉增值税的基本要素
☆ 熟悉一般纳税人和小规模纳税人的区别
☆ 懂得增值税会计的账户设置
☆ 掌握增值税纳税申报表的填写要求

能力目标

☆ 能判断增值税纳税人的类型
☆ 会计算一般纳税人、小规模纳税人、特殊经营行为、进口货物的增值税额和出口货物的退（免）税额
☆ 懂增值税业务的会计核算方法
☆ 能填写增值税纳税申报表并进行纳税申报

引导案例

2012年6月，会计专业毕业生王小莉在协同财会部门领导为公司完成了税务登记、办妥了发票领购、网上申报纳税手续等工作任务后，正式走上了ABC公司财会部门的税务会计岗位。根据工作安排，小王将在师傅的指导下，承担公司各项税款的计算、涉税业务的会计核算和纳税申报等工作。临近纳税申报期，为了能顺利完成工作任务，小王努力学习税收法律法规，主动请教师傅，做好了以下各项准备工作：

1. 根据营业执照、税务登记证件，搞清了 ABC 公司的企业性质、主管税务机关、经营范围、纳税人的类型、涉及的税种税目、所适用的税率、税款的计算和缴纳方法、纳税期限、纳税地点等基本情况；

2. 学习了增值税的计税原理、基本要素、税款计算、税款申报等基本知识；

3. 学会了网上认证、抄报税、一般纳税人纳税申报的操作方法；

4. 准备好了会计核算所需的账册、凭证、报表，学会了增值税会计的处理方法。

第一节　增值税的基本规定

增值税是以商品（含应税劳务）在流转过程中产生的增值额作为计税依据而征收的一种流转税。我国现行增值税法的基本规范，是 2008 年 11 月 10 日国务院颁布的《中华人民共和国增值税暂行条例》和 2008 年 12 月 15 日财政部、国家税务总局制定的《中华人民共和国增值税暂行条例实施细则》，于 2009 年 1 月 1 日起施行。

按我国增值税法的规定，增值税是对在我国境内销售货物或者提供加工、修理修配劳务以及进口货物的单位和个人，就其货物销售或提供劳务的增值额和货物进口金额为计税依据而课征的一种流转税。

从计税原理上说，增值税是对商品生产、流通、劳务服务中多个环节的新增价值或商品的附加值征收的一种流转税。但在实际当中，商品新增价值或附加值在生产和流通过程中是很难准确计算的，因此，中国也采用了国际上普遍采用的税款抵扣的办法，即根据销售商品或劳务的销售额，按规定的税率计算出销项税额，然后扣除取得该商品或劳务时所支付的增值税款，也就是进项税额，其差额就是增值部分应交的税额，这种计算方法体现了按增值因素计税的原则。

2011 年 11 月 16 日，财政部、国家税务总局印发了《营业税改征增值税试点方案》，选择经济辐射效应明显、改革示范作用较强的上海开展试点。从 2012 年 1 月 1 日起，对试点地区先在交通运输业、部分现代服务业等生产性服务业开展试点，逐步推广至其他行业。条件成熟时，可选择部分行业在全国范围内进行全行业试点。2012 年 8 月 1 日起至年底，试点范围分批扩大至北京、天津、江苏、浙江、安徽、福建、湖北、广东和厦门、深圳 10 个省(直辖市、计划单列市)。

一、增值税的征税范围

根据我国《增值税暂行条例》的规定，在我国境内销售货物或者提供加工、修理修配劳务以及进口货物的单位和个人，为增值税的纳税人，应当依照条例的规定缴纳增值税。

(一)征税范围的一般规定

1. 销售或者进口的货物

货物是指有形动产,包括电力、热力、气体在内。

2. 提供的加工、修理修配劳务

加工是指受托加工货物,即委托方提供原材料及主要材料,受托方按照委托方要求制造货物并收取加工费的业务。判别是不是委托加工业务很重要的一点是原材料由谁提供的。若原材料由委托方提供的,它是委托加工业务;若原材料是受托方提供的,不管它是以什么形式提供,在会计上如何核算,都作为自制产品对待。修理修配是指受托对损伤或丧失功能的货物进行修复,使其恢复原状和功能的业务,如果不是恢复原状和原有功能,而增加了使用功能,不能简单地看成是修理。

注意,从 2012 年 1 月 1 日起,营业税改征增值税试点地区,交通运输业和部分现代服务业提供的应税服务,改征增值税。

应税服务,是指陆路运输服务、水路运输服务、航空运输服务、管道运输服务、研发和技术服务、信息技术服务、文化创意服务、物流辅助服务、有形动产租赁服务、鉴证咨询服务。应税服务的具体范围按照《交通运输业和部分现代服务业营业税改征增值税试点实施办法》所附的《应税服务范围注释》执行。

(二)征税范围的具体规定

1. 属于征税范围的特殊项目

(1)货物期货(包括商品期货和贵金属期货),应该征收增值税,在期货的实物交割环节纳税。非货物期货征收营业税;

(2)银行销售金银业务,应当征收增值税;

(3)典当业的死当物品销售业务和寄售业代委托人销售寄售物品的业务,应当征收增值税;

(4)集邮商品的生产、以及邮政部门以外的其他单位和个人销售的均应征增值税;

(5)邮政部门发行报刊,征收营业税;其他单位和个人发行报刊,征收增值税;

(6)电力公司向发电企业收取的过网费,应当征收增值税,不征营业税。

2. 属于征税范围的特殊行为

(1)视同销售货物行为

①将货物交付其他单位或者个人代销;

②销售代销货物;

③设有两个以上机构并实行统一核算的纳税人,将货物从一个机构移送至其他机构用于销售,但相关机构设在同一县(市)的除外;

④将自产或委托加工的货物用于非增值税应税项目;

⑤将自产、委托加工的货物用于集体福利或个人消费；

⑥将自产、委托加工或购买的货物作为投资，提供给其他单位或个体经营者；

⑦将自产、委托加工或购买的货物分配给股东或投资者；

⑧将自产、委托加工或购买的货物无偿赠送其他单位或者个人。

（2）混合销售行为

一项销售行为如果既涉及增值税应税货物又涉及非应税劳务，为混合销售行为。除《增值税暂行条例实施细则》第六条规定的两种情形（销售自产货物并同时提供建筑业劳务的行为；财政部、国家税务总局规定的其他情形），应当分别核算货物的销售额和非增值税应税劳务的营业额，并根据其销售货物的销售额计算缴纳增值税，非增值税应税劳务的营业额不缴纳增值税；未分别核算的，由主管税务机关核定其货物的销售额之外，从事货物的生产、批发或零售的企业，企业性单位及个体经营者发生混合销售行为，视为销售货物，应当征收增值税；其他单位和个人的混合销售行为，视为销售非增值税应税劳务，不缴纳增值税。

所谓非应税劳务是指属于应缴营业税的交通运输业、建筑业、金融保险业、邮电通信业、文化体育业、娱乐业、服务业税目征收范围的劳务。需要解释的是，出现混合销售行为，涉及的货物和非应税劳务只是针对一项销售行为而言的，也就是说，非应税劳务是为了直接销售一批货物而提供的，二者之间是紧密相连的从属关系，它与一般既从事这个税的应税项目又从事另一个税的应税项目，二者之间没有直接从属关系的兼营行为是完全不同的。对实际经济活动中发生的混合销售行为与兼营行为，由于涉及不同的税务处理，因此，要严格区分，不能混淆。

（3）兼营行为

①兼营非增值税应税劳务。纳税人兼营非增值税应税劳务，根据增值税暂行条例实施细则的规定，应分别核算货物或应税劳务的销售额和非应税劳务的营业额，对货物和应税劳务的销售额按各自适用的税率征收增值税，对非应税劳务的营业额按适用的税率征收营业税。未分别核算的，由主管税务机关核定货物或者应税劳务的销售额。

与混合销售行为相区别，兼营非应税劳务是指增值税纳税人在从事应税货物销售或提供应税劳务的同时，还从事非应税劳务（即营业税规定的各项劳务），且从事的非应税劳务与某一项销售货物或提供应税劳务并无直接的联系和从属关系。比如，某建筑装饰材料商店，一方面批发、零售货物；另一方面又对外承揽属于应纳营业税的安装、装饰业务。

②兼营不同税率的货物或应税劳务。纳税人兼营不同税率的货物或应税劳务，应当分别核算不同税率货物或者应税劳务的销售额。未分别核算销售额的，从高适用税率。

所谓分别核算，主要是指对兼营的不同税率货物或应税劳务在取得收入后，应分别如实记账，分别核算销售额，并按照不同的税率各自计算应纳税额，以避免适用税率混乱，出现少缴税款或多缴税款的现象。所谓对未分别核算销售额的，从高适用税率是指,兼营不同税率货物或应税劳务而取得的混合在一起的销售额,本应按17％或13％高低不同税率分别计税,但由于未分别核算,因此,只能以不减少上缴国家的税收为前提,对混在一起的销售额一律按17％的高税率计税。

(三)征税范围的其他特殊规定

1.《增值税暂行条例》规定的免税项目

(1)农业生产者销售的自产农产品;

(2)避孕药品和用具;

(3)古旧图书;

(4)直接用于科学研究、科学试验和教学的进口仪器、设备;

(5)外国政府、国际组织无偿援助的进口物资和设备;

(6)由残疾人的组织直接进口供残疾人专用的物品;

(7)销售的自己使用过的物品。

2.财政部、国家税务总局规定的其他免税项目

(1)对资源综合利用、再生资源、鼓励节能减排等方面的主要规定:

①销售自产再生水、以废旧轮胎为全部生产原料生产的胶粉、翻新轮胎、生产原料中掺兑废渣比例不低于30％的特定建材产品免征增值税;

②污水处理劳务免征增值税;

③销售自产以工业废气为原料生产的高纯度二氧化碳产品、以垃圾为燃料生产的电力或者热力、以煤炭开采过程中伴生的舍弃物油母页岩为原料生产的页岩油、以废旧沥青混凝土为原料生产的再生沥青混凝土实行增值税即征即退政策;

④销售自产以退役军用发射药为原料生产的涂料硝化棉粉、对燃煤发电厂及各类工业企业产生的烟气、高硫天然气进行脱硫生产的副产品、以废弃酒糟和酿酒底锅水为原料生产的蒸汽、活性炭、白碳黑、乳酸、乳酸钙、沼气、以煤矸石、煤泥、石煤、油母页岩为燃料生产的电力和热力、利用风力生产的电力、部分新型墙体材料产品实现的增值税实行即征即退50％的政策;

⑤销售自产的综合利用生物柴油实行增值税先征后退政策。

(2)自2008年6月1日起,纳税人生产销售和批发、零售有机肥产品免征增值税。

(3)对农民专业合作社的增值税政策:

①对农民专业合作社销售本社成员生产的农业产品,视同农业生产者销售自产农业产品免征增值税;

②对农民专业合作社向本社成员销售的农膜、种子、种苗、化肥、农药、农机,免征增值税。

(4)免税店销售免税品的增值税政策:

①海关隔离区内免税店销售免税品以及市内免税店销售但在海关隔离区内提取免税品的行为,不征收增值税;

②免税店销售免税品,一律开具出口发票,不得使用防伪税控专用器具开具增值税专用发票或普通发票。

(5)除经中国人民银行和对外经济贸易合作部(现为商务部)批准经营融资租赁业务的单位所从事的融资租赁业务外,其他单位从事的融资租赁业务,租赁的货物的所有权转让给承租方,征收增值税,租赁的货物的所有权未转让给承租方,不征收增值税。

(6)转让企业全部产权涉及的应税货物的转让,不属于增值税的征税范围,不征收增值税。

(7)对从事热力、电力、燃气、自来水等公用事业的增值税纳税人收取的一次性费用,凡与货物的销售数量有直接关系的,征收增值税;凡与货物的销售数量无直接关系的,不征收增值税。

(8)纳税人代有关行政管理部门收取的费用,凡符合规定条件的,不属于价外费用,不征收增值税。

(9)纳税人销售货物的同时代办保险而向购买方收取的保险费,以及从事汽车销售的纳税人向购买方收取的代购买方缴纳的车辆购置税、牌照费,不作为价外费用征收增值税。

(10)纳税人销售软件产品并随同销售一并收取的软件安装费、维护费、培训费等收入,应按照增值税混合销售的有关规定征收增值税,并可享受软件产品增值税即征即退政策。

对软件产品交付使用后,按期或按次收取的维护、技术服务费、培训费等不征收增值税。

纳税人受托开发软件产品,著作权属于受托方的征收增值税,著作权属于委托方或属于双方共同拥有的不征收增值税。

(11)印刷企业接受出版单位委托,自行购买纸张,印刷有统一刊号(CN)以及采用国际标准书号编序的图书、报纸和杂志,按货物销售征收增值税。

(12)对增值税纳税人收取的会员费收入不征收增值税。

(13)按债转股企业与金融资产管理公司签订的债转股协议,债转股原企业将货物资产作为投资提供给债转股新公司的,免征增值税。

(14)各燃油电厂从政府财政专户取得的发电补贴不属于增值税规定的价外费用,不计入应税销售额,不征收增值税。

3.增值税起征点

从 2011 年 11 月 1 日起,增值税起征点调整为:

(1)销售货物的,为月销售额 5 000—20 000 元;

（2）销售应税劳务的，为月销售额 5 000—20 000 元；

（3）按次纳税的，为每次（日）销售额 300—500 元。

注意：增值税起征点仅仅适用于个人（包括个体工商户和其他个人）；超过起征点，需要全额征税；国务院授权各省、自治区、直辖市财政厅（局）和国税局在规定的幅度内，根据实际情况确定本地区适用的起征点，并报财政部、国家税务总局备案。

4. 兼营免税、减税项目规定

纳税人兼营免税、减税项目的，应当分别核算免税、减税项目的销售额；未分别核算销售额的，不得免税、减税。

5. 放弃免税规定

纳税人销售货物或者应税劳务适用免税规定的，可以放弃免税，依照《增值税暂行条例》的规定缴纳增值税。放弃免税后，36 个月内不得再申请免税。

二、增值税的纳税人

凡在我国境内销售货物或者提供加工、修理修配劳务，以及进口货物的单位和个人都是增值税的纳税义务人。单位是指企业、行政单位、事业单位、军事单位、社会团体及其他单位；个人是指个体工商户和其他个人。若境外的单位或个人在境内销售应税劳务而在境内未设有经营机构的，其应纳税款以代理人为扣缴义务人；没有代理人的，以购买者为扣缴义务人。

根据《交通运输业和部分现代服务业营业税改征增值税试点实施办法》，在中华人民共和国境内提供交通运输业和部分现代服务业服务的单位和个人，为增值税纳税人。纳税人提供应税服务，应当按照本办法缴纳增值税，不再缴纳营业税。

增值税的纳税人按其年销售额的大小和会计核算水平这两个标准为依据，划分为一般纳税人和小规模纳税人。

（一）一般纳税人

根据《增值税一般纳税人资格认定管理办法》，自 2010 年 3 月 20 日起，满足下列条件的为增值税一般纳税人：

1. 年应税销售额超过财政部、国家税务总局规定的小规模纳税人标准的，除个体工商户以外的其他个人、选择按照小规模纳税人纳税的非企业性单位和选择按照小规模纳税人纳税的不经常发生应税行为的企业外，应当向主管税务机关申请一般纳税人资格认定。

所称年应税销售额，是指纳税人在连续不超过 12 个月的经营期内累计应征增值税销售额，包括纳税申报销售额、稽查查补销售额、纳税评估调整销售额、税务机关代开发票销售额和免税销售额。

2.年应税销售额未超过财政部、国家税务总局规定的小规模纳税人标准以及新开业的纳税人,可以向主管税务机关申请一般纳税人资格认定。对提出申请并且同时符合下列条件的纳税人,主管税务机关应当为其办理一般纳税人资格认定。

(1)有固定的生产经营场所;

(2)能够按照国家统一的会计制度规定设置账簿,根据合法、有效凭证核算,能够提供准确税务资料。

营业税改征增值税试点地区,应税服务的年应征增值税销售额超过财政部和国家税务总局规定标准的纳税人为一般纳税人。

(二)小规模纳税人

根据《增值税暂行条例实施细则》规定,从 2009 年 1 月 1 日起,小规模纳税人的标准为:

1.从事货物生产或者提供应税劳务的纳税人,以及以从事货物生产或者提供应税劳务为主,并兼营货物批发或者零售的纳税人,年应征增值税销售额在 50 万元及以下的;

2.除上款规定以外的纳税人,年应税销售额在 80 万元及以下的。

从 2012 年 1 月 1 日起,营业税改征增值税试点地区,应税服务的年应征增值税销售额未超过规定标准的纳税人为小规模纳税人。

年应税销售额或试点地区年应税服务销售额超过小规模纳税人标准的其他个人按小规模纳税人纳税;非企业性单位、不经常发生应税行为的企业可选择按小规模纳税人纳税。

三、增值税的税率和征收率

我国增值税采用比例税率,按照一定的比例征收。为了发挥增值税的中性作用,原则上增值税的税率应该对不同行业不同企业实行单一税率,称为基本税率。实践中为照顾一些特殊行业或产品也增设了一档低税率,对出口产品实行零税率;对小规模纳税人采用征收率。

(一)基本税率

增值税一般纳税人销售或者进口货物,提供加工、修理修配劳务,除低税率适用范围和销售个别旧货适用征收率外,税率一律为 17%,这就是通常所说的基本税率。

自 2009 年 1 月 1 日起,将部分金属矿、非金属矿采选产品的增值税税率由原来的 13% 低税率恢复到 17%,如铜矿砂及其精矿(非黄金价值部分)、镍矿砂及其精矿(非黄金价值部分)、纯氯化钠、未焙烧的黄铁矿、石英、云母粉、天然硫酸钡(重晶石)等。

(二)低税率

增值税一般纳税人销售或者进口下列货物,按低税率计征增值税,低税率为13%。

1. 粮食、食用植物油、鲜奶;
2. 自来水、暖气、冷气、热水、煤气、石油液化气、天然气、沼气、居民用煤炭制品;
3. 图书、报纸、杂志;
4. 饲料、化肥、农药、农机、农膜;
5. 国务院规定的其他货物。

(三)零税率

纳税人出口货物,税率为零;但是,国务院另有规定的除外。

税率为零不是简单地等同于免税。出口货物免税仅指在出口环节不征收增值税,而零税率是指对出口货物除了在出口环节不征增值税外还要对该产品在出口前已经缴纳的增值税进行退税使该出口产品在出口时完全不含增值税税款,从而以无税产品进入国际市场。目前我国并非对全部出口产品都实行零税率,而是根据经济形势的变化和调节出口产品结构的需要规定出口退税率,对大部分出口产品实行零税率。

(四)征收率

增值税对小规模纳税人采用简易征收办法,对小规模纳税人适用的税率称为征收率。

1. 一般规定

自2009年1月1日起,小规模纳税人增值税征收率由过去的6%和4%,一律调整为3%,不再设置工业和商业两档征收率。

2. 国务院及其有关部门的规定

(1)一般纳税人销售自己使用过的属于《增值税暂行条例》第十条规定不得抵扣且未抵扣进项税额的固定资产,按简易办法依4%征收率减半征收增值税。一般纳税人销售自己使用过的除固定资产以外的物品,应当按照适用税率征收增值税。

(2)小规模纳税人(除其他个人外)销售自己使用过的固定资产,减按2%征收率征收增值税。小规模纳税人销售自己使用过的除固定资产以外的物品,应按3%的征收率征收增值税。

(3)纳税人销售旧货,按照简易办法依照4%征收率减半征收增值税。

(4)一般纳税人销售自产的下列货物,可选择按照简易办法依照6%征收率计算缴纳增值税:

①县级及县级以下小型水力发电单位生产的电力;

②建筑用和生产建筑材料所用的沙、土、石料;

③以自己采掘的沙、土、石料或其他矿物连续生产的砖、瓦、石灰(不含黏土实心砖、瓦);

④用微生物、微生物代谢产物、动物毒素、人或动物的血液或组织制成的生物制品；

⑤自来水；

⑥商品混凝土(仅限于以水泥为原料生产的水泥混凝土)；

⑦属于增值税一般纳税人的单采血浆站销售非临床用人体血液，可以按照简易办法依照6%征收率计算应纳税额，但不得对外开具增值税专用发票，也可以按照销项税额抵扣进项税额的办法依照增值税适用税率计算应纳税额。

一般纳税人选择简易办法计算缴纳增值税后，36个月内不得变更。

(5)一般纳税人销售货物属于下列情形之一的，暂按简易办法依照4%征收率计算缴纳增值税：

①寄售商店代销寄售物品(包括居民个人寄售的物品在内)；

②典当业销售死当物品；

③经国务院或国务院授权机关批准的免税商店零售的免税品。

对属于一般纳税人的自来水公司销售自来水按简易办法依照6%征收率征收增值税，不得抵扣其购进自来水取得增值税扣税凭证上注明的增值税税款。

(五)营业税改征增值税试点税率

1.提供有形动产租赁服务，税率为17%。

2.提供交通运输业服务，税率为11%。

3.提供现代服务业服务(有形动产租赁服务除外)，税率为6%。

4.财政部和国家税务总局规定的应税服务，税率为零。

四、增值税的征收管理

(一)纳税义务发生时间

1.一般规定

(1)纳税人销售货物或者应税劳务，其纳税义务发生时间为收讫销售款项或者取得索取销售款项凭据的当天；先开具发票的，为开具发票的当天。

(2)纳税人进口货物，其纳税义务发生时间为报关进口的当天。

(3)增值税扣缴义务发生时间为纳税人增值税纳税义务发生的当天。

2.具体规定

销售货物或者应税劳务的纳税义务发生时间，按销售结算方式的不同，具体确定为：

(1)采取直接收款方式销售货物，不论货物是否发出，均为收到销售额或取得索取销售额的凭据，并将提货单交给买方的当天；

(2)采取托收承付和委托银行收款方式销售货物，为发出货物并办妥托收手续的当天；

(3)采取赊销和分期收款方式销售货物，为按合同约定的收款日期的当天；

（4）采取预收货款方式销售货物,为货物发出的当天;

（5）委托其他纳税人代销货物,为收到代销单位销售的代销清单的当天;

（6）销售应税劳务,为提供劳务同时收讫销售额或索取销售额的凭据的当天;

（7）视同销售行为中第三至第八项,为货物移送的当天。

（二）纳税地点

1.固定业户,应当向机构所在地主管税务机关申报纳税;

2.固定业户到外县(市)销售货物的,有外出经营活动税收管理证明,回机构所在地纳税,否则,在销售地纳税;未向销售地主管税务机关申报纳税的,由其机构所在地主管税务机关补征税款;

3.非固定业户销售货物或应税劳务,应当向销售地主管税务机关申报纳税;未向销售地主管税务机关申报纳税的,由其机构所在地或居住地主管税务机关补征税款;

4.进口货物,应当由进口人或代理人向报关地海关申报纳税;

5.扣缴义务人应当向其机构所在地或者居住地的主管税务机关申报缴纳其扣缴的税款。

（三）纳税期限

增值税的纳税期限分别为 1 日、3 日、5 日、10 日、15 日、1 个月或者 1 个季度。纳税人的具体纳税期限,由主管税务机关根据纳税人应纳税额的大小分别核定;不能按固定期限纳税的,也可以按次纳税。

纳税人以 1 个月或 1 个季度为一期纳税的,自期满之日起 15 日内申报纳税;以 1 日、3 日、5 日、10 日、15 日为一期的,自期满之日起 5 日内预缴税款,于次月 1 日起 15 内申报纳税并结清上月应纳税款。

纳税人进口货物,应当自海关填发税款缴纳证之日起 15 日内缴纳税款。

第二节　增值税的计算

一、一般纳税人应纳税额的计算

（一）销项税额的计算

销项税额是指纳税人销售货物或者提供应税劳务,按照销售额或提供应税劳务收入和规定的税率计算并向购买方收取的增值税税额。销项税额的计算公式为:

销项税额＝销售额×适用税率

1. 一般销售方式下的销售额

销售额是指纳税人销售货物或者提供应税劳务向购买方(承受应税劳务也视为购买方)收取的全部价款和价外费用。价外费用,包括价外向购买方收取的手续费、补贴、基金、集资费、返还利润、奖励费、违约金、滞纳金、延期付款利息、赔偿金、代收款项、代垫款项、包装费、包装物租金、储备费、优质费、运输装卸费以及其他各种性质的价外收费。但下列项目不包括在内:

(1)受托加工应征消费税的消费品所代收代缴的消费税。

(2)同时符合以下条件的代垫运输费用:

①承运部门的运输费用发票开具给购买方的;

②纳税人将该项发票转交给购买方的。

(3)同时符合以下条件代为收取的政府性基金或者行政事业性收费:

①由国务院或者财政部批准设立的政府性基金,由国务院或者省级人民政府及其财政、价格主管部门批准设立的行政事业性收费;

②收取时开具省级以上财政部门印制的财政票据;

③所收款项全额上缴财政。

(4)销售货物的同时代办保险等而向购买方收取的保险费,以及向购买方收取的代购买方缴纳的车辆购置税、车辆牌照费。

凡随同销售货物或提供应税劳务向购买方收取的价外费用,无论其会计制度如何核算,均应并入销售额计算应纳税额。税法规定各种性质的价外收费都要并入销售额计算征税,目的是防止以各种名目的收费减少销售额逃避纳税的现象。

应当注意,根据国家税务总局规定:对增值税一般纳税人(包括纳税人自己或代其他部门)向购买方收取的价外费用和逾期包装物押金,应视为含税收入,在征税时换算成不含税收入再并入销售额。

销售额以人民币计算。纳税人以人民币以外的货币结算销售额的,应当折合成人民币计算。

2. 特殊销售方式下的销售额

(1)采取折扣方式销售

折扣销售是指销货方在销售货物或应税劳务时,因购货方购货数量较大等原因而给予购货方的价格优惠(如:购买 5 件,销售价格折扣 10％;购买 10 件,折扣 20％等)。根据税法规定,纳税人销售货物并向购买方开具增值税专用发票后,由于购货方在一定时期内累计购买货物达到一定数量,或者由于市场价格下降等原因,销货方给予购货方相应的价格优惠或补偿等折扣、折让行为,销货方可按现行《增值税专用发票使用规定》的有关规定开具红字增值税专用发票。注意:

①折扣销售不同于销售折扣。销售折扣是指销货方在销售货物或应税劳务后,为

了鼓励购货方及早偿还货款而协议许诺给予购货方的一种折扣优待(如:10天内付款,货款折扣2%;20天内付款,折扣1%;30天内全价付款)。销售折扣发生在销货之后,是一种融资性质的理财费用,因此,销售折扣不得从销售额中减除。企业在确定销售额时应把折扣销售与销售折扣严格区分开。另外,销售折扣又不同于销售折让。销售折让是指货物销售后,由于其品种、质量等原因购货方未予退货,但销货方需给予购货方的一种价格折让。销售折让与销售折扣相比较,虽然都是在货物销售后发生的,但因为销售折让是由于货物的品种和质量引起销售额的减少,因此,对销售折让可以折让后的货款为销售额。

②折扣销售仅限于货物价格的折扣,如果销货者将自产、委托加工和购买的货物用于实物折扣的,则该实物款额不能从货物销售额中减除,且该实物应按增值税条例"视同销售货物"中的"赠送他人"计算征收增值税。

纳税人采取折扣方式销售货物,如果销售额和折扣额在同一张发票上分别注明的,可按折扣后的销售额征收增值税;未在同一张发票"金额"栏注明折扣额,而仅在发票的"备注"栏注明折扣额的,折扣额不得从销售额中减除。

(2)采取以旧换新方式销售

以旧换新是指纳税人在销售自己的货物时,有偿收回旧货物的行为。根据税法规定,采取以旧换新方式销售货物的,应按新货物的同期销售价格确定销售额,不得扣减旧货物的收购价格。考虑到金银首饰以旧换新业务的特殊情况,对金银首饰以旧换新业务,可以按销售方实际收取的不含增值税的全部价款征收增值税。

(3)采取还本销售方式销售

还本销售是指纳税人在销售货物后,到一定期限由销售方一次或分次退还给购货方全部或部分价款。这种方式实际上是一种筹资,是以货物换取资金的使用价值,到期还本不付息的方法。税法规定,采取还本销售方式销售货物,其销售额就是货物的销售价格,不得从销售额中减除还本支出。

(4)采取以物易物方式销售

以物易物是一种较为特殊的购销活动,是指购销双方不是以货币结算,而是以同等价款的货物相互结算,实现货物购销的一种方式。以物易物双方都应作购销处理,以各自发出的货物核算销售额并计算销项税额,以各自收到的货物按规定核算购货额并计算进项税额。应注意,在以物易物活动中,应分别开具合法的票据,如收到的货物不能取得相应的增值税专用发票或其他合法票据的,不能抵扣进项税额。

(5)包装物押金是否计入销售额

包装物是指纳税人包装本单位货物的各种物品。根据税法规定,纳税人为销售货物而出租出借包装物收取的押金,单独记账核算的,时间在1年以内,又未过期的,不并入销售额征税,但对因逾期未收回包装物不再退还的押金,应按所包装货物的适用税率计算销项税额。

对于个别包装物周转使用期限较长的,报经税务机关确定后,可适当放宽逾期期限。

包装物押金不应混同于包装物租金,包装物租金在销货时作为价外费用并入销售额计算销项税额。从 1995 年 6 月 1 日起,对销售除啤酒、黄酒外的其他酒类产品而收取的包装物押金,无论是否返还以及会计上如何核算,均应并入当期销售额征税。对销售啤酒、黄酒所收的押金,按上述一般押金的规定处理。

(6)销售已使用过的固定资产的税务处理

自 2009 年 1 月 1 日起,纳税人销售自己使用过的固定资产,应区分不同情形征收增值税:

①销售自己使用过的 2009 年 1 月 1 日以后购进或者自制的固定资产,按照适用税率征收增值税;

②2008 年 12 月 31 日以前未纳入扩大增值税抵扣范围试点的纳税人,销售自己使用过的 2008 年 12 月 31 日以前购进或者自制的固定资产,按照 4% 征收率减半征收增值税;

③2008 年 12 月 31 日以前已纳入扩大增值税抵扣范围试点的纳税人,销售自己使用过的在本地区扩大增值税抵扣范围试点以前购进或者自制的固定资产,按照 4% 征收率减半征收增值税;销售自己使用过的在本地区扩大增值税抵扣范围试点以后购进或者自制的固定资产,按照适用税率征收增值税。

"已使用过的固定资产"是指纳税人根据财务会计制度已经计提折旧的固定资产。

(7)对视同销售货物行为的销售额的确定

税法规定,对视同销售征税而无销售额的按下列顺序确定其销售额:

①按纳税人最近时期同类货物的平均销售价格确定;

②按其他纳税人最近时期同类货物的平均销售价格确定;

③按组成计税价格确定。组成计税价格的公式为:

组成计税价格＝成本×(1＋成本利润率)

征收增值税的货物,同时又征收消费税的,其组成计税价格中应加上消费税税额。其组成计税价格公式为:

组成计税价格＝成本×(1＋成本利润率)＋消费税税额

或:组成计税价格＝成本×(1＋成本利润率)÷(1－消费税税率)

公式中的成本是指:销售自产货物的为实际生产成本,销售外购货物的为实际采购成本。公式中的成本利润率由国家税务总局确定。但属于应从价定率征收消费税的货物,其组成计税价格公式中的成本利润率,为国家税务总局确定的成本利润率。

3.含税销售额的换算

对于一般纳税人销售货物或应税劳务,采用销售额和销项税额合并定价方法的,按下列公式计算销售额：

销售额＝含税销售额÷(1＋税率)

公式中的税率为销售的货物或者应税劳务按《增值税暂行条例》中规定所适用的税率。

【例 2-1】　A 公司是增值税一般纳税人,2012 年 8 月份发生下列经济业务：

(1)1 日,向一般纳税人销售自产货物一批,开具增值税专用发票 5 份,注明价款 2 000 000 元,税款 340 000 元;因销售货物提供运输劳务,收取运费 11 700 元,开具普通发票 5 份。货款、税款及运费已收存银行。

(2)2 日,向小规模纳税人销售税率为 17% 的自产货物一批,开具增值税普通发票 5 份,价税合计 117 000 元,款项已收存银行。

(3)10 日,按免抵退方式出口自产货物一批,开具出口发票 1 份,价款 200 000USD,汇率 100USD＝630RMB,款项未收。该出口货物的征税率为 17%,退税率为 13%。

(4)15 日,用成本为 400 000 元,市价为 500 000 元,税率为 17% 的自产货物对 B 公司投资,开具增值税专用发票 1 份,占 B 公司股份的 10%。

(5)16 日,用成本为 80 000 元的自产新产品一批作为福利发放给职工,开具企业内部结算凭证,该新产品没有同类市场价格。

(6)20 日,为小规模纳税人受托加工税率为 17% 的货物一批,开具增值税普通发票 1 份,收取加工费、辅助材料费及税款合计 23 400 元。

(7)21 日,税务机关对公司的纳税情况进行检查,发现 2012 年 6 月 10 日向购货方收取的优质费 11 700 元只开具了收款收据,贷记其他应付款账户,责令企业调整销售额,并于月底前缴纳增值税查补税款。

(8)25 日,采用收取手续费方式受托代销商品一批,开具增值税专用发票 3 份,注明价款 100 000 元,税款 17 000 元,同时取得了委托方开具的等额增值税专用发票 1 份,按代销货款(不含增值税)的 5% 扣除手续费后,将余款支付给委托方。

(9)26 日,采用买断方式委托 B 公司代销自产货物一批,收到受托方代销清单,开具增值税专用发票 1 份,注明价款 200 000 元,税款 34 000 元,款项收存银行。

(10)27 日,销售自己使用过的机器设备 1 台,开具普通发票 1 份,价税合计 10 400 元,款项已收存银行。该设备于 2008 年 12 月 5 日购入,账面原值 23 400 元,已提折旧 12 000 元。

(11)28 日,销售自己使用过的小轿车 1 辆,开具普通发票 1 份,价税合计 31 200 元,款项收存银行。该小轿车于 2009 年 1 月购入,原值 80 000 元,已提折旧 40 000 元。

(12)29 日,销售自己使用过的其他物品一批,开具增值税专用发票 1 份,注明价款 10 000 元,税款 1 700 元,款项收存银行。

(13)30 日,根据购货方提供的由其主管税务机关开具的红字增值税发票通知单,开具增值税红字发票 1 份,价款 50 000 元,税款 8 500 元,并将货款与税款退还给购货方。

要求:

(1)指出上述 13 项经济业务中,哪些属于视同销售行为?哪些属于特殊销售行为?

(2)计算 A 公司 2012 年 8 月按适用税率征收增值税货物及劳务的销售额和销项税额;

(3)计算 A 公司 2012 年 8 月按简易征收办法征收增值税货物的销售额和应纳税额;

(4)计算 A 公司 2012 年 8 月免征增值税货物及劳务销售额。

题解:

(1)上述 13 项经济业务中,第(4)、(5)、(8)、(9)项属于视同销售行为;第(10)、(11)、(12)项属于特殊销售行为;

(2)A 公司 2012 年 8 月按适用税率征收增值税货物及劳务的销售额和销项税额:

①按适用税率征收增值税货物销售额=$[2\ 000\ 000+11\ 700\div(1+17\%)]+117\ 000\div(1+17\%)+500\ 000+80\ 000(1+10\%)+11\ 700\div(1+17\%)+100\ 000+200\ 000+10\ 000-50\ 000=2\ 968\ 000$(元)

②按适用税率征收增值税货物销项税额=$2\ 968\ 000\times17\%=504\ 560$(元)

③按适用税率征收增值税劳务销售额=$23\ 400\div(1+17\%)=20\ 000$(元)

④按适用税率征收增值税劳务销项税额=$20\ 000\times17\%=3\ 400$(元)

(3)A 公司 2012 年 8 月按简易征收办法征收增值税货物的销售额和应纳税额:

①A 公司 2012 年 8 月按简易征收办法征收增值税货物的销售额=$10\ 400\div(1+4\%)+31\ 200\div(1+4\%)=40\ 000$(元)

②A 公司 2012 年 8 月按简易征收办法征收增值税货物的应纳税额=$40\ 000\times4\%\times50\%=800$(元)

(4)A 公司 2012 年 8 月免征增值税货物及劳务销售额=$200\ 000\times6.3=1\ 260\ 000$(元)

(二)进项税额的计算

纳税人购进货物或者接受应税劳务支付或者负担的增值税额,为进项税额。进项税额是与销项税额相对应的另一个概念。在开具增值税专用发票的情况下,它们之间的对应关系是,销售方收取的销项税,就是购买方支付的进项税额。增值税的核心就是用纳税人收取的销项税额抵扣其支付的进项税额,其余额为纳税人实际应缴纳的增值税税额。

并不是纳税人支付的所有进项税额都可以从销项税额中抵扣。当纳税人购进的货物或接受的应税劳务不是用于增值税应税项目,而是用于非应税项目、免税项目或用于集体福利、个人消费等情况时,其支付的进项税额就不能从销项税额中抵扣。税法对不能抵扣进项税额的项目做了严格的规定,如果违反税法规定,随意抵扣进项税额就将以偷税论处。

1. 准予从销项税额中抵扣的进项税额

根据《增值税暂行条例》的规定,准予从销项税额中抵扣的进项税额,限于下列增值税扣税凭证上注明的增值税税额和按规定的扣除率计算的进项税额:

(1)从销售方取得的增值税专用发票上注明的增值税额。

(2)从海关取得的海关进口增值税专用缴款书上注明的增值税额。

(3)购进农产品,除取得增值税专用发票或者海关进口增值税专用缴款书外,按照农产品收购发票或者销售发票上注明的农产品买价和13%的扣除率计算的进项税额。

①购买农业产品的买价,包括纳税人购进农产品在农产品收购发票或者销售发票上注明的价款和按规定缴纳的烟叶税。

②对纳税人按规定缴纳的烟叶税,准予并入烟叶产品的买价计算增值税的进项税额,并在计算缴纳增值税时予以抵扣。

烟叶收购金额包括纳税人支付给烟叶销售者的烟叶收购价款和价外补贴,价外补贴统一暂按烟叶收购价款的10%计算。计算公式如下:

烟叶收购金额=烟叶收购价款×(1+10%)

烟叶税应纳税额=烟叶收购金额×税率(20%)

准予抵扣的进项税额=(烟叶收购金额+烟叶税应纳税额)×扣除率

(4)购进或者销售货物以及在生产经营过程中支付运输费用的,按照运输费用结算单据上注明的运输费用金额和的扣除率计算的进项税额。进项税额计算公式:

进项税额=运输费用金额×扣除率

注意:

①购买或销售免税货物(购进免税农业产品除外)所发生的运输费用,不得计算进项税额抵扣。

②准予作为抵扣凭证的运费结算单据(普通发票),是指国有铁路、民用航空、公路和水上运输单位开具的货票,以及从事货物运输的非国有运输单位开具的套印全国统一发票监制章的货票。

③准予计算进项税额抵扣的货物运费金额是指运输费用结算单据上注明的运输费用(包括铁路临管线及铁路专线运输费用)、建设基金,不包括装卸费、保险费等其他杂费。

④自2007年1月1日起,增值税一般纳税人购进或销售货物,取得的作为增值税扣税凭证的货运发票,必须是通过货运发票税控系统开具的新版货运发票。

(5)根据财政部、国家税务总局关于在部分行业试行农产品增值税进项税额核定扣除办法的通知(财税2012第38号),自2012年7月1日起,以购进农产品为原料生产销售液体乳及乳制品、酒及酒精、植物油的增值税一般纳税人,纳入农产品增值税进项税额核定扣除试点范围,其购进农产品无论是否用于生产上述产品,增值税进项税额均按照《农产品增值税进项税额核定扣除试点实施办法》的规定抵扣。

2.不得从销项税额中抵扣的进项税额

(1)用于非增值税应税项目、免征增值税项目、集体福利或者个人消费的购进货物或者应税劳务。

(2)非正常损失的购进货物及相关的应税劳务。所称非正常损失,是指因管理不善造成被盗、丢失、霉烂变质的损失。

(3)非正常损失的在产品、产成品所耗用的购进货物或者应税劳务。

(4)国务院财政、税务主管部门规定的纳税人自用消费品。纳税人自用的应征消费税的摩托车、汽车、游艇,其进项税额不得从销项税额中抵扣。

(5)上述第(1)项至第(4)项规定的货物的运输费用和销售免税货物的运输费用。

(6)一般纳税人兼营免税项目或者非增值税应税劳务而无法划分不得抵扣的进项税额的,按下列公式计算不得抵扣的进项税额:

不得抵扣的进项税额=当月无法划分的全部进项税额×当月免税项目销售额、非增值税应税劳务营业额合计÷当月全部销售额、营业额合计

3.进项税额的抵扣时限

(1)增值税一般纳税人取得 2010 年 1 月 1 日以后开具的增值税专用发票、公路内河货物运输业统一发票和机动车销售统一发票,应在开具之日起 180 日内到税务机关办理认证,并在认证通过的次月申报期内,向主管税务机关申报抵扣进项税额。

(2)实行海关进口增值税专用缴款书"先比对后抵扣"管理办法的增值税一般纳税人取得 2010 年 1 月 1 日以后开具的海关缴款书,应在开具之日起 180 日内向主管税务机关报送《海关完税凭证抵扣清单》(包括纸质资料和电子数据)申请稽核比对;未实行海关缴款书"先比对后抵扣"管理办法的增值税一般纳税人取得 2010 年 1 月 1 日以后开具的海关缴款书,应在开具之日起 180 日后的第一个纳税申报期结束以前,向主管税务机关申报抵扣进项税额。纳税人取得 2009 年 12 月 31 日以前开具的增值税扣税凭证,仍按原规定执行。

(3)农产品收购发票和销售发票,没有规定具体的抵扣时限,应按主管税务机关的要求,处理相关抵扣事宜。

4.扣减发生期进项税额的规定

已抵扣进项税额的购进货物或应税劳务如果事后改变用途,即用于非增值税应税项目、用于免征增值税项目、用于集体福利或者个人消费、购进货物发生非正常损失、在产品或产成品发生非正常损失等,应当将该项购进货物或者应税劳务的进项税额从当期的进项税额中扣减;无法确定该项进项税额的,按当期实际成本计算应扣减的进项税额。

注意：

(1)已抵扣进项税额的购进货物或应税劳务是在哪一个时期发生应扣减情况的,就从这个发生期内纳税人的进项税额中扣减,而无须追溯到这些购进货物或应税劳务抵扣进项税额的那个时期。

(2)对无法准确确定该项进项税额的,按当期实际成本计算应扣减的进项税额。其扣减进项税额的计算依据不是按该货物或应税劳务的原进价,而是按发生上述情况的当期该货物或应税劳务的"实际成本"按征税时该货物或应税劳务适用的税率计算应扣减的进项税额。

5.向供货方取得返还收入的税务处理

自 2004 年 7 月 1 日起,对商业企业向供货方收取的与商品销售量、销售额挂钩(如以一定比例、金额、数量计算)的各种返还收入,均应按照平销返利行为的有关规定冲减当期增值税进项税金。应冲减进项税金的计算公式调整为：

当期应冲减进项税金＝当期取得的返还资金÷(1＋所购货物适用增值税税率)×所购货物适用增值税税率

商业企业向供货方收取的各种返还收入,一律不得开具增值税专用发票。

6.一般纳税人注销时进项税额的处理

一般纳税人注销或取消辅导期一般纳税人资格,转为小规模纳税人时,其存货不做进项税额转出处理,其留抵税额也不予以退税。

【例 2-2】 A 公司是增值税一般纳税人,2012 年 8 月份发生下列经济业务：

(1)1 日,购进生产原料一批,取得增值税专用发票 5 份,注明价款、税款分别为 1000 000 元、170 000 元,运杂费(取得普通发票 5 份)共 25 000 元,其中运费和建设基金 20 000 元,款项用银行存款支付。

(2)2 日,购入机器一台,取得增值税专用发票 1 份,注明买价 100 000 元,增值税额 17 000 元,运费(取得普通发票 1 份)5 000 元,款项用银行存款支付。

(3)5 日,向小规模纳税人购入材料一批,用银行存款支付款项 20 000 元,取得普通发票。

(4)5 日,向农业生产者收购用于生产加工的免税农产品一批,经税务机关批准的收购凭证 10 份,注明收购价款为 500 000 元,款项已用银行存款支付。

(5)8 日,进口货物一批,关税完税价格 100 000 美元,进口关税税率 10％,增值税税率 17％,进口当日的人民币外汇牌价中间价 100 ＄＝630￥。货款与税款已用银行存款支付,取得海关增值税专用缴款书 1 份。

(6)10 日,购入工程物资一批,取得增值税专用发票 1 份,注明价款 100 000 元,税款 17 000 元,款项尚未支付。

(7)10 日,将上月收购入库的成本为 87 000 元的农产品用于本企业职工福利。

(8)15 日,将库存的成本为 200 000 元、税率为 17％的原材料用于本厂的新厂房工程。

(9)20 日,向受托加工单位支付加工费和辅助材料费 20 000 元,加工劳的增值税 3 400 元,取得了受托加工方开具的增值税专用发票 1 份。

(10)21 日,税务机关对公司的纳税情况进行检查,发现 2012 年 6 月 5 日,公司将成本为 100 000 元、税率为 17％的库存原材料用于在建工程,没有转出进项税额,责令公司在 10 日内补缴税款。

(11)25 日,采购甲材料 1 000 千克,单价 10 元/千克,取得增值税专用发票 1 份,注明价款 10 000 元,税款 1 700 元,款项已用银行存款支付。

(12)28 日,本月 25 日采购的甲材料到厂,实际验收入库 800 千克,短缺 200 千克。29 日查明原因,短缺的 200 千克有 100 千克属于销售方少发货,同意退款,另有 100 千克系运输途中被盗丢失,运输部门同意赔偿,A 公司已取得主管税务机关开具的红字专用发票通知单。

(13)31 日,财产清查发现,因管理不善造成一批库存产品霉烂变质,成本 100 000 元。该产品的材料成本占 50％,材料的增值税税率为 17％。

(14)根据[例 2-1],本月出口自产货物一批,开具出口发票,价款 200 000USD,汇率 100USD＝630RMB,款项未收。该出口货物的征税率为 17％,退税率为 13％。受托代销取得增值税专用发票 1 份,金额 100 000 元,税额 17 000 元。

上述 14 项经济业务,凡符合税法规定准予抵扣的扣税凭证业已认证相符或稽核比对一致。

要求:

(1)指出上述 14 项经济业务中,哪些准予抵扣进项税额? 哪些不得抵扣进项税额? 哪些应当扣减发生期进项税额?

(2)计算当期申报抵扣进项税额合计;

(3)计算本期进项税转出额。

题解:

(1)上述 14 项经济业务中,第(1)、(2)、(4)、(5)、(9)、(11)(14)项准予抵扣进项税额;第(3)、(6)项不得抵扣进项税额;第(7)、(8)、(10)、(12)、(13)、(14)项应当扣减发生期进项税额。

(2)当期申报抵扣进项税额合计＝(170 000＋20 000×7％)＋(17 000＋5 000×7％)＋500 000×13％＋100 000×6.3(1＋10％)×17％＋3 400％＋1 700＋17 000＝393 660(元)

(3)本期进项税转出额＝87 000÷(1－13％)×13％＋200 000×17％＋100 000×17％＋200×10×17％＋100 000×50％×17％＋200 000×6.3×(17％－13％)＝123 240(元)

(三)应纳税额的计算

1.增值税一般纳税人销售货物或者提供应税劳务的应纳税额,应该等于当期销项税额抵扣当期进项税额后的余额。其计算公式如下:

当期应纳税额=当期销项税额-当期进项税额=当期销售额×适用税率-当期进项税额

2.金融机构开展个人实物黄金交易业务增值税的处理。

(1)对于金融机构从事的实物黄金交易业务,实行金融机构各省级分行和直属一级分行所属地市级分行、支行按照规定的预征率预缴增值税,由省级分行和直属一级分行统一清算缴纳。

①发生实物黄金交易行为的分理处、储蓄所等应按月计算实物黄金的销售数量、金额,上报其上级支行。

②各支行、分理处、储蓄所应依法向机构所在地主管国家税务局申请办理税务登记。各支行应按月汇总所属分理处、储蓄所上报的实物黄金销售额和本支行的实物黄金销售额,按照规定的预征率计算增值税预征税额,向主管税务机关申报缴纳增值税。

预征税额=销售额×预征率

③各省级分行和直属一级分行应向机构所在地主管国家税务局申请办理税务登记,申请认定增值税一般纳税人资格。按月汇总所属地市分行或支行上报的实物黄金销售额和进项税额,按照一般纳税人方法计算增值税应纳税额,根据已预征税额计算应补税额,向主管税务机关申报缴纳。

应纳税额=销项税额-进项税额

应补税额=应纳税额-预征税额

当期进项税额大于销项税额的,其留抵税额结转下期抵扣,预征税额大于应纳税额的,在下期增值税应纳税额中抵减。

④从事实物黄金交易业务的各级金融机构取得的进项税额,应当按照现行规定划分不可抵扣的进项税额,作进项税额转出处理。

⑤预征率由各省级分行和直属一级分行所在地省级国家税务局确定。

(2)金融机构所属分行、支行、分理处、储蓄所等销售实物黄金时,应当向购买方开具国家税务总局统一监制的普通发票,不得开具银行自制的金融专业发票,普通发票领购事宜由各分行、支行办理。

【例 2-3】 A公司是增值税一般纳税人,2012年月8月份发生的经济业务见[例2-1]、[例2-2]。

要求:

(1)计算A公司2012年8月按适用税率计算的纳税检查应补缴的增值税额;

（2）计算 A 公司 2012 年 8 月应抵扣税额合计；

（3）计算 A 公司 2012 年 8 月应纳税额；

（4）计算 A 公司 2012 年 8 月应纳税额合计。

题解：

（1）A 公司 2012 年 8 月按适用税率计算的纳税检查应补缴的增值税额＝11 700÷(1＋17％)×17％＋100 000×17％＝18 700(元)

（2）A 公司 2012 年 8 月应抵扣税额合计＝393 660－123 240＋18 700＝289 120(元)

（3）A 公司 2012 年 8 月应纳税额＝(504 560＋3 400)－289 120＝218 840(元)

（4）计算 A 公司 2012 年 8 月应纳税额合计＝218 840＋800＝219 640(元)

二、小规模纳税人应纳税额的计算

(一)应纳税额的计算

小规模纳税人销售货物或者应税劳务,实行按照销售额和征收率计算应纳税额的简易办法,并不得抵扣进项税额。其应纳税额计算公式是：

应纳税额＝销售额×征收率

注意：

1.小规模纳税人取得的销售额是销售货物或提供应税劳务向购买方收取的全部价款和价外费用,但是不包括按 3％的征收率收取的增值税税额；

2.小规模纳税人不得抵扣进项税额,而实行简易计税办法；

3.小规模纳税人因销售货物退回或者折让退还给购买方的销售额,应从发生销售货物退回或者折让当期的销售额中扣减。

(二)含税销售额的换算

由于小规模纳税人在销售货物或应税劳务时,一般只能开具普通发票,取得的销售收入均为含税销售额。小规模纳税人在计算应纳额时,必须将含税销售额换算为不含税销售额后才能计算应纳税额。

销售额＝含税销售额÷(1＋征收率)

(三)销售自己使用过的物品和旧货

1.小规模纳税人销售自己使用过的固定资产和旧货,按下列公式确定销售额和应纳税额：

销售额＝含税销售额÷(1＋3％)

应纳税额＝销售额×2％

2.小规模纳税人销售自己使用过的除固定资产以外的其他物品,按下列公式确定销售额和应纳税额：

销售额＝含税销售额÷(1＋3％)

应纳税额＝销售额×3％

【例 2-4】 C 商店为增值税小规模纳税人,2012 年 8 月发生下列经济业务：

(1)零售货物,开具普通发票,含税销售额 51 500 元。

(2)向一般纳税人销售货物,委托主管税务机关代开增值税专用发票,注明价款 10 000元,税款 300 元。

(3)向一般纳税人购进货物,取得增值税普通发票,价款 30 000 元,税款 5 100 元。

(4)销售自己使用过的固定资产,开具普通发票,价税合计 5 150 元。

要求：

(1)计算 C 商店 2012 年 8 月取得的不含税销售额；

(2)计算 C 商店 2012 年 8 月应缴纳的增值税税额。

题解：

(1)C 商店 2012 年 8 月取得的不含税销售额＝51 500÷(1＋3％)＋10 000＋5 150 ÷(1＋3％)＝65 000(元)

(2)C 商店 2012 年 8 月应缴纳的增值税税额＝51 500÷(1＋3％)×3％＋10 000× 3％＋5 150÷(1＋3％)×2％＝1 900(元)

三、进口货物增值税的计算

根据《增值税暂行条例》的规定,申报进入中华人民共和国海关境内的货物,均应缴纳增值税。国家在规定对进口货物征税的同时,对某些进口货物制定了减免税的特殊规定。

如属于"来料加工、进料加工"贸易方式进口国外的原材料、零部件等在国内加工后复出口的,对进口的料、件按规定给予免税或减税,但这些进口免、减税的料件若不能加工复出口,而是销往国内的,就要予以补税。对进口货物是否减免税由国务院统一规定,任何地方、部门都无权规定减免税项目。

纳税人进口货物,按照组成计税价格和《增值税暂行条例》规定的税率计算应纳税额。

组成计税价格是指在没有实际销售价格时,按照税法规定计算出作为计税依据的价格。进口货物计算增值税组成计税价格和应纳税额计算公式：

组成计税价格＝关税完税价格＋关税＋消费税

应纳税额＝组成计税价格×税率

纳税人在计算进口货物的增值税时应该注意以下问题：

(1)进口货物增值税的组成计税价格中包括已纳关税税额,如果进口货物属于消费税应税消费品,其组成计税价格中还要包括进口环节已纳消费税税额。

(2)在计算进口环节的应纳增值税税额时不得抵扣任何税额,即在计算进口环节的应纳增值税税额时,不得抵扣发生在我国境外的各种税金。

(3)按照《中华人民共和国海关法》和《进出口关税条例》的规定,一般贸易下进口货物的关税完税价格以海关审定的成交价格为基础的到岸价格作为完税价格。所谓成交价格是一般贸易项下进口货物的买方为购买该项货物向卖方实际支付或应当支付的价格;到岸价格,包括货价,加上货物运抵我国关境内输入地点起卸前的包装费、运费、保险费和其他劳务费等费用构成的一种价格。特殊贸易下进口的货物,由于进口时没有"成交价格"可作依据,为此,《进出口关税条例》对这些进口货物制定了确定其完税价格的具体办法。

(4)纳税人进口货物取得的合法海关完税凭证,是计算增值税进项税额的唯一依据,其价格差额部分以及从境外供应商取得的退还或返还的资金,不作进项税额转出处理。

【例 2-5】 A 公司 2012 年 9 月进口货物一批。该批货物在国外的买价 400 000 元,另该批货物运抵我国海关前发生的包装费、运输费、保险费等共计 200 000 元。货物报关后,A 公司按规定缴纳了进口环节的增值税并取得了海关开具的完税凭证。货物进口关税税率为 15%,增值税税率为 17%。

要求:

(1)计算关税的组成计税价格;

(2)计算进口环节应纳的进口关税;

(3)计算进口环节应纳增值税的组成计税价格;

(4)计算进口环节应缴纳增值税的税额。

题解:

(1)关税的组成计税价格=40+20=60(万元)

(2)应缴纳进口关税=60×15%=9(万元)

(3)进口环节应纳增值税的组成计税价格=60+9=69(万元)

(4)进口环节应缴纳增值税的税额=69×17%=11.73(万元)

四、出口货物退(免)税的计算

我国的出口货物退(免)税是指在国际贸易业务中,对我国报关出口的货物退还或免征其在国内各生产和流转环节按税法规定缴纳的增值税和消费税,即对增值税出口货物实行零税率,对消费税出口货物免税。

增值税出口货物的零税率,从税法上理解有两层含义:一是对本道环节生产或销售货物的增值部分免征增值税;二是对出口货物前道环节所含的进项税额进行退付。

由于各种货物出口前涉及征免税情况有所不同,且国家对少数货物有限制出口政策,因此,对货物出口的不同情况国家在遵循"征多少、退多少"、"未征不退和彻底退税"基本原则的基础上,制定了不同的税务处理办法。

(一)出口货物退(免)税基本政策

鉴于我国的出口体制尚不成熟,拥有出口经营权的企业还限于少部分须经国家批准的企业,并且我国生产的某些货物,如稀有金属等还不能满足国内的需要,因此,对某些非生产性企业和国家紧缺的货物则采取限制从事出口业务或限制该货物出口,不予出口退(免)税。目前,我国的出口货物税收政策分为以下三种形式:

1. 出口免税并退税

出口免税是指对货物在出口销售环节不征增值税、消费税,这是把货物出口环节与出口前的销售环节都同样视为一个征税环节;出口退税是指对货物在出口前实际承担的税收负担,按规定的退税率计算后予以退还。

2. 出口免税不退税

出口免税与上述第1项含义相同。出口不退税是指适用这个政策的出口货物因在前一道生产、销售环节或进口环节是免税的,因此出口时该货物的价格中本身就不含税,也无须退税。

3. 出口不免税也不退税

出口不免税是指对国家限制或禁止出口的某些货物的出口环节视同内销环节,照常征税;出口不退税是指对这些货物出口不退还出口前其所负担的税款。适用这个政策的主要是税法列举限制或禁止出口的货物,如天然牛黄、麝香以及近年来国家限制出口的"两高一资"产品(高能耗、高污染、资源性产品)等。

(二)出口货物退(免)税的适用范围

1. 下列企业出口的货物,除另有规定外,给予免税并退税

(1)生产企业自营出口或委托外贸企业代理出口的自产货物;

(2)有出口经营权的外贸企业收购后直接出口或委托其他外贸企业代理出口的货物;

(3)下列特定出口的货物:

①对外承包工程公司运出境外用于对外承包项目的货物;

②对外承接修理修配业务的企业用于对外修理修配的货物;

③外轮供应公司、远洋运输供应公司销售给外轮、远洋国轮而收取外汇的货物;

④企业在国内采购并运往境外作为在国外投资的货物等。

2. 下列企业出口的货物,除另有规定外,给予免税,但不予退税

(1)属于生产企业的小规模纳税人自营出口或委托外贸企业代理出口的自产货物;

(2)外贸企业从小规模纳税人购进并持普通发票的货物出口,免税但不予退税。但对规定列举的12类出口货物考虑其占出口比重较大及其生产、采购的特殊因素,特准退税。

(3)外贸企业直接购进国家规定的免税货物(包括免税农产品)出口的,免税但不予退税。

所谓"除另有规定外"是指上述企业出口的货物如属于税法列举规定的限制或禁止出口的货物,则不能免税,当然更不能退税。

3. 下列出口货物,免税但不予退税

(1)来料加工复出口的货物,即原材料进口免税,加工自制的货物出口不退税;

(2)避孕药品和用具、古旧图书,内销免税,出口也免税;

(3)出口卷烟:有出口卷烟权的企业出口国家出口卷烟计划内的卷烟,在生产环节免征增值税、消费税,出口环节不办理退税。其他非计划内出口的卷烟照章征收增值税和消费税,出口一律不退税;

(4)军品以及军队系统企业出口军需工厂生产或军需部门调拨的货物免税;

(5)国家规定的其他免税货物,如农业生产者销售的自产农业产品、饲料、农膜等。

出口享受免征增值税的货物,其耗用的原材料、零部件等支付的进项税额,包括准予抵扣的运输费用所含的进项税额,不能从内销货物的销项税额中抵扣,应计入产品成本处理。

4. 除经批准属于进料加工复出口贸易以外,下列出口货物不免税也不退税

(1)国家计划外出口的原油;

(2)一般物资援助项下出口货物(对利用中国政府的援外优惠贷款和合作项目基金方式下出口的货物,比照一般贸易出口,实行出口退税政策);

(3)国家禁止出口的货物,包括天然牛黄、麝香、铜及铜基合金(出口电解铜自2001年1月1日起按17%的退税率退还增值税)等。

5. 对生产企业出口的下列四类产品,视同自产产品给予退(免)税

(1)生产企业出口外购的产品,凡同时符合以下条件的,可视同自产货物办理退税。

①与本企业生产的产品名称、性能相同;

②使用本企业注册商标或外商提供给本企业使用的商标;出口给进口本企业自产产品的外商。

(2)生产企业外购的与本企业所生产的产品配套出口的产品,若出口给进口本企业自产产品的外商,符合下列条件之一的,可视同自产产品办理退税。

①用于维修本企业出口的自产产品的工具、零部件、配件;

②不经过本企业加工或组装,出口后能直接与本企业自产产品组合成成套产品的。

(3)凡同时符合下列条件的,主管出口退税的税务机关可认定为集团成员,集团公司(或总厂)收购成员企业(或分厂)生产的产品,可视同自产产品办理退(免)税。

①经县级以上政府主管部门批准为集团公司成员的企业,或由集团公司控股的生产企业;

②集团公司及其成员企业均实行生产企业财务会计制度;

③集团公司必须将有关成员企业的证明材料报送给主管出口退税的税务机关。

(4)生产企业委托加工收回的产品,同时符合下列条件的,可视同自产产品办理退税。

①必须与本企业生产的产品名称、性能相同,或者是用本企业生产的产品再委托深加工收回的产品;

②出口给进口本企业自产产品的外商;

③委托方执行的是生产企业财务会计制度;

④委托方与受托方必须签订委托加工协议。主要原材料必须由委托方提供。受托方不垫付资金,只收取加工费,开具加工费(含代垫的辅助材料)的增值税专用发票。

6. 外贸企业出口视同内销货物征税时的进项税额抵扣的处理

(1)外贸企业购进货物后,无论内销还是出口,须将所取得的增值税专用发票在规定的认证期限内到税务机关办理认证手续。凡未在规定的认证期限内办理认证手续的增值税专用发票,不予抵扣或退税。

(2)外贸企业出口货物,凡未在规定期限内申报退(免)税或虽已申报退(免)税但未在规定期限内向税务机关补齐有关凭证,以及未在规定期限内申报开具《代理出口货物证明》的,自规定期限截止之日的次日起30天内,由外贸企业根据应征税货物相应的未办理过退税或抵扣的进项增值税专用发票情况,填具进项发票明细表(包括进项增值税专用发票代码、号码、开具日期、金额、税额等),向主管退税的税务机关申请开具《外贸企业出口视同内销征税货物进项税额抵扣证明》。

(3)已办理过退税或抵扣的进项发票,外贸企业不得向税务机关申请开具《证明》。外贸企业如将已办理过退税或抵扣的进项发票向税务机关申请开具《证明》,税务机关查实后要按照增值税现行有关规定进行处罚,情节严重的要移交公安部门进一步查处。

(4)主管退税的税务机关接到外贸企业申请后,应根据外贸企业出口的视同内销征税货物的情况,对外贸企业填开的进项发票明细表列明的情况进行审核,开具《证明》。《证明》一式三联,第一联由主管退税的税务机关留存,第二联由主管退税的税务机关转送主管征税的税务机关,第三联由主管退税的税务机关转交外贸企业。

(5)外贸企业取得《证明》后,应将《证明》允许抵扣的进项税额填写在《增值税纳税申报表》附表二第11栏"税额"中,并在取得《证明》的下一个征收期申报纳税时,向主管征税的税务机关申请抵扣相应的进项税额。超过申报时限的,不予抵扣。

(6)主管征税的税务机关接到外贸企业的纳税申报后,应将外贸企业的纳税申报表与主管退税的税务机关转来的《证明》进行人工比对,申报表数据小于或等于《证明》所列税额的,予以抵扣;否则不予抵扣。

(三)出口货物的退税率

出口货物的退税率,是出口货物的实际退税额与退税计税依据的比例。现行出口货物的增值税退税率有 17%、16%、15%、14%、13%、9%、5%等。

(四)出口货物应退税额的计算

我国《出口货物退(免)税管理办法》规定了两种退税计算办法:第一种办法是"免、抵、退"办法,主要适用于自营和委托出口自产货物的生产企业;第二种办法是"免退税"办法,目前主要用于收购货物出口的外(工)贸企业。

1."免、抵、退"税的计算方法

实行免、抵、退税管理办法的"免"税,是指对生产企业出口的自产货物,在出口时免征本企业生产销售环节增值税;"抵"税,是指生产企业出口自产货物所耗用的原材料、零部件、燃料、动力等所含应予退还的进项税额,抵顶内销货物的应纳税额;"退"税,是指生产企业出口的自产货物在当月内应抵顶的进项税额大于应纳税额时,对未抵顶完的部分予以退税。具体计算方法与计算公式:

(1)当期应纳税额的计算

当期应纳税额=当期内销货物的销项税额-(当期进项税额-当期免抵退税不得免征和抵扣税额)-上期留抵税额

其中:

当期免抵退税不得免征和抵扣税额=出口货物离岸价×外汇人民币牌价×(出口货物征税率-出口货物退税率)-免抵退税不得免征和抵扣税额的抵减额

免抵退税不得免征和抵扣税额抵减额=免税购进原材料价格×(出口货物征税率-出口货物退税率)

如果当期没有免税购进原材料价格,前述公式中的免抵退税不得免征和抵扣税额抵减额,以及后面公式中的免抵退税额抵减额,就不用计算。

(2)免抵退税额的计算

免抵退税额=出口货物离岸价×外汇人民币牌价×出口货物退税率-免抵退税额抵减额

其中:

免抵退税额抵减额=免税购进原材料价格×出口货物退税率

(3)当期应退税额和免抵税额的计算

①如当期期末留抵税额≤当期免抵退税额,则:

当期应退税额=当期期末留抵税额

当期免抵税额=当期免抵退税额-当期应退税额

②如当期期末留抵税额＞当期免抵退税额,则:

当期应退税额＝当期免抵退税额

当期免抵税额＝0

【例 2-6】 自营出口的增值税一般纳税人 A 公司为生产企业,出口货物的征税税率为 17%,退税税率为 13%。2012 年 10 月,购进原材料一批,取得的增值税专用发票注明的价款 2 000 000 元,外购货物准予抵扣的进项税额 340 000 元通过认证。上月末留抵税款 30 000 元,本月内销货物不含税销售额 1 000 000 元,收款 1 170 000 元存入银行。本月出口货物的销售额折合人民币 2 000 000 元。

要求:计算 A 公司当期的"免、抵、退"税额。

题解:

(1)当期免抵退税不得免征和抵扣税额＝2 000 000×(17%－13%)＝80 000(元)

(2)当期应纳税额＝1 000 000×17%－(340 000－80 000)－30 000＝－120 000(元)

(3)出口货物"免、抵、退"税额＝2 000 000×13%＝260 000(元)

(4)因为期末留抵税额≤当期免抵退税额,所以:

当期应退税额＝当期免抵退税额

即 A 公司当期应退税额＝120 000(元)

(5)当期免抵税额＝当期免抵退税额－当期应退税额＝260 000－120 000＝140 000(元)

【例 2-7】 自营出口的增值税一般纳税人 A 公司为生产企业,出口货物的征税税率为 17%,退税税率为 13%。2012 年 11 月,购进原材料一批,取得的增值税专用发票注明的价款 4 000 000 元,外购货物准予抵扣的进项税额 680 000 元通过认证。本月内销货物不含税销售额 1 000 000 元,收款 1 170 000 元存入银行。本月出口货物的销售额折合人民币 2 000 000 元。

要求:计算 A 公司当期的"免、抵、退"税额。

题解:

(1)当期免抵退税不得免征和抵扣税额＝2 000 000×(17%－13%)＝80 000(元)

(2)当期应纳税额＝1 000 000×17%－(680 000－80 000)＝－430 000(元)

(3)出口货物"免、抵、退"税额＝2 000 000×13%＝260 000(元)

(4)因为期末留抵税额＞当期免抵退税额,所以:

当期应退税额＝当期免抵退税额＝260 000(元)

(5)当期免抵税额＝当期免抵退税额－当期应退税额＝260 000－260 000＝0(元)

(6)11 月期末留抵结转下期继续抵扣税额为 170 000 元。

【例 2-8】 自营出口的增值税一般纳税人 A 公司为生产企业,出口货物的征税税率为17%,退税税率为13%。2012年12月,该公司购原材料一批,取得的增值税专用发票注明的价款2 000 000元,外购货物准予抵扣进项税额340 000元通过认证。当月进料加工免税进口料件的组成计税价格1 000 000元。上期末留抵税款170 000元。本月内销货物不含税销售额1 000 000元。收款1 170 000元存入银行。本月出口货物的销售额折合人民币2 000 000元。

要求:计算A公司当期的"免、抵、退"税额。

题解:

(1)免抵退税不得免征和抵扣税额抵减额=免税进口料件的组成计税价格×(出口货物征税税率-出口货物退税税率)=1 000 000×(17%-13%)=40 000(元)

(2)免抵退税不得免征和抵扣税额=当期出口货物离岸价×外汇人民币牌价×(出口货物征税税率-出口货物退税税率)-免抵退税不得免征和抵扣税额抵减额

=2 000 000×(17%-13%)-40 000=40 000(元)

(3)当期应纳税额=1 000 000×17%-(340 000-40 000)-170 000=-300 000(元)

(4)免抵退税额抵减额=免税购进原材料×材料出口货物退税税率=1 000 000×13%=130 000(元)

(5)出口货物"免、抵、退"税额=2 000 000×13%-130 000=130 000(元)

(6)因为期末留抵税额>当期免抵退税额,所以:

当期应退税额=当期免抵退税额=130 000(元)

(7)当期免抵税额=当期免抵退税额-当期应退税额=130 000-130 000=0(元)

(8)12月期末留抵结转下期继续抵扣税额为170 000元。

2."免退税"的计算方法

(1)外贸企业"免退税"的计算办法

①外贸企业以及实行外贸企业财务制度的工贸企业收购货物出口,其出口销售环节的增值税免征;其收购货物的成本部分,因外贸企业在支付收购货款的同时也支付了生产经营该类商品的企业已纳的增值税款,因此,在货物出口后按收购成本与退税税率计算退税退还给外贸企业,征、退税之差计入企业成本。

外贸企业出口货物增值税的计算应依据购进出口货物增值税专用发票上所注明的进项金额和退税税率计算。

应退税额=外贸收购不含增值税购进金额×退税税率

②外贸企业凡从小规模纳税人购进由税务机关代开的增值税专用发票的出口货物,按以下公式计算退税:

应退税额=增值税专用发票注明的金额×从小规模纳税人购进出口货物退税税率

③外贸企业委托生产企业加工收回后报关出口的货物,按购进国内原辅材料的增

值税专用发票上注明的进项金额,依原辅材料的退税税率计算原辅材料应退税额。支付的加工费,凭受托方开具货物的退税税率,计算加工费的应退税额。

(2)外贸企业申报出口退税期限

①外贸企业在 2008 年 1 月 1 日后申报出口退税的,申报出口退税的截止期限调整为,货物报关出口之日(以出口货物报关单(出口退税专用)上注明的出口日期为准)起 90 天后第一个增值税纳税申报期截止之日。

②外贸企业确有特殊原因在上述规定期限内无法申报出口退税的,按现行有关规定申请办理延期申报手续。

【例 2-9】 B 外贸公司 2012 年 8 月发生下列经济业务:

(1)出口平纹布 2 000 米,折合人民币 60 000 元,款项已收存银行。进货增值税专用发票列明单价 20 元/平方米,计税金额 40 000 元,税额 6 800 元,款项用银行存款支付;退税税率 13%;

(2)购进牛仔布委托加工成服装出口,折合人民币 20 000 元,款项未收。取得购进牛仔布增值税专用发票一张,注明计税金额 10 000 元,税额 1 700 元(退税税率 13%);取得服装加工费专用发票一张,计税金额 2 000 元,税额 340 元(退税税率 17%),款项用银行存款支付。

要求: 计算 B 外贸公司应退税额。

题解:

(1)2 000×20×13%＝5 200(元)

(2)10 000×13%＋2 000×17%＝1 640(元)

第三节 增值税的会计处理

一、增值税核算的账户设置

(一)一般纳税人的账户设置

为了核算企业应交增值税的发生、抵扣、进项转出、计提、交纳、退还等情况,应在"应交税费"科目下设置"应交增值税"和"未交增值税"两个明细科目。

1."应交增值税"明细账户

"应交增值税"明细账的借方发生额,反映企业购进货物、接受应税劳务所支付的进项税额和实际已交纳的增值税额、享受直接减免的增值税额、按"免抵退"办法计算的出口抵减内销产品应纳税额,以及月末转入"未交增值税"明细账户当月发生的应交未交的增值税额;贷方发生额,反映企业销售货物、提供应税劳务应纳的增值税额、出口货物退税、转出已支付的进项税额,以及月末转入"未交增值税"明细账的当月多交的增值税。该账户期末没有贷方余额,若有借方余额,反映企业尚未抵扣的进项税额。

一般纳税人在"应交税费—应交增值税"明细账的借、贷方设置分析项目,在借方分析栏内设"进项税额"、"已交税金"、"减免税款"、"出口抵减内销产品应纳税额"、"转出未交增值税"等项目;在贷方分析栏内设"销项税额"、"出口退税"、"进项税额转出"、"转出多交增值税"等项目。

应交税费——应交增值税

借方						贷方					借或贷	余额
合计	进项税额	已交税金	减免税款	出口抵减内销产品应纳税额	转出未交增值税	合计	销项税额	出口退税	进项税额转出	转出多交增值税	借或贷	余额

(1)"进项税额"专栏,记录企业购入货物或接受应税劳务而支付的、准予从销项税额中抵扣的增值税额。企业购入货物或接受应税劳务支付的进项税额,用蓝字登记;退回所购货物应冲销的进项税额,用红字登记。

(2)"已交税金"专栏,记录企业已交纳的增值税额。企业已交纳的增值税额用蓝字登记;退回多交的增值税额用红字登记。

(3)"减免税款"专栏,记录企业按规定享受直接减免的增值税款。

(4)"出口抵减内销产品应纳税额"专栏,记录企业按规定的退税率计算的出口货物的进项税额抵减内销产品的应纳税额。

(5)"转出未交增值税"专栏,记录企业月终转出应交未交的增值税。月终企业转出当月发生的应交未交的增值税额,用蓝字登记。

(6)"销项税额"专栏,记录企业销售货物或提供应税劳务应收取的增值税额。企业销售货物或提供应税劳务应收取的销项税额,用蓝字登记;退回销售货物应冲销销项税额,用红字登记。

(7)"出口退税"专栏,记录企业出口适用零税率的货物,向海关办理报关出口手续后,凭出口报关单等有关凭证,向税务机关申报办理出口退税而收到退回的税款。出口货物退回的增值税额,用蓝字登记;出口货物办理退税后发生退货或者退关而补交已退的税款,用红字登记。

(8)"进项税额转出"专栏,记录企业的购进货物、在产品、产成品等发生非正常损失以及其他原因而不应从销项税额中抵扣,按规定转出的进项税额。

（9）"转出多交增值税"专栏,记录企业月终转出多交的增值税。月终,企业转出本月多交的增值税额用蓝字登记;收到退回本月多交的增值税额用红字登记。

2."未交增值税"明细账户

一般纳税人在"应交税费"科目下设置"未交增值税"明细账。月份终了,企业应将当月发生的应交未交增值税额自"应交税费——应交增值税"科目转入"未交增值税"明细科目,借记"应交税费——应交增值税(转出未交增值税)"科目,贷记"应交税费——未交增值税"科目。将本月多交的增值税自"应交税费——应交增值税"科目转入"未交增值税"明细科目,借记"应交税费——未交增值税"科目,贷记"应交税费——应交增值税(转出多交增值税)"科目。期末借方余额,反映多交的增值税,贷方余额反映未交的增值税。

3."待抵扣进项税额"明细账户

辅导期一般纳税人实行"先比对,后抵扣",即当月认证的增值税进项发票当月不能抵扣,要通过防伪税控系统将认证信息上传至国家税务总局进行比对,比对无误的信息由国家税务总局下发,然后纳税人收到主管税务机关提供的比对无误的信息结果后方可抵扣(一般在认证的下月可以收到比对结果)。因此,除设置"应交增值税"和"未交增值税"两个账户外,应当在应交税费科目下增设"待抵扣进项税额"科目。认证的当月,借记应交税费——待抵扣进项税额,贷记银行存款等;次月税务总局比对结果下发后,比对无误进项发票可以抵扣,抵扣时借记应交税费——应交增值税(进项税额)贷记应交税费——待抵扣进项税额。

4."增值税检查调整"明细账户

增值税一般纳税人在税务机关对其增值税纳税情况进行检查后,凡涉及增值税涉税账务调整的,应设立"应交税费——增值税检查调整"专门账户。凡检查后应调减账面进项税额或调增销项税额和进项税额转出的数额,应借记有关科目,贷记本科目;凡检查后应调增账面进项税额或调减销项税额和进项税额转出的数额,应借记本科目,贷记有关科目;全部调账事项入账后,应结出本账户的余额,并将该余额转入"应交税费——未交增值税"账户。处理之后,本账户无余额。

(二)小规模纳税人的账户设置

小规模纳税人增值税的征收,采用简易征收办法,不实行抵扣制度。因此,小规模纳税人只要在"应交税费"科目下设置"应交增值税"二级科目核算,无须再设明细账户。由于其增值税的核算比较简单,应交增值税明细账户可沿用一般的三栏式账页,借方反映实际缴纳的增值税额,贷方反映当月销售货物或提供应税劳务应缴纳的增值税额及销售退回用红字冲销税额。期末余额一般在贷方,反映应缴未缴的增值税额。

二、一般纳税人增值税的会计处理

(一)销项税额的会计处理

1. 销项税额核算的基本方法

(1)一般销售业务,按照实现的销售收入和按规定收取的增值税额,借记"应收账款"、"银行存款"等账户,按照实现的收入,贷记"主营业务收入"、"其他业务收入"等账户,按照规定收取的增值税额,贷记"应交税费——应交增值税(销项税额)"账户。

(2)委托他人代销,收到代销单位的代销清单时,按应收或实际收到的全部价款,借记"应收账款"、"银行存款"等账户,贷记"主营业务收入"、"应交税费——应交增值税(销项税额)"账户。

(3)销售代销货物,在销售实现时,按价款与税款之和,借记"银行存款"、"应收账款"等账户,按收取的价款,贷记"应付账款"账户,按收取的增值税,贷记"应交税费——应交增值税(销项税额)"账户。

(4)将自产、委托加工的货物用于非应税项目,在货物移送时,按移送货物的成本和按市价或组成计税价格计算的增值税额,借记"在建工程"等账户,按货物成本,贷记"库存商品"等账户,按市价或组成计税价格计算的增值税额,贷记"应交税费——应交增值税(销项税额)"账户。

(5)将自产、委托加工的货物用于职工福利,在货物移送时,按移送货物的市价或组成计税价格计算的收入和增值税额,借记"应付职工薪酬"账户,贷记"主营业务收入"、"应交税费——应交增值税(销项税额)"等账户。

(6)将自产、委托加工和外购的货物用于对外投资、分配给股东,在货物移送时,按移送货物的市价或组成计税价格计算的收入和增值税额,借记"长期股权投资"、"应付股利"等账户,贷记"主营业务收入"、"应交税费——应交增值税(销项税额)"等账户。

(7)将自产、委托加工和外购的货物用于捐赠,按移送货物的成本和按市价或组成计税价格计算的增值税额,借记"营业外支出"账户,贷记"库存商品"、"应交税费——应交增值税(销项税额)"等账户。

(8)以物易物方式销售,按换取货物取得的专用发票上注明的价款和增值税额,借记"原材料"、"库存商品"、"应交税费——应交增值税(进项税额)"账户,按发出货物应计的销售额和增值税额,贷记"主营业务收入"、"其他业务收入"、"应交增值税(销项税额)"账户。

(9)以旧换新方式销售(金银首饰除外),按实际收到的价款,借记"现金"、"银行存款"等账户,按回收旧货物的实际价值,借记"原材料"等账户,按新货物的同期销售价格和计算的增值税额,贷记"主营业务收入"、"应交税费——应交增值税(销项税额)"等账户。

（10）采用售价金额核算的零售企业，其"库存商品"账户是按照含税零售价记载的，商品零售价与不含税购进价的差额在"商品进销差价"账户内反映。这样，"商品进销差价"账户包含两方面的内容：一是不含税进价与不含税售价之间的差额；二是应向消费者收取的增值税额。零售企业销售商品时，首先按含税的价格记账，即按含税的价格，借记"银行存款"等账户，贷记"主营业务收入"账户，同时按含税的售价结转商品销售成本，借记"主营业务成本"账户，贷记"库存商品"账户；其次计算销项税额，将商品销售收入调整为不含税的销售收入，借记"主营业务收入"账户，贷记"应交税费——应交增值税（销项税额）"账户；最后，月末按含税的商品进销差价率计算已销商品应分摊的进销差价，根据计算出来的已销商品应分摊的进销差价，调整商品销售成本，即借记"商品进销差价"账户，贷记"主营业务成本"账户。

2. 销项税额核算实务

【例 2-10】 A 公司是增值税一般纳税人，2012 年 8 月份发生的经济业务见［例 2-1］所示。

要求：对 A 公司上述经济业务进行账务处理。

题解：

（1）借：银行存款 2 351 700
  贷：主营业务收入 2 010 000
    应交税费——应交增值税（销项税额） 341 700

（2）借：银行存款 117 000
  贷：主营业务收入 100 000
    应交税费——应交增值税（销项税额） 17 000

（3）借：应收账款 1 260 000
  贷：主营业务收入 1 260 000

（4）借：长期股权投资——成本 585 000
  贷：主营业务收入 500 000
    应交税费——应交增值税（销项税额） 85 000
  借：主营业务成本 400 000
  贷：库存商品 400 000

（5）借：应付职工薪酬 102 960
  贷：主营业务收入 88 000
    应交税费——应交增值税（销项税额） 14 960
  借：主营业务成本 80 000
  贷：库存商品 80 000

(6)借:银行存款 23 400

  贷:主营业务收入 20 000

   应交税费——应交增值税(销项税额) 3 400

(7)借:其他应付款 11 700

  贷:主营业务收入 10 000

   应交税费——增值税检查调整 1 700

 月末:

  借:应交税费——增值税检查调整 1 700

   贷:应交税费——未交增值税 1 700

  借:应交税费——未交增值税 1 700

   贷:银行存款 1 700

(8)借:银行存款 117 000

  贷:应付账款 100 000

   应交税费——应交增值税(销项税额) 17 000

  借:应交税费——应交增值税(进项税额) 17 000

   贷:应付账款 17 000

  借:应付账款 117 000

   贷:银行存款 112 000

    其他业务收入 5 000

(9)借:银行存款 234 000

  贷:主营业务收入 200 000

   应交税费——应交增值税(销项税额) 34 000

(10)借:固定资产清理 11 400

  累计折旧 12 000

  贷:固定资产 23 400

  借:银行存款 10400

  营业外支出 1 200

   贷:固定资产清理 11 400

    应交税费——未交增值税 200

(11)借:固定资产清理 40 000

  累计折旧 40 000

  贷:固定资产 80 000

  借:银行存款 31 200

  营业外支出 9 400

```
贷:固定资产清理                                         40 000
    应交税费——未交增值税                                       600
（12）借:银行存款                                      11 700
    贷:其他业务收入                                           10 000
        应交税费——应交增值税（销项税额）                      1 700
（13）借:主营业务收入                                    50 000
    应交税费——应交增值税（销项税额）                        8 500
    贷:银行存款                                            58 500
```

【例 2-11】 D 公司是增值税一般纳税人,税率为 17％,2012 年 8 月份发生下列经济业务:

(1)3 日,以自产丙产品换取原材料一批,原材料已验收入库,取得的专用发票上注明的价款 76 000 元,增值税额 12 920 元。发出的丙产品不含税价 40 000 元（成本 30 000元）,开具增值税专用发票,另用银行存款支付差价 42 120 元。

(2)5 日,销售甲产品 800 件,价目表中表明不含税价为 650 元/件,因购买数量较大给予 10％的价格折扣,折扣额与销售额在同一张发票上注明,货款尚未收到。

(3)10 日,因产品质量问题,给予 5 日销售的甲产品 20％的销售折让。

(4)15 日,采取以旧换新方式销售乙产品一批,不含税价款 42 000 元,增值税额 7 140元;同时回收同类旧产品作价 8 400 元,并已验收入库（其中 2 000 元的产品不能继续使用,作报废处理）,余额以现金收讫。

要求:对上述经济业务进行账务处理。

题解:

```
(1)借:原材料                                          76 000
    应交税费——应交增值税（进项税额）                    12 920
    贷:主营业务收入                                         40 000
        应交税费——应交增值税（销项税额）                    6 800
        银行存款                                            421 200
(2)借:应收账款                                        547 560
    贷:主营业务收入                                        468 000
        应交税费——应交增值税（销项税额）                   79 560
```

(3)①若双方尚未作账务处理,能在当月将发票联与抵扣联收回,则可对原来所开的发票各联注明作废后,按折让后的金额重开专用发票:

```
借:应收账款                                           438 048
    贷:主营业务收入                                        374 400
        应交税费——应交增值税（销项税额）                   63 648
```

②若任何一方已作账务处理,或于次月收回抵扣联和发票联,在收到证明单后,依据折让金额开具红字(负数)专用发票,抵扣当期的销售收入和销项税额

借:应收账款　　　　　　　　　　　　　　　　　　　　　　－109 512
　　贷:主营业务收入　　　　　　　　　　　　　　　　　　　－93 600
　　　　应交税费——应交增值税(销项税额)　　　　　　　－15 912
(4)借:库存现金　　　　　　　　　　　　　　　　　　　　　　40 740
　　　原材料　　　　　　　　　　　　　　　　　　　　　　　6 400
　　　待处理财产损溢　　　　　　　　　　　　　　　　　　　2 000
　　　贷:主营业务收入　　　　　　　　　　　　　　　　　　　42 000
　　　　　应交税费——应交增值税(销项税额)　　　　　　　　7 140

【例 2-12】 C公司为商品零售企业,采用售价金额核算,增值税税率为17%,2012年8月份发生下列经济业务:

(1)销售商品 117 000 元,货款已存入银行,商品的实际成本 60 000 元。

(2)接受某服装厂委托代销服装一批,委托方规定的不含税代销价为 100 000 元,增值税税率为 17%,代销手续费为不含税代销商品收入的 5%。

(3)接受某电器厂委托代销家用电器一批,双方约定的含税接收价格为 351 000 元,该商场同类的含税售价为 421 200 元。

要求:对上述经济业务进行账务处理。

题解:

(1)①销售商品收到货款时

借:银行存款　　　　　　　　　　　　　　　　　　　　　　117 000
　　贷:主营业务收入　　　　　　　　　　　　　　　　　　　117 000

②月末,按规定计算销售额和销项税额时:

不含税销售额＝117 000÷(1＋17%)＝100 000 元

销项税额＝100 000×17%＝17 000 元

借:主营业务收入　　　　　　　　　　　　　　　　　　　　17 000
　　贷:应交税费——应交增值税(销项税额)　　　　　　　　17 000

③月末结转销售成本和商品进销差价

借:主营业务成本　　　　　　　　　　　　　　　　　　　　117 000
　　贷:库存商品　　　　　　　　　　　　　　　　　　　　　117 000

借:商品进销差价　　　　　　　　　　　　　　　　　　　　57 000
　　贷:主营业务成本　　　　　　　　　　　　　　　　　　　57 000

(2)①收到代销商品时

借:受托代销商品　　　　　　　　　　　　　　　　　　　　117 000

　　贷:代销商品款　　　　　　　　　　　　　　　　　　　　　　117 000

②销售代销商品,同时结转"代销商品款"和"受托代销商品"时

借:银行存款　　　　　　　　　　　　　　　　　　　　　　　117 000

　　贷:应付账款　　　　　　　　　　　　　　　　　　　　　　100 000

　　　应交税费——应交增值税(销项税额)　　　　　　　　　　17 000

借:代销商品款　　　　　　　　　　　　　　　　　　　　　　117 000

　　贷:受托代销商品　　　　　　　　　　　　　　　　　　　　117 000

③向委托方开出代销清单并收到委托单位开出的增值税专用发票时

借:应交税费——应交增值税(进项税额)　　　　　　　　　　　17 000

　　贷:应付账款　　　　　　　　　　　　　　　　　　　　　　17 000

④计算代销手续费收入并与委托单位结算货款

借:应付账款　　　　　　　　　　　　　　　　　　　　　　　117 000

　　贷:银行存款　　　　　　　　　　　　　　　　　　　　　　112 000

　　　其他业务收入　　　　　　　　　　　　　　　　　　　　　5 000

(3)①收到代销商品时

借:受托代销商品　　　　　　　　　　　　　　　　　　　　　421 200

　　贷:代销商品款　　　　　　　　　　　　　　　　　　　　　351 000

　　　商品进销差价　　　　　　　　　　　　　　　　　　　　70 200

②代销商品全部售出后

借:银行存款　　　　　　　　　　　　　　　　　　　　　　　421 200

　　贷:主营业务收入　　　　　　　　　　　　　　　　　　　　421 200

同时,结转商品销售成本和代销商品款

借:主营业务成本　　　　　　　　　　　　　　　　　　　　　421 200

　　贷:受托代销商品　　　　　　　　　　　　　　　　　　　　421 200

借:代销商品款　　　　　　　　　　　　　　　　　　　　　　351 000

　　贷:应付账款　　　　　　　　　　　　　　　　　　　　　　351 000

③收到委托方开具的增值税专用发票时

借:应交税费——应交增值税(进项税额)　　　　　　　　　　　51 000

　　贷:商品进销差价　　　　　　　　　　　　　　　　　　　　51 000

④月末计算结转代销商品的销项税额时

销项税额=421 200÷(1+17%)×17%=61 200

借:主营业务收入　　　　　　　　　　　　　　　　　　　　　61 200

　　贷:应交税费——应交增值税(销项税额)　　　　　　　　　　61 200

⑤与委托方结算代销商品款时

| 借:应付账款 | 351 000 |
| 贷:银行存款 | 351 000 |

⑥转销商品进销差价,冲减商品销售成本时

| 借:商品进销差价 | 121 200 |
| 贷:主营业务成本 | 121 200 |

(二)进项税额的会计处理

1.进项税额核算的基本方法

(1)准予在当期抵扣的进项税额,借记"应交税费——应交增值税(进项税额)"账户,贷记"银行存款"、"应付账款"等账户。

(2)不得抵扣的进项税,应当将支付的增值税额计入外购货物或应税劳务的成本,借记"原材料"、"工程物资"、"固定资产"等账户,贷记"银行存款"、"应付账款"等账户。

(3)辅导期一般纳税人实行"先比对,后抵扣",借记"应交税费——待抵扣进项税额"账户,贷记"银行存款"等账户;满足进项税额规定而转作准予抵扣的进项税额时,借记"应交税费——应交增值税(进项税额)"账户,贷记"应交税费——待抵扣进项税额"账户。

(4)外购货物或库存物资因管理不善发生非正常损失,其进项税额不得抵扣,应将损失物资的成本连同不得抵扣的进项税额,借记"待处理财产损溢"账户,贷记"原材料"、"库存商品"账户以及"应交税费——应交增值税(进项税额转出)"账户,待批准处理后,再贷记"待处理财产损溢"账户,借记"其他应收款"、"营业外支出"等账户。

(5)由于已抵扣进项税额的货物改变用途而用于非应税项目、免税项目、集体福利、个人消费等原因,或者因管理不善发生存货的非正常损失,其所耗材料实际负担并已抵扣的进项税额,应当扣减发生期准予抵扣的进项税额,借记"应付福利费"、"在建工程"、"营业外支出"、"其他应收款"等账户,贷记"应交税费——应交增值税(进项税额转出)"账户。

(6)外购货物和销售货物所发生的运费,准予抵扣的进项税额,借记"应交税费——应交增值税(进项税额)"账户;运费与准予抵扣的进项税额的差额,借记"原材料"、"营业费用"等账户,贷记"银行存款"、"应付账款"等账户。

2.进项税额核算实务

【例 2-13】 A 公司是增值税一般纳税人,2012 年 8 月份发生的经济业务见〔例 2-2〕。

要求:对 A 公司上述业务进行账务处理。

题解:

| (1)借:原材料 | 1 023 600 |
| 应交税费——应交增值税(进项税额) | 171 400 |

　　　贷:银行存款 1 195 000

（2）借:固定资产 104 650

　　　应交税费——应交增值税（进项税额） 17 350

　　　贷:银行存款 122 000

（3）借:原材料 20 000

　　　贷:银行存款 20 000

（4）借:原材料 435 000

　　　应交税费——应交增值税（进项税额） 65 000

　　　贷:银行存款 500 000

（5）借:原材料 693 000

　　　应交税费——应交增值税（进项税额） 117 810

　　　贷:银行存款 810 810

（6）借:工程物资 117 000

　　　贷:银行存款 117 000

（7）借:应付职工薪酬 100 000

　　　贷:原材料 87 000

　　　　应交税费——应交增值税（进项税额转出） 13 000

（8）借:在建工程 234 000

　　　贷:原材料 200 000

　　　　应交税费——应交增值税（进项税额转出） 34 000

（9）借:委托加工物资 20 000

　　　应交税费——应交增值税（进项税额） 3 400

　　　贷:银行存款 23 400

（10）借:在建工程 17 000

　　　贷:应交税费——增值税检查调整 17 000

　　借:应交税费——增值税检查调整 17 000

　　　贷:应交税费——未交增值税 17 000

　　借:应交税费——未交增值税 17 000

　　　贷:银行存款 17 000

（11）借:材料采购 10 000

　　　应交税费——应交增值税（进项税额） 1 700

　　　贷:银行存款 11 700

（12）借:原材料 8 000

　　　贷:材料采购 8 000

借:待处理财产损溢	2 340
贷:材料采购	2 000
应交税费——应交增值税(进项税额)	340
借:其他应收款	1 170
应收账款	1 170
贷:待处理财产损溢	2 340
(13)借:待处理财产损溢	117 000
贷:库存商品	100 000
应交税费——应交增值税(进项税额转出)	17 000

(14)免抵退税不得免征和抵扣税额＝200 000×6.3×(17%-13%)＝50 400(元)

借:主营业务成本	50 400
贷:应交税费——应交增值税(进项税额转出)	50 400

【例 2-14】 C公司是商业零售企业(一般纳税人),采用售价金额核算,增值税率为17%,2012年8月份发生下列经济业务:

(1)2 日,采购甲商品一批,增值税专用发票注明的价款 100 000 元,税款 17 000元,运杂费 5 000 元,其中运费与建设基金 4 000 元,款项已经用银行存款支付,商品尚未验收入库。

(2)4 日,将 2 日采购的甲商品验收入库,零售价 160 000 元。

(3)10 日,采购乙商品一批,增值税专用发票注明的价款 200 000 元,税款 34 000元,运杂费 10 000 元,其中运费与建设基金 8 000 元,款项尚未支付。

(4)15 日,将 10 日采购的乙商品验收入库,零售价 360 000 元。

(5)20 日,采购电视机 20 台,单价 2 000 元/台,增值税专用发票上注明的价款40 000元,税款 6 800 元,对方代垫运费 2 000 元,并取得承运部门开具的普通运费发票一张,款项已由银行存款支付。

(6)25 日,在将 20 日采购的电视机验收入库时,发现有 2 台电视机存在质量问题,按规定程序办理了退货手续。该电视机的零售价 3 000 元,企业已经入账。

要求:对上述经济业务进行账务处理。

题解:

(1)借:物资采购	100 000
营业费用	4 720
应交税费——应交增值税(进项税额)	17 280
贷:银行存款	122 000
(2)借:库存商品	160 000
贷:物资采购	100 000

商品进销差价	60 000

（3）借:物资采购 200 000

营业费用 9 440

应交税费——应交增值税(进项税额) 34 560

贷:应付账款 244 000

（4）借:库存商品 360 000

贷:物资采购 200 000

商品进销差价 160 000

（5）借:物资采购 40 000

营业费用 1 860

应交税费——应交增值税(进项税额) 6 940

贷:银行存款 48 800

（6）借:库存商品 54 000

贷:物资采购 36 000

商品进销差价 18 000

借:应收账款 4 680

贷:商品采购 4 000

应交税费——应交增值税(进项税额) 680

(三)增值税应纳税额的会计处理

1. 应纳税额核算的基本方法

(1)企业当期预交的增值税,借记"应交税费——应交增值税(已交税金)"账户,贷记"银行存款"账户。

(2)纳税期满,企业将当期发生的应交未交的增值税转出时,借记"应交税费——应交增值税(转出未交增值税)"账户,贷记"应交税费——未交增值税"账户;将当期多交的增值税转出时,借记"应交税费——未交增值税"账户,贷记"应交税费——应交增值税(转出多交增值税)"账户。

(3)企业交纳上期应交未交增值税时,借记"应交税费——未交增值税"账户,贷记"银行存款"账户;多缴的增值税在以后退回时,借记"银行存款",贷记"应交税费——未交增值税"账户。

(4)企业收到返还的增值税(不包括出口退回的增值税),应作为企业利润总额的组成部分,借记"银行存款"账户,贷记"营业外收入"等账户。

(5)企业按规定享受直接减免的增值税,应借记"应交税费——应交增值税(减免税款)"账户,贷记"营业外收入"账户。

2. 应纳税额核算实务

【例 2-15】 A 公司是增值税一般纳税人,根据[例 2-3]的计算结果,2012 年月 8 月份有关增值税数据如下:

(1)A 公司 2012 年 8 月按适用税率计算的纳税检查应补缴的增值税额 18 700 元;

(2)A 公司 2012 年 8 月应纳税额 218 840 元;

(3)A 公司 2012 年 8 月应纳税额合计 219 640 元。

要求:对上述业务做下列账务处理

(1)期末结转纳税检查应补缴的增值税额;

(2)期末结转按适用税率计算的应税货物及应税劳务应交未交增值税额;

(3)交纳全部应交未交的增值税额。

题解:

(1)借:应交税费——增值税检查调整   18 700

    贷:应交税费——未交增值税   18 700

(2)借:应交税费——应交增值税(转出未交增值税)   218 840

    贷:应交税费——未交增值税   218 840

(3)借:应交税费——未交增值税   238 340

    贷:银行存款   238 340

三、小规模纳税人增值税的会计处理

(一)小规模纳税人增值税核算的基本方法

1.小规模纳税人购进货物或接受应税劳务,均按应付或实际支付的价款借记"材料采购"、"原材料"等账户,贷记"应付账款"、"银行存款"等账户。

2.小规模纳税人销售货物或提供应税劳务,按实现的销售收入和规定收取的增值税额,借记"应收账款"、"银行存款"等账户,按实现的销售收入,贷记"主营业务收入"、"其他业务收入"等账户,按应收取的增值税额,贷记"应交税费——应交增值税"账户。

3.小规模纳税人按规定的纳税期限缴纳税款时,借记"应交税费——应交增值税"账户、贷记"银行存款"账户。收到退回多缴的增值税时,作相反的会计处理。

(二)小规模纳税人增值税核算实务

【例 2-16】 D 工厂为增值税小规模纳税人,2012 年 8 月份发生下列经济业务:

(1)购进生产用钢材一批,普通发票注明价税合计 23 400 元,材料已验收入库,款项未付。

(2)销售货物一批,由税务所代开专用发票一张,注明价款 80 000 元,税款 2 400 元,款项已收存银行。

（3）销售货物一批，普通发票上注明的金额为 51 500 元，款项未收。

（4）月末，以银行存款缴纳本月应纳的增值税

要求：对上述业务进行账务处理。

题解：

（1）借：原材料　　　　　　　　　　　　　　　　　　　23 400

　　　　贷：应付账款　　　　　　　　　　　　　　　　　23 400

（2）借：银行存款　　　　　　　　　　　　　　　　　　82 400

　　　　贷：主营业务收入　　　　　　　　　　　　　　　80 000

　　　　　　应交税费——应交增值税　　　　　　　　　　 2 400

（3）应纳的增值税＝[51 500÷（1＋3％）]×3％＝1 500（元）

借：应收账款　　　　　　　　　　　　　　　　　　　　51 500

　　贷：主营业务收入　　　　　　　　　　　　　　　　 50 000

　　　　应交税费——应交增值税　　　　　　　　　　　　 1 500

（4）本月应纳的增值税＝2 400＋1 500＝3 900（元）

借：应交税费——应交增值税　　　　　　　　　　　　　 3 900

　　贷：银行存款　　　　　　　　　　　　　　　　　　 3 900

四、出口退税增值税的会计处理

（一）出口货物退（免）税核算的基本方法

1.出口不免税也不退税的货物，在出口环节视同内销进行会计处理；

2.出口免税不退税的货物，免征出口环节增值税，其耗用的购进货物所负担的进项税额不予退税，因此，在购进该货物时，应将相应的进项税额直接计入购进货物的成本，借记"材料采购"、"原材料"等账户，贷记"应付账款"、"银行存款"等账户；或者，在出口后按规定自内销货物进项税额中转出，借记"主营业务成本"账户，贷记"应交税费——应交增值税（进项税额转出）"账户；同时确认收入，借记"银行存款"等账户，贷记"主营业务收入"账户。

3.出口免税并退税的货物：

（1）免征出口环节增值税，其耗用的购进货物所负担的进项税额，计入"应交税费——应交增值税（进项税额）"账户；

（2）计算出出口货物不得免征（抵扣）的税额，借记"主营业务成本"等账户，贷记"应交税费——应交增值税（进项税额转出）"账户；

（3）计算出的应退税额，借记"其他应收款——应收补贴款"账户，贷记"应交税费——应交增值税（出口退税）"账户；

(4)实际收到退税款时,借记"银行存款"账户,贷记"其他应收款——应收补贴款"账户;

(5)实行"免、抵、退"办法的,根据当期免抵税额,借记"应交税费——应交增值税(出口抵减内销产品应纳税额)"账户,贷记"应交税费——应交增值税(出口退税)"账户。

(二)出口货物退(免)税核算实务

【例2-17】 A厂是实行"免、抵、退"办法办理出口退税的生产企业,国内购进和销售货物的增值税率均为17%,出口货物的退税率为13%。该厂2012年8月份购进原材料一批,取得的增值税专用发票注明价款为300 000元,增值税51 000元;本月生产产品1 000台,每台生产成本为300元,每台国内售价400元,出口售价为70美元;本月实现内销400台,出口600台。出口当日外汇市场牌价为100USD=630¥。购销业务均通过银行存款账户结算。

要求:对上述业务进行账务处理。

题解:

(1)购进原材料时

借:原材料	300 000
应交税费——应交增值税(进项税额)	51 000
贷:银行存款	351 000

(2)产品实现国内销售时

应确认的收入=400×400=160 000(元)

销项税额=160 000×17%=27 200(元)

借:银行存款	187 200
贷:主营业务收入	160 000
应交税费——应交增值税(销项税额)	187 200

(3)产品出口时

应确认的收入=600×70×6.3=264 600(元)

| 借:银行存款 | 264 600 |
| 贷:主营业务收入 | 264 600 |

(4)结转销售成本时

| 借:主营业务成本 | 300 000 |
| 贷:库存商品 | 300 000 |

(5)计算出口货物不得免征或抵扣的税额,调整出口产品成本时

不得免征或抵扣的税额=600×70×6.3×(17%-13%)=10 584(元)

借：主营业务成本 10 584
　　贷：应交税费——应交增值税（进项税额转出） 10 584

(6)计算出免抵退税额、应退税额、免抵税额时

当期应纳税额＝27 200－(51 000－10 584)＝－13 216(元)

出口货物的"免、抵、退"税额＝600×70×6.3×13％＝34 398(元)

应退税额＝13 216(元)

当期免抵税额＝34 398－13216＝21 182(元)

借：应交税费——应交增值税（出口抵减内销产品应纳税额） 21 182
　　其他应收款——应收补贴款 13 216
　　贷：应交税费——应交增值税（出口退税） 34 398

【例 2-18】　B 外贸公司 2012 年 8 月发生的出口业务见［例 2-9］。

要求：对上述业务进行账务处理。

题解：

(1)借：库存商品 40 000
　　　　应交税费——应交增值税（进项税额） 6 800
　　　　贷：银行存款 46 800
　　借：银行存款 60 000
　　　　贷：主营业务收入 60 000
　　借：主营业务成本 40 000
　　　　贷：库存商品 40 000

B 外贸公司出口货物不得免征和抵扣税额＝40 000×(17％－13％)＝1 600(元)
　　借：主营业务成本 1 600
　　　　贷：应交税费——应交增值税（进项税额转出） 1 600

B 外贸公司出口货物应退税额＝40 000×13％＝5 200(元)
　　借：其他应收款——应收补贴款 5 200
　　　　贷：应交税费——应交增值税（出口退税） 5 200

(2)借：原材料 10 000
　　　　应交税费——应交增值税（进项税额） 1 700
　　　　贷：银行存款 11 700
　　借：委托加工物资 10 000
　　　　贷：原材料 10 000
　　借：委托加工物资 2 000
　　　　应交税费——应交增值税（进项税额） 340
　　　　贷：银行存款 2 340

借:库存商品 12 000

 贷:委托加工物资 12 000

借:应收账款 20 000

 贷:主营业务收入 20 000

借:主营业务成本 12 000

 贷:库存商品 12 000

B外贸公司出口货物不得免证和抵扣税额＝10 000×(17%－13%)＝400(元)

借:主营业务成本 400

 贷:应交税费——应交增值税(进项税额转出) 400

B外贸公司出口货物应退税额＝10 000×13%＋2 000×17%＝1 640(元)

借:其他应收款——应收补贴款 1 640

 贷:应交税费——应交增值税(出口退税) 1 640

第四节　增值税纳税申报

一、增值税一般纳税人纳税申报办法

(一)基本规定

1.凡增值税一般纳税人(以下简称纳税人)均按本办法进行纳税申报。

2.纳税申报资料:

(1)《增值税纳税申报表》及其两个附表和《固定资产进项税额抵扣情况表》。

(2)附报资料:

①已开具的增值税专用发票和普通发票存根联;

②符合抵扣条件并且在本期申报抵扣的增值税专用发票抵扣联;

③海关进口货物完税凭证的复印件;

④运输发票复印件(如果取得的运输发票数量较多,经县级国家税务局批准,可只附报单份票面金额在一定数额以上的运输发票复印件);

⑤收购凭证的存根联或报查联;

⑥收购农产品的普通发票复印件;

⑦主管税务机关要求报送的其他资料。

经营规模大的纳税人,如上述附报资料很多,报送确有困难的,经县级国家税务局批准,由主管国家税务机关派人到企业审核。

3.对确实不具备复印条件地区的一般纳税人,经县级国家税务局批准,可不报运输发票复印件。

4.对增值税专用发票计算机交叉稽核试点地区的一般纳税人,应严格按规定逐票填写《增值税专用发票使用明细表》;对增值税专用发票计算机交叉稽核试点地区以外的一般纳税人,每月专用发票用票量特别大,金额又较小,逐笔登记确有困难的,经县级国家税务局批准,对整本专用发票中每单张票面销售额均在1000元以下的,可按整本专用发票汇总登记《增值税专用发票使用明细表》。

5.纳税人填写《增值税专用发票使用明细表》后,不再填写增值税专用发票计算机交叉稽核工作所要求填写的《月份专用发票存根联汇总清单》及《月份专用发票抵扣联汇总清单》。

6.一般纳税人每月普通发票用票量特别大,金额又较小,逐笔登记确有困难的,经县级国家税务局批准,对整本普通发票中每单张票面销售额均在1 000元以下的,可按整本普通发票汇总登记《增值税普通发票使用明细表》。

一般纳税人应按普通发票填开的顺序逐票填写《增值税普通发票使用明细表》,一张表格不够,可以在另一张表格内填写,直到一本普通发票登记完毕。如果一本普通发票登记完毕,《增值税普通发票使用明细表》有空格的,应将空格部分用线划掉。

7.一般纳税人要按照《税收征收管理法实施细则》第二十三条的规定保管附报资料,即:"账簿、会计凭证、报表、完税凭证及其他有关纳税资料应当保存10年。但是,法律、行政法规另有规定的除外。"

(二)纳税申报表的编制

【例2-19】 A公司是增值税一般纳税人,2012年8月份发生的经济业务见〔例2-1〕、〔例2-2〕、〔例2-3〕所示,其他有关资料如下:

1.纳税人识别号:330100699831060

2.纳税人名称:A公司

3.注册及营业地址:HZ市1号大街88号

4.证照名称及号码:企业法人营业执照

5.开户银行及账号:浦发银行HZ市保俶支行 账号:9503 0154 8000 02038

6.所属行业:农副食品加工业(代码:0313)

7.联系电话:86929688

8.法人代表:赵六

9.主管税务机关:HZ市经济技术开发区国家税务局

10.税管员:王敏

11.纳税申报日期:2012年9月10日

12. 2012 年 1 月 1 日至 2012 年 7 月 31 日生产经营情况：

(1) 1－7 月份，应税货物销售额累计 20 000 000 元，销项税额累计 3 400 000 元。其中 7 月份应税货物销售额 3 000 000 元，销项税额 510 000 元；

(2) 1－7 月份，应税劳务销售额累计 140 000 元，销项税额累计 23 800 元。其中 7 月份应税劳务销售额 20 000 元，销项税额 3 400 元；

(3) 1－7 月份，进项税额累计 2 100 000，其中 7 月份进项税额 300 000 元；

13. 截止 2012 年 8 月 31 日，A 公司本年度累计交纳增值税 1 342 500 元。其中，8 月份交纳查补税款 18 700 元，交纳 7 月份应纳税款 213 400 元；

要求：根据上述资料，填列增值税纳税申报表及附表。

题解：增值税纳税申报表及附表填写结果见表 2-1、表 2-2、表 2-3、表 2-4 所示。

表 2-1　增值税纳税申报表

（适用于增值税一般纳税人）

根据《中华人民共和国增值税暂行条例》第二十二条和第二十三条的规定制定本表。纳税人不论有无销售额，均应按主管税务机关核定的纳税期限按期填报本表，并于次月 1 日起 15 日内，向当地税务机关申报。

税款所属时间：自 2012 年 8 月 1 日至 2012 年 8 月 31 日　　　填表日期：2012 年 9 月 10 日

金额单位：元至角分

所属行业：0313

纳税人识别号	3	3	0	1	0	0	6	9	9	8	3	1	0	6	0			

纳税人名称	A 公司（公章）	法定代表人姓名	赵六	注册地址	HZ 市 1 号大街 88 号	营业地址	HZ 市 1 号大街 88 号
开户银行及账号	浦发银行 HZ 市保俶支行 9503 0154 8000 02038	企业登记注册类型		企业法人营业执照		电话号码	86929688

	项目	栏次	一般货物及劳务		即征即退货物及劳务	
			本月数	本年累计	本月数	本年累计
销售额	（一）按适用税率征税货物及劳务销售额	1	2 988 000	23 128 000		
	其中：应税货物销售额	2	2 958 000	22 958 000		
	应税劳务销售额	3	20 000	160 000		
	纳税检查调整的销售额	4	10 000	10 000		
	（二）按简易征收办法征税货物销售额	5	40 000	40 000		
	其中：纳税检查调整的销售额	6				
	（三）免、抵、退办法出口货物销售额	7	1 260 000	1 260 000	—	—
	（四）免税货物及劳务销售额	8			—	—

续表

	其中:免税货物销售额	9			—	—
	免税劳务销售额	10			—	—
税款计算	销项税额	11	507 960	3 931 760		
	进项税额	12	393 660	2 493 660		
	上期留抵税额	13		—		
	进项税额转出	14	123 240	123 240		
	免抵退货物应退税额	15			—	
	按适用税率计算的纳税检查应补缴税额	16	18 700	18 700		
	应抵扣税额合计	17＝12＋13－14－15＋16	289 120		—	
	实际抵扣税额	18(如 17＜11,则为17,否则为11)	289 120	2 389 120		
	应纳税额	19＝11－18	218 840	1 542 640		
	期末留抵税额	20＝17－18		—		
	简易征收办法计算的应纳税额	21	1 600	1 600		
	按简易征收办法计算的纳税检查应补缴税额	22		—		
	应纳税额减征额	23	800	800		
	应纳税额合计	24＝19＋21－23	219 640	1 543 440		
税款缴纳	期初未缴税额(多缴为负数)	25	213 400	213 400		
	实收出口开具专用缴款书退税额	26			—	—
	本期已缴税额	27＝28＋29＋30＋31	213 400	1 323 800		
	①分次预缴税额	28				
	②出口开具专用缴款书预缴税额	29				
	③本期缴纳上期应纳税额	30	213 400	1 323 800		
	④本期缴纳欠缴税额	31				
	期末未缴税额(多缴为负数)	32＝24＋25＋26－27	219 640	219 640		
	其中:欠缴税额(≥0)	33＝25＋26－27				
	本期应补(退)税额	34＝24－28－29	219 640			
	即征即退实际退税额	35			—	
	期初未缴查补税额	36			—	
	本期入库查补税额	37	18 700	18 700	—	
	期末未缴查补税额	38＝16＋22＋36－37				
授权说明	如果你已委托代理人申报,请填写下列资料: 为代理一切税务事宜,现授权 (地址)　　　　为本纳税人的代理申报人,任何与本申报表有关的往来文件,都可寄予此人。 权人签字:		申报人声明	此纳税申报表是根据《中华人民共和国增值税暂行条例》的规定填报的,我相信它是真实的、可靠的、完整的。 声明人签字:		

以下由税务机关填写:

收到日期:2012 年 9 月 10 日　　　　接收人:王敏　　　　主管税务机关盖章:

表2-2 增值税纳税申报表附列资料（表一）
（本期销售情况明细表）

纳税人名称：A公司（公章）　　税款所属时间：2012年9月10日　　填表日期：2012年8月　　金额单位：元至角分

一、按适用税率征收增值税货物及劳务的销售额和销项税额明细

项目	栏次	应税货物 17%税率 份数	销售额	销项税额	应税货物 13%税率 份数	销售额	销项税额	应税劳务 17%税率 份数	销售额	销项税额	应税劳务 13%税率 份数	销售额	销项税额	小计 份数	销售额	销项税额
防伪税控系统开具的增值税专用发票	1	12	2 760 000	469 200		—	—	—	—	—	—	—	—	12	2 760 000	469 200
非防伪税控系统开具的增值税专用发票	2					—	—	—	—	—	—	—	—			
开具普通发票	3	10	110 000	18 700		—	—	1	20 000	3 400	—	—	—	11	130 000	22 100
未开具发票	4	—	88 000	14 960		—	—	—	—	—	—	—	—	—	88 000	14 960
小计	5=1+2+3+4	—	2 958 000	502 860		—	—	—	20 000	3 400	—	—	—	—	2 978 000	506 260
纳税检查调整	6	—	10 000	1 700		—	—	—	—	—	—	—	—	—	10 000	1 700
合计	7=5+6	—	2 968 000	504 560		—	—	—	20 000	3 400	—	—	—	—	2 988 000	50 7960

二、简易征收办法征收增值税货物的销售额和应纳税额明细

项目	栏次	6%征收率 份数	销售额	应纳税额	4%征收率 份数	销售额	应纳税额	小计 份数	销售额	应纳税额
防伪税控系统开具的增值税专用发票	8	—	—	—	—	—	—	—	—	—
非防伪税控系统开具的增值税专用发票	9	—	—	—	—	—	—	—	—	—
开具普通发票	10	—	—	—	2	40 000	1 600	2	40 000	1 600
未开具发票	11	—	—	—	—	—	—	—	—	—
小计	12=8+9+10+11									
纳税检查调整	13									
合计	14=12+13									

三、免征增值税货物及劳务销售额明细

项目	栏次	免税货物 份数	销售额	税额	免税劳务 份数	销售额	税额	小计 销售额	税额
防伪税控系统开具的增值税专用发票	15	—	—	—	—	—	—	—	—
开具普通发票	16	1	1 260 000	—	—	—	—	1 260 000	—
未开具发票	17	—	—	—	—	—	—	—	—
合计	18=15+16+17	2	1 260 000	—	—	—	—	1 260 000	—

表 2-3　增值税纳税申报表附列资料(表二)

(本期进项税额明细)

税款所属时间:2012 年 8 月

纳税人名称:A 公司(公章)　　　　填表日期:2012 年 9 月 10 日　　　　金额单位:元至角分

一、申报抵扣的进项税额

项目	栏次	份数	金额	税额
(一)认证相符的防伪税控增值税专用发票	1	9	1 230 000	209 100
其中:本期认证相符且本期申报抵扣	2	9	1 230 000	209 100
前期认证相符且本期申报抵扣	3			
(二)非防伪税控增值税专用发票及其他扣税凭证	4	17	1 218 000	184 560
其中:海关进口增值税专用缴款书	5	1	693 000	117 810
农产品收购发票或者销售发票	6	10	500 000	65 000
废旧物资发票	7			
运输费用结算单据	8	6	25 000	1 750
6%征收率	9	——	——	——
4%征收率	10	——	——	——
(三)外贸企业进项税额抵扣证明	11			
当期申报抵扣进项税额合计	12	26	2 448 000	393 660

二、进项税额转出额

项目	栏次	税额
本期进项税转出额	13	123 240
其中:免税货物用	14	
非应税项目用、集体福利、个人消费	15	47 000
非正常损失	16	8 500
按简易征收办法征税货物用	17	
免抵退税办法出口货物不得抵扣进项税额	18	50 400
纳税检查调减进项税额	19	17 000
未经认证已抵扣的进项税额	20	
红字专用发票通知单注明的进项税额	21	340

三、待抵扣进项税额

项目	栏次	份数	金额	税额
(一)认证相符的防伪税控增值税专用发票	22	——		
期初已认证相符但未申报抵扣	23			
本期认证相符且本期未申报抵扣	24	1	100 000	17 000
期末已认证相符但未申报抵扣	25	1	100 000	17 000
其中:按照税法规定不允许抵扣	26	1	100 000	17 000
(二)非防伪税控增值税专用发票及其他扣税凭证	27			

续表

其中:海关进口增值税专用缴款书	28			
农产品收购发票或者销售发票	29			
废旧物资发票	30			
运输费用结算单据	31			
6%征收率	32			
4%征收率	33			
	34			

四、其他

项目	栏次	份数	金额	税额
本期认证相符的全部防伪税控增值税专用发票	35	10	1 330 000	226 100
期初已征税款挂账额	36	——	——	
期初已征税款余额	37	——	——	
代扣代缴税额	38	——	——	

注:第 1 栏=第 2 栏+第 3 栏=第 23 栏+第 35 栏−第 25 栏;第 2 栏=第 35 栏−第 24 栏;第 3 栏=第 23 栏+第 24 栏−第 25 栏;第 4 栏等于第 5 栏至第 10 栏之和;第 12 栏=第 1 栏+第 4 栏+第 11 栏;第 13 栏等于第 14 栏至第 21 栏之和;第 27 栏等于第 28 栏至第 34 栏之和。

表 2-4　固定资产进项税额抵扣情况表

纳税人识别号:330100699831060　　　　　　　　纳税人名称(公章):A 公司

填表日期:2012 年 9 月 10 日　　　　　　　　　　金融单位:元至角分

项目	当期申报抵扣的固定资产进项税额	当期申报抵扣的固定资产进项税额累计
增值税专用发票	17 000	17 000
海关进口增值税专用缴款书		
合计	17 000	17 000

注:本表一式二份,一份纳税人留存,一份主管税务机关留存。

二、增值税小规模纳税人纳税申报办法

(一)报送资料

小规模纳税人纳税申报时,应提供下列资料:

1.增值税纳税申报表(适用小规模纳税人);

2.普通发票领用存月报表;

3.企业财务会计报表;

4.税务机关要求报送的其他资料。

(二)纳税申报表的编制

【例 2-20】　C 商店为增值税小规模纳税人,2012 年 8 月发生的经济业务见[例 2-

4]所示,其他有关资料如下:

    1.纳税人识别号:330100699831066

    2.纳税人名称:C商店

    3.联系电话:86929690

    4.法人代表:王五

    5.办税人员:马力

    6.财务负责人:张明

    7.主管税务机关:HZ市经济技术开发区国家税务局

    8.税管员:王敏

    9.纳税申报日期:2012年9月10

10.2012年1月1日至2012年7月31日生产经营情况:

(1)1—7月份,应税货物及劳务不含税销售额累计350 000元,其中税务机关代开的增值税专用发票不含税销售额100 000元;

(2)1—7月份,应纳税额合计10 500元。

要求:根据上述资料,填列小规模纳税人增值税纳税申报表。

题解:小规模纳税人增值税纳税申报表填写结果见表2-5所示。

表2-5 增值税纳税申报表
(适用小规模纳税人)

纳税人识别号: | 3 | 3 | 0 | 1 | 0 | 0 | 6 | 9 | 9 | 8 | 3 | 1 | 0 | 6 | 6 | | | |

纳税人名称(公章):C商店　　　　　　　　　　　金额单位:元(列至角分)

税款所属期:2012年8月1日至2012年8月31日　　　　填表日期:2012年9月10日

项　目	栏次	本期数	本年累计
(一)应征增值税货物及劳务不含税销售额	1	60 000	410 000
其中:税务机关代开的增值税专用发票不含税销售额	2	10 000	110 000
税控器具开具的普通发票不含税销售额	3	50 000	300 000
(二)销售使用过的应税固定资产不含税销售额	4	—	—
其中:税控器具开具的普通发票不含税销售额	5	—	—
(三)免税货物及劳务销售额	6		
其中:税控器具开具的普通发票销售额	7		
(四)出口免税货物销售额	8		
其中:税控器具开具的普通发票销售额	9		

一、计税依据

续表

<table>
<tr><td rowspan="6">二
税
款
计
算</td><td>本期应纳税额</td><td>10</td><td>2 000</td><td>12 500</td></tr>
<tr><td>本期应纳税额减征额</td><td>11</td><td>100</td><td>100</td></tr>
<tr><td>应纳税额合计</td><td>12=10−11</td><td>1 900</td><td>12 400</td></tr>
<tr><td>本期预缴税额</td><td>13</td><td></td><td>——</td></tr>
<tr><td>本期应补(退)税额</td><td>14=12−13</td><td>1 900</td><td>——</td></tr>
<tr><td></td><td></td><td></td><td></td></tr>
</table>

纳税人或代理人声明: 此纳税申报表是根据国家税收法律的规定填报的,我确定它是真实的、可靠的、完整的。	如纳税人填报,由纳税人填写以下各栏:
	办税人员(签章):马力　　　　　财务负责人(签章):张明 法定代表人(签章):王五　　　　联系电话:86929690
	如委托代理人填报,由代理人填写以下各栏:
	代理人名称:　　　　经办人(签章):　　　联系电话: 代理人(公章):

受理人:王敏　　　　受理日期:2012 年 9 月 10 日　　　受理税务机关(签章):

思考训练

一、单项选择题

1.下列各项中属于视同销售行为应当计算销项税额的有(　　)。

A.将购买的货物用于非应税项目　　　　B.将购买的货物委托外单位加工

C.将购买的货物无偿赠送他人　　　　　D.将购买的货物用于集体福利

2.下列单位销售(　　)货物适用 17%税率。

A.农机厂(小规模纳税人)销售收割机　　B.苗圃销售自种花卉

C.一般纳税人提供加工劳务　　　　　　D.果品公司批发水果

3.下列项目中,不得从计税销售额中扣除的有(　　)。

A.折扣额与销售额开在同一张发票情形下的折扣额

B.销售折扣额

C.销售折让额

D.销售退货额

4.某化工厂(一般纳税人)发生的下列(　　)业务,不准抵扣进项税额。

A.进口材料取得海关完税凭证上注明的增值税额

B.购进辅助材料取得增值税专用发票上注明的增值税额

C.购料时卖方转来的代垫运费(货票台头开给化工厂)

D.为加固厂房而购进钢材取得增值税专用发票上注明的增值税额

5.下列支付的运费中不允许计算扣除进项税额的有（　　）。

A.销售货物支付的运输费用

B.外购免税农产品支付的运输费用

C.外购工程物资的运输费用

D.向小规模纳税人购买农业产品的运输费用

6.下列关于纳税义务发生时间说法正确的是（　　）。

A.赊销方式销售的，为将提货单交给买方的当天

B.直接收款方式销售的，为发货当天

C.预收货款方式销售的，为收款当天

D.将自产货物用于集体福利和个人消费的为货物移送当天

7.根据增值税暂行条例的规定，准予在当期抵扣的进项税额是（　　）。

A.混合销售行为被确定增收增值税的，其所用货物购入环节的增值税进项税额

B.非常损失的货物其购入环节的增值税进项税额

C.用于免税项目的货物其购入环节的增值税进项税额

D.采用免、抵、退办法计算出口退税而计入出口产品销售成本的，其所用货物在购入环节的增值税进项税额

8.根据增值税暂行条例的规定，下列行为应照章征收增值税的是（　　）。

A.金融期货业务　　　　　　　　B.出口天然牛黄

C.提供各种劳务　　　　　　　　D.邮局出售邮票

9.下列企业委托外贸企业代理出口货物，不予退（免）税的是（　　）。

A.有出口经营权的生产企业　　　B.无出口经营权的生产企业

C.有出口经营权的外贸企业　　　D.无出口经营权的一般商贸企业

10.企业发生的下列行为中，按规定允许开具增值税专用发票的是（　　）。

A.商业企业零售烟酒　　　　　　B.小规模纳税人销售货物

C.销售免税的货物　　　　　　　D.服装厂向商场销售服装

二、多项选择题

1.下列各项中，能被认定为增值税一般纳税人的是（　　）。

A.年应税销售额在80万元以上，会计核算健全的工业企业

B.年应税销售额在150万元以上，会计核算健全的商业企业

C.年应税销售额为300万元的非企业性单位

D.年应税销售额200万元的个体工商户

2.下列纳税人经营活动中适用简易办法征收增值税的有（　　）。

A.旧货经营单位（一般纳税人）销售旧货

B. 年应税销售额为 90 万元的成品油加油站

C. 一般纳税人销售他人赠送的新设备

D. 一般纳税人销售自己使用过的 2008 年 12 月 31 前购入的机器设备

3. 某生产企业下列项目中，可以抵扣进项税的有（　　　）。

A. 外购生产用水、电、气　　　　　　　B. 购进生产设备修理用零配件

C. 购进生产车间改造用建筑材料　　　　D. 外购包装物

4. 某医疗器械厂为增值税一般纳税人，其本期发生的经济业务中，不需作进项税额转出处理的购进货物有（　　　）。

A. 生产本企业产品耗用上期购买的原材料

B. 捐赠灾区的医疗器械耗用上期购买的原材料

C. 本企业医院使用自产医疗器械耗用的本期购买原材料

D. 被盗产品耗用的本期购买原材料

5. 下列发生混合销售行为的（　　　）企业，应对其应税货物与非应税劳务销售额合并收取增值税。

A. 家具建材商城　　　　　　　　　　B. 汽车修理厂

C. 电信公司　　　　　　　　　　　　D. 购物中心

6. 下列经营收入在并入销售额计算销项税额时，需换算为不含税销售额的有（　　　）。

A. 混合销售涉及的非应税劳务收入

B. 兼营非应税劳务但未分别核算，由税务机关核定的非应税劳务收入

C. 逾期包装物押金收入

D. 向购买方收取的各项价外费用

7. 某旧货商场出售一架旧钢琴，原收购价格 3 800 元，请钢琴厂维修，支付维修费 200 元（取得专用发票）零售价格 5 000 元，该业务纳税的处理方法中不正确的是（　　　）。

A. 依简易办法按 4%，计算增值税减半征收

B. 依简易办法按 6%，计算增值税

C. 收购原价可按 10% 计算抵扣进项税额

D. 按售价和 17% 计算销项税，收购价格依 10%，计算扣税，维修费按专用发票可抵扣进项税。

8. 某工厂（一般纳税人）4 月份发出一批材料委托甲企业加工，5 月份加工完毕并验收入库，取得并认证增值税专用发票，注明税金 3.4 万元，6 月份将加工收回货物制成的产品用于非应税项目，账面成本 50 万元（无同类产品售价），8 月份支付加工费及税款。该企业下列税务处理正确的有（　　　）。

A.5 月份进项税 3.4 万元　　　　　　B.6 月份销项税 8.5 万元

C.6 月销项税 9.35 万元　　　　　　D.8 月进项税 3.4 万元

9.增值税纳税人发生下列( )行为,一律按偷税论处。

A.进项税额申报抵扣时间提前

B.随意抵扣进项税额

C.进项退回或折让,不扣减当期进项税额

D.开具了专用发票,其销售额未按规定计入销售账户核算

10.根据增值税法律制度的规定,下列各项中,应缴纳增值税的是( )。

A.银行销售金银　　　　　　　　B.邮政部门销售集邮商品

C.房地产公司销售商品房　　　　D.电力公司向发电企业收取的过网费

三、判断题

1.不在同一县(市)的关联企业,应于货物移送时,按视同销售行为计算缴纳增值税。　　　　　　　　　　　　　　　　　　　　　　　　　　　( )

2.某服装厂接受一饭店委托,为其员工量体裁衣制作工作装,饭店指定了工作装面料质地、颜色和价格,则服装厂此项业务为提供增值税加工劳务的行为。　( )

3.如果增值税一般纳税人将以前购进的货物以原进价销售,由于没有产生增值额,不需要计算增值税。　　　　　　　　　　　　　　　　　　　　　( )

4.纳税人将自产、委托加工或购买的货物用于实物折扣,属于折扣销售的一种形式,折扣的实物款额只要与销售额同开在一张发票上,可从销售额中扣除。　( )

5.某商店将 4 月份购进的一种饮料于 7 月份作为防暑降温用品发给本单位职工,应视同销售计算增值税。　　　　　　　　　　　　　　　　　　　( )

6.甲纳税人未按规定向乙付货款,乙纳税人按合同规定向甲收取违约金。由于违约金是在销售实现后收取的,因而不应该征增值税。　　　　　　　　　( )

7.根据现行增值税法律制度的有关规定,一般纳税人取得防伪税控系统开具的专用发票,必须自该专用发票开具之日起 90 日内到税务机关认证,并在通过认证的 90 天内申报抵扣。　　　　　　　　　　　　　　　　　　　　　　( )

8.一般纳税人购进货物支付的运输费用,可依据运费结算单据(普通发票)所列运费金额依 7% 的扣除率计算进项税额。　　　　　　　　　　　　　　( )

9.所有缴纳增值税的货物,其计算缴纳增值税的组成计税价格中,成本利润率为 10%。　　　　　　　　　　　　　　　　　　　　　　　　　　　　( )

10.纳税人总、分机构不在同一县(市)的,应分别向各自所在地主管税务机关申报纳税。　　　　　　　　　　　　　　　　　　　　　　　　　　　( )

四、实训题

1. M 公司是增值税一般纳税人,2012 年 9 月份发生下列经济业务:

(1)向一般纳税人销售自产货物一批,开具增值税专用发票 5 份,注明价款 1 000 000 元,税款 170 000 元;因销售货物提供运输劳务,收取运费 5 850 元,开具普通发票 5 份。货款、税款及运费已收存银行。

(2)向小规模纳税人销售税率为 17% 的自产货物一批,开具增值税普通发票 5 份,价税合计 58 500 元,款项已收存银行。

(3)按免抵退方式出口自产货物一批,开具出口发票 1 份,价款 100 000USD,汇率 100USD=630RMB,款项未收。该出口货物的征税率为 17%,退税率为 13%。

(4)用成本为 200 000 元,市价为 250 000 元,税率为 17% 的自产货物对 N 公司进行股权投资,开具增值税专用发票 1 份。

(5)用成本为 40 000 元的自产新产品一批作为福利发放给职工,开具企业内部结算凭证,该新产品没有同类市场价格。

(6)为小规模纳税人受托加工税率为 17% 的货物一批,开具增值税普通发票 1 份,收取加工费、辅助材料费及税款合计 11 700 元。

(7)税务机关对公司的纳税情况进行检查,发现 2012 年 7 月 10 日向购货方收取的优质费 5 850 元只开具了收款收据,贷记其他应付款账户,责令企业调整销售额,并于月底前缴纳增值税查补税款。

(8)采用买断方式委托 N 公司代销自产货物一批,收到受托方代销清单,开具增值税专用发票 1 份,注明价款 100 000 元,税款 17 000 元,款项收存银行。

(10)销售自己使用过的机器设备 1 台,开具普通发票 1 份,价税合计 5 200 元,款项已收存银行。该设备于 2007 年 12 月 25 日购入,账面原值 11 700 元,已提折旧 6 000 元。

(11)销售自己使用过的其他物品一批,开具普通发票 1 份,价税合计 5 850 元,款项收存银行。

(12)收到购货方主管税务机关开具的红字增值税发票通知单,开具增值税红字发票 1 份,价款 20 000 元,税款 3 400 元,并将货款与税款退还给购货方。

要求:

(1)计算 M 公司 2012 年 9 月按适用税率征收增值税货物及劳务的销售额和销项税额;

(2)计算 M 公司 2012 年 9 月按简易征收办法征收增值税货物的销售额和应纳税额;

(3)编制 M 公司 2012 年 9 月上述经济业务的会计分录;

(4)编制 M 公司 2012 年 9 月增值税纳税申报表附列资料(表一)本期销售情况明细表。

2. M 公司是增值税一般纳税人,2012 年 9 月份发生下列经济业务:

(1)购进生产原料一批,取得增值税专用发票 5 份,注明价款、税款分别为 500 000 元、85 000 元,运杂费(取得普通发票 5 份)共 12 500 元,其中运费和建设基金 10 000 元,款项用银行存款支付。

(2)购入机器一台,取得增值税专用发票 1 份,注明买价 50 000 元,增值税额 8 500 元,运费(取得普通发票 1 份)2 000 元,款项用银行存款支付。

(3)向小规模纳税人购入材料一批,用银行存款支付款项 10 000 元,取得普通发票。

(4)收购用于生产加工的免税农产品一批,开具收购统一发票 10 份,注明收购价款为 200 000 元,款项已用银行存款支付。

(5)进口货物一批,关税完税价格 50 000 美元,进口关税税率 10%,增值税税率 17%,进口当日的人民币外汇牌价中间价 100 $＝630￥。货款与税款已用银行存款支付,取得海关增值税专用缴款书 1 份。

(6)购入工程物资一批,取得增值税专用发票 1 份,注明价款 50 000 元,税款 8 500 元,款项尚未支付。

(7)将已收购入库的成本为 43 500 元的农产品用于本企业职工福利。

(8)将库存的成本为 100 000 元、税率为 17% 的原材料用于本厂的新厂房工程。

(9)委托加工物资一批,支付加工费和辅助材料费 10 000 元,加工劳务的增值税 1 700 元,取得了受托加工方开具的增值税专用发票 1 份。

(10)税务机关对公司的纳税情况进行检查,发现 2012 年 7 月 15 日,公司将成本为 50 000 元、税率为 17% 的库存原材料用于在建工程,没有转出进项税额,责令公司进行账务调整,并在当月内补缴税款。

(11)财产清查发现,因管理不善造成一批库存产品霉烂变质,成本 50 000 元。该产品的材料成本占 50%,材料的增值税税率为 17%。

(12)根据实训题第 1 题,按规定计算转出免抵退税不得免征和抵扣税额。

要求:

(1)指出上述 12 项经济业务中,准予抵扣的进项税额、不得抵扣的进项税额、应当扣减发生期的进项税额;

(2)计算 M 公司当期的进项税额、进项税额转出额;

(3)编制 M 公司 2012 年 9 月上述经济业务的会计分录;

(4)编制 M 公司 2012 年 9 月增值税纳税申报表附列资料(表二)本期进项税额明细。

3. M 公司是增值税一般纳税人,2012 年月 9 月份发生的经济业务见实训题第 1 题、第 2 题,其他有关资料如下:

(1)纳税人识别号:330100699831061

(2)纳税人名称:M 公司

(3)注册及营业地址:××市 3 号大街 38 号

(4)证照名称及号码:企业法人营业执照

(5)开户银行及账号:中国银行××市下沙支行,账号:456351130011200606

(6)所属行业:农副食品加工业(代码:0313)

(7)联系电话:86929938

(8)法人代表:李四

(9)主管税务机关:××市经济技术开发区国家税务局

(10)税管员:王敏

(11)纳税申报日期:2012 年 10 月 10

(12)2012 年 1 月 1 日至 2012 年 8 月 31 日生产经营情况:

①1—8 月份,应税货物销售额累计 10 000 000 元,销项税额累计 1 700 000 元。其中 8 月份应税货物销售额 1 500 000 元,销项税额 255 000 元;

②1—8 月份,应税劳务销售额累计 80 000 元,销项税额累计 13 600 元。其中 8 月份应税劳务销售额 10 000 元,销项税额 1 700 元;

③1—8 月份,进项税额累计 1 100 000,其中 8 月份进项税额 150 000 元;

(13)截止 2012 年 9 月 30 日,M 公司均能按期纳税,没有欠税款。本月的查补税款,也已经在月底缴纳。

要求:

(1)计算 M 公司 2012 年 9 月按适用税率计算的纳税检查应补缴的增值税额;

(2)计算 M 公司 2012 年 9 月应抵扣税额合计;

(3)计算 M 公司 2012 年 9 月应纳税额、应纳税额合计;

(4)编制 M 公司下列业务的会计分录:

①2012 年 9 月期末结转纳税检查应补缴的增值税额;

②2012 年 9 月期末结转当期按适用税率计算的应税货物及应税劳务应交未交增值税额;

③2012 年 9 月交纳 8 月份应交未交的增值税额;

④2012 年 9 月交纳纳税检查应补缴的增值税额。

(5)编制 M 公司 2012 年 9 月增值税纳税申报表(适用于一般纳税人)主表。

4. P 商店为增值税小规模纳税人,2012 年 9 月发生下列经济业务:

(1)零售货物,开具普通发票,含税销售额 30 900 元,款项收存银行。

(2)向一般纳税人销售货物,委托主管税务机关代开增值税专用发票,注明价款

5 000元,税款150元,款项已收存银行。

（3）向一般纳税人购进货物,取得增值税普通发票,价款10 000元,税款1 700元,款项用银行存款支付。

（4）销售自己使用过的其他物品,开具普通发票,价税合计1 030元。

要求：

（1）计算P商店2012年9月取得的不含税销售额；

（2）计算P商店2012年9月应缴纳的增值税税额；

（3）编制P商店2012年9月上述经济业务的会计分录。

5.自营出口的增值税一般纳税人N公司为生产企业,出口货物的征税税率为17%,退税税率为13%。2012年10月,购原材料一批,取得的增值税专用发票注明的价款1 000 000元,外购货物准予抵扣进项税额170 000元通过认证。当月进料加工免税进口料件的组成计税价格100 000元。上期末留抵税款50 000元。本月内销货物不含税销售额500 000元,收款585 000元存入银行。本月出口货物的销售额折合人民币1 000 000元。

要求：

（1）计算N公司当期的"免、抵、退"税额；

（2）编制N公司2012年10月与出口退税有关的会计分录。

6.D外贸公司2012年9月发生下列经济业务：

（1）出口布匹10 000米,折合人民币300 000元,款项已收存银行。进货增值税专用发票列明单价20元/平方米,计税金额200 000元,税额34 000元,款项用银行存款支付;退税税率13%；

（2）购进布料委托加工成服装出口,折合人民币200 000元,款项未收。取得购进布料增值税专用发票一张,注明计税金额100 000元,税额17 000元（退税税率13%）；取得服装加工费专用发票一张,计税金额20 000元,税额3 400元（退税税率17%）,款项用银行存款支付。

要求：

（1）计算D外贸公司2012年9月出口业务的应退税额；

（2）编制D外贸公司2012年9月与出口退税业务有关的会计分录。

第三章　消费税实务

知识目标

☆ 了解消费税的基本原理
☆ 熟悉消费税的基本要素
☆ 懂得消费税会计的账户设置
☆ 掌握消费税纳税申报表的填写要求

能力目标

☆ 能判断消费税的征税范围
☆ 会计算不同应税消费品、进口应税消费品的消费税以及出口应税消费品的退
  （免）税额
☆ 懂消费税业务的会计核算方法
☆ 能填写不同应税消费品消费税纳税申报表

引导案例

小王是红河卷烟厂的税务会计，该企业为增值税一般纳税人，2012 年 8 月份发生下列经济业务：

1. 向农业生产者收购烟叶 25 吨，支付收购价款 300 000 元，并按 10% 实际支付了价外补贴，取得收购凭证。另支付运输费用 20 000 元，取得运输公司开具的普通发票，烟叶验收入库。将全部的烟叶委托某县烟丝厂加工成烟丝，取得烟丝厂开具的增值税专用发票，注明支付加工费 60 000 元、增值税 10 200 元，款项尚未支付，烟丝已经验收

104

入库。

2.卷烟厂生产领用外购已税烟丝 15 吨,生产乙种卷烟 2 000 标准箱,当月销售给卷烟专卖商 18 箱,取得不含税销售额 360 000 元。

3.上月购入的烟丝因火灾损失 20 000 元,等待处理。

思考

1.针对以上业务该企业本月应该申报消费税多少?

2.该企业的纳税申报地点在哪里、什么时候应该申报?

3.申报表该如何填写?

第一节　消费税的基本规定

消费税法是指国家制定的用以调整消费税征收与缴纳之间权利及义务关系的法律规范。现行消费税法的基本规范,是 2008 年 11 月 5 日经国务院第 34 次常务会议修订通过并颁布、自 2009 年 1 月 1 日起施行的《中华人民共和国消费税暂行条例》,以及 2008 年 12 月 15 日财政部、国家税务总局第 51 号令颁布的《中华人民共和国消费税暂行条例实施细则》。

一、消费税的概念

消费税是指对消费品和特定的消费行为按消费流转额征收的一种商品税,可分为一般消费税和特别消费税。我国现行消费税是对在我国境内从事生产、委托加工和进口应税消费品的单位和个人就其应税消费品征收的一种税。它选择部分消费品征税,因而属于特别消费税。

二、我国消费税的特点

(一)征收范围具有选择性

我国消费税在征收范围根据产业政策与消费政策仅选择部分消费品征税,而不是对所有消费品都征收消费税。我国消费税目前共设置 14 个税目,只有消费税税目税率表上列举的应税消费品才征收消费税,没有列举的则不征收消费税。

(二)征税环节具有单一性

我国消费税的纳税环节主要确定在产制环节或进口环节,个别消费品的纳税环节为零售环节,除卷烟在批发环节加征从价定率税外,其他消费品无论在哪个环节征税,都实行单环节征收,防止重复征税。

(三)平均税率水平比较高且税负差异大

消费税的平均税率水平一般定得比较高,并且不同征税项目的税负差异较大,对需要限制或控制消费的消费品,通常税负较重。

(四)征收方法具有灵活性

消费税在征收方法上,既可以采用对消费品制定单位税额,依消费品的数量实行从量定额的征收方法,也可以采用对消费品制定比例税率,依消费品的价格实行从价定率的征收方法。目前,对部分烟酒采用从价征收加从量征收的方法。

(五)税负具有转嫁性

消费税是对消费应税消费品的课税。因此,税负归宿应为消费者。但为了简化征收管理,我国消费税直接以应税消费品的生产经营者为纳税人,于产制销售环节、进口环节或零售环节缴纳税款,并成为商品价格的一个组成部分向购买者收取,消费者为税负的最终负担者。

三、消费税的纳税义务人

在中华人民共和国境内生产、委托加工和进口消费税暂行条例规定的消费品的单位和个人,以及国务院确定的销售消费税暂行条例规定的消费品的其他单位和个人,为消费税的纳税人,应当依照消费税暂行条例缴纳消费税。

四、消费税的征税范围

目前,消费税的征税范围分布于以下四个环节:

(一)生产应税消费品

生产应税消费品销售是消费税征收的主要环节,因消费税具有单一环节征税的特点,在生产销售环节征税以后,货物在流通环节无论再转销多少次,也不用再缴纳消费税。生产应税消费品除了直接对外销售应征收消费税外,纳税人将生产的应税消费品换取生产资料、消费资料、投资入股、偿还债务,以及用于继续生产应税消费品以外的其他方面都应缴纳消费税。

自 2009 年 5 月 1 日起,在卷烟批发环节加征一道从价税,在中华人民共和国境内从事卷烟批发业务的单位和个人,批发销售的所有牌号规格的卷烟,按其销售额(不含增值税)征收 5% 的消费税。

(二)委托加工应税消费品

委托加工应税消费品是指委托方提供原料和主要材料,受托方只收取加工费和代垫部分辅助材料加工的应税消费品。由受托方提供原材料或其他情形的一律不能视同加工应税消费品。委托加工的应税消费品收回后,再继续用于生产应税消费品销售的,其加工环节缴纳的消费税款可以扣除。

(三)进口应税消费品

单位和个人进口货物属于消费税征税范围的,在进口环节也要缴纳消费税。为了减少征税成本,进口环节缴纳的消费税由海关代征。

(四)零售应税消费品

经国务院批准,自 1995 年 1 月 1 日起,金银首饰消费税由生产销售环节征收改为零售环节征收。改在零售环节征收消费税的金银首饰仅限于金基、银基合金首饰以及金、银和金基、银基合金的镶嵌首饰。零售环节适用税率为 5%,在纳税人销售金银首饰、钻石及钻石饰品时征收。其计税依据是不含增值税的销售额。

五、消费税的税目与税率

(一)税目

目前我国确定征收消费税的只有烟、酒、化妆品等 14 个税目,有的税目还进一步划分若干子目。

1. 烟

凡是以烟叶为原料加工生产的产品,不论使用何种辅料,均属于本税目的征收范围。包括卷烟(进口卷烟、白包卷烟、手工卷烟和未经国务院批准纳入计划的企业及个人生产的卷烟、雪茄烟和烟丝。

2. 酒及酒精

酒是酒精度在 1 度以上的各种酒类饮料。酒精又名乙醇,是指用蒸馏或合成方法生产的酒精度在 95 度以上的无色透明液体。酒类包括粮食白酒、薯类白酒、黄酒、啤酒、果啤和其他酒。酒精包括各种工业酒精、医用酒精和食用酒精。

3. 化妆品

包括各类美容、修饰类化妆品、高档护肤类化妆品和成套化妆品。

美容、修饰类化妆品是指香水、香水精、香粉、口红、指甲油、胭脂、眉笔、唇笔、蓝眼油、眼睫毛以及成套化妆品。舞台、戏剧、影视演员化妆用的上妆油、卸装油、油彩、不属于本税目的征收范围。高档护肤类化妆品征收范围另行制定。

4. 贵重首饰及珠宝玉石

包括:凡以金、银、白金、宝石、珍珠、钻石、翡翠、珊瑚、玛瑙等高贵稀有物质以及其他金属、人造宝石等制作的各种纯金银首饰及镶嵌首饰和经采掘、打磨、加工的各种珠宝玉石。对出国人员免税商店销售的金银首饰征收消费税。

5. 鞭炮、焰火

包括：各种鞭炮、焰火。体育上用的发令纸、鞭炮药引线，不按本税目征收。

6. 成品油

包括汽油、柴油、石脑油、溶剂油、航空煤油、润滑油、燃料油7个子目。

7. 汽车轮胎

是指用于各种汽车、挂车、专用车和其他机动车上的内、外轮胎。不包括农用拖拉机、收割机、手扶拖拉机的专用轮胎。自2001年1月1日起，子午线轮胎免征消费税，翻新轮胎停止征收消费税。

自2010年12月1日起，家用拖拉机、收割机和手扶拖拉机专用轮胎不属于《消费税暂行条例》规定的应征消费税的"洗车汽车轮胎"范围，不征收消费税。

8. 小汽车

小汽车是指由动力驱动，具有四个或四个以上车轮的非轨道承载的车辆。

本税目征收范围包括含驾驶员座位在内最多不超过9个座位（含）的，在设计和技术特性上用于载运乘客和货物的各类乘用车和含驾驶员座位在内的座位数在10～23座（含23座）的在设计和技术特性上用于载运乘客和货物的各类中轻型商用客车。

用排气量小于1.5升（含）的乘用车底盘（车架）改装、改制的车辆属于乘用车征收范围。用排气量大于1.5升的乘用车底盘（车架）或用中轻型商用客车底盘（车架）改装、改制的车辆属于中轻型商用客车征收范围。

电动汽车不属于本税目征收范围。车身长度大于7米（含），并且座位在10～23座（含）以下的商用客车，不属于中轻型商用客车征税范围，不征收消费税。沙滩车、雪地车、卡丁车、高尔夫车不属于消费税征收范围，不征收消费税。

9. 摩托车

包括轻便摩托车和摩托车两种。对最大设计车速不超过50km/h，发动机气缸总工作容量不超过50ml的三轮摩托车不征收消费税。

10. 高尔夫球及球具

高尔夫球及球具是指从事高尔夫球运动所需的各种专用装备，包括高尔夫球、高尔夫球杆及高尔夫球包（袋）等。

11. 高档手表

高档手表是指销售价格（不含增值税）每只在10 000元（含）以上的各类手表.

12. 游艇

游艇是指长度大于8米小于90米，船体由玻璃钢、钢、铝合金、塑料等多种材料制作，可以在水上移动的水上浮载体。按照动力划分，游艇分为无动力艇、帆艇和机动艇。一般为私人或团体购置，主要用于水上运动和休闲娱乐等非牟利活动的各类机动艇。

13. 木制一次性筷子

木制一次性筷子，又称卫生筷子，是指以木材为原料经过锯段、浸泡、旋切、刨切、烘干、筛选、打磨、倒角、包装等环节加工而成的各类一次性使用的筷子。

14. 实木地板

实木地板是指以木材为原料，经锯割、干燥、刨光、截断、开榫、涂漆等工序加工而成的块状或条状的地面装饰材料。本税目征收范围包括各类规格的实木地板、实木指接地板、实木复合地板及用于装饰墙壁、天棚的侧端面为榫、槽的实木装饰板。未经涂饰的素板也属于本税目征税范围。

（二）税率

消费税税目税率表，见表 3-1 所示。

表 3-1　消费税税目、税率表

税目	子目		税率
一、烟	1. 卷烟	(1)每标准条(200 支)调拨价 70 元及以上的	比率税率：56% 定额税率：0.003 元/支
		(2)每标准条(200 支)调拨价 70 元以下的	比率税率：36% 定额税率：0.003 元/支
		(3)批发环节	5%
	2. 雪茄烟		36%
	3. 烟丝		30%
二、酒及酒精	比率税率：20% 定额税率：0.5 元/斤(500 克)或 0.5 元/500 毫升	1. 白酒	
	2. 啤酒	(1)每吨出厂价格(含包装物及包装物押金)3000 元(含)以上的	250 元/吨
		(2)每吨出厂价格(含包装物及包装物押金)3000 元以下的	220 元/吨
		(3)娱乐业和饮食业自制的	250 元/吨
	3. 黄酒	240/吨	
	4. 其他酒	10%	
	5. 酒精	5%	
三、化妆品	——		30%
四、贵重首饰及珠宝玉石	1.除镀金(银)、包金(银)首饰以及镀金(银)、包金(银)的镶嵌首饰以外的金银首饰；铂金首饰；钻石及钻石饰品		5%零售环节征收
	2.其他金银珠宝首饰；珠宝玉石		10%生产环节征收
五、鞭炮、焰火	——		15%

税目	子目		税率
六、成品油	1.汽油	(1)含铅汽油	1.4元/升
		(2)无铅汽油	1.0元/升
	2.柴油		0.8元/升
	3.石脑油		1.0元/升
	4.溶剂油		1.0元/升
	5.润滑油		1.0元/升
	6.燃料油		0.8元/升
	7.航空煤油		0.8元/升
七、汽车轮胎	——		3%
八、摩托车	1.汽缸容量250毫升以下(含)		3%
	2.汽缸容量250毫升以上		10%
九、小汽车	1.乘用车		
	(1)汽缸容量(排气量,下同)在1.0升(含)以下		1%
	(2)汽缸容量在1.0升以上至1.5升(含)以下		3%
	(3)汽缸容量在1.5升以上至2.0升(含)		5%
	(4)汽缸容量在2.0升以上至2.5升(含)		9%
	(5)汽缸容量在2.5升以上至3.0升(含)		12%
	(6)汽缸容量在3.0升以上至4.0升(含)		25%
	(7)汽缸容量在4.0升以上		40%
	2.中轻型商用客车		5%
十、高尔夫球及球具	——		10%
十一、高档手表	——		20%
十二、游艇	——		10%
十三、木制一次性筷子	——		5%
十四、实木地板	——		5%

六、消费税的征收管理

(一)纳税义务发生时间

消费税的纳税义务发生时间,以货款结算方式或行为发生时间分别确定。

1.纳税人销售的应税消费品,其纳税义务的发生时间:

(1)纳税人采用赊销和分期收款结算方式的,其纳税义务的发生时间,为销售合同规定的收款日期的当天。书面合同没有约定收款日期或者无书面合同的,为发出应税消费品的当天；

（2）纳税人采取预收货款结算方式的，其纳税义务的发生时间，为发出应税消费品的当天。

（3）纳税人采取托收承付和委托银行收款方式销售的应税消费品，其纳税义务的发生时间，为发出应税消费品并办妥托收手续的当天。

（4）纳税人采取其他销售方式的，其纳税义务的发生时间，为收讫销售款或者索取销售款凭据的当天。

2.纳税人自产自用的应税消费品，其纳税义务的发生时间，为移送使用的当天。

3.纳税人委托加工的应税消费品，其纳税义务的发生时间，为纳税人提货的当天。

4.纳税人进口的应税消费品，其纳税义务的发生时间，为报关进口的当天。

（二）纳税期限

消费税的纳税期限分别为 1 日、3 日、5 日、10 日、15 日、1 个月或者 1 个季度。纳税人的具体纳税期限，由主管税务机关根据纳税人应纳税额的大小分别核定；不能按照固定期限纳税的，可以按次纳税。

纳税人以 1 个月或者 1 个季度为 1 个纳税期的，自期满之日起 15 日内申报纳税；以 1 日、3 日、5 日、10 日或者 15 日为 1 个纳税期的，自期满之日起 5 日内预缴税款，于次月 1 日起 15 日内申报纳税并结清上月应纳税款。

纳税人进口应税消费品，应当自海关填发海关进口消费税专用缴款书之日起 15 日内缴纳税款。

（三）纳税地点

1.纳税人销售的应税消费品，以及自产自用的应税消费品，除国家另有规定的外，应当向纳税人机构所在地或者居住地的主管税务机关申报纳税。

2.委托加工的应税消费品，除受托方为个人外，由受托方向其机构所在地或者居住地主管税务机关申报纳税。

3.进口的应税消费品，由进口人或者其代理人向报关地海关申报纳税。

4.纳税人到外县（市）销售或者委托外县（市）代销自产应税消费品的，于应税消费品销售后，向机构所在地或者居住地主管税务机关申报纳税。

纳税人的总机构与分支机构不在同一县（市）的，应当分别向各自机构所在地的主管税务机关申报纳税；经财政部、国家税务总局或者其授权的财政、税务机关批准，可以由总机构汇总向总机构所在地的主管税务机关申报纳税。

5.纳税人销售的应税消费品，如因质量等原因由购买者退回时，经所在地主管税务机关审核批准后，可退还已征收的消费税税款。但不能自行直接抵减应纳税款。

第二节　消费税的计算

(一)从价计征

在从价定率计算方法下,应纳税额的多少取决于应税消费品的销售额和适用税率两个因素。其计算公式如下:

应纳消费税额＝销售额×税率

计算应税销售额时应注意的问题:

1.销售额为纳税人销售应税消费品向购买方收取的全部价款和价外费用

"价外费用",是指价外收取的向购买方收取的手续费、补贴、基金、集资费、返还利润、奖励费、违约金、滞纳金、延期付款利息、赔偿金、代收款项、代垫款项、包装费、包装物租金、储备费、优质费、运输装卸费以及其他各种性质的价外收费。但下列款项不包括在内:

(1)同时符合以下条件的代垫运输费用:

①承运部门的运输费用发票开具给购买方的;

②纳税人将该项发票转交给购买方的。

(2)同时符合以下条件代为收取的政府性基金或者行政事业性收费:

①由国务院或者财政部批准设立的政府性基金,由国务院或者省级人民政府及其财政、价格主管部门批准设立的行政事业性收费;

②收取时开具省级以上财政部门印制的财政票据;

③所收款项全额上缴财政。

其他价外费用,无论是否属于纳税人的收入,均应并入销售额计算征税。

2.包装物连同产品一起销售

实行从价定率办法计算应纳税额的应税消费品连同包装销售的,无论包装物是否单独计价,也不论在会计上如何核算,均应并入应税消费品的销售额中征收消费税。

如果包装物不作价随同产品销售,而是收取押金(收取酒类产品的包装物押金除外),且单独核算,又未过期的,此项押金则不应并入应税消费品的销售额中征税。但对因逾期未收回的包装物不再退还的和已收取一年以上的押金,应并入应税消费品的销售额,按照应税消费品的适用税率征收消费税。

对既作价随同应税消费品销售,又另外收取的包装物押金,凡纳税人在规定的期限内不予退还的,均应并入应税消费品的销售额,按照应税消费品的适用税率征收消费税。

对酒类产品生产企业销售酒类产品(黄酒、啤酒除外)而收取的包装物押金,无论押金是否返还与会计上如何核算,均需并入酒类产品销售额中,依酒类产品的适用税率征收消费税。

【例 3-1】 宏远厂 2012 年 8 月销售酒精 10 吨,用去包装桶 200 个,酒精每千克销售价格 5 元。其中有 100 个包装桶随同 5 吨酒精作价销售,包装桶不收押金,每个包装桶销售价格为 25 元;有 50 个包装桶随同 2.5 吨酒精销售,但包装桶不作价销售而是收取押金,每个包装桶收取押金 25 元;有 50 个包装桶随同 2.5 吨酒精作价销售,同时每个包装桶另收 10 元押金。酒精消费税税率为 5%。全部价款都为不含增值税价格。

要求:计算该厂本月应纳消费税额。

题解:

包装桶作价销售的消费税额=[(5×1 000×5)+(100×25)]×5%=1 375(元)

包装桶收取押金的消费税额=(2.5×1 000×5)×5%=625(元)

包装物既销售又收押金的消费税额=[(2.5×1 000×5)+(50×25)]×5%=687.5(元)

该月应纳消费税额=1 375+625+687.5=2 687.5(元)

如果包装桶押金逾期未退或 1 年后未退的,则要再加纳消费税额=50×25×5%+50×10×5%=87.5(元)

3. 含增值税销售额的换算

应税消费品在缴纳消费税的同时,与一般货物一样,还应缴纳增值税。如果纳税人应税消费品的销售额中未扣除增值税税款或者因不得开具增值税专用发票而发生价款和增值税税款合并收取的,在计算消费税时,应将含增值税的销售额换算为不含增值税税款的销售额。其换算公式为:

应税消费品的销售额=含增值税的销售额÷(1+增值税税率或征收率)

在使用换算公式时,应根据纳税人的具体情况分别使用增值税税率或征收率。如果消费税的纳税人是增值税一般纳税人的,应适用 17% 的增值税税率;如果消费税的纳税人是增值税小规模纳税人的,应适用 3% 的征收率。

4. 自产自用消费品销售额的确定

纳税人自产自用主要有两种形式:

(1)纳税人自产自用的应税消费品,用于连续生产应税消费品的,不纳税。例如,卷烟厂生产出烟丝,烟丝已是应税消费品,卷烟厂再用生产出的烟丝连续生产卷烟,这样,用于连续生产卷烟的烟丝就不缴纳消费税。只对生产的卷烟征收消费税。当然,生产出的烟丝如果是直接销售,则烟丝还是要缴纳消费税的。

（2）纳税人自产自用的应税消费品，除用于连续生产应税消费品外，凡用于其他方面的，于移送使用时纳税。例如纳税人用于生产非应税消费品和在建工程，管理部门、非生产机构，提供劳务，以及用于馈赠、赞助、集资、广告、样品、职工福利、奖励等方面的应税消费品。企业自产的应税消费品虽然没有用于销售或连续生产应税消费品，但只要是用于税法所规定的范围的都要视同销售，依法缴纳消费税。

销售额确定应当是该类消费品的销售价格，销售价格是指纳税人当月销售的同类消费品的销售价格，如果当月同类消费品各期销售价格高低不同，应按销售数量加权平均计算。但销售的应税消费品有下列情况之一的，不得列入加权平均计算：

①销售价格明显偏低又无正当理由的；

②无销售价格的，如果当月无销售或者当月未完结，应按照同类消费品上月或最近月份的销售价格计算纳税。

没有同类消费品销售价格的，按照组成计税价格计算纳税。组成计税价格计算公式是：

组成计税价格＝（成本＋利润）÷（1－消费税税率）

上述公式中所说的"利润"，是指根据应税消费品的全国平均成本利润率计算的利润。应税消费品全国平均成本利润率由国家税务总局确定。具体见表 3-2 所示。

表 3-2　全国平均成本利润率

货物名称	利润率（%）	货物名称	利润率（%）
1.甲类卷烟	10	11.贵重首饰及珠宝玉石	6
2.乙类卷烟	5	12.汽车轮胎	5
3.雪茄烟	5	13.摩托车	6
4.烟丝	5	14.高尔夫球及球具	10
5.粮食白酒	10	15.高档手表	20
6.薯类白酒	5	16.游艇	10
7.其他酒	5	17.木制一次性筷子	5
8.酒精	5	18.实木地板	5
9.化妆品	5	19.乘用车	8
10.鞭炮、焰火	5	20.中轻型商用客车	5

【例 3-2】　大众轿车生产企业 2012 年 12 月新设计生产 B 型小轿车（汽缸容量 2.8 升）2 辆，每辆成本价 120 000 元。为了检测其性能，将其移送企业下设的汽车维修厂进行碰撞实验，企业和维修厂位于同一市区，市场上无 B 型小轿车销售价格。

要求：B 型小轿车是否应当交纳消费税？怎样计算？

题解：

B 型小轿车移送下设企业做碰撞试验，不是在本企业做的破坏性实验，应按视同销

售处理,无同类售价,以组价计算。组成计税价格及税额计算:

组成计税价 ＝ 成本＋利润＋消费税税额＝[成本×(1＋成本利润率)]÷(1－消费税税率)

B型小轿车的消费税＝120 000×(1＋8％)÷(1－12％)×2×12％＝35 300(万元)

5.纳税人销售的应税消费品,以人民币以外的货币结算销售额的,其销售额的人民币折合率可以选择销售发生的当天或者当月1日的人民币汇率中间价。纳税人应在事先确定采用何种折合率,确定后1年内不得变更。

(二)从量计征

在从量定额计算方法下,应纳税额等于应税消费品的销售数量乘以单位税额,应纳税额的多少取决于应税消费品的销售数量和单位税额两个因素。

1.销售数量的确定

(1)销售应税消费品的,为应税消费品的销售数量。

(2)自产自用应税消费品的,为应税消费品的移送使用数量。

(3)委托加工应税消费品的,为纳税人收回的应税消费品数量。

(4)进口的应税消费品,为海关核定的应税消费品进口征税数量。

2.计量单位的换算标准

《消费税暂行条例》规定,黄酒、啤酒是以吨为税额单位;汽油、柴油是以升为税额单位。考虑到在实际销售过程中,一些纳税人会把吨或升这两个计量单位混用,为了规范不同产品的计量单位,以准确计算应纳税额,吨与升两个计量单位的换算标准见表3-3所示。

表3-3　吨、升换算表

啤酒	1吨＝988升	汽油	1吨＝1 388升
黄酒	1吨＝962升	柴油	1吨＝1 176升
石脑油	1吨＝1 385升	溶剂油	1吨＝1 282升
润滑油	1吨＝1 126升	燃料油	1吨＝1 015升
航空煤油	1吨＝1 246升		

【例3-3】　宏远酒厂2012年9月份销售啤酒200吨,每吨出厂价格1 800元。

要求:计算红宏远厂9月份应纳的消费税税额。

题解:

因为每吨售价在3 000元以下,适用单位税额220元,则:

应纳税额＝销售数量×单位税额＝200×220＝44 000(元)

(三)复合计征

现行消费税的征税范围中,只有卷烟、粮食白酒、薯类白酒采用复合计征方法。应纳税额等于应税销售数量乘以定额税率再加上应税销售额乘以比例税率。

生产销售卷烟、粮食白酒、薯类白酒从量定额计税依据为实际销售数量。进口、委托加工、自产自用卷烟、粮食白酒、薯类白酒从量定额计税依据分别为海关核定的进口征税数量、委托方收回数量、移送使用数量。

【例 3-4】 东风酒厂 2012 年 8 月销售粮食白酒 12 000 斤,售价为 5 元/斤,随同销售的包装物价格 6 200 元;本月销售礼品盒 6 000 套,售价为 300 元/套,每套包括粮食白酒 2 斤、单价 80 元,干红酒 2 斤、单价 70 元。

要求:计算该企业 8 月应纳消费税额。

题解:

纳税人将不同税率应税消费品组成成套消费品销售的,即使分别核算销售额也从高税率计算应纳消费税。

该企业 8 月应纳消费税＝(12 000×5＋6 200)×20％＋12 000×0.5＋6 000×300×20％＋6 000×4×0.5＝391 240(元)

如果纳税人自产自用的应税消费品,没有同类消费品销售价格的,按照组成计税价格计算纳税。其计算公式如下:

组成计税价格＝(成本＋利润＋自产自用数量×定额税率)÷(1－比例税率)

二、委托加工环节消费税的计算

企业、单位或个人由于设备、技术、人力等方面的局限,或其他方面的原因,常常要委托其他单位代为加工应税消费品,然后,将加工好的应税消费品收回,或直接销售或自己使用。这是生产应税消费品的另一种形式,也需要纳入征收消费税的范围。

(一)按从价定率办法计税

委托加工的应税消费品,按照受托方的同类消费品的销售价格计算纳税;没有同类消费品销售价格的,按照组成计税价格计算纳税。

1. 按受托方同类消费品的销售价格计算。

应纳税额＝按受托方同类消费品的销售价确定的销售额×消费税率

2. 无同类消费品销售价格,则用组成计税价格计算,计算公式如下:

组成计税价格＝(材料成本＋加工费)÷(1－消费税率)

应纳税额＝组成计税价格×税率

公式中,"材料成本"是指委托方提供的加工材料的实际成本,委托加工应税消费品的纳税人,必须在委托加工合同中如实注明(或由其他方式提供)材料成本。

"加工费"指的是受托方加工应税消费品,向委托方收取的全部费用(包括代垫辅助材料的实际成本)。

【例 3-5】　A 鞭炮企业 2012 年 8 月受托为某单位加工一批鞭炮,委托单位提供的原材料金额为 30 万元,收到委托单位不含增值税的加工费 4 万元,鞭炮企业当地无加工鞭炮的同类产品市场价格。

要求:计算 A 鞭炮企业应代收代缴的消费税。

题解:

(1)鞭炮的适用税率 15%

(2)组成计税价格=(300 000+40 000)÷(1-15%)=400 000(元)

(3)应代收代缴消费税=400 000×15%=60 000(元)

(二)按从量定额办法计税

按从量定额代扣代缴消费税的,其计算公式如下:

应纳税额=委托加工的应税消费品数量×单位税额

(三)按实行复合计税办法计税

实行复合计税办法计算纳税的组成计税价格计算公式:

组成计税价格=(材料成本+加工费+委托加工数量×定额税率)÷(1-比例税率)

根据财政部、国家税务总局关于《中华人民共和国消费税暂行条例实施细则》有关条款解释的通知(财法 2012 第 8 号),从 2012 年 9 月 1 日起,委托方将收回的应税消费品,以不高于受托方的计税价格出售的,为直接出售,不再缴纳消费税;委托方以高于受托方的计税价格出售的,不属于直接出售,需按照规定申报缴纳消费税,在计税时准予扣除受托方已代收代缴的消费税。

三、进口环节应纳消费税的计算

(一)进口一般货物应纳消费税的计算

1. 从价定率计征应纳税额的计算

应纳税额的计算公式:

组成计税价格=(关税完税价格+关税)÷(1-消费税税率)

应纳税额=组成计税价格×消费税税率

【例 3-6】　丰顺外贸公司,2012 年 9 月从国外进口一批应税消费品,已知该批应税消费品的关税完税价格为 2 000 000 元,按规定应缴纳关税 400 000 元,假定进口的应税消费品的消费税税率为 20%。

要求:计算该批消费品进口环节应缴纳的消费税税额。

题解:

(1)组成计税价格=(2 000 000+400 000)÷(1-20%)=3 000 000(元)

(2)应纳消费税税额=3 000 000×20%=600 000(元)

2.实行从量定额计征应纳税额的计算

应纳税额的计算公式:

应纳税额=应税消费品数量×消费税单位税额

3.实行从价定率和从量定额计征应纳税额的计算

应纳税额的计算公式:

应纳税额=组成计税价格×消费税税率+应税消费品数量×消费税单位税额

(二)进口卷烟应纳消费税的计算

1.每标准条进口卷烟(200支)确定消费税适用比例税率的价格=(关税完税价格+关税+消费税定额税)÷(1-消费税税率)。

其中消费税定额税率为每标准条(200支)0.6元,消费税税率固定为36%。

2.每标准条进口卷烟(200支)确定消费税适用比例税率的价格≥70元人民币的,适用比例税率为56%;每标准条进口卷烟(200支)确定消费税适用比例税率的价格<70元人民币的,适用比例税率为36%。

应纳消费税税额=进口卷烟消费税组成计税价格×消费税税率+消费税定额税。

【例3-7】 有进出口经营权的A外贸公司,2012年8月从国外进口卷烟300箱(每箱250条,每条200支),完税价格为1 000 000元,已知进口卷烟的关税税率为20%。

要求:计算卷烟在进口环节应缴纳的消费税。

题解:

(1)每条进口卷烟消费税适用比例税率的价格=[(1 000 000+1 000 000×20%)+(300×250)×0.6]÷(1-36%)÷(300×250)=25.94(元)

单条卷烟价格小于70元,适用消费税税率为36%。

(2)进口卷烟应缴纳的消费税=[(1 000 000+1 000 000×20%)+(300×250)×0.6]÷(1-36%)×36%+300×250×0.6=745 312.5(元)

四、已纳税款扣除的计算

为了避免重复征税,现行消费税规定,将外购应税消费品和委托加工收回的应税消费品继续生产应税消费品销售的,可以将外购应税消费品和委托加工收回应税消费品已缴纳的消费税给予扣除。

(一)外购应税消费品已纳税款的扣除

由于某些应税消费品是用外购已缴纳消费税的应税消费品连续生产出来的,在对这些连续生产出来的应税消费品计算征税时,税法规定应按当期生产领用数量计算准予扣除外购的应税消费品已纳的消费税税款。扣除范围包括:

1.外购已税烟丝生产的卷烟;

2.外购已税化妆品生产的化妆品;

3.外购已税珠宝玉石生产的贵重首饰及珠宝玉石；

4.外购已税鞭炮焰火生产的鞭炮焰火；

5.外购已税汽车轮胎(内胎和外胎)生产的汽车轮胎；

6.外购已税摩托车生产的摩托车(如用外购两轮摩托车改装三轮摩托车)；

7.外购已税杆头、杆身和握把为原料生产的高尔夫球杆；

8.外购已税木制一次性筷子为原料生产的木制一次性筷子；

9.外购已税实木地板为原料生产的实木地板；

10.外购已税石脑油为原料生产的应税消费品；

11.外购已税润滑油为原料生产的润滑油。

上述当期准予扣除外购应税消费品已纳消费税税款的计算公式为：

当期准予扣除的外购应税消费品已纳税款＝当期准予扣除的外购应税消费品买价×外购应税消费品适用税率

当期准予扣除的外购应税消费品买价＝期初库存的外购应税消费品的买价＋当期购进的应税消费品的买价－期末库存的外购应税消费品的买价

(二)委托加工收回的应税消费品已纳税款的扣除

委托加工的应税消费品因为已由受托方代收代缴消费税,因此,委托方收回货物后用于连续生产应税消费品的,其已纳税款准予按照规定从连续生产的应税消费品应纳消费税税额中抵扣。下列连续生产的应税消费品准予从应纳消费税税额中按当期生产领用数量计算扣除委托加工收回的应税消费品已纳消费税税款：

1.以委托加工收回的已税烟丝为原料生产的卷烟；

2.以委托加工收回的已税化妆品为原料生产的化妆品；

3.以委托加工收回的已税珠宝玉石为原料生产的贵重首饰及珠宝玉石；

4.以委托加工收回的已税鞭炮、焰火为原料生产的鞭炮、焰火；

5.以委托加工收回的已税汽车轮胎生产的汽车轮胎；

6.以委托加工收回的已税摩托车生产的摩托车；

7.以委托加工收回的已税杆头、杆身和握把为原料生产的高尔夫球杆；

8.以委托加工收回的已税木制一次性筷子为原料生产的木制一次性筷子；

9.以委托加工收回的已税实木地板为原料生产的实木地板；

10.以委托加工收回的已税石脑油为原料生产的应税消费品；

11.以委托加工收回的已税润滑油为原料生产的润滑油。

上述当期准予扣除委托加工收回的应税消费品已纳消费税税款的计算公式是：

当期准予扣除的委托加工应税消费品已纳税款＝期初库存的委托加工应税消费品已纳税款＋当期收回的委托加工应税消费品已纳税款－期末库存的委托加工应税消费

品已纳税款

需要说明的是,纳税人用委托加工收回的已税珠宝玉石生产的改在零售环节征收消费税的金银首饰,在计税时一律不得扣除委托加工收回的珠宝玉石的已纳消费税税款。

【例 3-8】 玉溪卷烟厂用委托加工收回的烟丝继续生产甲级卷烟。2012 年 8 月加工生产卷烟 500 标准箱,销售 250 标准箱,取得销售收入(不含增值税)10 000 000 元。本月期初库存的委托加工烟丝已纳税额为 400 000 元,本期收回委托加工烟丝已纳税额为 1 000 000元,本月期末库存的委托加工烟丝的已纳税额为 500 000 元,甲级卷烟适用税率 56%。

要求:计算 8 月份应纳的消费税税额

(1)当期准予扣除的委托加工烟丝的已纳税额＝400 000＋1 000 000－500 000＝900 000(元)

(2)应纳税额＝10 000 000×56%＋250×150－900 000＝4 737 500(元)

五、出口退税的计算

纳税人出口应税消费品与已纳增值税出口货物一样,国家都是给予退(免)税优惠。出口应税消费品同时涉及退(免)增值税和消费税时,其退还增值税要按规定的退税率计算,其退还消费税则按应税消费品所适用的消费税税率计算。企业应将不同消费税税率的出口应税消费品分开核算和申报,凡划分不清适用税率的,一律从低适用税率计算应退消费税税额。

企业出口应税消费品的应退消费税税额,分两种情况计算:

(一)实行从价定率计征消费税的应纳税额的计算

应退消费税税款＝出口货物的工厂销售额×税率

上述公式中"出口货物的工厂销售额"不包含增值税。对含增值税的价格应换算为不含增值税的销售额。

(二)实行从量定额计征消费税的应纳税额的计算

应退消费税税款＝出口数量×单位税额

第三节　消费税的会计处理

一、生产销售应税消费品应纳税额的会计处理

(一)消费税核算的账户设置

为了准确地反映企业消费税的应交、已交、欠交等情况,需要缴纳消费税的企业,应

在"应交税费"科目下设置"应交消费税"明细科目进行会计核算。"应交消费税"明细科目采用三栏式账户记账,借方核算实际缴纳的消费税或待扣的消费税;贷方核算按规定应缴纳的消费税;期末贷方余额表示尚未缴纳的消费税,借方余额表示多缴纳的消费税。

(二)生产销售应税消费品的会计核算

纳税人生产应税消费品用于销售的,应于销售环节纳税。在销售确认时,按取得的销售收入和增值税额,借记"银行存款"、"应收账款"等账户,贷记"主营业务收入"、"应交税费—应交增值税(销项税额)"等账户;同时结转成本并计算提取消费税,借记"营业税金及附加"账户,贷记"应交税费—应交消费税"账户;按规定期限上缴税款时,借记"应交税费—应交消费税"账户,贷记"银行存款"账户。

【例 3-9】 甲客户向大众汽车制造厂(增值税一般纳税人)定购自用汽车一辆,支付货款(含税)250 800 元,另付设计、改装费 30 000 元。该汽车的消费税税率为 5%。

要求:编制大众汽车制造厂上述业务的会计分录。

题解:

(1)确认销售收入时:

借:银行存款	280 800
贷:主营业务收入	240 000
应交税费——应交增值税(销项税额)	40 800

(2)计提消费税时:

借:营业税金及附加	12 000
贷:应交税费——应交消费税	12 000

(3)缴纳当月应缴纳的消费税时:

借:应交税费——应交消费税	12 000
贷:银行存款	12 000

二、自产自用应税消费品应纳税额的会计处理

纳税人自产自用的应税消费品,用于连续生产应税消费品的,不缴纳消费税,也不进行消费税的账务处理;用于其他方面的,应于移送时纳税。

(一)自产自用用于连续生产非应税消费品

由于最终产品不属于应税消费品,所以应在移送使用环节纳税。在领用时借记"生产成本"账户,贷记"自制半成品"、"应交税费——应交消费税"等账户。

【例 3-10】 东风汽车制造厂领用库存自产汽车轮胎若干只,用于连续生产卡车 50 辆。汽车轮胎的实际成本为 90 000 元,无同类应税消费品的销售价格。

要求:编制该厂领用汽车轮胎时的会计分录。

题解:

应交消费税=90 000×(1+5%)÷(1-3%)×3%=2 922.68(元)

借:生产成本   92 922.68

 贷:自制半成品   90 000

   应交税金——应交消费税   2 922.68

(二)自产自用于其他方面

是指纳税人用于在建工程、管理部门、非生产机构、提供劳务以及用于馈赠、赞助、集资、广告、样品、集体福利、奖励等方面的应税消费品。用于其他方面的应税消费品应视同销售,按同类消费品的销售价格或组成计税价格和适用的税率(增值税税率和消费税税率)计算增值税销项税额和消费税。借记"在建工程"、"管理费用"、"应付福利费"、"营业外支出"等账户,贷记"库存商品"、"主营业务收入"、"应交税费——应交增值税(销项税额)"、"应交税费——应交消费税"等账户。

【例 3-11】 利群卷烟厂为了开拓市场,特制卷烟 60 条赠送给有关客户。该批卷烟无同类产品销售价格,已知该批卷烟的实际成本为 6 000 元。

要求:编制赠送卷烟的会计分录。

题解:

组成计税价格=〔6 000×(1+10%)+60×0.6〕÷(1-56%)=15 081.82 元

应纳增值税=15 081.82×17%=2 563.91(元)

应纳消费税=15 081.82×56%+60×0.6=8 481.82(元)

借:营业外支出   17 045.73

 贷:库存商品   6 000

   应交税费——应交增值税(销项税额)   2 563.91

   应交税费——应交消费税   8 481.82

三、委托加工应税消费品应纳税额的会计处理

(一)委托方的会计处理

由受托方代收代缴的消费税,按下列方法进行账务处理:

1.若委托加工的应税消费品收回后直接用于销售,不再需要缴纳消费税的,委托方应将受托方代收代缴的消费税直接计入委托加工物资的成本,借记"委托加工物资",贷记银行存款等;

2.若委托加工收回的物资用于连续生产应税消费品,在生产实耗时准予扣除已纳消费税的,可将受托方代收代缴的消费税暂时记入中转账户"应交税费——待抵扣消费

税"的借方,当生产领用委托加工物资,准予扣除税款时,再借记"应交税费——应交消费税"账户,贷记"应交税费——待抵扣消费税"账户。

【例 3-12】 白沙卷烟厂委托 A 厂加工烟丝,白沙卷烟厂和 A 厂均为一般纳税人。卷烟厂提供烟叶的成本 55 000 元,A 厂收取的加工费 20 000 元,增值税 3 400 元。

要求:编制白沙卷烟厂委托加工烟丝业务的会计分录。

(1)发出材料时

借:委托加工物资		55 000
贷:原材料		55 000

(2)支付加工费时

借:委托加工物资		20 000
应交税费——应交增值税(进项税额)		3 400
贷:银行存款		23 400

(3)向 A 厂支付代收代缴消费税时

代扣代缴消费税=(55 000+20 000)÷(1−30%)×30%=32 143 元

借:应交税费——待抵扣消费税		32 143
贷:银行存款		32 143

(4)加工的烟丝入库时

①委托加工物资收回后直接销售的

借:委托加工物资		32 143
贷:应交税费——待抵扣消费税		32 143
借:库存商品		107 143
贷:委托加工物资		107 143

烟丝销售时,不再缴纳消费税。

②委托加工物资收回后连续生产应税消费品的

借:库存商品		75 000
贷:委托加工物资		75 000

(5)生产领用委托加工物资时

借:应交税费——应交消费税		32 143
贷:应交税费——待抵扣消费税		32 143

(二)受托方的会计处理

受托方在委托方提货时代收代缴消费税,按应收取的加工费、增值税和应代收代交的消费税借记"应收账款"、"银行存款"等账户,按应收的加工费和增值税销项税额贷记"主营业务收入"或"其他业务收入"、"应交税费——应交增值税(销项税额)"等账户,按应代收代交的消费税额贷记"应交税费——应交消费税"账户;上缴代收代交的消费税时,借记"应交税费——应交消费税"账户,贷记"银行存款"账户。

【例 3-13】 A 厂作为受托方为白沙卷烟厂将烟叶加工成烟丝,见[例 3-12]所示。

要求:编制 A 厂受托加工业务的会计分录。

题解:

组成计税价格＝(55 000＋20 000)÷(1－30％)＝107 143(元)

应代收代交消费税＝107 143×30％＝32 143(元)

(1)收取加工费及增值税时

借:银行存款	23 400
贷:主营业务收入	20 000
应交税费——应交增值税(销项税额)	3 400

(2)收取代收代交消费税时

借:银行存款	32 143
贷:应交税费——应交消费税	32 143

(3)上缴代收代交消费税时

借:应交税费——应交消费税	32 143
贷:银行存款	32 143

四、进口应税消费品应纳消费税的会计处理

纳税人进口应税消费品,记入进口货物的成本,借记"材料采购"、"原材料"、"库存商品"等账户,贷记"银行存款"账户。

【例 3-14】 A 公司进口成套化妆品一批,成交到岸价(关税完税价格)为 200 000元,关税税率为 20％,货款未付,进口环节的税款用银行存款支付。

要求:编制进口化妆品的会计分录。

题解:

组成计税价格＝200 000×(1＋20％)÷(1－30％)＝342 857.14(元)

应纳消费税税额＝342857.14×30％＝102 857.14(元)

应纳的增值税额＝〔200 000＋200 000×(1＋20％)＋102 857.14〕×17％＝58 285.71(元)

借:库存商品	342 857.14
应交税费——应交增值税(进项税额)	58 285.71
贷:应付账款	200 000
银行存款	201 142.85

五、出口应税消费品应退消费税的会计处理

消费税的出口退税,适用于外贸企业,货物出口后计算应退税款时,借记"应收出口退税"账户,贷记"主营业务成本"账户;收到退回的消费税款时,借记"银行存款"账户,贷记"应收出口退税"账户。

【例 3-15】 A 外贸企业从日化厂购化妆品直接出口,离岸价为 2 000 000 元人民币,取得的增值税专用发票上注明的价款为 1 000 000 元,增值税款 170 000 元。

要求:编制出口退消费税的会计分录。

题解:

应退的消费税 = 1 000 000 × 30% = 300 000(元)

(1)计算应退税额时

借:应收出口退税 　　　　　　　　　　　　　　　　　　　300 000

　　贷:主营业务成本 　　　　　　　　　　　　　　　　　　300 000

(2)收到出口退税款时

借:银行存款 　　　　　　　　　　　　　　　　　　　　　300 000

　　贷:应收出口退税 　　　　　　　　　　　　　　　　　　300 000

第四节　消费税纳税申报

一、消费税纳税申报基本规定

根据《国家税务总局关于使用消费税纳税申报表有关问题的通知》(国税函〔2008〕236 号)的有关规定:

(一)新消费税纳税申报表从 2008 年 7 月 1 日开始正式启用,分为《烟类应税消费品消费税纳税申报表》、《酒及酒精消费税纳税申报表》、《成品油消费税纳税申报表》、《小汽车消费税纳税申报表》、《其他应税消费品消费税纳税申报表》五类。

(二)《烟类申报表》仅供烟类消费税纳税人申报使用,月报附表包括《本期准予扣除税额计算表》(烟类)、《本期代收代缴税额计算表》(烟类);年报表为《卷烟销售明细表》。

《酒类申报表》仅供酒及酒精消费税纳税人使用,月报附表包括《本期准予抵减税额计算表》(酒及酒精)、《本期代收代缴税额计算表》(酒及酒精);年报表为《生产经营情况表》(酒及酒精)。

《成品油申报表》仅供成品油消费税纳税人使用,月报附报包括《本期准予扣除税额计算表》(成品油)、《本期代收代缴税额计算表》(成品油)、《准予扣除消费税凭证明细

表》(成品油)、《成品油销售明细表》。

《小汽车申报表》仅供小汽车消费税纳税人使用,月报附表包括《本期代收代缴税额计算表》(小汽车);年报表为《生产经营情况表》(小汽车)。

《其他应税品申报表》仅供化妆品、贵重首饰及珠宝玉石、鞭炮焰火、汽车轮胎、摩托车、高尔夫球及球具、高档手表、游艇、木制一次性筷子、实木地板等消费税纳税人使用,月报附表包括《本期准予扣除税额计算表》、《本期代收代缴税额计算表》、《准予扣除消费税凭证明细表》;年报表为《生产经营情况表》。

以上申报主表及月报附表于每月办理消费税纳税申报时填报;年报表于每年度终了后填写,次年一月份办理消费税纳税申报时报送。

(三)双定户消费税纳税人无需填写消费税纳税申报表。

二、消费税纳税申报实务

(一)烟类申报表

【例 3-16】 红鹰卷烟厂为增值税一般纳税人,纳税人识别号 330100676752212,该企业以 1 个月为纳税期,2012 年 6 月份发生下列经济业务:

1.向农业生产者收购烟叶 25 吨,支付收购价款 30 万元,并按 10% 实际支付了价外补贴。取得收购凭证。另支付运输费用 2 万元,取得运输公司开具的普通发票;烟叶验收入库。将全部的烟叶委托某县东升烟丝厂(纳税人识别号:330100676752288)加工成烟丝 20 吨,取得烟丝厂开具的增值税专用发票,注明支付加工费 6 万元、增值税 1.02 万元,尚未支付,烟丝已经验收入库。

2.从某烟丝厂购进已税烟丝 20 吨,每吨不含税单价 2 万元,取得烟丝厂开具的增值税专用发票,注明货款 40 万元、增值税 6.8 万元,烟丝已验收入库,款项未支付;

3.卷烟厂生产领用外购已税烟丝 15 吨,生产 A 卷烟 2 000 标准箱,当月销售给卷烟专卖商 18 箱,取得不含税销售额 36 万元;

4.将委托加工收回的烟丝的 10%,用于生产 B 卷烟。当月销售甲种卷烟 10 箱,增值税专用发票注明的价款 10 万元,款项未收到;

5.自产 C 卷烟 12 箱。该品牌卷烟不含税调拨价每标准条 50 元,最高不含税售价每标准条 60 元。将其中的 10 箱作为福利发给本厂职工,2 箱用于抵债;

6.其他资料:2012 年 6 月,红鹰卷烟厂缴纳 5 月份应纳消费税 250000 元;6 月,期初库存委托加工烟丝以及期初库存外购烟丝为零。

要求:计算该企业本月应纳消费税,编制消费税纳税申报表。

题解:

(一)计算分析:

1.业务(1)外购烟叶的烟叶税应当计入烟叶的采购成本当中。

外购烟叶进项税额＝[300 000×(1＋10％)＋300 000×(1＋10％)×20％]×13％
＋20 000×7％＝52 880(元)

委托加工烟叶的原材料成本＝300 000×(1＋10％)＋300 000×(1＋10％)×20％
＋20 000－52 880＝363 120(元)

受托方代收代缴消费税＝(363 120＋60 000)÷(1－30％)×30％＝181 337.14
(元)

2.业务(2)(3)

可抵扣的消费税＝400 000×30％×15÷20＝90 000(元)

销售 A 卷烟的单价＝360 000÷(18×250)＝80 元/条,适用税率56％.

应纳消费税＝360 000×56％＋18×150＝204300(元)

3.业务(4)

可抵扣的消费税＝181 337.14×10％＝18 133.71(元)

销售 B 卷烟的单价＝100 000÷(10×250)＝40 元/条,适用税率36％

应纳消费税＝100 000×36％＋150×10＝37 500(元)

4.业务(5)

一般情况下,消费税和增值税的计税依据相同,但纳税人用于换取生产资料和生活资料、投资入股、抵偿债务等方面的应税消费品,应当以纳税人同类应税消费品的最高销售价格为依据计算消费税。

应纳消费税＝10×250×50×36％＋2×250×60×36％＋12×150＝57 600(元)

5.该企业本月应纳消费税＝204300＋37 500＋57 600－90 000－18 133.71＝191
266.29(元)

(二)填列纳税申报表

红鹰卷烟厂2012 年 6 月消费税纳税申报表见表 3-4、表 3-5 所示;受托方代收代交消费税申报表见表 3-6 所示。

表 3-4 烟类应税消费品消费税纳税申报表

税款所属期:2012 年 6 月 1 日至 2012 年 6 月 30 日

纳税人名称(公章):红鹰卷烟厂 纳税人识号: 3 3 0 1 0 0 6 7 6 7 5 2 2 1 2

填表日期:2012 年 7 月 10 日 单位:卷烟万支、雪茄烟支、烟丝千克;金额单位:元(列至角分)

项目 应税 消费品名称	适用税率		销售数量	销售额	应纳税额
	定额税率	比例税率			
卷烟	30 元/万支	56％	90	360 000	204 300
卷烟	30 元/万支	36％	110	255 000	95 100

续表

项目 应税 消费品名称	适用税率		销售数量	销售额	应纳税额
	定额税率	比例税率			
雪茄烟	——	25%			
烟丝	——	30%			
合计	——	——	200	615 000	299 400

本期准予扣除税额:108 133.71

本期减(免)税额:0

期初未缴税额:250 000

本期缴纳前期应纳税额:250 000

本期预缴税额:0

本期应补(退)税额:191 266.29

期末未缴税额:191 266.29

声明

　　此纳税申报表是根据国家税收法律的规定填报的,我确定它是真实的、可靠的、完整的。

经办人(签章):

财务负责人(签章):

联系电话:

(如果你已委托代理人申报,请填写)

授权声明

　　为代理一切税务事宜,现授权

_____(地址)__

_____为本纳税人的代理申报人,任何与本申报表有关的往来文件,都可寄予此人。

授权人签章:

以下由税务机关填写

受理人(签章):　　　　　　受理日期:　　年　月　日　　　　　　受理税务机关(章):

填表说明略

表 3-5　本期准予扣除税额计算表(附表一)

税款所属期:2012 年 6 月 1 日至 2012 年 6 月 30 日

纳税人名称(公章):红鹰卷烟厂　　纳税人识别号:| 3 | 3 | 0 | 1 | 0 | 0 | 6 | 7 | 6 | 7 | 5 | 2 | 2 | 1 | 2 | | | |

填表日期:2012 年 7 月 10 日　　　　单位:卷烟万支、雪茄烟支、烟丝千克;金额单位:元(列至角分)

一、当期准予扣除的委托加工烟丝已纳税款计算

1. 期初库存委托加工烟丝已纳税款:0

2. 当期收回委托加工烟丝已纳税款:181 337.14

3. 期末库存委托加工烟丝已纳税款:163 203.43

4.当期准予扣除的委托加工烟丝已纳税款:18 133.71	
二、当期准予扣除的外购烟丝已纳税款计算	
1.期初库存外购烟丝买价:0	
2.当期购进烟丝买价:400 0000	
3.期末库存外购烟丝买价:100 000	
4.当期准予扣除的外购烟丝已纳税款:90 000	
三、本期准予扣除税款合计:108 133.71	

表3-6 本期代收代缴税额计算表(附表二)

税款所属期:2012年6月1日至2012年6月30日

纳税人名称(公章):东升烟丝厂 纳税人识别号：3 3 0 1 0 0 6 7 6 7 5 2 2 8 8

填表日期:2012年7月12日　　　　　　　　　金额单位:元(列至角分)

应税消费品名称 项目		卷烟	卷烟	雪茄烟	烟丝	合计
适用税率	定额税率	30元/万支	30元/万支	——	——	——
	比例税率	56%	36%	36%	30%	——
受托加工数量		0	0	0	20 000	20 000
同类产品销售价格		0	0	0	0	0
材料成本		0	0	0	363 120	363 120
加工费		0	0	0	60 000	60 000
组成计税价格		0	0	0	604 457.13	604 457.13
本期代收代缴税款		0	0	0	181 337.14	181 337.14

(二)酒类申报表

【例3-17】 淳安酒厂(纳税人识别号:330100676752299)从事白酒生产销售业务,2012年9月份发生下列业务:

1.购进粮食白酒30吨。每吨买价1万元,白酒入库,取得税控系统开具的增值税专用发票;

2.向小规模纳税人购进粮食100吨,普通发票上注明的价格20万元,粮食入库,支付运费5万元,但未收到运输业发票;

3.领用上述粮食100吨连同上月向粮油公司购进粮食37.6万元发运给D酒厂(纳税人识别号:330100676752277)加工成粮食白酒100吨,对方共收取加工费10万元,受托方垫付辅助材料费5万元,均收到专用发票,白酒入库。受托方同类产品售价120万

元/吨;

4. 委托加工收回的粮食白酒 50 吨在按受托方同类价格的基础上加价 20％对外出售,款已收到;

5. 自产薯类白酒 100 吨,每吨成本价 9 000 元,每吨销售价 18 000 元,本月售出 80 吨。由自己的卡车负责运输,收取运费 10 万元,装卸费 1.7 万元;

6. 本月用外购粮食白酒 20 吨连同领用自产薯类白酒 20 吨勾兑成低度白酒 100 吨出售,每吨售价 3 万元,随货销售酒坛不含税价款 10 万元单独计价核算;另外,收取押金 5.85 万元单独核算;

7. 本月发放给本企业职工外购白酒 10 吨,自产薯类白酒 10 吨;

8. 其他资料:2012 年 9 月,淳安酒厂交纳 8 月份应纳消费税 1 150 000 元。

要求:

(1)计算 D 酒厂应代收代交的消费税及淳安酒厂 9 月份应纳消费税;

(2)填列相关的消费税申报表。

题解:

(一)计算分析

(1)D 酒厂受托加工代收代交的消费税＝120×100×20％＋100×2 000×0.5÷10 000＝2 410(万元)

(2)淳安酒厂 9 月份应纳消费税

①薯类白酒消费税

＝80×1.8×20％＋(10＋1.7)÷(1＋17％)×20％＋80×2 000×0.5÷10 000＋10×1.8×20％＋10×2 000×0.5÷10 000＝43.4(万元)

②低度白酒消费税

＝[100×3＋10＋5.85÷(1＋17％)]×20％＋100×2 000×0.5÷10 000＝73(万元)

④应纳消费税总额＝43.4＋73＝116.4(万元)

(二)填列相关的消费税申报表

淳安酒厂 2012 年 9 月消费税纳税申报表及 D 酒厂代收代交消费税申报表见表 3-7、表 3-8 所示。

表 3-7　酒及酒精消费税纳税申报表

税款所属期：2012 年 9 月 1 日至 2012 年 9 月 30 日

纳税人名称(公章)：淳安酒厂　纳税人识别号：| 3 | 3 | 0 | 1 | 0 | 0 | 6 | 7 | 6 | 7 | 5 | 2 | 2 | 9 | 9 | | | |

填表日期：2012 年 10 月 12 日　　　　　　　　　金额单位：元(列至角分)

应税消费品名称	适用税率		销售数量	销售额	应纳税额
项目	定额税率	比例税率			
粮食白酒	0.5 元/斤	20%	200 000	3 150 000	730 000
薯类白酒	0.5 元/斤	20%	180 000	1 720 000	4 340 000
啤酒	250 元/吨	——	0	0	0
啤酒	220 元/吨	——	0	0	0
黄酒	240 元/吨		0	0	0
其他酒	——	10%			
酒精	——	5%	0	0	0
合计	——	——	380 000	4 870 000	1 164 000

本期准予抵减税额：0

本期减(免)税额：0

期初未缴税额：1 150 000

本期缴纳前期应纳税额：1 150 000

本期预缴税额：0

本期应补(退)税额：1 164 000

期末未缴税额：1 164 000

声明

此纳税申报表是根据国家税收法律的规定填报的，我确定它是真实的、可靠的、完整的。

经办人(签章)：
财务负责人(签章)：
联系电话：

(如果你已委托代理人申报，请填写)
授权声明

为代理一切税务事宜，现授权_____(地址)_____为本纳税人的代理申报人，任何与本申报表有关的往来文件，都可寄予此人。

授权人签章：

以下由税务机关填写

受理人(签章)：　　　受理日期：　年　月　日　　　受理税务机关(章)：

表 3-8　本期代收代缴税额计算表(附表二)

税款所属期:2012 年 9 月 1 日至 2012 年 9 月 30 日

纳税人名称(公章)D 酒厂　　纳税人识别号: 3 3 0 1 0 0 6 7 6 7 5 2 2 7 7 □ □ □

填表日期:2012 年 9 月 13 日　　　　　　　　　　　　金额单位:元(列至角分)

项目	应税消费品名称	粮食白酒	薯类白酒	啤酒	啤酒	黄酒	其他酒	酒精	合计
适用税率	定额税率	0.5 元/斤	0.5 元/斤	250 元/吨	220 元/吨	240 元/吨	——	——	——
	比例税率	20%	20%	——	——	——	10%	5%	——
受托加工数量		200 000							200 000
同类产品销售价格		1 200 00 000			——	——	——	——	
材料成本									
加工费									
组成计税价格									
本期代收代缴税款		24 100 000							24 100 000

(三)小汽车申报表

【例 3-18】　飞碟汽车制造厂为增值税一般纳税人,纳税人识别号:330100676752255,生产的小汽车达到欧洲三号排放标准,排量 1.8 升,出厂价格每辆 100 000 元(不含增值税),2012 年 9 月该厂购销情况如下:

(1)销售给特约经销商 A 小汽车 50 辆,并以现金收据收取提货手续费 10 000 元;经销商已提取 40 辆小汽车,其余 10 辆尚未提货;该厂已经开具了 50 辆小汽车的增值税专用发票;

(2)抵债给某供货商小汽车 8 辆,并开具了增值税专用发票;为该业务支付运费 12 000 元,运输单位发票抬头为供货商,发票已由该厂转给供货商;

(3)与特约经销商 B 签定了 60 辆小汽车的代销协议,代销手续费 5%,该厂当即开具了 60 辆小汽车的增值税专用发票,价款 7 200 000 元,增值税款 1 224 000 元。当月收到经销商返还的 30 辆小汽车的代销清单及销货款;

(4)以本厂生产的 10 辆小汽车,向某汽车配件厂换取 600 000 元的专用配件,双方均已收到货物,并且未开具增值税专用发票,该厂同型号小汽车每辆销售价格为 120 000 元、100 000 元和 80 000 元(不含增值税);

(5)其他资料:飞碟汽车制造厂 2012 年 9 交纳 8 月份应纳消费税 600 000 元。

要求:计算飞碟汽车制造厂 2012 年 9 月应纳的消费税,并编制消费税纳税申报表。

题解：

（一）计算分析

（1）该厂已经开具了 50 辆小汽车的增值税专用发票，应按 50 辆小汽车销售金额计算应纳消费税；以现金收据收取的提货手续费亦应并入销售金额计算应纳消费税。

应纳消费税＝$50×100\ 000×5\% + 10\ 000÷(1+17\%)×5\% = 250\ 427.35$（元）

（2）抵偿债务给供货单位的 8 辆小汽车，应做视同销售处理，消费税按最高价格计算。

应纳消费税＝$8×120\ 000×5\% = 48\ 000$（元）

（3）委托代销应按已经开具的 60 辆小汽车专用发票销售金额计算应纳消费税。

应纳消费税＝$60×120\ 000×5\% = 300\ 000$（元）

（4）用小汽车换取专用配件，应做销售处理，消费税按最高价格计算。

应纳消费税＝$10×120\ 000×5\% = 60\ 000$（元）

（5）所以本月应纳消费税＝$250\ 427.35 + 48\ 000 + 300\ 000 + 60\ 000 = 658\ 427.35$（元）

（二）填写纳税申报表

飞碟汽车制造厂 2012 年 9 月消费税纳税申报表如表 3-9 所示。

表 3-9　小汽车消费税纳税申报表

税款所属期：2012 年 9 月 1 日至 2012 年 9 月 30 日

纳税人名称（公章）：飞碟汽车制厂

纳税人识别号：| 3 | 3 | 0 | 1 | 0 | 0 | 6 | 7 | 6 | 7 | 5 | 2 | 2 | 5 | 5 | | | |

填表日期：2012 年 10 月 14 日

单位：辆、元（列至角分）

应税消费品名称	项目	适用税率	销售数量	销售额	应纳税额
乘用车	气缸容量≤1.0 升	1%			
	1.0 升＜气缸容量≤1.5 升	3%			
	1.5 升＜气缸容量≤2.0 升	5%	128	13 168 547	658 427.35
	2.0 升＜气缸容量≤2.5 升	9%			
	2.5 升＜气缸容量≤3.0 升	12%			
	3.0 升＜气缸容量≤4.0 升	25%			
	气缸容量＞4.0 升	40%			
中轻型商用客车		5%			
合计		——	128	13 168 547	658 427.35

续表

应税 消费品名称 　　项目	适用税率	销售数量	销售额	应纳税额
期准予扣除税额:0			声明 此纳税申报表是根据国家税收法律的规定填报的,我确定它是真实的、可靠的、完整的。	
本期减(免)税额:0			经办人(签章): 财务负责人(签章): 联系电话:	
期初未缴税额:600 000				
本期缴纳前期应纳税额:600 000			(如果你已委托代理人申报,请填写) 授权声明	
本期预缴税额:0			为代理一切税务事宜,现授权 ＿＿＿＿＿＿＿＿＿＿＿＿(地址)＿	
本期应补(退)税额:658 427.35			＿＿＿＿＿＿＿＿ 为本纳税人的代理申报人,任何与本申报表有关的往来文件,都可寄予此人。	
期末未缴税额:658 427.35			授权人签章:	

以下由税务机关填写

受理人(签章):　　　　　　　　　　受理日期:　　年　月　日

受理税务机关(章):

思考训练

一、单项选择题

1. 纳税人自产自用的应税消费品用于连续生产应税消费品的(　　)。

A. 不纳税　　　　　　　　　　　　B. 只纳消费税

C. 只纳增值税　　　　　　　　　　D. 既纳消费税又纳增值税

2. 下列应纳消费税的是(　　)。

A. 自产化妆品赠送给客户　　　　　B. 用委托加工收回的烟丝生产卷烟

C. 用自产酒精生产勾兑种白酒　　　D. 外购小轿车供领导使用

3. 我国消费税中适用复合税率的产品是(　　)。

A. 卷烟和黄酒　　　　　　　　　　B. 卷烟和啤酒

C. 卷烟和粮食白酒、薯类白酒　　　D. 甲类卷烟和粮食白酒、薯类白酒

4. 将应税消费品以物易物时,计征消费税的计税依据是(　　)。

A. 组成计税价格　　　　　　　　　B. 算术平均价格

C. 加权平均价格　　　　　　　　　　D. 最高销售价格

5. 以下应税消费品中,不适用定额税率的有(　　　)。

A. 粮食白酒　　　　　　　　　　　　B. 啤酒

C. 黄酒　　　　　　　　　　　　　　D. 其他酒

6. 自产自用的应税消费品,其组成计税价格的公式是(　　　)。

A.(成本＋利润)÷(1＋消费税税率)

B.(完税价格＋关税)÷(1＋消费税税率)

C.(完税价格＋关税)×(1－消费税税率)

D.(成本＋利润)÷(1－消费税税率)

7. 委托加工的应税消费品,按照受托方同类消费品的销售价格计算纳税,没有同类消费品销售价格的,按组成计税价格计算纳税。其组成计税价格的计算公式为(　　　)。

A.(材料成本＋加工费)÷(1＋消费税税率)

B.(材料成本＋加工费)÷(1－消费税税率)

C.(材料成本＋加工费)÷(1＋增值税税率或征收率)

D.(材料成本＋加工费)÷(1－增值税税率或征收率)

8. 委托加工的应税消费品,是指(　　　)。

A. 由外贸企业向受托方定制的应税消费品

B. 受托方先将原材料卖给委托方,然后在加工的应税消费品

C. 受托方以委托方名义购进原材料生产的应税消费品

D. 委托方提供原材料,受托方收取加工费和代垫部分辅助材料加工的应税消费品

9. 消费税纳税人采取赊销和分期收款结算方式的,其纳税义务的发生时间为(　　　)。

A. 发出货物的当天　　　　　　　　　B. 收到货款的当天

C. 合同规定的收款日期当天　　　　　D. 合同规定的收款的最后期限

10. 某企业委托酒厂加工药酒 10 箱,该药酒无同类产品销售价格,已知委托方提供的原料成本 2 万元,受托方垫付辅料成本 0.15 万元,另收取的加工费 0.4 万元,则该酒厂代收的消费税为(　　　)。

A. 2 550 元　　　　　　　　　　　　B. 2 833 元

C. 4 817 元　　　　　　　　　　　　D. 8 500 元

二、多项选择题

1. 下列产品征收消费税的有(　　　)。

A. 电视机　　　　B. 图书　　　　C. 烟丝　　　　D. 啤酒

E. 小汽车　　　　F. 服装　　　　G. 汽油　　　　H. 珠宝玉石

2.下列应税消费品在生产环节征收消费税的是（　　）。

A.烟　　　　　　　B.金银首饰　　　　C.酒及酒精　　　D.珠宝玉石

E.柴油　　　　　　F.鞭炮　　　　　　G.摩托车　　　　H.化妆品

3.应交消费税的产品的销售数量确定的原则是（　　）。

A.销售应税消费品的,为应税消费品的销售数量

B.自产自用应税消费品的,为应税消费品的移送使用数量

C.出口的应税消费品,为出口报关的数量

D.委托加工应税消费品的,为纳税人收回的应税消费品数

E.进口的应税消费品,为海关核定的应税消费品进口征税数量

4.在应税消费品中需要以吨或升来确定销售数量的是（　　）。

A.金银首饰　　　　B.黄酒　　　　　　C.汽车　　　　　D.啤酒

E.汽油　　　　　　F.柴油

5.下列连续生产的应税消费品,在计税时准予按当期生产领用数量计算扣除外购的应税消费品已纳的消费税税款的是（　　）。

A.外购已税烟丝生产的卷烟

B.外购已税珠宝玉石生产的改在零售环节征收消费税的金银首饰

C.外购已税酒和酒精的生产的酒

D.外购已税化妆品生产的化妆品

E.外购已税护肤护发品生产的护肤护发品

F.外购已税珠宝玉石生产的贵重首饰及珠宝玉石

G.外购已税税鞭炮焰火生产的鞭炮焰火

H.外购已税汽车轮胎生产的汽车轮胎

I.外购已税摩托车生产的摩托车

6.下列情形需要交纳消费税的是（　　）。

A.卷烟厂生产出用于卷烟的烟丝

B.原油加工厂用生产出的汽油调和制成溶剂汽油

C.石化工厂把自己生产的柴油用于本厂基建工程的车辆使用

D.汽车制造厂把自己生产的小汽车提供给上级主管部门使用

E.摩托车厂把自己生产的摩托车赠送或赞助给摩托车拉力赛赛手使用

F.酒厂把生产的滋补药酒以福利的形式发给职工

7.纳税人自产自用的应税消费品,凡用于其他方面,没有同类消费品销售价格的,按照组成计税价格计算税税。下列公式中不是组成计税价格计算公式的是（　　）。

A.(成本＋利润)/(1－消费税税率)

B.含增值税的销售额/(1＋增值税税率或征收率)

C.（关税完税价格＋关税）/（1－消费税税率）

E.出口数量×单位数量

8.下列情形不属于委托加工应税消费品的是（　　）。

A.委托方提供原料和主要材料,受托方只收取加工费和代垫部分辅助材料加工的应税消费品

B.由受托方提供原材料生产的应税消费品

C.受托方先将原材料卖给委托方,然后再接受加工的应税消费品

D.由受托方以委托方名义购进原材料生产的应税消费品

9.下列情形中属于"出品免税并退税"的是（　　）。

A.有出口经营权的外贸企业购进应税消费品直接出口

B.有出口经营权的外贸企业受其他外贸企业委托代理出口应税消费品

C.外贸企业受非生产性的商贸企业委托代理出口应税消费品

10.纳税人销售的应税消费品,其纳税义务的发生时间是（　　）。

A.采取赊销和分期收款结算方式的,为销售合同规定的收款日期的当天

B.采取预收货款结算方式的,为发出应税消费品的当天

C.进口应税消费品,其纳税义务的发生时间为报关进口的当天

D.采用托收承付和委托银行收款方式销售的应税消费品,为发出应税消费品并办妥托收手续的当天

E.采用其他结算方式的,为收讫销售款或取得索取销售款的凭据的当天

三、判断题

1.消费税只在应税消费品的生产、委托加工和进口环节缴纳,实行的是价内税。

（　　）

2.征收了消费税的产品不需要再交纳增值税。　　　　　　　　　　（　　）

3.应税消费品的销售额包括向购买方收取的全部价款和价外费用,但承运部门的运费发票直接开具给或转交给购货方的除外。　　　　　　　　　（　　）

4.外购已税酒和酒精生产的酒在计征消费税时可按当期生产领用数量计算准予扣除的已纳消费税税款。　　　　　　　　　　　　　　　　　　（　　）

5.外购已税消费品的买价是指购货发票上注明的含增值税销售额。　（　　）

6.纳税人用外购的已税珠宝玉石生产的改在零售环节征收消费税的金银首饰在计算应交消费税时一律不得扣除外购珠宝玉石的已纳税款。　　　　　（　　）

7.企业把自己生产的应税消费品以福利或奖励的形式发给本单位职工,由于不是对外销售,不必计入销售额,因而无需纳税。　　　　　　　　　（　　）

8.纳税人自产自用的应税消费品,没有同类消费品销售价的,按照组成计税价格计

算纳税。组成计税价格的计算公式是(成本＋利润)/(1－消费税税率)。　　　　　(　　)

9.委托加工的应税消费品是指由委托方提供原料和主要材料,受托方只收取加工费和代垫部分辅助材料加工的应税消费品。　　　　　　　　　　　　　　　(　　)

10.委托加工的应税消费品,受托方在交货时已代收代缴消费税,委托方收回后直接出售的不再征收消费税。　　　　　　　　　　　　　　　　　　　　　(　　)

四、实训题

1.东风酒厂为增值税一般纳税人,纳税人识别号:330100676753311,2012 年 8 月份发生如下业务:

(1)销售 A 牌粮食白酒 40 吨,每吨出厂价(不含增值税)10 000 元,开具增值税专用发票,款项收存银行;通过厂属非独立核算门市部零售11.7 吨,每吨零售价格(含增值税)12 500 元,开具普通发票,款项收存银行;

(2)用外购薯类酒精 10 吨,勾兑生产 B 牌薯类白酒 30 吨,本月销售 15 吨,每吨出厂价(不含增值税)5 000元,开具增值税专用发票,款项收存银行;外购酒精取得增值税专用发票,注明买价为每吨3 000元,款项用银行存款支付;

(3)为某商场加工生产 C 牌粮食白酒 20 吨,商场提供原材料成本 70 000 元,开具增值税专用发票,收取加工费 5 000 元,增值税 850 元。C 牌粮食白酒没有同类价格;

(4)用委托加工收回的黄酒 5 吨,加工生产药酒 15 吨,每吨出厂价(不含增值税)6 000元,本月销售 12 吨,款项收存银行;剩余 3 吨赠送他人;

(5)用银行存款交纳 2012 年 7 月应纳的消费税 150 000 元;

(6)月末,计提 8 月份应纳的消费税。

要求:

(1)计算东风酒厂 2012 年 8 月份应纳的消费税;

(2)编制上述经济业务的会计分录;

(3)编制东风酒厂 2012 年 8 月份消费税纳税申报表。

2.A 卷烟厂为增值税一般纳税人,纳税人识别号:330100676753322,2012 年 9 月有关生产经营情况如下:

(1)从某烟丝厂购进已税烟丝 200 吨,每吨不含税单价 2 万元,取得烟丝厂开具的增值税专用发票,注明货款 400 万元、增值税 68 万元,烟丝已验收入库,款项用银行存款支付;

(2)向农业生产者收购烟叶 30 吨,开具收购凭证,支付收购款、烟叶税共计 42 万元,另支付运输费用 3 万元,取得运输公司开具的普通发票;烟叶验收入库后,又将其运往烟丝厂加工成烟丝,取得烟丝厂开具的增值税专用发票,注明支付加工费 8 万元、增

值税 1.36 万元,卷烟厂收回烟丝时烟丝厂未代收代缴消费税,该类烟丝没有同类价格;

(3)卷烟厂生产领用外购已税烟丝 150 吨,生产甲类卷烟 20 000 标准箱,当月销售给卷烟专卖商 18 000 箱,取得不含税销售额 36 000 万元,款项收存银行;

(4)用银行存款交纳 2012 年 8 月应纳的消费税 21 000 万元;

(5)月末,计提 9 月份应纳的消费税。

A 卷烟厂 2012 年 9 月,期初库存外购烟丝外购烟丝 25 吨,每吨不含税价 2 万元。

要求:

(1)计算卷 A 卷烟厂 2012 年 9 月份应缴纳的消费税;

(2)编制上述经济业务的会计分录;

(3)编制 A 卷烟厂 2012 年 9 月份消费税纳税申报表。

3.某市 A 商贸公司为增值税一般纳税人,纳税人识别号:330100676756611,兼营商品加工、批发、零售和进出口业务,2012 年 10 月相关经营业务如下:

(1)进口化妆品一批,关税税率为 20%。支付国外的买价 2 280 万元、国外的采购代理人佣金 6 万元、国外的经纪费 4 万元;支付运抵我国海关前的运输费用 20 万元、装卸费用和保险费用 11 万元;支付海关地再运往商贸公司的运输费用 8 万元、装卸费用和保险费用 3 万元;

(2)受托加工化妆品一批,委托方提供的原材料不含税金额 86 万元,加工结束向委托方开具普通发票收取加工费和添加辅助材料的含税金额共计 46.8 万元,该化妆品商贸公司当地没有同类产品市场价格。

(3)将进口化妆品的 80% 重新加工制作成套装化妆品,当月销售给其他商场并开具增值税专用发票,取得不含税销售额 650 万元;直接销售给消费者个人,开具普通发票,取得含税销售额 70.2 万元;

(4)取得化妆品的逾期包装押金收入 14.04 万元。

要求:

(1)分别计算该公司进口环节应缴纳的关税、消费税、增值税;

(2)计算该公司加工环节应代收代缴的消费税;

(3)计算该公司国内销售环节应缴纳的消费税总和;

(4)编制上述经济业务的会计分录;

(5)编制 A 商贸公司 2012 年 10 月份消费税纳税申报表。

第四章　营业税实务

引导案例

某长运公司某月取得客运收入 50 万元；价外收取保险费、渡江费、过路费、交通建设基金等费用 20 万元；联运收入 18 万元，其中付给其他运输部门联运费 10 万元，请问该公司缴纳增值税还是营业税？应该缴纳多少税款？

解析：

客运收入和价外收取的各项费用及联运收入均适用交通运输业税目，属于营业税缴纳范畴，且税率为 3%。

应纳税额＝（500 000＋200 000）×3%＋（180 000－100 000）×3%＝23 400（元）

第一节　营业税的基本规定

根据 2009 年 1 月 1 日起实施的《中华人民共和国营业税暂行条例》《中华人民共和国营业税暂行条例实施细则》,营业税是以在我国境内提供应税劳务、转让无形资产或销售不动产所取得的营业额为课税对象而征收的一种商品劳务税。

从 2012 年 1 月 1 日起,对营业税改证增值税试点地区的上海,交通运输业、部分现代服务业等生产性服务业改证增值税。根据财税〔2012〕71 号文,营业税改征增值税试点范围,由上海市分批扩大至北京市、天津市、江苏省、安徽省、浙江省(含宁波市)、福建省(含厦门市)、湖北省、广东省(含深圳市)8 个省(直辖市)。其中,北京市应当于 2012 年 9 月 1 日完成新旧税制转换;江苏省、安徽省应当于 2012 年 10 月 1 日完成新旧税制转换;福建省、广东省应当于 2012 年 11 月 1 日完成新旧税制转换;天津市、浙江省、湖北省应当于 2012 年 12 月 1 日完成新旧税制转换。

营业税属传统商品劳务税,实行普遍征收,计税依据为营业额全额,税额不受成本、费用高低影响。现行营业税征税范围为增值税征税范围之外的所有经营业务,因而税率设计的总体水平一般较低。由于各经营业务盈利水平高低不同,在实际税负设计中,往往采取按不同行业、不同经营业务设立税目、税率的方法,实行同一行业同税率,不同行业不同税率。

一、纳税义务人与扣缴义务人

(一)纳税义务人

1.纳税义务人的一般规定

在中华人民共和国境内提供应税劳务、转让无形资产或者销售不动产的单位和个人,为营业税的纳税义务人。

(1)在中华人民共和国境内是指税收行政管辖权的区域,具体情况为:

①提供或者接受应税劳务的单位或者个人在境内;

②所转让的无形资产(不含土地使用权)的接受单位或者个人在境内;

③所转让或者出租土地使用权的土地在境内;

④所销售或者出租的不动产在境内。

(2)上述应税劳务是指属于交通运输业、建筑业、金融保险业、邮电通信业、文化体育业、娱乐业、服务业税目征收范围的劳务。加工和修理修配劳务属于增值税的征税范围,因此不属于营业税的应税劳务。单位或个体工商户聘用的员工为本单位或雇主提供的劳务,也不属于营业税的应税劳务。保险劳务:一是指境内保险机构为境内标的物提供的保险,不包括境内保险机构为出口货物提供的保险;二是指境外保险机构以在境内的物品为标的物所提供的保险。

(3)提供应税劳务、转让无形资产或者销售不动产是指有偿提供应税劳务、有偿转让无形资产或者有偿销售不动产的行为。有偿,是指取得货币、货物或者其他经济利益。

2.纳税义务人的特殊规定

(1)铁路运输的纳税人:①中央铁路运营业务的纳税人为铁道部;②合资铁路运营业务的纳税人为合资铁路公司;③地方铁路运营业务的纳税人为地方铁路管理机构;④铁路专用线运营业务的纳税人为企业或其指定的管理机构;⑤基建临管线铁路运营业务的纳税人为基建临管线管理机构。

(2)从事水路运输、航空运输、管道运输或其他陆路运输业务并负有营业税纳税义务的单位,为从事运输业务并计算盈亏的单位。从事运输业务并计算盈亏的单位是指具备以下条件:一是利用运输工具,从事运输业务,取得运输收入;二是在银行开设有结算账户;三是在财务上计算营业收入、营业支出、经营利润。

(3)单位以承包、承租、挂靠方式经营的,承包人、承租人、挂靠人(以下统称承包人)发生应税行为,承包人以发包人、出租人、被挂靠人(以下统称发包人)名义对外经营并由发包人承担相关法律责任的,以发包人为纳税人;否则以承包人为纳税人。

(4)建筑安装业务实行分包或转包的,分包或转包者为纳税人。

(5)金融保险业纳税人包括:

①银行,包括人民银行、商业银行、政策性银行;

②信用合作社;

③证券公司;

④金融租赁公司、证券基金管理公司、财务公司、信托投资公司、证券投资基金;

⑤保险公司;

⑥其他经中国人民银行、中国证监会、中国保监会批准成立且经营金融保险业务的机构等。

(二)扣缴义务人

1.委托金融机构发放贷款的,其应纳税款以受托发放贷款的金融机构为扣缴义务人;金融机构接受其他单位或个人的委托,为其办理委托贷款业务时,如果将委托方的资金转给经办机构,由经办机构将资金贷给使用单位或个人,由最终将贷款发放给使用单位或个人并取得贷款利息的经办机构代扣委托方应纳的营业税。

2.纳税人提供建筑业应税劳务时应按照下列规定确定营业税扣缴义务人:

(1)建筑业工程实行总承包、分包方式的,以总承包人为扣缴义务人;

(2)纳税人提供建筑业应税劳务,符合以下情形之一的,无论工程是否实行分包,税

务机关可以建设单位和个人作为营业税的扣缴义务人:

①纳税人从事跨地区(包括省、市、县,下同)工程提供建筑业应税劳务的;

②纳税人在劳务发生地没有办理税务登记或临时税务登记的。

3. 境外单位或者个人在境内发生应税行为而在境内未设有机构的,其应纳税款以代理人为扣缴义务人;没有代理人的,以受让者或者购买者为扣缴义务人。

4. 单位或者个人进行演出,由他人售票的,其应纳税款以售票者为扣缴义务人,演出经纪人为个人的,其办理演出业务的应纳税款也以售票者为扣缴义务人。

5. 分保险业务,其应纳税款以初保人为扣缴义务人。

6. 个人转让专利权、非专利技术、商标权、著作权、商誉的,其应纳税款以受让者为扣缴义务人。

7. 财政部规定的其他扣缴义务人。

二、税目与税率

(一)税目

营业税的税目按照行业、类别的不同分别设置,现行营业税共设置了 9 个税目。

1. 交通运输业

交通运输业包括陆路运输、水路运输、航空运输、管道运输和装卸搬运 5 大类。

(1)陆路运输是指通过陆路(地上或地下)运送货物或旅客的运输业务,包括铁路运输、公路运输、缆车运输、索道运输及其他陆路运输。

(2)水路运输是指通过江、河、湖、川等天然、人工水道或海洋航道运送货物或旅客的运输业务。打捞也可以比照水路运输的办法征税。

(3)航空运输是指通过空中航线运送货物或旅客的运输业务。与航空直接有关的通用航空业务、航空地面服务业务也按照航空运输业务征税。

(4)管道运输是指通过管道设施输送气体、液体、固体物资的运输业务。

(5)装卸搬运是指使用装卸搬运工具或人力、畜力将货物在运输工具之间、装卸现场之间或运输工具与装卸现场之间进行装卸和搬运的业务。

凡与运营业务有关的各项劳务活动,均属交通运输业的税目征收范围。包括:通用航空业务,航空地面服务,打捞,理货,港务局提供的引航、系解缆、搬家、停泊、移泊等劳务及引水员交通费、过闸费、货物港务费等。

(6)对远洋运输企业从事程租、期租业务和航空运输企业从事湿租业务取得的收入,按"交通运输业"税目征收营业税。

(7)自 2005 年 6 月 1 日起,对公路经营企业收取的高速公路车辆通行费收入统一减按 3%的税率征收营业税。

2. 建筑业

建筑业是指建筑安装工程作业等,包括建筑、安装、修缮、装饰和其他工程作业等项内容。

(1)建筑是指新建、改建、扩建。但自建自用建筑物,其自建行为不是建筑业税目的征税范围。出租或投资入股的自建建筑物,也不是建筑业的征税范围。

(2)安装是指生产设备、动力设备、起重设备、运输设备、传动设备、医疗实验设备及其他各种设备的装配、安置工程作业,包括与设备相连的工作台、梯子、栏杆的装设工程作业和被安装设备的绝缘、防腐、保温、油漆等工程作业。

(3)修缮是指对建筑物、构筑物进行修补、加固、养护、改善,使之恢复原来的使用价值或延长其使用期限的工程作业。

(4)装饰是指对建筑物、构筑物进行修饰,使之美观或具有特定用途的工程作业。

(5)其他工程作业是指除建筑、安装、修缮、装饰工程作业以外的各种工程作业,如代办电信工程、水利工程、道路修建、疏浚、钻井(打井)、拆除建筑物、平整土地、搭脚手架、爆破等工程作业。

(6)管道煤气集资费(初装费)业务。管道煤气集资费(初装费),是用于管道煤气工程建设和技术改造,在报装环节一次性向用户收取的费用。

3. 金融保险业

(1)金融是指经营货币资金融通活动的业务,包括贷款、融资租赁、金融商品转让、金融经纪业和其他金融业务。

贷款是指将资金有偿贷与他人使用(包括以贴现、押汇方式)的业务。以货币资金投资但收取固定利润或保底利润的行为,也属于这里所称的贷款业务。按资金来源不同,贷款分为外汇转贷业务和一般贷款业务两种:

①外汇转贷业务,是指金融企业直接向境外借入外汇资金,然后再贷给国内企业或其他单位、个人。各银行总行向境外借入外汇资金后,通过下属分支机构贷给境内单位或个人使用的,也属于外汇转贷业务。

②一般贷款业务,指除外汇转贷以外的各种贷款。

融资租赁(也称金融租赁),是指经中国人民银行或对外贸易经济合作部(现商务部)批准可从事融资租赁业务的单位所从事的具有融资性质和所有权转移特点的设备租赁业务。

金融商品转让,是指转让外汇、有价证券或非货物期货的所有权的行为,包括股票转让、债券转让、外汇转让、其他金融商品转让。

金融经纪业务和其他金融业务,指受托代他人经营金融活动的中间业务,如委托业务、代理业务、咨询业务等。

(2)保险是指通过契约形式集中起来的资金,用以补偿被保险人的经济利益的活动。

(3)对我国境内外资金融机构从事离岸银行业务,属于在我国境内提供应税劳务的,征收营业税。离岸银行业务是指银行吸收非居民的资金,服务于非居民的金融活动,包括外汇存款、外汇贷款、同业外汇拆借、国际结算、发行大额可转让存款证、外汇担保、咨询、鉴证业务以及国家外汇管理局批准的其他业务。

4. 邮电通信业

邮电通信业是指专门办理信息传递的业务,包括邮政、电信。

(1)邮政是指传递实物信息的业务,包括传递函件或包件(含快递业务)、邮汇、报刊发行、邮务物品销售、邮政储蓄及其他邮政业务。

(2)电信是指用各种电传设备传输电信号而传递信息的业务,包括电报、电传、电话、电话机安装、电信物品销售及其他电信业务。电信业务,包括基础电信业务和增值电信业务。

5. 文化体育业

文化体育业是指经营文化、体育活动的业务,包括文化业和体育业。

(1)文化业是指经营文化活动的业务,包括表演、播映、经营游览场所和各种展览、培训活动,举办文学、艺术、科技讲座、讲演、报告会,图书馆的图书和资料的借阅业务等。

(2)体育业是指举办各种体育比赛和为体育比赛或体育活动提供场所的业务。

6. 娱乐业

娱乐业是指为娱乐活动提供场所和服务的业务,包括经营歌厅、舞厅、卡拉 OK 歌舞厅、音乐茶座、台球、高尔夫球、保龄球场、网吧、游艺场等娱乐场所,以及娱乐场所为顾客进行娱乐活动提供服务的业务。娱乐场所为顾客提供的饮食服务及其他各种服务也按照娱乐业征税。

7. 服务业

(1)服务业是指利用设备、工具、场所、信息或技能为社会提供服务的业务,包括代理业、旅店业、饮食业、旅游业、仓储业、租赁业、广告业和其他服务业。

(2)对远洋运输企业从事光租业务和航空运输企业从事干租业务取得的收入,按"服务业"税目中的"租赁业"项目征收营业税。

(3)自 2002 年 1 月 1 日起,福利彩票机构发行销售福利彩票取得的收入不征收营业税。对福利彩票机构以外的代销单位销售福利彩票取得的手续费收入应按规定征收营业税。

(4)对社保基金投资管理人、社保基金托管人从事社保基金管理活动取得的收入,依照税法的规定征收营业税。

(5)单位和个人在旅游景点经营索道取得的收入按"服务业"税目"旅游业"项目征收营业税。

(6)交通部门有偿转让高速公路收费权行为,属于营业征收范围,应按"服务业"税目中的"租赁"项目征收营业税;无船承运业务应按照"服务业——代理业"税目征收营业税。

（7）酒店产权式经营业主在约定的时间内提供房产使用权与酒店进行合作经营,如房产产权并未归属新的经济实体,业主按照约定取得的固定收入和分红收入均应视为租金收入,应按照"服务业——租赁业"征收营业税。

（8）对港口设施经营人收取的港口设施保安费,应按照"服务业"税目全额征收营业税。

（9）单位和个人受托种植植物、饲养动物的行为,应按照营业税"服务业"税目征收营业税,不征收增值税。

8. 转让无形资产

转让无形资产是指转让无形资产的所有权或使用权的行为,包括转让土地使用权、转让商标权、转让专利权、转让非专利技术、出租电影拷贝、转让著作权和转让商誉。

自 2003 年 1 月 1 日起,以无形资产投资入股,参与接受投资方的利润分配、共同承担投资风险的行为,不征收营业税。在投资后转让其股权的也不征收营业税。

9. 销售不动产

销售不动产是指有偿转让不动产所有权的行为,包括销售建筑物或构筑物和销售其他土地附着物。在销售不动产时连同不动产所占土地的使用权一并转让的行为,比照销售不动产征收营业税。

自 2003 年 1 月 1 日起,以不动产投资入股,参与接受投资方利润分配、共同承担投资风险的行为,不征营业税。在投资后转让其股权的也不征收营业税。

单位或者个人将不动产或者土地使用权无偿赠送其他单位或者个人,视同发生应税行为按规定征收营业税;单位或者个人自己新建建筑物后销售,其所发生的自建行为,视同发生应税行为按规定征收营业税。

（二）税率

营业税按照行业、类别的不同分别采用不同的比例税率,见表 4-1 所示。

娱乐业执行 5%—20% 的幅度税率,具体适用的税率,由各省、自治区、直辖市人民政府根据当地的实际情况在税法规定的幅度内决定。如浙江,从 2010 年 1 月 1 日起,除高尔夫球适用 10% 税率外,其他均为 5%;天津市则从 2012 年 7 月 1 日起,娱乐业营业税税率统一下调为 5%。

表 4-1 营业税税目、税率表

序　号	税　目	税　率
1	交通运输业	3%
2	建筑业	3%
3	金融保险业	5%
4	邮电通信业	3%
5	文化体育业	3%

序　号	税　目	税　率
6	娱乐业	5%—20%
7	服务业	5%
8	转让无形资产	5%
9	销售不动产	5%

三、特殊经营行为的税务处理

(一)兼营不同税目的应税行为

税法规定,纳税人兼营不同税目应税行为的,应当分别核算不同税目的营业额、转让额、销售额,然后按各自的适用税率计算应纳税额;未分别核算的,将从高适用税率计算应纳税额。

(二)混合销售行为

一项销售行为如果既涉及应税劳务又涉及货物的,为混合销售行为。从事货物的生产、批发或零售的企业、企业性单位及个体经营者的混合销售行为,视为销售货物,不征收营业税;其他单位和个人的混合销售行为,视为提供应税劳务,应当征收营业税。

(三)兼营应税劳务与货物或非应税劳务行为

纳税人兼营应税行为和货物或者非应税劳务的,应当分别核算应税行为的营业额和货物或者非应税劳务的销售额,其应税行为营业额缴纳营业税,货物或者非应税劳务销售额不缴纳营业税;未分别核算的,由主管税务机关核定其应税行为营业额。

纳税人兼营免税、减税项目的,应当单独核算免税、减税项目的营业额;未单独核算营业额的,不得免税、减税。

(四)营业税与增值税征税范围的划分

纳税人的下列混合销售行为,应当分别核算应税劳务的营业额和货物的销售额,其应税劳务的营业额缴纳营业税,货物销售额不缴纳营业税;未分别核算的,由主管税务机关核定其应税劳务的营业额。

1. 建筑业务征税问题

基本建设单位和从事建筑安装业务的企业附设的工厂、车间生产的水泥预制构件、其他构件或建筑材料,用于本单位或本企业的建筑工程的,应在移送使用时征收增值税。但对其在建筑现场制造的预制构件,凡直接用于本单位或本企业建筑工程的,征收营业税,不征收增值税。

2.邮电业务征税问题

(1)集邮商品的生产征收增值税。邮政部门(含集邮公司)销售集邮商品,应当征收营业税;邮政部门以外的其他单位与个人销售集邮商品,征收增值税。集邮是指收集和保存各种邮票以及与邮政相联系的其他邮品的活动。

集邮商品指邮票、小型张、小本票、明信片、首日封、邮折、集邮簿、邮盘、邮票目录、护邮袋、贴片等。

(2)邮政部门发行报刊,征收营业税;其他单位和个人发行报刊,征收增值税。报刊发行是指邮政部门代出版单位收订、投递和销售各种报纸、杂志的业务。

(3)电信单位自己销售电信物品,并为客户提供有关电信劳务服务的,征收营业税;对单纯销售无线寻呼机、移动电话等不提供有关电信劳务服务的,征收增值税。

3.其他与增值税的划分问题。

(1)燃气公司和生产、销售货物或提供增值税应税劳务的单位,在销售货物或提供增值税应税劳务时,代有关部门向购买方收取的集资费[包括管道煤气集资款(初装费)]、手续费、代收款等,属于增值税价外收费,应征收增值税,不征收营业税。

(2)随汽车销售提供的汽车按揭服务和代办服务业务征收增值税,单独提供按揭、代办服务业务并不销售汽车的,应征收营业税。

4.销售自产货物提供增值税应税劳务并同时提供建筑业劳务的征税问题

自2002年9月1日起,纳税人销售自产货物提供增值税应税劳务并同时提供建筑业劳务,依据以下规定执行。9月1日前已按原有关规定征收税款的不再做纳税调整。

(1)纳税人以签订建设工程施工总包或分包合同方式开展经营活动时,销售自产货物、提供增值税应税劳务并同时提供建筑业劳务,同时符合以下条件的,对销售自产货物和提供增值税应税劳务取得的收入征收增值税,提供建筑业劳务收入征收营业税:

①具备建设行政部门批准的建筑业施工(安装)资质;

②签订建设工程施工总包或分包合同中单独注明建筑业劳务价款。

凡不同时符合以上条件的,对纳税人取得的全部收入征收增值税,不征收营业税。

以上所称建筑业劳务收入,以签订的建设工程施工总包或分包合同上注明的建筑业劳务价款为准。

纳税人通过签订建设工程施工合同,销售自产货物、提供增值税应税劳务的同时,将建筑业劳务分包或转包给其他单位和个人的,对其销售的货物和提供的增值税应税劳务征收增值税;同时,签订建设工程施工总承包合同的单位和个人,应扣缴提供建筑业劳务的单位和个人取得的建筑业劳务收入的营业税。

自2006年5月1日起,纳税人销售自产建筑防水材料的同时提供建筑业劳务,凡符合《国家税务总局关于纳税人销售自产货物提供增值税劳务并同时提供建筑业劳务征收流转税问题的通知》(国税发〔2002〕117号)规定条件的,按照该文件的有关规定征收增值税、营业税。

（2）扣缴分包人营业税的规定。不论签订建设工程施工合同的总承包人是销售自产货物、提供增值税应税劳务并提供建筑业劳务的单位和个人，还是仅销售自产货物、提供增值税应税劳务不提供建筑业劳务的单位和个人，均应当扣缴分包人或转包人的营业税。

①如果分包人是销售自产货物、提供增值税应税劳务并提供建筑业劳务的单位和个人，总承包人在扣缴建筑业营业税时的营业额为除自产货物、增值税应税劳务以外的价款。

②除本条第一款规定以外的分包人，总承包人在扣缴建筑业营业税时的营业额为分包额。

（3）纳税人按照客户要求，为钻井作业提供泥浆和工程技术服务的行为，应按提供泥浆工程劳务项目，照章征收营业税，不征收增值税。

5. 商业企业向货物供应方收取的部分费用征收流转税问题

自 2004 年 7 月 1 日起，对商业企业向供货方收取的与商品销售量、销售额无必然联系，且商业企业向供货方提供一定劳务的收入。例如，进场费、广告促销费、上架费、展示费、管理费等，不属于平销返利，不冲减当期增值税进项税额，应按营业税的适用税目税率（5％）征收营业税。商业企业向供货方收取的各种收入，一律不得开具增值税专用发票。

四、营业税的优惠政策

（一）起征点

对于经营营业税应税项目的个人，营业税规定了起征点。营业额达到或超过起征点即照章全额计算纳税，营业额低于起征点则免予征收营业税。自 2011 年 11 月 1 日起，税法规定的起征点如下：

1. 按期纳税的为月营业额 5 000—20 000 元；

2. 按次纳税的为每次（日）营业额 300—500 元。

各省、自治区、直辖市人民政府所属地方税务机关可以在规定的幅度内，根据当地实际情况确定本地区适用的起征点，并报财政部、国家税务总局备案。

（二）税收优惠规定

1. 根据《营业税暂行条例》的规定，下列项目免征营业税

（1）托儿所、幼儿园、养老院、残疾人福利机构提供的育养服务、婚姻介绍、殡葬服务。

（2）残疾人员个人为社会提供的劳务。

（3）学校和其他教育机构提供的教育劳务，学生勤工俭学提供的劳务。

（4）农业机耕、排灌、病虫害防治、植保、农牧保险以及相关技术培训业务，家禽、牲畜、水生动物的配种和疾病防治。

（5）纪念馆、博物馆、文化馆、美术馆、展览馆、书画院、图书馆、文物保护单位举办文化活动的门票收入，宗教场所举办文化、宗教活动的门票收入。

2. 根据国家的其他规定，下列项目减征或免征营业税

（1）保险公司开展的1年期以上返还性人身保险业务的保费收入免征营业税。

（2）对单位和个人从事技术转让、技术开发业务和与之相关的技术咨询、技术服务业务取得的收入，免征营业税。

（3）个人转让著作权，免征营业税。

（4）将土地使用权转让给农业生产者用于农业生产，免征营业税。

（5）凡经中央及省级财政部门批准纳入预算管理或财政专户管理的行政事业性收费、基金，无论是行政单位收取的，还是由事业单位收取的，均不征收营业税。

（6）社会团体按财政部门或民政部门规定标准收取的会费，不征收营业税。

各党派、共青团、工会、妇联、中科协、青联、台联、侨联收取的党费、会费，比照上述规定执行。

（7）自2011年1月1日至2012年12月31日，依照国家规定的收费标准向学生收取的高校学生公寓住宿费收入，免征营业税。对高校学生食堂为高校师生提供餐饮服务取得的收入，免征营业税。

但利用学生公寓向社会人员提供住宿服务而取得的租金收入，应按现行规定计征营业税。向社会提供餐饮服务获得的收入，应按现行规定计征营业税。

（8）对住房公积金管理中心用住房公积金在指定的委托银行发放个人住房贷款取得的收入，免征营业税。

（9）对按政府规定价格出租的公有住房和廉租住房暂免征收营业税；对个人按市场价格出租的居民住房，暂按3%的税率征收营业税。

（10）保险公司的摊回分保费用不征营业税。

（11）中国人民银行对金融机构的贷款业务，不征收营业税。中国人民银行对企业贷款或委托金融机构贷款的业务应当征收营业税。

（12）金融机构往来业务暂不征收营业税。金融机构往来是指金融企业联行、金融企业与人民银行及同业之间的资金往来业务取得的利息收入，不包括相互之间提供的服务。

（13）对金融机构的出纳长款收入，不征收营业税。

（14）企业集团或集团内的核心企业委托企业集团所属财务公司代理统借统还贷款业务，从财务公司取得的用于归还金融机构的利息不征收营业税；财务公司承担此项统借统还委托贷款业务,从贷款企业收取贷款利息不代扣代缴营业税。

(15)对地方商业银行转贷用于清偿农村合作基金会债务的专项贷款利息收入免征营业税。

(16)对信达、华融、长城和东方资产管理公司接受相关国有银行的不良债权,免征销售转让不动产、无形资产以及利用不动产从事融资租赁业务应缴营业税。对资产公司接受相关国有银行的不良债权取得的利息收入免征营业税。

(17)对纳入全国试点范围的非营利性中小企业信用担保、再担保机构,可由地方政府确定,对其从事担保业务的收入,3年内免征营业税。

(18)资产重组转让企业产权的行为不属于营业税征收范围,不应征收营业税。

(19)对社保基金理事会、社保基金投资管理人运用社保基金买卖证券投资基金、股票、债券的差价收入,暂免征收营业税。

(20)对中国电信集团公司将江苏、浙江、广东、上海等四省(市)和其他地区电信业务资产重组上市时已缴纳过营业税的预收性质的收入(包括电话初装费收入、工料费收入及电话卡售卡收入等),从递延收入中转出并确认为营业收入时,不再征收营业税。

(21)保险企业取得的追偿款不征收营业税。

(22)自2004年8月1日起,对军队空余房产租赁收入暂免征收营业税、房产税;此前已征税款不予退还,未征税款不再补征。

(23)住房专项维修基金征免营业税。

(24)对从事个体经营的军队转业干部、城镇退役士兵和随军家属,自领取税务登记证之日起,3年内免征营业税。

(25)对QFII委托境内公司在我国从事证券买卖业务取得的差价收入,免征营业税。

(26)单位和个人提供的垃圾处置劳务不属于营业税应税劳务,对其处置垃圾取得的垃圾处置费,不征收营业税。

(27)在京外国商会按财政部门或民政部门规定标准收取的会费,不征收营业税。对其会费以外各种名目的收入,凡属于营业税应税范围的,一律照章征收营业税。

(28)个人向他人无偿赠与不动产,包括继承、遗产处分及其他无偿赠与不动产等三种情况可以免征营业税。但在办理营业税免税申请手续时,纳税人应区分不同情况向税务机关提交相关证明材料。

(29)公司从事金融资产处置业务时,出售、转让股权不征收营业税;出售、转让债权或将其持有的债权转为股权不征收营业税;销售、转让不动产或土地使用权,征收营业税。

(30)对中国邮政集团公司及其所属邮政企业为中国邮政储蓄银行及其所属分行、支行代办金融业务取得的代理金融业务收入,自2011年1月1日至2012年12月31

日免征营业税。

（31）纳税人将土地使用权归还给土地所有者时，只要出具县级（含）以上地方人民政府收回土地使用权的正式文件，无论支付征地补偿费的资金来源是否为政府财政资金，该行为均属于土地使用者将土地使用权归还给土地所有者的行为，不征收营业税。

（32）境外单位或个人在境外向境内单位或个人提供的国际通信服务不属于营业税征税范围，不征收营业税。

（33）自 2009 年 6 月 25 日起，对台湾航空公司从事海峡两岸空中直航业务在大陆取得的运输收入，免征营业税。

（34）自 2010 年 7 月 1 日起至 2013 年 12 月 31 日，对注册在北京、天津、大连、哈尔滨、大庆、上海、南京、苏州、无锡、杭州、合肥、南昌、厦门、济南、武汉、长沙、广州、深圳、重庆、成都、西安等 21 个中国服务外包示范城市的企业从事离岸服务外包业务取得的收入免征营业税。

（35）对经营公租房所得的租金收入，免征营业税。

（36）融资性质售后回租业务中承租方出售资产的行为，不属于营业税征收范围，不征收营业税。

（37）自 2011 年 1 月 1 日起，对符合条件的节能服务公司实施合同能源管理项目取得的收入，属于营业税征税范围的，暂免征收营业税。

（38）对境外单位或个人执行跨境设备租赁老合同（包括融资租赁和经营性租赁老合同）取得的收入，自 2010 年 1 月 1 日起至合同到期日内免征营业税。

（39）自 2011 年 10 月 1 日至 2014 年 9 月 30 日，对家政服务企业由员工制家政服务员提供的家政服务取得的收入免征营业税。

（40）为支持农村金融发展，解决农民贷款难问题，自 2009 年 1 月 1 日至 2015 年 12 月 31 日对农村信用社、村镇银行、农村资金互助社、由银行业机构全资发起设立的贷款公司、法人机构所在地在县（含县级市、区、旗）及县以下地区的农村合作银行和农村商业银行的金融保险业收入减按 3％的税率征收营业税。

（41）自 2011 年 1 月 1 日起至 2012 年 12 月 31 日，对科普单位的门票收入，以及县（含县级市、区、旗）及县以上党政部门和科协开展的科普活动的门票收入免征营业税。对境外单位向境内科普单位转让科普影视作品播映权取得的收入免征营业税。

五、营业税的征收管理

（一）纳税义务发生时间

营业税的纳税义务发生时间为纳税人收讫营业收入款项或者取得索取营业收入款项凭据的当天，为书面合同确定的付款日期的当天；未签订书面合同或者书面合同未确定付款日期的,为应税行为完成的当天。

1.转让土地使用权或者销售不动产,采用预收款方式的,其纳税义务发生时间为收到预收款的当天。

纳税人提供建筑业或者租赁业劳务,采取预收款方式的,其纳税义务发生时间为收到预收款的当天。

2.单位或者个人自己新建建筑物后销售,其自建行为的纳税义务发生时间,为其销售自建建筑物并收讫营业额或者取得索取营业额凭据的当天。

3.纳税人将不动产或者土地使用权无偿赠送其他单位或者个人的其纳税义务发生时间为不动产所有权、土地使用权转移的当天。

4.会员费、席位费和资格保证金纳税义务发生时间为会员组织收讫会员费、席位费、资格保证金和其他类似费用款项或者取得索取这些款项凭据的当天。

5.扣缴税款义务发生时间为扣缴义务人代纳税人收讫营业收入款项或者取得索取营业收入款项凭据的当天。

6.建筑业纳税人及扣缴义务人应按照下列规定确定的建筑业营业税的纳税义务发生时间和扣缴义务发生时间:

(1)纳税义务发生时间

①纳税人提供建筑业应税劳务,施工单位与发包单位签订书面合同,如合同明确规定付款(包括提供原材料、动力及其他物资,不含预收工程价款)日期的,按合同规定的付款日期为纳税义务发生时间;合同未明确付款日期的,其纳税义务发生时间为纳税人收讫营业收入款项或者取得索取营业收入款项凭据的当天。

上述预收工程价款是指工程项目尚未开工时收到的款项。对预收工程价款,其纳税义务发生时间为工程开工后,主管税务机关根据工程形象进度按月确定的纳税义务发生时间。

②纳税人提供建筑业应税劳务,施工单位与发包单位未签订书面合同的,其纳税义务发生时间为纳税人收讫营业收入款项或者取得索取营业收入款项凭据的当天。

③纳税人自建建筑物,其建筑业应税劳务的纳税义务发生时间为纳税人销售自建建筑物并收讫营业收入款项或取得索取营业收入款项凭据的当天。

纳税人将自建建筑物对外赠与,其建筑业应税劳务的纳税义务发生时间为该建筑物产权转移的当天。

(2)扣缴义务发生时间

建设方为扣缴义务人的,其扣缴义务发生时间为扣缴义务人支付工程款的当天;总承包人为扣缴义务人的,其扣缴义务发生时间为扣缴义务人代纳税人收讫营业收入款项或者取得索取营业收入款项凭据的当天。

7.贷款业务。自2003年1月1日起,金融企业发放的贷款逾期(含展期)90天(含

90 天)尚未收回的,纳税义务发生时间为纳税人取得利息收入权利的当天。原有的应收未收贷款利息逾期 90 天以上的,该笔贷款新发生的应收未收利息,其纳税义务发生时间均为实际收到利息的当天。

8.融资租赁业务,纳税义务发生时间为取得租金收入或取得索取租金收入价款凭据的当天。

9.金融商品转让业务,纳税义务发生时间为金融商品所有权转移之日。

10.金融经纪业和其他金融业务,纳税义务发生时间为取得营业收入或取得索取营业收入价款凭据的当天。

11.保险业务,纳税义务发生时间为取得保费收入或取得索取保费收入价款凭据的当天。

12.金融企业承办委托贷款业务营业税的扣缴义务发生时间,为受托发放贷款的金融机构代委托人收讫贷款利息的当天。

13.电信部门销售有价电话卡的纳税义务发生时间,为售出电话卡并取得售卡收入或取得索取售卡收入凭据的当天。

(二)纳税期限

1.营业税的纳税期限,分别为 5 日、10 日、15 日、1 个月或 1 个季度。纳税人的具体纳税期限,由主管税务机关根据纳税人应纳税额的大小分别核定;不能按照固定期限纳税的,可以按次纳税。

纳税人以 1 个月或 1 个季度为一期纳税的,自期满之日起 15 日内申报纳税;以 5 日、10 日或者 15 日为一期纳税的,自期满之日起 5 日内预缴税款,于次月 1 日起 15 日内申报纳税并结清上月应纳税款。

2.扣缴义务人的解缴税款期限,比照上述规定执行。

3.银行、财务公司、信托投资公司、信用社、外国企业常驻代表机构的纳税期限为 1 个季度。自纳税期满之日起 15 日内申报纳税。

4.保险业的纳税期限为 1 个月。

(三)纳税地点

营业税的纳税地点原则上采取属地征收的方法,就是纳税人在经营行为发生地缴纳应纳税款。具体规定如下:

1.纳税人提供应税劳务,应当向应税劳务发生地的主管税务关申报纳税。纳税人从事运输业务的,应当向其机构所在地主管税务机关申报纳税。

2.纳税人转让土地使用权,应当向土地所在地主管税务机关申报纳税。纳税人转让其他无形资产,应当向其机构所在地的主管税务机关申报纳税。

3.单位和个人出租土地使用权、不动产的营业税纳税地点为土地、不动产所在地;

单位和个人出租物品、设备等动产的营业税纳税地点为出租单位机构所在地或个人居住地。

4.纳税人销售不动产,应当向不动产所在地主管税务机关申报纳税。

5.纳税人提供的应税劳务发生在外县(市),应向应税劳务发生地的主管税务机关申报纳税;如未向应税劳务发生地申报纳税的,由其机构所在地或者居住地主管税务机关补征税款。

6.纳税人承包的工程跨省、自治区、直辖市的,向其机构所在地主管税务机关申报纳税。

7.各航空公司所属分公司,无论是否单独计算盈亏,均应作为纳税人向分公司所在地主管税务机关缴纳营业税。

8.纳税人在本省、自治区、直辖市范围内发生应税行为,其纳税地点需要调整的,由省、自治区、直辖市人民政府所属税务机关确定。

9.建筑业纳税人及扣缴义务人按照下列规定确定建筑业营业税的纳税地点:

(1)纳税人提供建筑业应税劳务,其营业税纳税地点为建筑业应税劳务的发生地。

(2)纳税人从事跨省工程的,应向其机构所在地主管地方税务机关申报纳税。

(3)纳税人在本省、自治区、直辖市和计划单列市范围内提供建筑业应税劳务的,其营业税纳税地点需要调整的,由省、自治区、直辖市和计划单列市税务机关确定。

(4)扣缴义务人代扣代缴的建筑业营业税税款的解缴地点为该工程建筑业应税劳务发生地。

(5)扣缴义务人代扣代缴跨省工程的,其建筑业营业税税款的解缴地点为被扣缴纳税人的机构所在地。

(6)纳税人提供建筑业劳务,应按月就其本地和异地提供建筑业应税劳务取得的全部收入向其机构所在地主管税务机关进行纳税申报,就其本地提供建筑业应税劳务取得的收入缴纳营业税;同时,自应申报之月(含当月)起6个月内向机构所在地主管税务机关提供其异地建筑业应税劳务收入的完税凭证,否则,应就其异地提供建筑业应税劳务取得的收入向其机构所在地主管税务机关缴纳营业税。

(7)上述本地提供的建筑业应税劳务是指独立核算纳税人在其机构所在地主管税务机关税收管辖范围内提供的建筑业应税劳务;上述异地提供的建筑业应税劳务是指独立核算纳税人在其机构所在地主管税务机关税收管辖范围以外提供的建筑业应税劳务。

10.在中华人民共和国境内的电信单位提供电信业务的营业税纳税地点为电信单位机构所在地。

11.在中华人民共和国境内的单位提供的设计(包括在开展设计时进行的勘探、测量等业务)、工程监理,调试和咨询等应税劳务的,其营业税纳税地点为单位机构所在地。

12. 在中华人民共和国境内的单位通过网络为其他单位和个人提供培训、信息和远程调试、检测等服务的,其营业税纳税地点为单位机构所在地。

第二节 营业税的计算

营业税税款的计算比较简单。纳税人提供应税劳务、转让无形资产或者销售不动产,按照营业额和规定的适用税率计算应纳税额。计算公式为:

应纳税额＝营业额×税率

特别注意:

1. 营业税的计税依据是营业额,营业额为纳税人提供应税劳务、转让无形资产或者销售不动产向对方收取的全部价款和价外费用。价外费用,包括收取的手续费、补贴、基金、集资费、返还利润、奖励费、违约金、滞纳金、延期付款利息、赔偿金、代收款项、代垫款项、罚息及其他各种性质的价外收费。但不包括同时符合以下条件代为收取的政府性基金或者行政事业性收费:

①由国务院或者财政部批准设立的政府性基金,由国务院或者省级人民政府及其财政、价格主管部门批准设立的行政事业性收费;

②收取时开具省级以上财政部门印制的财政票据;

③所收款项全额上缴财政。

2. 对于纳税人提供劳务、转让无形资产或销售不动产价格明显偏低而无正当理由的,或者视同发生应税行为而无营业额的,税务机关可按下列顺序确定其营业额:

①按纳税人最近时期发生同类应税行为的平均价格核定;

②按其他纳税人最近时期发生同类应税行为的平均价格核定;

③按下列公式核定:

营业额＝营业成本或者工程成本×(1＋成本利润率)÷(1－营业税税率)

公式中的成本利润率,由省、自治区、直辖市税务局确定。

3. 纳税人的营业额计算缴纳营业税后因发生退款减除营业额的,应当退还已缴纳营业税税款或者从纳税人以后的应缴纳营业税税额中减除。

4. 纳税人发生应税行为,如果将价款与折扣额在同一张发票上注明的,以折扣后的价款为营业额;如果将折扣额另开发票的,不论其在财务上如何处理,均不得从营业额中扣除。

5. 单位和个人提供应税劳务、转让无形资产和销售不动产时,因受让方违约而从受让方取得的赔偿金收入,应并入营业额中征收营业税。

6.单位和个人因财务会计核算办法改变,将已缴纳过营业税的预收性质的价款逐期转为营业收入时,允许从营业额中减除。

7.自 2004 年 12 月 1 日起,营业税纳税人购置税控收款机,经主管税务机关审核批准后,可凭购进税控收款机取得的增值税专用发票,按照发票上注明的增值税税额,抵免当期应纳营业税税额,或者按照购进税控收款机取得的普通发票上注明的价款,依下列公式计算可抵免税额:

可抵免税额＝价款÷(1＋17％)×17％

当期应纳税额不足抵免的,未抵免部分可在下期继续抵免。

8.纳税人提供应税劳务向对方收取的全部价款和价外费用,按相关规定可以扣除部分金额后确定营业额的,其扣除的金额应提供下列相关的合法有效凭证:

(1)支付给境内单位或者个人的款项,且该单位或者个人发生的行为属于营业税或者增值税征收范围的,以该单位或者个人开具的发票为合法有效凭证;

(2)支付的行政事业性收费或者政府性基金,以开具的财政票据为合法有效凭证;

(3)支付给境外单位或者个人的款项,以该单位或者个人的签收单据为合法有效凭证,税务机关对签收单据有疑义的,可以要求其提供境外公证机构的确认证明;

(4)国家税务总局规定的其他合法有效凭证。

一、交通运输业

(一)应税营业额

1.纳税人将承揽的运输业务分给其他单位或者个人的,以其取得的全部价款和价外费用扣除其支付给其他单位或者个人的运输费用后的余额为营业额。

2.运输企业自中华人民共和国境内运输旅客或者货物出境,在境外改由其他运输企业承运旅客或者货物,以全程运费减去付给该承运企业的运费后的余额为营业额。

值得注意的是,自 2010 年 1 月 1 日起,对中华人民共和国境内单位或者个人提供的国际运输劳务免征营业税。国际运输劳务是指:(1)在境内载运旅客或者货物出境。(2)在境外载运旅客或者货物入境。(3)在境外发生载运旅客或者货物的行为。

3.运输企业从事联运业务,以实际取得的营业额为计税依据。

(二)应纳税额

【例 4-1】　A 航空公司(境内企业)2012 年 8 月取得营业收入如下:

(1)境内货运收入 1 000 万元,境内客运收入 3 000 万元;

(2)从事国际运输劳务,取得货运收入 500 万元,客运收入 1 000 万元;

(3)与 B 汽车运输公司合作,从事境内货物联运业务,运费收入总计 500 万元,支付给 B 汽车运输公司转运费 100 万元。

要求：计算 A 航空公司 2012 年 8 月应税营业额及应纳税额。

题解：

(1)境内货运及客运业务营业额＝1 000＋3 000＝4 000(万元)

(2)A 航空公司属于境内企业，从事国际运输劳务收入，免征营业税

(3)境内联运业务营业额＝500－100＝400(万元)

　　应纳税额＝(4 000＋400)×3％＝132(万元)

二、建筑业

(一)应税营业额

1.建筑业的总承包人将工程分包或者转包给他人，以工程的全部承包额减去付给分包人或者转包人的价款后的余额为营业额。

2.纳税人提供建筑业劳务(不含装饰劳务)的，其营业额应当包括工程所用原材料、设备及其他物资和动力价款在内，但不包括建设方提供的设备的价款。从事安装工程作业，安装设备价值作为安装工程产值的，营业额包括设备的价款。

3.通信线路工程和输送管道工程所使用的电缆、光缆和构成管道工程主体的防腐管段、管件、清管器、收发球筒、机泵、加热炉、金属容器等物品均属于设备，其价值不包括在工程的计税营业额中。

其他建筑安装工程的计税营业额也不应包括设备价值，具体设备名单由省级地方税务机关根据各自实际情况列举。

(二)应纳税额

【例 4-2】　甲建筑公司以 10 000 万元的总承包额中标为某房地产开发公司承建一幢写字楼，之后，甲建筑公司又将该写字楼工程的装饰工程以 5 000 万元分包给乙建筑公司。工程完工后，房地产开发公司用其自有的市值 6 000 万元的两幢普通住宅楼抵顶了应付给甲建筑公司的工程劳务费；甲建筑公司将一幢普通住宅自用，另一幢市值 3 000 万元的普通住宅抵顶了应付给乙建筑公司的工程劳务费。

要求：分别计算有关各方应缴纳和应扣缴的营业税税款。

题解：

(1)甲建筑公司应纳建筑业营业税＝(10 000－5 000)×3％＝150(万元)

(2)甲建筑公司应扣缴乙建筑公司建筑业营业税＝5000×3％＝150(万元)

(3)房地产开发公司应纳销售不动产营业税＝6 000×5％＝300(万元)

(4)甲建筑公司应纳销售不动产营业税＝(3 000－6 000÷2)×5％＝0(万元)

【例 4-3】　某市甲公司(增值税一般纳税人、具有建筑安装资质)承包一项建筑工程项目，工程总承包额 5 000 万元，其中由甲公司提供并按市场价确定的自产金属结构件

1 170 万元(购进金属结构件时取得增值税专用发票,支付价款 1 000 万元、增值税 170 万元)、发包方提供建筑材料 830 万元。甲公司将其中 300 万元的安装工程分包给某县铝材生产公司(具备建筑行政部门批准的建筑安装资质,增值税一般纳税人,本月无进项税),合同规定,使用该铝材公司生产的铝合金材料,价税合计 200 万元,安装费 100 万元。

要求:计算上述业务的相关税金。

题解:

甲公司发生增值税业务进项税和销项税相等,故不纳增值税

甲公司应纳营业税＝(5 000－1 170－300)×3％＝105.90(万元);

代扣代缴营业税及附加＝100×3％×(1＋7％＋3％)＝3.30(万元)

铝材公司交纳增值税＝200÷1.17×17％＝29.06(万元)

铝材公司应自行申报缴纳的城建税和教育附加＝29.06×(5％＋3％)＝2.32(万元)

【例 4-4】　A 市甲建材企业承包 B 市乙企业装饰工程业务,双方拟签订合同,现有两种方案可选择:

方案一:合同总金额 800 万元,装饰工程所需的主要原材料和设备由乙企业自行采购,合同金额含装饰工程的人工费、管理费及辅助材料费等其他费用。

方案二:合同总金额 1 500 万元,甲企业包工包料,即合同金额包括装饰工程所需一切费用,乙企业只需要按合同规定日期及设定标准验收即可。装饰工程所需建材中有甲企业自己生产的价值 400 万元的防盗门、窗及消防器材。

要求:计算不同方案营业税和增值税的计税营业额及应纳税额。

题解:

方案一:

营业税计税营业额＝800(万元)

应纳营业税＝800×3％＝24(万元)。

方案二:

营业税计税营业额＝1 500－400＝1 100(万元)

应纳营业税 1 100×3％＝33(万元)

增值税计税营业额＝400(万元)

应纳增值税 400×17％＝68(万元)

三、金融保险业

(一)应税营业额

1.一般贷款业务的营业额为贷款利息收入(包括各种加息、罚息等)。

2.经中国人民银行、外经贸部(现商务部)和国家经贸委批准经营融资租赁业务的单位,融资租赁以其向承租者收取的全部价款和价外费用(包括残值)减去出租方承担的出租货物的实际成本后的余额,以直线法折算出本期的营业额。计算方法为:

本期营业额=(应收取的全部价款和价外费用-实际成本)×(本期天数÷总天数)

实际成本=货物购入原价+关税+增值税+消费税+运杂费+安装费+保险费+支付给境外的外汇借款利息支出和人民币借款利息

3.外汇、有价证券、期货等金融商品买卖业务,以卖出减去买入价后的余额为营业额。即营业额=卖出价-买入价。卖出价是指卖出原价,不得扣除卖出过程中支付的各种费用和税金。买入价是指购进原价,不包括购进过程中支付的各种费用和税金,但买入价应依照财务会计制度规定,以股票、债券的购入价减去股票、债券持有期间取得的股票、债券红利收入。

买卖金融商品(包括股票、债券、外汇及其他金融商品),可在同一会计年度末,将不同纳税期出现的正差和负差按同一会计年度汇总的方式计算并缴纳营业税。如果汇总计算应缴的营业税税额小于本年已缴纳的营业税税额,可以向税务机关申请办理退税,但不得将一个会计年度内汇总后仍为负差的部分结转下一会计年度。

4.金融经纪业务和其他金融业务(中间业务)营业额为手续费(佣金)类的全部收入。

金融企业从事受托收款业务,如代收电话费、水电煤气费、信息费、学杂费、寻呼费、社保统筹费、交通违章罚款、税款等,以全部收入减去支付给委托方价款后的余额为营业额。

5.保险业务营业额包括:

(1)办理初保业务。营业额为纳税人经营保险业务向对方收取的全部价款,即向被保险人收取的全部保险费。

(2)储金业务。保险公司如采用收取储金方式取得经济利益的(即以被保险人所交保险资金的利息收入作为保费收入,保险期满后将保险资金本金返还被保险人),其"储金业务"的营业额,为纳税人在纳税期内的储金平均余额乘以人民银行公布的1年期存款的月利率。储金平均余额为纳税期期初储金余额与期末余额之和乘以50%。

(3)保险企业已征收过营业税的应收未收保费,凡在财务会计制度规定的核算期限内未收回的,允许从营业额中减除。在会计核算期限以后收回的已冲减的应收未收保费,再并入当期营业额中。

(4)保险企业开展无赔偿奖励业务的,以向投保人实际收取的保费为营业额。

(5)中华人民共和国境内的保险人将其承保的以境内标的物为保险标的的保险业务向境外再保险人办理分保的,以全部保费收入减去分保保费后的余额为营业额。

境外再保险人应就其分保收入承担营业税纳税义务,并由境内保险人扣缴境外再保险人应缴纳的营业税税款。

6.金融企业贷款利息征收营业税的具体规定。自 2003 年 1 月 1 日起,对金融企业按以下规定征收营业税:

金融企业发放贷款(包括自营贷款和委托贷款)后,凡在规定的应收未收利息核算期内发生的应收利息,均应按规定申报缴纳营业税;贷款应收利息自结息之日起,超过应收未收利息核算期限或贷款本金到期(含展期)超过 90 天后尚未收到的,按照实际收到的利息申报缴纳营业税。

7.外币折合成人民币。金融保险业以外汇结算营业额的,应将外币折合成人民币后计算营业税。原则上金融业按其收到外汇的当天或当季季末中国人民银行公布的基准汇价折合营业额,保险业按其收到外汇的当天或当月的最后一天中国人民银行公布的基准汇价折合营业额,报经省级税务机关批准后,允许按照财务制度规定的其他基准汇价折合营业额。

(二)应纳税额

【例 4-5】　A 金融机构 2012 年第 3 季度发生下列经济业务:

(1)从事贷款业务,取得贷款业务利息收入 1 000 万元,支付存款利息支出 400 万元;

(2)从事有价证券买卖业务,买入 A 股票 100 万元,并支付有关费用 0.5 万元,持有期间取得现金股利 1 万元。本季度将 A 股票全部出售,卖价 109 万元,支付相关费用 0.65 万元;

(3)从事融资租赁业务,进口设备 1 套,关税完税价格 450 万元,关税 50 万元,增值税 85 万元,进口设备的利息、国内运杂保险费、安装调试费等 16 万元。租赁合同规定,租赁期 5 年,租金总额 720 万元,租赁满,设备以 1 万元的价格转让给承租方。

要求:分项计算 A 金融机构 2012 年第 3 季度上述业务的计税营业额及应纳税额。

题解:

(1)贷款业务

营业额=1 000(万元)

营业税额=1 000×5%=50(万元)

(2)有价证券买卖业务

营业额=(109−100+1)=10(万元)

营业税额=10×5%=0.5(万元)

(3)融资租赁业务

营业额=〔(720+1)−(450+50+85+16)〕×3÷60=6(万元)

营业税额=6×5%=0.3(万元)

【例 4-6】 B 保险公司(境内企业)2012 年 8 月业务收入如下:

(1)办理初保业务,收取保费共计 200 万元,支付分保费 50 万元;

(2)从事储金业务,月初储金余额 1 500 万元,月末储金余额 2 500 万元,中国人民银行公布的 1 年期存款的月利率为 0.25%;

(3)对某外贸公司出口的一票货物提供保险,收取保险费用 3 万元。

要求:分项计算 B 保险公司 2012 年 8 月上述业务的计税营业额及应纳税额。

题解:

(1)初保业务

营业额=200(万元)

营业税额=200×5%=10(万元)

(2)储金业务

营业额=(1 500+2 500)÷2×0.25%=5(万元)

营业税额=5×5%=0.25(万元)

(3)出口保险业务

根据营业税优惠政策,境内保险公司提供出口货物保险业务所收取的保险费用,免征营业税。

四、邮电通信业

(一)应税营业额

1.电信部门以集中受理方式为集团客户提供跨省的出租电路业务,由受理地区的电信部门按取得的全部价款减除分割给参与提供跨省电信业务的电信部门的价款后的差额为营业额计征营业税;对参与提供跨省电信业务的电信部门,按各自取得的全部价款为营业额计征营业税。

2.电信单位销售的各种有价电话卡,由于其计费系统只能按有价电话卡面值出账并按有价电话卡面值确认收入,不能直接在销售发票上注明折扣折让额,以面值确认的收入减去当期财务会计上体现的销售折扣折让后的余额为营业额。

3.邮政电信单位与其他单位合作,共同为用户提供邮政电信业务及其他服务并由邮政电信单位统一收取价款的,以全部收入减去支付给合作方价款后的余额为营业额。

4.中国移动通信集团公司通过手机短信公益特服号"8858"为中国儿童少年基金会接受捐款业务,以全部收入减去支付给中国儿童少年基金会价款后的余额为营业额。

(二)应纳税额

【例 4-7】 C 电信公司 2012 年 9 月业务收入如下:

(1)电话费收入 3 000 万元;

（2）信息服务费收入 500 万元；

（3）电话初装费（包括电话机）收入 50 万元；

（4）宽带业务收入 100 万元；

（5）电话卡销售开具发票收入 55 万元，会计核算体现销售折扣 5 万元。

要求：计算 C 电信公司 2012 年 9 月的应税营业额及应纳税额。

题解：

应税营业额＝3 000＋500＋50＋100＋（55－5）＝3 700（万元）

应纳营业税额＝3 700×3％＝111（万元）

五、文化体育业

（一）应税营业额

1. 单位或个人进行演出，以全部票价收入或者包场收入减去付给提供演出场所的单位、演出公司或者经纪人的费用后的余额为营业额。

2. 按照现行规定，售票者分配给经纪人收入，如果经纪人是个人的，应先由售票者按服务的代理业依 5％ 的税率，扣缴经纪人应缴的营业税，扣税后的收入净额再分配给经纪人个人。如果经纪人是单位的，则由该单位自行申报纳税，售票者不扣缴。售票者分给演出者的收入，无论其演出者是单位还是个人，都应由售票者按文化体育业依 3％ 的税率扣缴营业税。

（二）应纳税额

【例 4-8】　D 影剧院营业税采用查账征收方式，2012 年 9 月业务情况如下：

（1）取得放映业务的门票收入 100 000 元；

（2）代售某歌舞团表演门票收入 40 000 元，从中获取场地租赁费 3 000 元，付给经纪人（个人）2 000 元。

要求：计算 D 影剧院 9 月份应纳的营业税及应代扣代缴的营业税。

题解：

（1）放映收入应纳的营业税＝100 000×3％＝3 000（元）

（2）场地租赁收入应纳的营业税＝3 000×5％＝150（元）

（3）代扣代缴某歌舞团应纳营业税＝（40 000－3 000－2 000）×3％＝1 050（元）

（4）代扣代缴经纪人应纳的（代理业）营业税＝2 000×5％＝100（元）

【例 4-9】　P 体育馆营业税采用查账征收方式，2012 年 9 月业务情况如下：

（1）举办体育比赛获得门票收入 80 万元；

（2）将场地租给其他单位举办体育比赛取得收入 10 万元；

（3）在体育馆内为某厂商树广告牌，得赞助费 50 万元；

要求:计算 P 体育馆 9 月份应纳的营业税。

题解:

(1)门票收入应纳营业税＝80×3％＝2.4(万元)

(2)场地租赁收入应纳营业税＝10×5％＝0.5(万元)

(3)树广告牌赞助费收入应纳营业税 50×5％＝2.5(万元)

六、娱乐业

(一)应税营业额

娱乐业的营业额为经营娱乐业收取的全部价款和价外费用,包括门票收费、台位费、点歌费、烟酒、饮料、茶水、鲜花、小吃等收费及经营娱乐业的其他各项收费。

(二)应纳税额

【例 4-10】 地处浙江的 A 娱乐城 2012 年 9 月收入情况如下:

(1)取得歌厅、舞厅、卡拉 OK 厅门票收入 10 万元,包场收入 20 万元,点歌费 2 万元,台位费收入 3 万元,烟酒、饮料收入 8 万元;

(2)取得台球收入 5 万元、保龄球收入 10 万元,游艺场收入 20 万元;

(3)取得高尔夫球收入 30 万元。

要求:计算 A 娱乐城 2012 年 9 月应纳的营业税。

题解:

根据税法规定,娱乐业执行 5％—20％的幅度税率,具体适用的税率,由各省、自治区、直辖市人民政府根据当地的实际情况在税法规定的幅度内决定。A 娱乐城地处浙江,从 2010 年 1 月 1 日起,除高尔夫球适用 10％税率外,其他均按 5％的税率征收营业税。

A 娱乐城 2012 年 9 月应纳的营业税＝(10＋20＋2＋3＋8＋5＋10＋20)×5％＋30×10％＝6.9(万元)

七、服务业

(一)应税营业额

1.代理业以纳税人从事代理业务向委托方实际收取的报酬为营业额。

2.电脑福利彩票投注点代销福利彩票取得的任何形式的手续费收入,应照章征收营业税。

3.广告代理业的营业额为代理者向委托方收取的全部价款和价外费用减去付给广告发布者的广告发布费后的余额。

教育部考试中心及其直属单位与行业主管部门(或协会)、海外教育考试机构和各省级教育机构(以下简称合作单位)合作开展考试的业务,实质是从事代理业务,按照现行营业税政策规定,教育部考试中心及其直属单位应以其全部收入减去支付给合作单位的合作费后余额为营业额,按照"服务业——代理业"税目依 5% 的税率计算缴纳营业税。

4. 对拍卖行向委托方收取的手续费应征收营业税。

5. 纳税人从事旅游业务的,以其取得的全部价款和价外费用扣除替旅游者支付给其他单位或者个人的住宿费、餐费、交通费、旅游景点门票和支付给其他接团旅游企业的旅游费后的余额为营业额。

6. 对单位和个人在旅游景区经营旅游游船、观光电梯、观光电车、景区环保客运车所取得的收入应按"服务业——旅游业"征收营业税。

单位和个人在旅游景区兼有不同税目应税行为并采取"一票制"收费方式的,应当分别核算不同税目的营业额;未分别核算或核算不清的,从高适用税率。

7. 对经过国家版权局注册登记,在销售时一并转让著作权、所有权的计算机软件征收营业税。

8. 从事物业管理的单位,以与物业管理有关的全部收入减去代业主支付的水、电、燃气以及代承租者支付的水、电、燃气、房屋租金的价款后的余额为营业额。

9. 纳税人从事无船承运业务,以其向委托人收取的全部价款和价外费用扣除其支付的海运费以及报关、港杂、装卸费用后的余额为计税营业额申报缴纳营业税。

纳税人从事无船承运业务,应按照其从事无船承运业务取得的全部价款和价外费用向委托人开具发票,同时应凭其取得的开具给本纳税人的发票或其他合法有效凭证作为差额缴纳营业税的扣除凭证。

10. 劳务公司接受用工单位的委托,为其安排劳动力,凡用工单位将其应支付给劳动力的工资和为劳动力上交的社会保险(包括养老保险金、医疗保险、失业保险、工伤保险等)以及住房公积金统一交给劳务公司代为发放或办理的,以劳务公司从用工单位收取的全部价款减去代收转付给劳动力的工资和为劳动力办理社会保险及住房公积金后的余额为营业额。

(二)应纳税额

【例 4-11】　中青旅公司 2012 年 9 月组织 100 人的旅游团赴境内某地旅游。每人收取旅游费 800 元,旅游中由公司支付每人房费 140 元,餐费 160 元,交通费 130 元,门票费 70 元。

要求:计算中青旅公司 9 月份应纳的营业税。

题解:

应纳税营业额 $= (800 - 140 - 160 - 130 - 70) \times 100 = 300 \times 100 = 30\,000(元)$

应纳营业税额＝30 000×5％＝1 500(元)

【例 4-12】 中意广告代理公司专门代理广告制作和宣传业务,2012 年 9 月取得收入 300 万元,付给广告制作单位制作费 50 万元,支付给电视台广告发布费 150 万元。

要求:计算中意广告代理公司 2012 年 9 月应纳的营业税。

题解:

应税营业额＝300－150＝150(万元)

应纳营业税＝150×5％＝7.5(万元)

八、销售不动产或受让土地使用权

(一)应税营业额

1.单位和个人销售或转让其购置的不动产或受让的土地使用权,以全部收入减去不动产或土地使用权的购置或受让原价后的余额为营业额。

2.单位和个人销售或转让抵债所得的不动产、土地使用权的,以全部收入减去抵债时该项不动产或土地使用权作价后的余额为营业额。

3.自 2011 年 1 月 28 日起,个人将购买不足 5 年的住房对外销售的,全额征收营业税;个人将购买超过 5 年(含 5 年)的非普通住房对外销售的,按照其销售收入减去购买房屋的价款后差额征收营业税;个人将购买超过 5 年(含 5 年)的普通住房对外销售的,免征营业税。

(二)应纳税额

【例 4-13】 地处某市的 A 房地产开发公司,当地税务部门规定建筑业的成本利润率为 10％。2012 年 9 月发生下列经济业务:

(1)自行开发建设住宅楼一批于 2012 年 9 月竣工,建筑成本 9 991 万元,当月开盘销售 50％,取得收入 10 000 万元;

(2)自行开发建设同一规格的写字楼 2 幢于 9 月竣工,建筑成本共计 4 995.5 万元,其中一幢留作自用,另一幢对外销售,取得收入 3 000 万元。

要求:计算 A 房地产开发公司 2012 年 9 月应纳的营业税。

题解:

(1)开发并销售住宅楼应纳营业税额

按建筑业应纳的营业税＝9 991(1＋10％)÷(1－3％)×3％＝339.9(万元)

按销售不动产应纳的营业税＝10 000×5％＝500(万元)

(2)写字楼应纳的营业税

自建自用写字楼,免征营业税;自建并销售写字楼,应照章纳税。

按建筑业应纳的营业税＝4 995.5(1＋10％)×50％÷(1－3％)×3％＝84.975(万元)

按销售不动产应纳的营业税＝3 000×5％＝150(万元)

A 房地产开发公司 2012 年 9 月应纳的营业税合计＝339.9＋500＋84.975＋150＝1 074.875(万元)

【例 4-14】 张三于 2012 年 8 月出售一批个人投资的房产:

(1)出售排屋一套,建筑面积 300 平方米,取得收入 900 万元。该排屋于 2007 年 3 月购入,支付房款及相关税费 600 万元;

(2)出售 6 年前购入的商铺一间,建筑面积 100 平方米,取得收入 200 万元。该商铺的购入成本为 150 万元;

(3)出售刚好满 5 年的普通住宅一套,建筑面积 138 平方米,取得收入 140 万元。

要求:分项计算张三出售上述个人房产应纳的营业税。

题解:

(1)出售的排屋属于非普通住宅,已满 5 年,按差额计税。

应纳营业税额＝(900－600)×5％＝15(万元)

(2)出售的商铺不属于住宅,不管年限多少,均应差额征税。

应纳营业税额＝(200－150)×5％＝2.5(万元)

(3)出售的普通住宅,已满 5 年,免征营业税。

第三节　营业税的会计处理

一、营业税的一般会计处理

营业税计税依据是营业额,实行价内征收,企业应纳营业税在"应交税费——应交营业税"科目核算。该科目贷方反映按规定计算的应缴纳的营业税,借方反映实际交纳的营业税,期末贷方余额反映企业尚未交纳的营业税,借方余额反映多交的营业税。

(一)应交营业税的会计处理

1.由企业营业收入负担的营业税

借:营业税金及附加

　　贷:应交税费——应交营业税

2.转让无形资产负担的营业税

借:营业外支出

　　贷:应交税费——应交营业税

3.销售不动产(不含房地产开发企业经营房地产)应交营业税

借:固定资产清理

　　　　贷:应交税费——应交营业税

4.企业代购代销收入应交的营业税

借:营业税金及附加

　　贷:应交税费——应交营业税

5.企业按规定代扣的营业税

借:应付账款

　　贷:应交税费——应交营业税

(二)缴纳营业税的会计处理

借:应交税费——应交营业税

　　贷:银行存款

(三)营业税年终清算的会计处理

年终,企业按规定与税务部门清算。属于多缴和享受减免税优惠的营业税,由税务部门退回;属于少缴的,由企业补缴。

1.冲回多计的营业税

借:应交税费——应交营业税

　　贷:营业税金及附加

2.退回多缴或减免的营业税

借:银行存款

　　贷:营业税金及附加

3.补记少计的营业税

借:营业税金及附加

　　贷:应交税费——应交营业税

4.补缴营业税

借:应交税费——应交营业税

　　贷:银行存款

二、运输企业营业税的会计处理

交通运输业营业税的核算一般应设置"营业税金及附加"、"其他应付款"和"应交税费——应交营业税"等科目。

【例 4-15】　A 港口企业某月取得装卸收入 1 000 000 元、港务管理收入 100 000 元。

要求:计算应纳营业税额并作会计处理。

题解:

应纳营业税额＝(1 000 000＋100 000)×3％＝3 3000(元)

①计算应纳营业税时

借：营业税金及附加 33 000

　　贷：应交税费——应交营业税 33 000

②上交税金时

借：应交税费——应交营业税 33 000

　　贷：银行存款 33 000

【例 4-16】 B航运公司水陆联运一批货物至境内某城市,其中货物运到该城市港口后需经C公司汽车运输一段至目的地,已收到全程运费 1 300 000 元,支付给C公司汽车联运费 300 000 元。

要求：计算应纳营业税额并作会计处理。

题解：

应纳营业税额＝(1 300 000－300 000)×3％＝30 000(元)

①实现收入时

借：银行存款 1 300 000

　　贷：主营业务收入 1 000 000

　　　　其他应付款 300 000

②计算应交营业税时

借：营业税金及附加 30 000

　　贷：应交税费——应交营业税 30 000

③上交税金时

借：应交税费——应交营业税 30 000

　　贷：银行存款 30 000

三、建筑业营业税的会计处理

建筑企业核算营业税应设置"营业税金及附加"、"应交税费——应交营业税"和"应付账款"等科目。

(一)建筑施工企业一般营业税的会计处理

【例 4-17】 甲建筑公司装修完毕某项工程,工程结算收入为 2 360 000 元,另外,该项工程由对方单位自备装修材料 440 000 元。

要求：计算应纳营业税额并作会计处理。

题解：

①应纳税额＝2 360 000×3％＝70 800(元)

②公司应做如下会计处理：

借:营业税金及附加   70 800

  贷:应交税费——应交营业税   70 800

(二)建筑安装企业营业税代扣的会计处理

【例4-18】 某建筑工程公司,承包某二级公路工程,其中三座大桥分包给某建桥专业公司。完工时,结算工程价款83 600万元,每座大桥工程价款8 140万元。

要求:计算应纳、应代扣代缴的营业税额并作会计处理。

题解:

①公司收取承包款项时

借:银行存款   83 600

  贷:主营业务收入   59 180

    应付账款——应付分包款项   24 420

②计算应交营业税和代扣营业税时

应交营业税＝59 180×3％＝1 775.4(万元)

代扣营业税＝24 420×3％＝732.6(元)

借:营业税金及附加   1 775.4

  应付账款——应付分包款项   732.6

    贷:应交税费——应交营业税   2 508

③交纳营业税时

借:应交税费——应交营业税   2 508

  贷:银行存款   2 508

四、金融保险业营业税的会计处理

金融保险营业税的核算应设置"营业税金及附加"、"应交税费——应交营业税"和"应付账款"等账目。

(一)保险业营业税的会计处理

【例4-19】 某保险公司经营国内保险业务,获得保险收入100万元元,支付分保人的保费40万元。

要求:计算应纳、应代扣代缴的营业税额并作会计处理。

题解:

①收取保险费收入时

借:银行存款   100

  贷:主营业务收入   60

    应付账款   40

②计算应纳、应代扣代缴的营业税时

应纳税额＝(100－40)×5％＝3(万元)

代扣代缴营业税＝40×5％＝2(万元)

借：营业税金及附加　　　　　　　　　　　　　　　　　　　　　　3

　　应付账款　　　　　　　　　　　　　　　　　　　　　　　　　2

　　贷：应交税费——应交营业税　　　　　　　　　　　　　　　　　　　　5

(二)金融业营业税的会计处理

【例 4-20】　A 商业银行 2012 年第 3 季度贷款利息收入情况如下：

(1)本期按时收到贷款利息收入 100 万元；

(2)本期收到逾期 90 天以上的贷款利息收入 5 万元；

(3)前期已经计算纳税的贷款利息 2 万元，本期已过 90 天尚未收到；

(4)发生逾期未满 90 天的应收未收利息 5 万元；

(5)发生逾期 90 天以上的应收未收利息 3 万元。

要求：计算 A 商业银行 2012 年第 3 季度应纳的营业税，并对上述业务作相应的会计处理。

题解：

应纳的营业税＝(100＋5－2＋5)×5％＝5.4(万元)

会计处理：

(1)本期按时收到贷款利息时

借：活期存款　　　　　　　　　　　　　　　　　　　　　　　　100

　　贷：利息收入　　　　　　　　　　　　　　　　　　　　　　　　100

(2)本期收到逾期 90 天以上的贷款利息时

借：活期存款　　　　　　　　　　　　　　　　　　　　　　　　5

　　贷：利息收入　　　　　　　　　　　　　　　　　　　　　　　　5

(3)前期已经计算纳税的贷款利息 2 万元，本期已过 90 天尚未收到，只作备查登记，不作账务处理。

(4)发生逾期未满 90 天的应收未收利息时

借：应收利息　　　　　　　　　　　　　　　　　　　　　　　　5

　　贷：利息收入　　　　　　　　　　　　　　　　　　　　　　　　5

(5)发生逾期 90 天以上的应收未收利息时

借：应收利息　　　　　　　　　　　　　　　　　　　　　　　　3

　　贷：利息收入　　　　　　　　　　　　　　　　　　　　　　　　3

（6）计提营业税时

借：营业税金及附加   5.4

 贷：应交税费——应交营业税   5.4

五、服务业营业税的会计处理

【例 4-21】 某国际旅行社组织一支旅游团赴泰国、新加坡等国旅游，共收取旅游费 700 000 元，该团支付给其他单位食宿、交通费 80 000 元，支付给境外接团的国外旅行社 480 000 元，适用税率 5%。

要求： 计算该国际旅行社上述业务应纳的营业税，并作相应的会计处理。

题解：

（1）计算应纳营业税额

应纳营业税额＝（700 000－480 000－80 000）×5%＝7 000（元）

（2）会计处理

借：营业税金及附加   7 000

 贷：应交税费——应交营业税   7 000

六、转让无形资产的会计处理

企业转让无形资产分为转让其使用权和所有权两种。转让无形资产使用权应交的营业税，借记"营业税金及附加"科目，贷记"应交税费——应交营业税"科目。转让无形资产所有权的，按照所取得价款借记"银行存款"科目，按照已摊销数额借记"累计摊销"科目，按照无形资产账面余额贷记"无形资产"科目，按照应交营业税贷记"应交税费——应交营业税"科目，将形成的借方或贷方差额计入"营业外收入"科目或"营业外支出"科目。

【例 4-22】 某工业企业转让一项专利，取得收入 460 000 元，营业税率 5%，该项专利权的账面余额为 200 000 元，累计摊销 40 000 元。

要求： 计算该项经济业务应纳的营业税，并作相应的会计处理。

题解：

①计算转让无形资产的营业税

应纳税额＝460 000×5%＝23 000（元）

②会计处理

借：银行存款   460 000

  累计摊销   40 000

贷:无形资产——专利权	200 000
应交税费——应交营业税	23 000
营业外收入	277 000

七、销售不动产的会计处理

销售不动产的营业税,应设置"固定资产清理"、"营业税金及附加"和"应交税费——应交营业税"等科目。

1. 房地产企业销售不动产

借:营业税金及附加

　　贷:应交税费——应交营业税

2. 非房地产企业销售不动产

借:固定资产清理

　　贷:应交税费——应交营业税

【例4-23】 A企业出售一栋厂房,厂房原价1 600万元,已提折旧1 100万元,出售所得收入800万元,支付清理费6万元,厂房已清理完毕。

要求:计算出售厂房应纳的营业税并作会计处理。

题解:

(1)结转清理厂房净值和已提折旧时

借:固定资产清理	500
累计折旧	1 100
贷:固定资产	1 600

(2)收到销售收入时

借:银行存款	800
贷:固定资产清理	800

(3)发生固定资产清理费用时

借:固定资产清理	6
贷:银行存款	6

(4)按销售额计算营业税时

应交营业税＝800×5％＝40(万元)

借:固定资产清理	40
贷:应交税费——应交营业税	40

(5)交纳营业税时

借:应交税费——应交营业税	40
贷:银行存款	40

(6)结转销售不动产的净收益时

借:固定资产清理   254

　　贷:营业外收入——非流动资产处置利得   254

第四节　营业税纳税申报

▍一、营业税纳税申报基本规定

(一)申报表的选用及格式

自 2006 年 3 月 1 日起,交通运输业、娱乐业、服务业、建筑业营业税纳税人,除经税务机关核准实行简易申报方式外,均应按全国统一的《营业税纳税人纳税申报办法》进行纳税申报。邮电通信业、文化体育业、转让无形资产和销售不动产的营业税纳税人仍然按照各地的申报办法进行纳税申报;金融保险业营业税纳税人仍然按照《国家税务总局关于(金融保险业营业税申报管理办法)的通知》要求,填报《金融保险业营业税纳税申报表》及其附表进行纳税申报。营业税纳税申报表及附表格式见表 4-2、表 4-3、表 4-4、表 4-5、表 4-6、表 4-7 所示。

(二)纳税申报资料

(1)提供营业税纳税申报表和相应税目的营业税纳税申报表附表;

(2)凡使用税控收款机的纳税人应同时报送税控收款机 IC 卡;

(3)主管税务机关规定的其他申报资料。

▍二、营业税纳税申报实务

【例 4-24】　地处浙江的 A 公司是集房地产开发销售、广告代理、娱乐、运输等业务于一体的综合性公司,纳税人识别号:330100676753338,2012 年 8 月发生下列经济业务:

(1)该公司开发部自建同一规格和标准的楼房两栋,建筑安装总成本为 3 000 万元,成本利润率为 20%,该公司将其中一栋留作自用,另一栋对外销售,取得销售收入 2 400万元;销售现房取得销售收入 3 000 万元,预售房屋取得预收款 2 000万元;以房屋投资入股某企业,现将其股权的 60%出让,取得收入 1 000 万元;将一栋楼抵押给某银行使用以取得贷款,当月抵减应付银行利息 100 万元。

(2)该公司广告业务部当月取得广告业务收入 500 万元,付给有关单位广告制作费 80 万元,支付给电视台广告发布费 60 万元。

（3）该公司下设非独立核算的娱乐中心当月舞厅取得门票收入5万元,台位费收入1万元,点歌费收入0.5万元,销售烟酒饮料收入0.8万元;台球室取得营业收入5万元;保龄球馆取得营业收入10万元。

（4）该公司下设非独立核算的汽车队当月取得货运收入200万元,货物联运收入300万元,支付给其他单位的承运费150万元,销售货物并负责运输取得的收入100万元。

要求:计算上述业务应纳的营业税,编制A公司2012年8月营业税纳税申报表。

题解:

1.税款计算

（1）开发部应纳营业税

①按建筑业交纳营业税＝3 000(1＋20％)×50％÷(1－3％)×3％＝1 855.67×3％＝55.6701(万元)

②按销售不动产交纳营业税＝(2 400＋3 000＋2 000)×5％＝370(万元)

③按租赁业交纳营业税＝100×5％＝5(万元)

不动产投资入股转让,免交营业税

（2）广告部应纳营业税＝(500－60)×5％＝22(万元)

（3）娱乐中心应纳营业税＝(5＋1＋0.5＋0.8＋5＋10)×5％＝1.115(万元)

（4）汽车队应纳营业税＝(200＋300－150)×3％＝10.5(万元)

销售货物并负责运输取得的收入交纳增值税。

A公司2012年8月应纳的营业税合计＝55.6701＋370＋5＋22＋1.115＋10.5＝464.2851(万元)

2.填制纳税申报表

A公司2012年8月营业税纳税申报表及附表填写结果,见表4-2、表4-4、表4-5、表4-6、表4-7所示。

表 4-2　营业税纳税申报表

纳税人识别号(公章):330100676753338
纳税人名称(公章):A公司
税款所属时间:自 2012 年 8 月 1 日至 2012 年 8 月 31 日　　填表日期:2012 年 9 月 10 日　　金额单位:元(列至角分)

税目	营业额					本期税款计算					税款已缴纳				本期应缴税额计算		
	应税收入	应税减除项目金额	应税营业额	免税收入	税率(%)	小计	本期应纳税额	免(减)税额	期初欠缴税额	前期多缴税额	小计	已缴本期应纳税额	本期已扣缴税额	本期已缴欠缴税额	小计	本期期末未缴税额	欠缴税额
1	2	3	4=2－3	5	6	7=8+9	8=(4－5)×6	9=5×6	10	11	12=13+14+15	13	14	15	16=17+18	17=8－13／13－14	18=10－11／11－15
交通运输业	5 000 000	1 500 000	3 500 000		3%	105 000	105 000								105 000	105 000	
建筑业	18 556 700		18 556 700		3%	556 701	556 701								556 701	556 701	
邮电通信业　邮政																	
邮电通信业　电信																	
服务业	6 000 000	600 000	5 400 000		5%	270 000	270 000								270 000	270 000	
娱乐业	223 000		223 000		5%	11 150	11 150								11 150	11 150	
金融保险业																	
文化体育业　文化业																	
文化体育业　体育业																	
销售不动产	74 000 000		74 000 000		5%	3 700 000	3 700 000								3 700 000	3 700 000	
转让无形资产																	
合　计	103 779 700	2 100 000	103 779 700			4 642 851	4 642 851								4 642 851	4 642 851	

纳税人或代理人声明:
此纳税申报表是根据国家税收法律的规定填报的,我确定它是真实的、可靠的、完整的。
纳税人或代理人:

办税人员(鉴章):　　　　如纳税人填报,由纳税人填写以下各栏:
　　　　　　　　　　　　财务负责人(鉴章):　　　法定代表人(鉴章):　　　联系电话:
代理人名称:　　　　　　如委托代理人填报,由代理人填写以下各栏:
　　　　　　　　　　　　经办人(鉴章):　　　　　联系电话:
代理人(公章):　　　　　　　　　　　　　　　　　代理(公章):

以下由税务机关填写:
受理人:
受理日期:　　　年　　月　　日　　　　　　　　受理税务机关(鉴章):

表4-3 金融保险业营业税纳税申报表

纳税人识别号：

纳税人名称（公章）人公司

税款所属时间：自 年 月 日 至 年 月 日　　　填表日期： 年 月 日

金额单位：元（列至角分）

经营项目	营业额				税率(%)	本期税款计算			期初欠缴税额	前期多缴税额	小计	税款缴纳			本期应缴税额计算		
	应税收入	应税减除项目金额	应税营业额	免税收入		小计	本期应纳税额	免(减)税额				已缴本期应纳税额	本期已缴扣缴税额	本期已缴欠缴税额	小计	本期未缴税额	本期未缴欠缴税额
1	2	3	4=2-3	5	6	7=8+9	8=(4-5)×6	9=5×6	10	11	12=13+14+15	13	14	15	16=17+18	17=8-13-14	18=10-11-15
一般贷款																	
外汇转贷																	
融资租赁																	
买卖股票																	
买卖证券																	
买卖外汇																	
买卖其他金融商品																	
金融经纪业务和其他金融业务																	
保险业务																	
储金业务																	
其他																	
合计																	

纳税人或代理人声明：

此纳税申报表是根据国家税收法律的规定填报的，我确定它是真实的、可靠的、完整的。

纳税人（公章）：

如纳税人填报，由纳税人填写以下各栏：

财务负责人（签章）：　　　法定代表人（签章）：　　　联系电话：

如委托代理人填报，由代理人填写以下各栏：

经办人（签章）：　　　联系电话：

代理人名称：　　　代理人（公章）：

以下由税务机关填写：

受理人：　　　受理税务机关（签章）：

受理日期： 年 月 日

表4-4　娱乐业营业税纳税申报表

纳税人识别号:33010067675338
纳税人名称(公章)A公司
税款所属时间:自2012年8月1日至2012年8月31日　　　填表日期:2012年9月10日

金额单位:元(列至角分)

经营项目	营业额					本期税款计算					税款缴纳				本期应缴税额计算		
	应税收入	应税减除项目金额	应营业额	免税收入	税率(%)	小计	本期应纳税额	免(减)税额	期初欠缴税额	前期多缴税额	小计	已缴本期应纳税额	本期已缴减扣税额	本期已缴欠缴税额	小计	本期未应纳税额	本期未应缴欠缴税额
1	2	3	4=2-3	5	6	7=8+9	8=(4-5)×6	9=5×6	10	11	12=13+14+15	13	14	15	16=17+18	17=8-13-14	18=10-15 11-15
歌厅																	
舞厅	73 000		73 000		5%	3 650	3 650								3 650	3 650	
卡拉OK歌舞厅　夜总会																	
卡拉OK歌舞厅　练歌房																	
卡拉OK歌舞厅　其他																	
音乐茶座　酒吧																	
音乐茶座　其他																	
高尔夫球																	
台球、保龄球	150 000		150 000		5%	7 500	7 500								7 500	7 500	
演艺场																	
网吧																	
其他																	
合计	223 000		223 000			11 150	11 150								11 150	11 150	

纳税人或代理人声明:
此纳税申报表是根据国家税收法律的规定填报的,我确定它是真实的、可靠的、完整的。

纳税人或代理人(签章)

如纳税人填报,由纳税人填写以下各栏:

办税人员(签章)　　　财务负责人(签章)　　　法定代表人(签章)　　　联系电话

如委托代理人填报,由代理人填写以下各栏:

经办人(签章)　　　联系电话

代理人名称　　　代理人(公章)

年　　月　　日

以下由税务机关填写:
受理人:
受理日期:　　　受理税务机关(盖章)

178

表4-5 交通运输业营业税纳税申报表

纳税人识别号:33010067675333B
纳税人名称(公章):XX纳税人公司
税款所属时间:自 2012 年 8 月 1 日至 2012 年 8 月 31 日　　　填表日期:2012 年 9 月 10 日　　　金额单位:元(列至角分)

经营项目	营业额					本期税款计算					税款缴纳					本期应缴税额计算		
	应税收入	应税减除项目金额	应营营业额	免税收入	税率(%)	本期应纳税额		免(减)税额	期初欠缴税额	前期多缴税额	本期已缴税额				本期末缴税额			本期末缴欠缴税额
						小计	本期应纳税额				小计	已缴本期应纳税额	本期已缴扣缴税额	本期已缴欠缴税额	小计	本期末缴应纳税额	本期末缴欠缴税额
1	2	3	4=2-3	5	6	7=8+9	8=(4-5)×6	9=5×6	10	11	12=13+14+15	13	14	15	16=17+18	17=8-13-14	18=10-11-15
铁路运输																	
其中:货运																	
客运																	
公路运输																	
其中:货运	500 000	1 500 000	3 500 000		3%	105 000	105 000								105 000	105 000	
客运																	
城市公交客运																	
水路运输																	
其中:内河近海运输																	
运输货运																	
近洋运输货运																	
客运																	
城市轮渡																	
航空运输																	
其中:客运																	
货运																	
管道运输																	
装卸搬运																	
其他运输																	
合计	500 000	1 500 000	3 500 000			105 000	105 000								105 000	105 000	

纳税人或代理人声明:
此纳税申报表是根据国家税收法律的规定填报的,我确定它是真实的、可靠的、完整的。

纳税人(公章):　　　　　　　　　　如纳税人填报,由纳税人填写以下各栏:

办税人员(签章):　　　财务负责人(签章):　　　法定代表人(签章):

如委托代理人填报,由代理人填写以下各栏:

代理人名称:　　　经办人(签章):　　　联系电话

　　　　　　　　　　代理人(公章):　　　联系电话

以下由税务机关填写:
受理日期:　　　年　　　月　　　日　　　受理税务机关(签章):

表 4-6 服务业营业税纳税申报表

纳税人识别号：

纳税人名称（公章）A 公司

税款所属时间：自 年 月 日 至 年 月 日　　填表日期： 年 月 日　　金额单位：元（列至角分）

经营项目	营业额			免税收入	税率(%)	本期税款计算			期初欠缴税额	前期多缴税额	税款缴纳						
											本期已缴税额				本期应缴税额计算		
	应税收入	应税减除项目金额	应税营业额			小计	本期应纳税额	免(减)税额	期初欠缴税额	前期多缴税额	小计	已缴本期应纳税额	本期被扣缴税额	本期已缴欠缴税额	小计	本期未缴应纳税额	本期未缴欠缴税额
1	2	3	4=2-3	5	6	7=8+9	8=(4-5)×6	9=5×6	10	11	12=13+14+15	13	14	15	16=17+18	17=8-13-14	18=10-15
旅店业																	
饮食业																	
旅游业																	
仓储业																	
租赁业	1 000 000		1 000 000		5%	50 000	50 000								50 000	50 000	
广告业	5 000 000	600 000	540 000		5%	220 000	220 000								220 000	220 000	
代理业																	
其他服务业																	
合计	6 000 000	600 000	5 400 000			270 000	270 000								270 000	270 000	

纳税人或代理人声明：

此纳税申报表是根据国家税收法律的规定填报的，我确定它是真实的、可靠的、完整的。

纳税人（公章）		如纳税人填报，由纳税人填写以下各栏：	
代理人名称		办税人员（签章）	财务负责人（签章）
			联系电话
		如委托代理人填报，由代理人填写以下各栏：	
		经办人（签章）	法定代表人（签章）
			联系电话
		代理人（公章）	

以下由税务机关填写：

受理人：　　　　受理日期： 年 月 日　　受理税务机关（签章）：

表4-7　建筑业营业税纳税申报表

纳税人识别号：

纳税人名称(公章)A公司

税款所属时间：自 年 月 日至 年 月 日　　　　填表日期： 年 月 日　　　　金额单位：元(列至角分)

经营项目	营业额					本期税款计算			期初欠缴税额	前期多缴税额	本期已缴税额				本期应缴税额计算		
	应税收入	应税减除项目金额	应税营业额	免税收入	税率(%)	小计	本期应纳税额	免(减)税额	期初欠缴税额	前期多缴税额	小计	已缴本期应纳税额	本期被扣缴税额	本期已缴欠税额	小计	本期应缴税额	本期未缴欠税额
	2	3	4=2-3	5	6	7=8+9	8=(4-5)×6	9=5×6	10	11	12=13+14+15	13	14	15	16=17+18	17=8-13 13-14	18=10-… 11-15
建筑																	
安装																	
修缮																	
装饰																	
其他工程作业																	
自建行为	18 556 700		18 556 700		3%	556 701	556 701								556 701	556 701	
合计	18 556 700		18 556 700		3%	556 701	55 670 1								556 701	556 701	

纳税人或代理人声明：

此纳税申报表是根据国家税收法律的规定填报的，我确定它是真实的、可靠的、完整的。

纳税人员(签章)：			如纳税人填报，由纳税人填写以下各栏：		
代理人名称：			财务负责人(签章)：	办税人员(签章)：	
			如委托代理人填报，由代理人填写以下各栏：		
			法定代表人(签章)：	经办人(签章)：	联系电话：
			代理人名称：	联系电话：	代理人(公章)：

以下由税务机关填写：

受理人：

受理日期： 年 月 日　　　　受理税务机关(签章)：

思考训练

一、单项选择题

1.某运输公司当月联运业务收入为 300 万元,联运业务支出为 50 万元,则该运输公司当月应纳营业税额为(   )。

A.9 万元   B.1.5 万元

C.7.5 万元   D.10.5 万元

2.单位和个人自己新建建筑物后销售的,应(   )。

A.免征营业税

B.按建筑业的税目征收营业税

C.按销售不动产征收营业税

D.其自建行为按建筑业税目征收营业税;其销售行为按销售不动产税目征收营业税

3.银行、财务公司、信托投资公司、信用社、外国企业常驻代表机构的纳税期限为(   )。

A. 1 个月   B. 1 个季度

C. 半年   D.1 年

4.纳税人以 1 个月或者 1 个季度为一个纳税期的,自期满之日起(   )日内申报纳税。

A.10   B. 15

C.20   D.30

5.纳税人应当向应税劳务发生地、土地或者不动产所在地的主管税务机关申报纳税而自应当申报纳税之月起超过(   )没有申报纳税的,由其机构所在地或者居住地的主管税务机关补征税款。

A. 1 个月   B.2 个月

C. 3 个月   D. 6 个月

6.下列经营者中属于营业税纳税人的是(   )。

A.卖冰棍的个人

B.将不动产无偿赠送给他人的行政单位

C.生产集邮商品的企业

D.发生货物销售并负责运输所售货物的生产单位

7.下列应在我国缴纳营业税的项目有(   )。

A.境外外国公司售给境内某合资企业一项制造专利权

B. 境外外国公司为境内某企业提供修理劳务

C. 境外运输公司载运货物入境

D. 境内某公司销售其位于境外的不动产

8. 交通部门有偿转让高速公路收费权行为,属于营业税征收范围,应按(　　)项目征收营业税。

A. 转让无形资产　　　　　　　　B. 销售不动产

C. 交通运输业　　　　　　　　　D. 服务业

9. 营业税组成计税价格中的成本利润率,由(　　)确定。

A. 国务院　　　　　　　　　　　B. 国家税务总局

C. 财政部　　　　　　　　　　　D. 省、自治区、直辖市人民政府所属地方税务机关

10. 下列不属于营业税扣缴义务人的是(　　)。

A. 接受委托发放贷款的金融机构

B. 个人举行个人演唱会,负责其售票的单位

C. 实际征收中,分保业务的初保人

D. 建筑安装业务的总承包人

二、多项选择题

1. 纳税人有下列(　　)视同发生应税行为:

A. 单位或者个人将不动产无偿赠送其他单位或者个人;

B. 单位或者个人将土地使用权无偿赠送其他单位或者个人;

C. 单位或者个人自己新建建筑物后销售,其所发生的自建行为;

D. 财政部、国家税务总局规定的其他情形。

2. 在中华人民共和国境内提供条例规定的劳务、转让无形资产或者销售不动产,是指(　　)。

A. 提供或者接受条例规定劳务的单位或者个人在境内;

B. 所转让的无形资产的接受单位或者个人在境内;

C. 所转让或者出租土地使用权的土地在境内;

D. 所销售或者出租的不动产在境内。

3. 同时符合以下条件代为收取的政府性基金或者行政事业性收费的是(　　)。

A. 由国务院或者财政部批准设立的政府性基金,由国务院或者省级人民政府及其财政、价格主管部门批准设立的行政事业性收费;

B. 收取时开具省级以上财政部门印制的财政票据;

C. 收取时开具市级以上财政部门印制的财政票据;

D.所收款项全额上缴财政。

4.纳税人的营业额为纳税人提供应税劳务、转让无形资产或者销售不动产收取的全部价款和价外费用。但不包括(　　　)。

A.纳税人将承揽的运输业务分给其他单位或者个人的,以其取得的全部价款和价外费用扣除其支付给其他单位或者个人的运输费用后的余额为营业额;

B.纳税人从事旅游业务的,以其取得的全部价款和价外费用扣除替旅游者支付给其他单位或者个人的住宿费、餐费、交通费、旅游景点门票和支付给其他接团旅游企业的旅游费后的余额为营业额;

C.纳税人将建筑工程分包给其他单位的,以其取得的全部价款和价外费用扣除其支付给其他单位的分包款后的余额为营业额;

D.外汇、有价证券、期货等金融商品买卖业务,以卖出价减去买入价后的余额为营业额;

5.对于价格明显偏低并无正当理由的,税务机关确定其营业额的方法有(　　　)

A.按纳税人当月提供的同类应税劳务或者销售的同类不动产的平均价格核定。

B.按纳税人最近时期发生同类应税行为的平均价格核定;

C.按其他纳税人最近时期发生同类应税行为的平均价格核定;

D.按下列公式核定:营业额＝营业成本或者工程成本×(1＋成本利润率)÷(1－营业税税率)

6.下列各项中,属于营业税扣缴义务人的有(　　　)。

A.向境外联运企业支付运费的国内运输企业

B.境外单位在境内发生应税行为而境内未设机构的,其代理人或购买者

C.个人转让专利权的受让人

D.分保险业务的初保人

7.下列项目中,属于营业税金融保险业征税范围的是(　　　)。

A.融资租赁业务　　　　　　　　　B.邮政储蓄

C.证券经纪业　　　　　　　　　　D.邮汇

8.下列项目中免征营业税的有(　　　)。

A.残联举办的餐饮店

B.残疾人员本人提供的应税劳务

C.养老院收取的老人入院费

D.养老院举办的对外餐饮业

9.下列免征营业税的有(　　　)。

A.境外保险机构为境内厂房提供的保险

B.境内保险机构为境内养殖业提供的保险

C.境内保险机构为境内动植物提供的保险

D.社会保障部门为境内居民提供的社会保险

10.下列属于营业税混合销售行为的有(　　　)。

A.工厂销售货物同时负责送货上门

B.商场卖货并负责安装调试收入

C.火车上销售食品饮料

D.卡拉 OK 歌厅供应点心等小吃

三、判断题

1.提供条例规定的劳务、转让无形资产或者销售不动产,是指有偿提供条例规定的劳务、有偿转让无形资产或者有偿转让不动产所有权的行为。但单位或者个体工商户聘用的员工为本单位或者雇主提供条例规定的劳务,不包括在内。　　　　(　　)

2.单位将土地使用权无偿赠送以及个人将不动产或者土地使用权无偿赠送不属于营业税的视同销售。　　　　(　　)

3.劳务的提供方和接受方只要有一方在境内,就属于营业税的应税劳务。(　　)

4.纳税人提供建筑业劳务(不含装饰劳务)的,其营业额应当包括工程所用原材料、设备及其他物资和动力价款在内,但不包括建设方提供的设备的价款。(　　)

5.纳税人发生应税行为,如果将价款与折扣额在同一张发票上注明的,以折扣后的价款为营业额;如果将折扣额另开发票的,不论其在财务上如何处理,均可以从营业额中扣除。　　　　(　　)

6.纳税人的营业额计算缴纳营业税后因发生退款减除营业额的,应当退还已缴纳营业税税款或者从纳税人以后的应缴纳营业税税额中减除。　　　　(　　)

7.纳税人兼有不同税目应当缴纳营业税的劳务、转让无形资产或者销售不动产,应当分别核算不同税目的营业额、转让额、销售额;未分别核算营业额的,从高适用税率。　　　　(　　)

8.单位以承包、承租、挂靠方式经营的,承包人、承租人、挂靠人发生应税行为,以发包人、出租人、被挂靠人为纳税人。　　　　(　　)

9.单位将不动产无偿赠与他人不征营业税;个人将不动产无偿赠与他人应视同销售不动产征收营业税。　　　　(　　)

10.单位受托种植植物、饲养动物的行为,应按照营业税"服务业"税目征收营业税。个人受托种植植物、饲养动物的行为,免征营业税。　　　　(　　)

四、实训题

1.A 施工企业征用土地一块,支付出让金及契税 1 000 万元。利用该地块建房一座,发生材料、工资及其他费用 2 000 万元。房产建成后,该公司将其捐赠给隔壁的一所小学。该省规定建筑业、销售不动产营业税成本利润率分别为 10%、15%。

要求:根据上述业务,分别计算应纳建筑业营业税和销售不动产营业税(不考虑城市维护建设税和教育费附加)。

2.B 航运公司水陆联运一批货物至境内某城市,其中货物运到该城市港口后再经 C 公司汽车运输至目的地,已收到全程运费 200 万元,支付给 C 公司汽车联运费 50 万元。

要求:计算应纳营业税额并作会计处理。

3.C 商业银行 2012 年第 3 季度贷款利息收入情况如下:

(1)本期按时收到贷款利息收入 50 万元;

(2)本期收到逾期 90 天以上的贷款利息收入 10 万元;

(3)前期已经计算纳税的贷款利息 3 万元,本期已过 90 天尚未收到;

(4)发生逾期未满 90 天的应收未收利息 7 万元;

(5)发生逾期 90 天以上的应收未收利息 5 万元。

要求:计算 C 商业银行 2012 年第 3 季度应纳的营业税,并对上述业务作相应的会计处理。

4.D 国际旅行社组织旅客赴境外旅游,共收取旅游费 100 万元,该团支付给其他单位食宿、交通费 20 000 元,支付给境外接团的国外旅行社 500 000 元,适用税率 5%。

要求:计算 D 国际旅行社上述业务应纳的营业税,并作相应的会计处理。

5.B 公司 2012 年 10 月发生如下业务:

(1)该公司开发部自建同一规格和标准的楼房两栋,建筑安装成本为 5 000 万元,成本利润 20%,该公司将其中一栋留作自用,另一栋对外销售,取得销售收入 4 000 万元;销售现房取得销售收入 5 000 万元,预售房屋取得预收款 2 000 万元;以房屋投资入股某企业.现将其股权的 60% 出让,取得收入 2 000 万元;将一栋楼抵押给某银行使用以取得贷款,当日抵减应付银行利息 200 万元。

(2)该公司下设非独立核算的娱乐中心当月舞厅取得门票收入 10 万元,台位费收入 2 万元,点歌费收入 1 万元,销售烟酒饮料收入 1 万元;台球室取得营业收入 10 万元,保龄球馆取得营业收入 20 万元。

要求:

(1)计算该公司当月应纳营业税额;

(2)编制营业税申报表及附表。

第五章 关税实务

☆ 了解关税的征税对象和纳税义务人
☆ 熟悉我国的进出口税则
☆ 熟悉关税的优惠政策
☆ 懂关税的征收管理

能力目标

☆ 能界定进境货物的原产地
☆ 会根据业务资料计算关税的完税价格
☆ 会计算关税税额
☆ 会对进口业务进行会计核算

引导案例

P公司为外贸企业,2012年8月有关进出口业务如下:

(1)从加拿大进口甲醇,以我国口岸的到岸价格成交,进口申报价格为到岸价格USD2 000 000。当日外汇牌价(中间价)为 USD100＝￥632;税则号：29051100,关税税率5.5％;

(2)从美国进口硫酸镁 10 000 吨,进口申报价格 FOB 旧金山为 USD6 500 000,运费每吨 USD40,保险费率 3‰,当日的外汇牌价(中间价)为 USD100＝￥6.32。税则号:28332100,关税税率 5.5％;

(3)出口五氯化磷 10 000 吨到日本,每吨离岸价格杭州为 USD800,其中佣金为离岸价格的 2%,理舱费 USD10 000,当日的外汇牌价(中间价)为 USD100＝￥632。税则号:2812104500,出口关税税率为 5.5%。

要求:

(1)计算进出口货物的关税完税价格;

(2)计算进出口货物应纳的关税税额。

第一节 关税的基本规定

我国现行的关税法律规范,以全国人民代表大会于 2000 年 7 月修正颁布的《中华人民共和国海关法》为法律依据,以国务院于 2003 年 11 月发布的《中华人民共和国进出口关税条例》,以及由国务院关税税则委员会审定并报国务院批准,作为条例组成部分的《中华人民共和国海关进出口税则》和《中华人民共和国海关入境旅客行李物品和个人邮递物品征收进口税办法》为基本法规,由负责关税政策制定和征收管理的主管部门依据基本法规拟定的管理办法和实施细则为主要内容。

一、关税的征税对象

关税是海关对进出境货物、物品征收的一种税。所谓"境"指关境,又称"海关境域"或"关税领域",是一国海关法全面实施的领域。关税包括进口税、出口税和过境税三种。

关税的征税对象是准许进出境的货物和物品。货物是指贸易性的进出口商品;物品是指入境旅客随身携带的行李物品、个人邮递物品、各种运输工具上的服务人员携带进口的自用物品、馈赠物品以及以其他方式进境的个人物品。

二、关税的纳税义务人

进口货物的收货人、出口货物的发货人、进出境物品的所有人,是关税的纳税义务人。进出口货物的收、发货人是依法取得对外贸易经营权,并进口或者出口货物的法人或者是其他社会团体。进出境物品的所有人包括该物品的所有人和推定为所有人的人。一般情况下,对于携带进境的物品,推定其携带人为所有人;对分离运输的行李,推定相应的进出境旅客为所有人;对以邮递方式进境的物品,推定其收件人为所有人;以邮递或其他运输方式出境的物品,推定其寄件人或托运人为所有人。

三、关税的税率及运用

(一)进口关税税率

1. 种类

进口关税分为最惠国税率、协定税率、特惠税率、普通税率、关税配额税率共五种税率,一定时期内可实行暂定税率。至 2010 年,平均进口关税税率为 9.8%。

2. 计征办法

进口商品多数实行从价税,对部分产品实行从量税、复合税、滑准税。

(1)从量税是以进口商品的重量、长度、容量、面积等计量单位为计税依据。

(2)复合税是对某种进口商品同时使用从价和从量计征的一种计征关税的方法。

(3)滑准税是一种关税税率随进口商品价格由高到低而由低到高设置计征关税的方法。

(二)出口关税税率

现行税则对 36 种商品计征出口关税,其中 23 种商品实行 0%－20% 的暂定税率,其中 16 种商品为零关税,6 种商品的关税税率为 10% 及以下,真正征收出口关税的商品只有 20 种。

(三)特别关税

包括报复性关税、反倾销税与反补贴税、保障性关税。

我国《进出口关税条例》规定,进出口货物应当按照税则规定的归类原则归入合适的税号,并按照适用的税率征税。

1.进出口货物,应当按照纳税义务人申报进口或者出口之日实施的税率征税。

2.进口货物到达前,经海关核准先行申报的,应当按照装载此项货物的运输工具申报进境之日实施的税率征税。

3.进出口货物的补税和退税,除税法规定的特别情况外,适用该进出口货物原申报进口或者出口之日所实施的税率。

四、进境货物的原产地规定

确定进境货物原产国的主要原因之一,是便于正确运用进口税则的各栏税率,对产自不同国家或地区的进口货物适用不同的关税税率。我国原产地规定基本上采用了"全部产地生产标准"、"实质性加工标准"两种国际上通用的原产地标准。

(一)全部产地生产标准

全部产地生产标准是指进口货物"完全在一个国家内生产或制造",生产或制造国即为该货物的原产国。完全在一国生产或制造的进口货物包括：

1. 在该国领土或领海内开采的矿产品；

2. 在该国领土上收获或采集的植物产品；

3. 在该国领土上出生或由该国饲养的活动物及从其所得产品；

4. 在该国领土上狩猎或捕捞所得的产品；

5. 在该国的船只上卸下的海洋捕捞物，以及由该国船只在海上取得的其他产品；

6. 存该国加工船上加工上述第 5 项所列物品所得的产品；

7. 在该国收集的只适用于作再加工制造的废碎料和废旧物品；

8. 在该国完全使用上述 1 至 7 项所列产品加工成的制成品。

(二)实质性加工标准

实质性加工标准是适用于确定有两个或两个以上国家参与生产的产品的原产国的标准，其基本含义是：经过几个国家加工、制造的进口货物，以最后一个对货物进行经济上可以视为实质性加工的国家作为有关货物的原产国。实质性加工是指产品加工后，在进出口税则中四位数税号一级的税则归类已经有了改变，或者加工增值部分所占新产品总值的比例已超过 30% 及以上的。

(三)其他

对机器、仪器、器材或车辆所用零件、部件、配件、备件及工具，如与主件同时进口且数量合理的，其原产地按主件的原产地确定，分别进口的则按各自的原产地确定。

五、关税的优惠政策

关税减免是对某些纳税人和征税对象给予鼓励和照顾的一种特殊调节手段。关税减免分为法定减免税、特定减免税和临时减免税。

根据《海关法》规定，除法定减免税外的其他减免税均由国务院决定。减征关税在我国加入世界贸易组织之前以税则规定税率为基准，在我国加入世界贸易组织之后以最惠国税率或者普通税率为基准。

(一)法定减免税

法定减免是税法中明确列出的减税或免税。我国《海关法》和《进出口条例》明确规定了 12 种情形的进口货物、物品予以减免关税。

1. 关税税额在人民币 50 元以下的一票货物，可免征关税。

2. 无商业价值的广告品和货样，可免征关税。

3. 外国政府、国际组织无偿赠送的物资，可免征关税。

4. 进出境运输工具装载的途中必需的燃料、物料和饮食用品，可予免税。

5. 经海关核准暂时进境或者暂时出境，并在 6 个月内复运出境或者复运进境的货样、展览品、施工机械、工程车辆、工程船舶、供安装设备时使用的仪器和工具、电视或者电影摄制器械、盛装货物的容器以及剧团服装道具,在货物收发货人向海关缴纳相当于税款的保证金或者提供担保后,可予暂时免税。

6.为境外厂商加工、装配成品和为制造外销产品而进口的原材料、辅料、零件、部件、配套件和包装物料,海关按照实际加工出口的成品数量免征进口关税,或者对进口料、件先征进口关税,再按照实际加工出口的成品数量予以退税。

7.因故退还的中国出口货物,经海关审查属实,可予免征进口关税,但已征收的出口关税不予退还。

8.因故退还的境外进口货物,经海关审查属实,可予免征出口关税,但已征收的进口关税不予退还。

9.进口货物如有以下情形,经海关查明属实,可酌情减免进口关税:

(1)在境外运输途中或者在起卸时,遭受损坏或者损失的;

(2)起卸后海关放行前,因不可抗力遭受损坏或者损失的;

(3)海关查验时已经破漏、损坏或者腐烂,经证明不是保管不慎造成的。

10.无代价抵偿货物,即进口货物在征税放行后,发现货物残损、短少或品质不良,而由国外承运人、发货人或保险公司免费补偿或更换的同类货物,可以免税。但有残损或质量问题的原进口货物如未退运国外,其进口的无代价抵偿货物应照章征税。

11.我国缔结或者参加的国际条约规定减征、免征关税的货物、物品,按照规定予以减免关税。

12.法律规定减征、免征的其他货物。

(二)特定减免税

特定减免也称政策性减免税,是指在法定减免税之外,国家按照国际通行规则和我国实际情况,制定发布的有关货物减免关税的政策。特定减免税货物一般有地区、企业和用途的限制,海关需要进行后续管理,也需要进行减免税统计。

1.科教用品

2.残疾人专用品

3.扶贫、慈善性捐赠物资

4.加工贸易产品

(1)加工装配和补偿贸易

(2)进料加工

①对专为加工出口商品而进口的料件,海关按实际加工复出口的数量,免征进口税;

②加工的成品出口,免征出口税,但内销料件及成品照章征税;

③对加工过程中产生的副产品、次品、边角料,海关根据其使用价值分析估价征税或者酌情减免税;

④剩余料件或增产的产品,经批准转内销时,价值在进口料件总值2%以内,且总价值在5 000元以下的,可予免税。

5.边境贸易进口物资

(1)边民互市贸易。边民通过互市贸易进口的商品,每人每日价值在3 000元以下的,免征进口关税和进口环节增值税。

(2)边境小额贸易。边境小额贸易企业通过指定边境口岸进口原产于毗邻国家的商品,除烟、酒、化妆品以及国家规定必须照章征税的其他商品外,进口关税和进口环节增值税减半征收。

6.保税区进出口货物

7.出口加工区进出口货物

8.进口设备

对国家鼓励发展的国内投资项目和外商投资项目进口设备,在规定范围内免征进口关税和进口环节增值税。

9.特定行业或用途的减免税政策

(三)临时减免税

临时减免是指以上法定和特定减免税以外的其他减免税,即由国务院根据《海关法》对某个单位、某类商品、某个项目或某批进出口货物的特殊情况,给予特别照顾,一案一批,专文下达的减免税。

六、关税的征收管理

(一)关税的缴纳

进口货物自运输工具申报进境之日起14日内,出口货物在货物运抵海关监管区后装货的24小时以前,应由进出口货物的纳税义务人向货物进(出)境地海关申报,海关根据税则归类和完税价格计算应缴纳的关税和进口环节代征税,并填发税款缴款书。纳税义务人应当自海关填发税款缴款书之日起15日内,向指定银行缴纳税款。如关税缴纳期限的最后1日是周末或法定节假日,则关税缴纳期限顺延至周末或法定节假日过后的第1个工作日。为方便纳税义务人,经申请且海关同意,进(出)口货物的纳税义务人可以在设有海关的指运地(启运地)办理海关申报、纳税手续。

关税纳税义务人因不可抗力或者在国家税收政策调整的情形下,不能按期缴纳税款的,经海关总署批准,可以延期缴纳税款,但最长不得超过6个月。

(二)关税的强制执行

纳税义务人未在关税缴纳期限内缴纳税款,即构成关税滞纳。《海关法》赋予海关对滞纳关税的纳税义务人强制执行的权利。强制措施主要有两类:

1.征收关税滞纳金

滞纳金自关税缴纳期限届满滞纳之日起,至纳税义务人缴纳关税之日止,按滞纳税款万分之五的比例按日征收,周末或法定节假日不予扣除。具体计算公式为:

关税滞纳金金额＝滞纳关税税额×滞纳金征收比率×滞纳天数

2.强制征收

如纳税义务人自海关填发缴款书之日起3个月仍未缴纳税款,经海关关长批准,海关可以采取强制扣缴、变价抵缴等强制措施。强制扣缴即海关从纳税义务人在开户银行或者其他金融机构的存款中直接扣缴税款。变价抵缴即海关将应税货物依法变卖,以变卖所得抵缴税款。

(三)关税的退还

关税退还是关税纳税义务人按海关核定的税额缴纳关税后,因某种原因的出现,海关将实际征收多于应当征收的税额(称为溢征关税)退还给原纳税义务人的一种行政行为。根据《海关法》规定,海关多征的税款,海关发现后应当立即退还。

按规定,有下列情形之一的,进出口货物的纳税义务人可以自缴纳税款之日起1年内,书面声明理由,连同原纳税收据向海关申请退税并加算银行同期活期存款利息,逾期不予受理:

(1)因海关误征,多纳税款的。

(2)海关核准免验进口的货物,在完税后,发现有短卸情形,经海关审查认可的。

(3)已征出口关税的货物,因故未将其运出口,申报退关,经海关查验属实的。

对已征出口关税的出口货物和已征进口关税的进口货物,因货物品种或规格原因(非其他原因)原状复运进境或出境的,经海关查验属实的,也应退还已征关税。海关应当自受理退税申请之日起30日内,做出书面答复并通知退税申请人。本规定强调的是,"因货物品种或规格原因,原状复运进境或出境的"。如果属于其他原因且不能以原状复运进境或出境,不能退税。

(四)关税的补征和追征

补征和追征是海关在关税纳税义务人按海关核定的税额缴纳关税后,发现实际征收税额少于应当征收的税额(称为短征关税)时,责令纳税义务人补缴所差税款的一种行政行为。

《海关法》根据短征关税的原因,将海关征收原短征关税的行为分为补征和追征两种。由于纳税人违反海关规定造成短征关税的,称为追征;非因纳税人违反海关规定造成短征关税的,称为补征。区分关税追征和补征的目的是为了区别不同情况适用不同的征收时效,超过时效规定的期限,海关就丧失了追补关税的权力。

根据《海关法》规定,进出境货物和物品放行后,海关发现少征或者漏征的税款,应当自缴纳税款或者货物、物品放行之日起1年内,向纳税义务人补征;因纳税义务人违反规定而造成的少征或者漏征的税款,自纳税义务人应缴纳税款之日起3年以内可以追征,并从缴纳税款之日起按日加收少征或者漏征税款万分之五的滞纳金。

第二节　关税的计算

一、关税完税价格的计算

(一)一般进口货物的完税价格

1. 成交价格为基础的完税价格

完税价格是指货物的计税价格。正常情况下,进口货物采用以成交价格为基础的完税价格。进口货物的完税价格包括货物的货价、货物运抵我国输入地点起卸前的运输及相关费用、保险费。货物的货价以成交价格为基础。

(1)下列费用或者价值未包括在进口货物的实付或者应付价格中,应当计入完税价格:

①由买方负担的除购货佣金以外的佣金和经纪费。"购货佣金"指买方为购买进口货物向自己的采购代理人支付的劳务费用。"经纪费"指买方为购买进口货物向代表买卖双方利益的经纪人支付的劳务费用。

②由买方负担的与该货物视为一体的容器费用。

③由买方负担的包装材料和包装劳务费用。

④与该货物的生产和向中华人民共和国境内销售有关的,由买方以免费或者以低于成本的方式提供并可以按适当比例分摊的料件、工具、模具、消耗材料及类似货物的价款,以及在境外开发、设计等相关服务的费用。

⑤与该货物有关并作为卖方向我国销售该货物的一项条件,应当由买方直接或间接支付的特许权使用费。"特许权使用费"指买方为获得与进口货物相关的、受著作权保护的作品、专利、商标、专有技术和其他权利的使用许可而支付的费用。但是在估定完税价格时,进口货物在境内的复制权费不得计入该货物的实付或应付价格之中。

⑥卖方直接或间接从买方对该货物进口后转售、处置或使用所得中获得的收益。

（2）下列费用，如能与该货物实付或者应付价格区分，不得计入完税价格：

①厂房、机械、设备等货物进口后的基建、安装、装配、维修和技术服务的费用；

②货物运抵境内输入地点之后的运输费用、保险费和其他相关费用；

③进口关税及其他国内税收。

2. 进口货物的海关估价方法

对于价格不符合成交条件或成交价格不能确定的进口货物，由海关估价确定。海关估价依次使用的方法包括：

（1）相同或类似货物成交价格方法（最低价格）；

（2）倒扣价格方法；

（3）计算价格方法；

（4）其他合理的方法。

（二）特殊进口货物的完税价格

1. 加工贸易进口料件及其制成品

加工贸易进口料件及其制成品需征税或内销补税的，海关按照一般进口货物的完税价格规定，审定完税价格。其中：

（1）进口时需征税的进料加工进口料件，以该料件申报进口时的价格估定。

（2）内销的进料加工进口料件或其制成品（包括残次品、副产品），以料件原进口时的价格估定。

（3）内销的来料加工进口料件或其制成品（包括残次品、副产品），以料件申报内销时的价格估定。

（4）出口加工区内的加工企业内销的制成品（包括残次品、副产品），以制成品申报内销时的价格估定。

（5）保税区内的加工企业内销的进口料件或其制成品（包括残次品、副产品），分别以料件或制成品申报内销时的价格估定。如果内销的制成品中含有从境内采购的料件，则以所含从境外购入的料件原进口时的价格估定。

（6）加工贸易加工过程中产生的边角料，以申报内销时的价格估定。

2. 运往境外修理的货物

运往境外修理的机械器具、运输工具或其他货物，出境时已向海关报明，并在海关规定期限内复运进境的，应当以海关审定的境外修理费和料件费为完税价格。

3. 运往境外加工的货物

运往境外加工的货物，出境时已向海关报明，并在海关规定期限内复运进境的，应当以海关审定的境外加工费和料件费，以及该货物复运进境的运输及其相关费用、保险费估定完税价格。

4. 暂时进境货物

对于经海关批准的暂时进境的货物,应当按照一般进口货物估价办法的规定,估定完税价格。

5. 租赁方式进口货物

租赁方式进口的货物中,以租金方式对外支付的租赁货物,在租赁期间以海关审定的租金作为完税价格;留购的租赁货物,以海关审定的留购价格作为完税价格;承租人申请一次性缴纳税款的,经海关同意,按照一般进口货物估价办法的规定估定完税价格。

6. 留购的进口货样等

对于境内留购的进口货样、展览品和广告陈列品,以海关审定的留购价格作为完税价格。

7. 予以补税的减免税货物

减税或免税进口的货物需予补税时,应当以海关审定的该货物原进口时的价格,扣除折旧部分价值作为完税价格,计算公式为:

完税价格=海关审定的该货物原进口时的价格×[1-申请补税时实际已使用的时间(月)÷(监管年限×12)]

8. 以其他方式进口的货物

以易货贸易、寄售、捐赠、赠送等其他方式进口的货物,应当按照一般进口货物估价办法的规定,估定完税价格。

(三)出口货物的完税价格

以成交价为基础的完税价格,不含出口关税和支付给境外的佣金。出口货物的完税价格,由海关以该货物向境外销售的成交价格为基础审查确定,并应包括货物运至我国境内输出地点装卸前的运输及相关费用、保险费,但其中包含的出口关税税额,应当扣除。

完税价格=(离岸价格-单独列明的支付给境外的佣金)÷(1+出口关税税率)

出口货物的成交价格不能确定时,完税价格由海关依次使用下列方法估定:

(1)同时或大约同时向同一国家或地区出口的相同货物的成交价格;

(2)同时或大约同时向同一国家或地区出口的类似货物的成交价格;

(3)根据境内生产相同或类似货物的成本、利润和一般费用、境内发生的运输及其相关费用、保险费计算所得的价格;

(4)按照合理方法估定的价格。

(四)完税价格中运输及相关费用、保险费的计算

1. 一般进口

海运进口的算至运抵境内的卸货口岸;陆运进口的算至运抵关境的第一口岸或目

的口岸;空运进口的算至进入境内的第一口岸或目的口岸。

无法确定实际运保费的,按照同期同行业运费率计算运费,按照(货价＋运费)×3‰计算保险费,将计算出的运保费并入完税价格。

2. 其他方式进口

邮运进口的按邮费视同;境外口岸成交的依货价1%计算;自驾进口的运输工具不另行计入运费。

3. 出口货物的完税价格中不包括离境口岸至境外口岸之间的运保费。

【例 5-1】　根据引导案例,计算 P 公司 2012 年 8 月进出口货物的关税完税价格。

题解:

(1)进口甲醇关税完税价格＝2 000 000×6.32＝12 640 000(元)

(2)进口硫酸镁关税完税价格＝(6 500 000＋10 000×40)×6.32/(1－0.003)＝43 739 217.65(元)

(3)出口五氯化磷关税完税价格＝〔10 000×800(1＋2%)＋10 000〕×6.32/(1＋5.5%)＝48 942 559.24(元)

二、关税税额计算

(一)从价税应纳税额

关税税额＝进(出)口应税货物的数量×单位完税价格×适用税率

(二)从量计税应纳税额

关税税额＝应税进(出)口货物数量×单位货物税额

(三)复合计税应纳税额

关税税额＝应税进(出)口货物数量×单位货物税额＋应税进(出)口货物数量×单位完税价格×税率

(四)滑准税应纳税额

关税税额＝应税进(出)口货物数量×单位完税价格×滑准税税率

【例 5-2】　根据引导案例,计算 P 公司 2012 年 8 月进出口货物应纳的关税。

题解:

(1)进口甲醇应纳关税税额＝12 640 000×5.5%＝695 200(元)

(2)进口硫酸镁应纳关税税额＝43 739 217.65×5.5%＝2 405 656.97(元)

(3)出口五氯化磷应纳关税税额＝48 942 559.24×5.5%＝2 691 840.76(元)

【例 5-3】　B 公司 2012 年 6 月有关进出口业务如下:

(1)从美国进口一批化工原料共 500 吨,货物以境外口岸离岸价格成交,单价折合人民币为20 000元,买方承担包装费每吨500元,另向卖方支付的佣金每吨1 000元人民币,另向自己的采购代理人支付佣金5000元人民币,已知该货物运抵中国海关境内输入地起卸前的包装、运输、保险和其他劳务费用为每吨2 000元人民币,进口后每吨又发生运输和装卸费用300元人民币,关税税率10%;

(2)2010年5月31日公司由于承担国家重要工程项目,经批准进口了一套电子设备。使用2年后项目完工,2012年6月1日公司将该设备出售给了国内另一家企业,并向海关办理申报补税手续。该电子设备的到岸价格为300万元,2010年进口时该设备关税税率为12%,2012年转售时该设备关税税率为7%,海关规定的监管年限为5年;

(3)公司出口产品一批,出厂价为3 800万元,支付境内佣金比例为5%,运费和商检等一切其他杂费为250万元,产品出口关税税率为20%;

(4)公司从美国进口货物一批,货物以离岸价格成交,成交价折合人民币为1 410万元(包括单独计价并经海关审查属实的向境外采购代理人支付的买方佣金10万元,但不包括使用该货物而向境外支付的软件费50万元、向卖方支付的佣金15万元),另支付货物运抵我国宁波港的运费、保险费等35万元。假设该货物适用关税税率为20%、增值税税率为17%、消费税税率为10%。

要求:
(1)计算各项进出口业务的关税完税价额;
(2)计算各项进出口业务应纳的关税税额;
(3)计算第4笔业务进口环节应纳的消费税、增值税税额。

题解:
(1)计算各项进出口业务的关税完税价额:
①关税完税价格=(20 000+500+1 000+2 000)×500÷10 000=1 175(万元)
②关税完税价格=300×[1-(2×12)/(5×12)]=180(万元)
③关税完税价格=3 800+3 800×5%+250=4 240(万元)
④关税完税价格=1 410+50+15-10+35=1 500(万元)

2.计算各项进出口业务应纳的关税税额:
①应纳关税税额=1 175×10%=117.5(万元)
②应纳关税税额=180×7%=12.6(万元)
③应纳关税税额=4 240×20%=848(万元)
④应纳关税税额=1 500×20%=300(万元)

3.计算第4笔业务进口环节应纳的消费税、增值税税额:
进口消费税组成计税价格=(1 500+300)/(1-10%)=2 000(万元)
进口环节海关代征消费税=2 000万元×10%=200(万元)

进口增值税组成计税价格＝1 500＋300＋200＝2 000(万元)

进口环节海关代征增值税＝2 000×17％＝340(万元)

第三节　关税的会计处理

一、关税的会计处理方法

企业可以在"应交税费"科目下设置"应交进口关税"和"应交出口关税"二个明细科目,分别用来核算企业发生的和实际缴纳的进出口关税,其贷方反映企业在进出口报关时经海关核准应缴纳的进出口关税,其借方反映企业实际缴纳的进出口关税,余额在贷方反映企业应缴而未缴的进出关税。

对于进口关税,应当计入进口货物的成本,而对于出口关税,通常应当计入企业的营业税金。

企业也可以不通过"应交税费——应交进口关税"和"应交税费——应交出口关税"账户核算,而是在实际交纳关税时,直接借记"物资采购"账户,贷记"银行存款"账户。

二、关税会计处理实务

(一)自营进口关税的会计处理

进口关税构成进口商品的采购成本。企业在计算出应缴纳进口关税时,应借记"商品采购"、"材料采购"、"固定资产"等科目,贷记"应交税费——应交进口关税"科目。企业交纳进口关税时,借记"应交税费——应交进口关税"科目,贷记"银行存款"科目。

【例5-4】　A制造企业2012年8月1日报关进口货物一批,离岸价为US＄370 000,支付国外运费US＄22 500,保险费US＄7 500,国家规定进口关税税率为30％。进口报关当日人民银行公布的市场汇价为1美元＝6.32元人民币。

要求:

(1)计算进口环节应纳的关税;

(2)编制进口关税相关的会计分录。

题解:

(1)进口环节应纳的关税

应纳进口关税＝(370 000＋22 500＋7 500)×6.32×30％＝758 400(元)

(2)进口业务的会计分录

借:材料采购　　　　　　　　　　　　　　　　　　　　　758 400

贷：应交税费——应交进口关税	758 400
借：应交税费——应交进口关税	758 400
贷：银行存款	758 400

(二)代理进口关税的会计处理

代理进口业务一般由外贸企业代理委托单位承办。外贸企业对其代理的进口业务并不负担盈亏，只是收取一定的手续费。因此代理进口业务发生的进口关税，先由外贸企业代缴，然后向委托单位收取。外贸企业在代理进口业务中计算出应缴纳的进口关税时应借记"应收账款——××单位"科目，贷记"应交税费——应交进口关税"科目；实际缴纳时，借记"应交税费——应交进口关税"科目，贷记"银行存款"科目。委托单位实际向外贸企业支付进口关税时借记"材料采购"、"商品采购"、"固定资产"等科目，贷记"应付账款"等科目。

【例 5-5】 A 公司 2012 年 8 月委托 B 进出口贸易公司代理进口材料一批，A 公司先付定金 4 800 000 元。该批材料实际支付离岸价为 US＄480 000，海外运输费、包装费、保险费共计 US＄20 000，进口报关当日人民银行公布的市场汇价为 1 美元＝6.30元人民币，进口关税税率为 20％，增值税税率为 17％。B 进出口贸易公司按商品全部款项的 5％向 A 公司收取代理手续费。

要求：编制委托方与受托方上述经济业务的会计分录。

题解：

1. 受托方 B 进出口贸易公司公司：

(1)收到预付款时

借：银行存款	4 800 000
贷：预收账款——A 公司	4 800 000

(2)进口货物，实际向国外支付货款和运输费、包装费和保险费为 3 150 000 元[(480 000＋20 000)×6.30]，则作如下会计分录：

借：预收账款——A 公司	3 150 000
贷：银行存款	3 150 000

(3)进口报关时

应纳进口关税＝(480000＋20000)×6.30×20％＝630 000(元)

应纳进口增值税＝[(480000＋20000)×6.30＋630000]×17％＝642 600(元)

借：预收账款——A 公司	1 272 600
贷：应交税费——应交进口关税	630 000
应交税费——应交增值税	642 600

(4)实际缴纳税款时

借:应交税费——应交进口关税 630 000

    应交税费——应交增值税 642 600

    贷:银行存款 1 272 600

(5)结算代理手续费时

代理手续费＝(3 150 000＋1 272 600)×5％＝221 130(元)

借:预收账款——A公司 221 130

    贷:代购代销收入 221 130

(6)退回A公司预付款余款时

预付款余款＝4 800 000－(3 150 000－1 272 600－221 130)＝156 270(元)

借:预收账款——A公司 156 270

    贷:银行存款 156 270

2.委托方A公司:

(1)预付定金时:

借:预付账款——B进出口贸易公司 4 800 000

    贷:银行存款 4 800 000

(2)实际收到B进出口贸易公司报来的账单时

借:材料采购   4 001 130(3 150 000＋630 000＋221 130)

    应交税费——应交增值税(进项税额) 642 600

    贷:预付账款——B进出口贸易公司 4 643 730

(3)实际收到多余款项时

借:银行存款 156 270

    贷:预付账款——B进出口贸易公司 156 270

(三)自营出口关税的会计处理

企业自营出口货物应纳的关税,可借记"营业税金及附加账户",贷记"应交税费——应交出口关税"账户,也可直接贷记"银行存款"账户。如果出口货物以CIF价或CFR价成交,应先按CIF价或CFR价确认收入,在实际支付海外运费、保险费时,再用红字冲减,将收入调整成为FOB价。

【例5-6】 B进出口公司自营出口商品一批,我国口岸FOB价格折合人民币为720 000元,出口关税税率为20％,根据海关开出的专用缴款书,以银行转账支票付讫税款。

要求:计算出口关税,并作相应的会计分录。

题解:

出口关税＝720 000÷(1＋20％)×20％＝120 000(元)

借：营业税金及附加   120 000

  贷：应交税费——应交出口关税   120 000

借：应交税费——应交出口关税   120 000

  贷：银行存款   120 000

(四)代理出口业务关税的会计处理

代理出口业务所计缴的关税,在会计核算上也是通过设置"应交税费——应交出口关税"账户来反映的,其对应账户是"应付账款"、"应收账款"、"银行存款"等。

【例5-7】 B进出口公司代理A工厂出口一批商品,我国口岸FOB价折合人民币为360 000元,出口关税税率为20%,手续费为10 800元。

要求：计算出口货物关税,并作B进出口公司相应的会计分录。

题解：

出口关税＝360 000÷(1＋20%)×20%＝60 000(元)

(1)计缴出口关税时

借：应收账款——A工厂   60 000

  贷：应交税费——应交出口关税   60 000

(2)缴纳出口关税时

借：应交税费——应交出口关税   60 000

  贷：银行存款   60 000

(3)结算应收手续费时

借：应收账款——A工厂   10 800

  贷：代购代销收入——手续费   10 800

(4)收到委托单位付来的税款及手续费时

借：银行存款   70 800

  贷：应收账款——A工厂   70 800

第四节 关税的申报

一、填制进出口货物报关单

进出口货物报关单是指进出口货物的收发货人或其代理人,按照海关规定的格式对进出口货物实际情况作出书面申明,以此要求海关对其货物按适用的海关制度办理通关手续的法律文书。

报关单有不同的分类方法,若按进出口的状态可分为进口货物报关单和出口货物报关单;若按表现形式可分为纸质报关单与电子数据报关单。

在实际操作中,多数的企业都采用通过计算机系统先提交电子数据报关单,再打印纸质报关提交给海关的形式申报。提交电子数据报关单多采用委托预录入申报的形式,由报关单位的报关员手工填写报关单预录入凭单的各个栏目,然后交给预录入单位,预录入单位凭以预录入。预录入单位预录入后打印一份由委托预录入的报关员审核,有错误就修改,直到确认无误后提交,向海关申报(传输电子数据进入海关的报关自动化系统)。这个经确认无误录入并提交到海关计算机系统中的报关单就是预录入报关单。海关计算机系统对报关单进行逻辑性、规范性审核,通过审核的计算机自动接受申报,并记录接受申报的时间,发出接受申报的信息。此项处理构成报关员向海关申报及海关接受申报的法律行为。海关接受申报的报关单称为电子数据报关单,报关员凭以打印纸质报关单签名盖章连同随附单证向现场海关递交。进口货物报关单的格式见表 5-1 所示。

表 5-1　中华人民共和国海关进口货物报关单

预录入编号:　　　　　　　　　　　　　　　　　　　　海关编号:

进口口岸		备案号		进口日期		申报日期	
经营单位			运输方式	运输工具名称		提运单号	
收货单位			贸易方式	征免性质		结汇方式	
许可证号		起运国(地区)		装货港		境内目的地	
批准文号		成交方式	运费		保费		杂费
合同协议号		件数		包装种类	毛重(公斤)		净重(公斤)
集装箱号			随附单据			用途	

标记唛码及备注

项号	商品编码	商品名称、规格型号	数量及单位	原产国(地区)	单价	总价	币值	征免

税费征收情况

录入员 录入单位	兹声明以上申报无讹并承担法律责任	海关审单批注放行日期(签章)	
		审单	审价
报关员		征税	统计
单位地址 路 号		查验	放行
邮编 电话 填制日期			

二、填制出口外汇核销单

出口外汇核销单指由国家外汇管理局制发,出口单位和受托行及解付行填写,海关凭此受理报关,外汇管理部门凭此核销收汇的有顺序编号的凭证(核销单附有存根)。

(一)领单

出口单位在开展出口业务前,先用 IC 操作员卡网上领单,三日之后再到外汇局电子口岸凭 IC 卡领取核销单。出口单位向外汇局申领核销单后,进入电子口岸进行备案。

核销单自领单之日起两个月以内报关有效。出口单位应当在失效之日起一个月内将未用的核销单退回外汇局注销。

出口单位填写的核销单应与出口货物报关单上记载的有关内容一致。

(二)报关

出口单位持在有效期内、加盖出口单位公章的核销单和相关单据办理报关手续。

(三)送交存根

出口单位办理报关后,应当自报关之日起 60 天内,凭核销单及海关出具的贴有防伪标签、加盖海关"验讫章"的出口报关单、外贸发票到外汇局办理送交存根手续。

(四)核销

出口单位应当在收到外汇之日起 30 天内凭核销单、银行出具的"出口收汇核销专用联"到外汇局办理出口收汇核销。

(五)退税

核销之后再到税务局去办理退税。

出口外汇核销单的格式见表 5-2 所示。

表 5-2 出口外汇核销单

出口收汇核销单 存 根	出口收汇核销单	出口收汇核销单 出口退税专用

（浙）编号：　　　　　　　　（浙）编号：　　　　　　　　（浙）编号：

出口单位：
单位代码：
出口币种总价：
收汇方式：
预计收款日期：
报关日期：
备注：
此单报关有效期截止到

出口单位盖章

出口单位：
单位代码：

银行签注栏	类别	币种金额	日期	盖章

海关签注栏：

外汇局签注栏：

　　　　年　　月　　日(盖章)

出口单位盖章

海关盖章

出口单位：
单位代码：

货物名称	数量	币种总价

报关单编号：

外汇局签注栏：

未经核销此联不得撕开

三、开具海关发票

海关发票（customs invoice）是出口商应进口国海关要求出具的一种单据，基本内容同普通的商业发票类似，其格式一般由进口国海关统一制定并提供，主要是用于进口国海关统计、核实原产地、查核进口商品价格的构成等。

我国出口货物的海关发票格式如表 5-3 所示。

表 5-3 中华人民共和国海关发票

发票号：　　　　　　　　　发票日期：

1.卖方＿＿＿＿＿＿＿＿＿＿＿＿＿　2.随附单据＿＿＿＿＿＿＿＿＿＿＿＿＿

3.装运时间,转运和运输情况＿＿＿＿＿＿＿＿＿＿＿＿＿＿＿＿＿＿＿＿＿

4.收货人＿＿＿＿＿＿＿＿＿＿＿＿＿＿＿＿＿＿＿＿＿＿＿＿＿＿＿＿＿＿

5.买方＿＿＿＿＿＿＿＿＿＿＿＿＿＿＿＿＿＿＿＿＿＿＿＿＿＿＿＿＿＿＿

6.原产地＿＿＿＿＿＿＿＿＿＿＿＿＿＿＿＿＿＿＿＿＿＿＿＿＿＿＿＿＿＿

7.贸易和付款条件＿＿＿＿＿＿＿＿＿＿＿＿＿＿＿＿＿＿＿＿＿＿＿＿＿＿

8.使用货币＿＿＿＿＿＿＿＿＿＿＿＿＿＿＿＿＿＿＿＿＿＿＿＿＿＿＿＿＿

9.货物描述及规格＿＿＿＿＿＿＿＿＿＿＿＿＿＿＿＿＿＿＿＿＿＿＿＿＿＿

10.数量＿＿＿＿＿＿＿＿＿＿＿＿＿＿＿＿＿＿＿＿＿＿＿＿＿＿＿＿＿＿＿

11.单价＿＿＿＿＿＿＿＿＿＿＿＿＿＿＿＿＿＿＿＿＿＿＿＿＿＿＿＿＿＿＿

12.发票总额＿＿＿＿＿＿＿＿＿＿＿＿＿＿＿＿＿＿＿＿＿＿＿＿＿＿＿＿＿

13.费用项目：

(1)包装费＿＿＿＿＿＿＿＿＿＿＿＿＿＿＿＿＿＿＿＿＿＿＿＿＿＿＿＿＿＿

(2)海运或国际运费＿＿＿＿＿＿＿＿＿＿＿＿＿＿＿＿＿＿＿＿＿＿＿＿＿＿＿＿＿

(3)保险费＿＿＿＿＿＿＿＿＿＿＿＿＿＿＿＿＿＿＿＿＿＿＿＿＿＿＿＿＿＿＿＿＿＿＿

(4)国内运输费用＿＿＿＿＿＿＿＿＿＿＿＿＿＿＿＿＿＿＿＿＿＿＿＿＿＿＿＿＿＿＿

(5)其他费用＿＿＿＿＿＿＿＿＿＿＿＿＿＿＿＿＿＿＿＿＿＿＿＿＿＿＿＿＿＿＿＿＿

14.签字：

四、缴纳关税

海关在接受纳税人的申报之后,即可对实际货物和物品进行查验,然后根据货物的税则归类和完税价格计算应纳关税税额,从而向纳税人做出征收关税的决定。

(一)关税的交纳方式

1. 基本纳税方式

指的是海关在接受进出口货物通关手续申报后,逐票计算应征关税并填发关税缴款书,然后由纳税人持关税缴款书到指定银行办理税款交付或转账手续,最后海关凭银行回执办理放行手续。

2. 过关纳税方式

对一些易腐、急需有关手续但无法立即办完的货物,海关允许纳税人在履行了有关担保手续后,先行办理货物放行,然后再办理关税缴纳手续。采用这种方式,纳税人只有在交付海关部分货样,提供保证金或其他担保后才可获许放行通关。

3. 汇总纳税方式

为简化纳税手续,提高纳税效率,对于经局级海关或直属处级海关审查符合条件的纳税人,可以获许采用定期统一汇总的方式缴纳应纳税款。

(二)填写海关专用缴款书

海关关税专用税收缴款书如表5-4所示。

表5-4　海关关税专用缴款书

收入系统:海关系统		填发日期：　年　月　日				号码：	
收款单位	收入机关			缴款单位(人)	名称		
	科目		预算级次		账号		
	收缴国库				开户银行		
税号	货物名称	数量	单位	完税价格(￥)	税率(%)	税款金额(￥)	
金额人民币(大写)					合计(￥)		
申请单位编号		报关单编号			填制单位填制人：	收款国库(银行)	
合同(批文)号		运输工具(号)					

缴款期限		提/装货单号		复核人：	
备注				单证专用章	业务公章

思考训练

一、单项选择题

1. 下列各项中符合关税有关规定的是( )。

A. 进口货物由于完税价格审定需要补税的,按照原进口之日的税率计税

B. 溢卸进口货物事后确定需要补税的,按照确定补税当天实施的税率计税

C. 暂时进口货物转为正式进口需要补税的,按照原报关进口之日的税率计税

D. 进口货物由于税则归类改变需要补税的,按照原征税日期实施的税率计税

2. 某企业海运进口一批货物,海关审定货价折合人民币 5 000 万元,运费折合人民币 20 万元,该批货物进口关税税率为 5％,则应纳关税( )。

A. 250 万元 B. 251 万元

C. 251.75 万元 D. 260 万元

3. 某进出口公司(一般纳税人)2008 年 3 月份从国外进口一批机器设备共 20 台,每台货价 12 万元人民币,包括运抵我国大连港起卸前的包装、运输、保险和其他劳务费用共计 5 万元;另外销售商单独向该进出口公司收取境内安装费用 5 万元,技术支持费用 7 万元,设备包装材料费 8 万元。假设该类设备进口关税税率为 50％,境内运费已经取得合法的货物运输企业的发票。该公司应交纳的关税是( )。

A. 2 540 000 元 B. 2 320 000 元

C. 1 850 000 元 D. 1 240 000 元

4. 下列关税完税价格的陈述,不正确的是( )。

A. 内销的来料加工进口料件或其制成品(包括残次品、副产品),以料件原进口时的价格估定

B. 加工贸易加工过程中产生的边角料,以申报内销时的价格估定

C. 出口加工区内的加工企业内销的制成品(包括残次品、副产品),以制成品申报内销时的价格估定

D. 内销的进料加工进口料件或其制成品(包括残次品、副产品),以料件原进口时的价格估定

207

5.加工贸易进口料件及其制成品需征税的,海关应按照一般进口货物的规定审定完税价格。下列各项中,符合审定完税价格规定的是（　　）。

A.进口时需征税的进料加工进口料件,以该料件申报进口时的价格估定

B.内销的进料加工进口料件或其制成品,以该料件申报进口时的价格估定

C.内销的来料加工进口料件或其制成品,以该料件申报进口时的价格估定

D.出口加工区内的加工企业内销的制成品,以该料件申报进口时的价格估定

6.下列各项符合关税有关对特殊进口货物完税价格规定的有（　　）。

A.运往境外加工的货物,应以加工后进境时的到岸价格为完税价格

B.准予暂时进口的施工机械,按同类货物的到岸价格为完税价格

C.转让进口的免税旧货物,以原入境的到岸价为完税价格

D.留购的进口货样,以留购价格作为完税价格

7.下列各项中,符合关税法定免税规定的是（　　）。

A.保税区进出口的基建物资和生产用车辆

B.边境贸易进出口的基建物资和生产用车辆

C.关税税款在人民币100元以下的一票货物

D.经海关核准进口的无商业价值的广告品和货样

8.关税纳税义务人因不可抗力或者在国家税收政策调整的情形下,不能按期缴纳税款的,经海关总署批准,可以延期缴纳税款,但最多不得超过（　　）。

A.3个月　　　　　B.6个月　　　　　C.9个月　　　　　D.12个月

9.以下进口的货物,海关可以酌情减免关税的是（　　）。

A.进口1年内在境内使用的货样　　　B.为制造外销产品而进口的原材料

C.在境外运输途中遭受损坏的物品　　D.外国政府赠送的物资

10.任何国家或者地区对其进口的原产于我国的货物征收歧视性关税或者给予其他歧视性待遇的,我国对原产于该国家或者地区的进口货物征收（　　）。

A.保障性关税　　　　　　　　　B.报复性关税

C.反倾销税　　　　　　　　　　D.反补贴税

二、多项选择题

1.下列未包含在进口货物价格中的项目,应计入关税完税价格的有（　　）。

A.由买方负担的购货佣金

B.由买方负担的包装材料和包装劳务费

C.由买方支付的进口货物在境内的复制权费

D.由买方负担的与该货物视为一体的容器费用

2.下列进口货物,海关可以酌情减免关税的有（　　）。

A. 在境外运输途中或者起卸时,遭受损坏或者损失的货物

B. 起卸后海关放行前,因不可抗力遭受损坏或者损失的货物

C. 海关查验时已经破漏、损坏或者腐烂,经查为保管不慎的货物

D. 因不可抗力,缴税确有困难的纳税人进口的货物

3. 下列关于税则的陈述,正确的有（　　　）。

A. 进出口税则是一国政府根据国家关税政策和经济政策,通过一定的立法程序制定公布实施的进出口货物和物品应税的关税税率表

B. 进出口税则以税率表为主体,通常还包括实施税则的法令、使用税则的有关说明和附录等

C.《中华人民共和国海关进出口税则》是我国海关凭以征收关税的法律依据,也是我国关税政策的具体体现

D. 税率表作为税则主体,包括税则商品分类目录和税率栏两大部分

4. 下列各项中,属于关税法定纳税义务人的有（　　　）。

A. 进口货物的收货人　　　　　　　　B. 进口货物的代理人

C. 出口货物的发货人　　　　　　　　D. 出口货物的代理人

5. 我国特别关税的种类包括（　　　）。

A. 报复性关税　　　　　　　　　　　B. 保障性关税

C. 进口附加税　　　　　　　　　　　D. 反倾销税与反补贴税

6. 下列出口货物完税价格确定方法中,符合关税法规定的有（　　　）。

A. 海关依法估价确定的完税价格

B. 以成交价格为基础确定的完税价格

C. 根据境内生产类似货物的成本、利润和费用计算出的价格

D. 以相同或类似的进口货物在境内销售价格为基础估定的完税价格

7. 下列费用中,如能与该货物实付价格区分,不得列入完税价格的是（　　　）。

A. 进口关税及其他国内税

B. 货物运抵境内输入地点之后的运输费用

C. 买方为购进货物向代表双方利益的经纪人支付的劳务费

D. 工业设施、机械设备类货物进口后发生的基建、安装、调试、技术指导等费用

8. 关于完税价格,下列说法正确的是（　　　）。

A. 加工贸易进口料件及制成品凡内销需补税的,要按一般进口货物的完税价格规定来审定完税价格

B. 租赁方式进口的留购货物,应以该同类货物进口时到岸价格作为完税价格

C. 接受捐赠进口的货物如有类似货物成交价格的,应按该类似货物成交价格作为完税价

D. 出口的货物一般以境外买方向卖方实付或应付的货价为基础确定完税价格

9. 进口货物中存在下列情形,经海关查明属实,可以酌情减免关税的有( )。

A. 在境外运输途中或者在起卸时,遭受损坏

B. 无商业价值的广告品和货样

C. 海关放行后,因不可抗力遭受损坏或者损失

D. 海关查验时已经破漏、损坏或者腐烂,经证明不是保管不慎造成的

10. 关税的征收管理规定中,关于补征和追征的期限为( )。

A. 补征期为 1 年内   B. 追征期为 1 年内

C. 补征期为 3 年内   D. 追征期为 3 年内

三、判断题

1. 出口货物以海关审定的成交价格为基础的售予境外的离岸价格作为关税的完税价格。   ( )

2. 出口货物的完税价格,是由海关以该货物向境外销售的成交价格为基础审查确定,包括货物运至我国境内输出地点装卸前的运输费、保险费,但不包括出口关税。
( )

3. 根据进出口关税条例的规定,外国政府、国际组织、国际友人和港、澳、台同胞无偿赠送的物资,经海关审查无讹,可以免税。   ( )

4. 进口货物,因收发货人或者他们的代理人违反规定而造成的关税少征或漏征,海关在 3 年内可以追征,有特殊情况的,追征期可以延长到 10 年。   ( )

5. 我国对少数进口商品计征关税时所采用的滑准税实质上是一种特殊的从价税。
( )

6. 海关在对进出口货物的完税价格进行审定时,可以进入进出口货物收发货人的生产经营场所,检查与进出口活动有关的货物和生产经营情况,但不可以进入该收发货人的业务关联企业进行检查。   ( )

7. 在海关对进出口货物进行完税价格审定时,如海关不接受申报价格,而认为有必要估定完税价格时,可以与进出口货物的纳税义务人进行价格磋商。   ( )

8. 在确定进口货物完税价格时,货物成交价格中含进口人向卖方支付的佣金,应该从完税价格中扣除。   ( )

9. 某企业向海关报明后将一台价值 65 万元的机械运往境外修,机械修复后准时复运进境。假设该机械的关税税率为 5%,支付的修理费和料件费为 35 万元(经海关审查确定),该企业缴纳的关税应为 1.75 万元。   ( )

10. 征收特别关税的货物、适用国别、税率、期限和征收办法,由国家税务总局和海关总署共同决定。   ( )

四、实训题

1. 某进出口公司从美国进口一批化工原料共 500 吨,货物以境外口岸离岸价格成交,单价折合人民币为 20 000 元,买方承担包装费每吨 500 元,另向卖方支付的佣金每吨 1 000 元人民币,另向自己的采购代理人支付佣金 5 000 元人民币,已知该货物运抵中国海关境内输入地起卸前的包装、运输、保险和其他劳务费用为每吨 2 000 元人民币,进口后另发生运输和装卸费用 300 元人民币,计算该批化工原料的关税完税价格。

2. 某医院 2008 年以 150 万元(人民币,下同)的价格进口了一台医疗仪器;2012 年 1 月因出现故障运往日本修理(出境时已向海关报明),2012 年 5 月,按海关规定的期限复运进境。此时,该仪器的国际市场价已为 200 万元。若经海关审定的修理费和料件费为 40 万元,进口运费 1 万元,进口关税税率为 6%,该仪器复运进境时,应缴纳多少进口关税?

3. 某进出口公司从美国进口货物一批,货物以离岸价格成交,成交价折合人民币为 1 410 万元(包括单独计价并经海关审查属实的向境外采购代理人支付的买方佣金 10 万元,但不包括使用该货物而向境外支付的软件费 50 万元、向卖方支付的佣金 15 万元),另支付货物运抵我国上海港的运费、保险费等 35 万元。假设该货物适用关税税率为 20%、增值税税率为 17%、消费税税率为 10%。

要求:请分别计算该公司应纳关税、消费税和增值税。

4. 某公司进口货物一批,CIF 成交价格为人民币 600 万元,含单独计价并经海关审核属实的进口后装配调试费用 30 万元,该货物进口关税税率为 10%,海关填发税款缴纳证日期为 2012 年 1 月 10 日,该公司于 1 月 25 日缴纳税款。

要求:计算其应纳关税及滞纳金。

5. 某公司出口商品一批,该商品的离岸价格为 288 000 元,出口关税税率为 20%。

要求:计算该公司应纳关税税额。

第六章　企业所得税实务

![引导案例]

　　M 公司采用企业会计准则,所得税实行查账征收,按季度预交,年度终了在次年的 4 月 15 日汇算清缴。2012 年 3 月,临近公司企业所得税汇算清缴拟定日期,为了能顺利完成工作任务,担任 M 公司税务工作的小王,努力学习企业所得税法律法规和财务会计准则制度,力争在短期内能够学会:

1.应纳税所得额和应纳税额的计算;

2.分析计算会计利润与应纳税所得额的差异;

3.区分纳税调整项目差异的性质,根据 M 公司选择的所得税会计处理方法,进行所得税会计核算;

4.按会计准则,编制年度利润表;

5.填写企业所得税汇算清缴年度申报表主表及附表。

第一节 企业所得税的基本规定

我国现行企业所得税法的基本规范,是 2007 年 3 月 16 日第十届全国人民代表大会第五次全体会议通过的《中华人民共和国企业所得税法》和 2007 年 11 月 28 日国务院第 197 次常务会议通过的《中华人民共和国企业所得税法实施条例》。

企业所得税的计税依据是应纳税所得额,它以利润为主要依据,但不是直接意义上的会计利润,更不是收入总额。因此在计算所得税时,计税依据的计算涉及纳税人的成本、费用的各个方面,使得所得税计税依据的计算较为复杂。而且企业所得税在征收过程中,为了发挥所得税对经济的调控作用,也会根据调控目的和需要,在税制中采取各种税收激励或限制措施,因而使所得税的计算更为复杂。

一、纳税义务人

企业所得税的纳税义务人,是指在中华人民共和国境内的企业和其他取得收入的组织,分为居民企业和非居民企业。

(一)居民企业

居民企业是指依法在中国境内成立,或者依照外国(地区)法律成立但实际管理机构在中国境内的企业。实际管理机构,是指对企业的生产经营、人员、账务、财产等实施实质性全面管理和控制的机构。

(二)非居民企业

非居民企业是指依照外国(地区)法律成立且实际管理机构不在中国境内,但在中国境内设立机构、场所的,或者在中国境内未设立机构、场所,但有来源于中国境内所得的企业。

非居民企业委托营业代理人在中国境内从事生产经营活动的,包括委托单位或者个人经常代其签订合同,或者储存、交付货物等,该营业代理人视为非居民企业在中国境内设立的机构、场所。

二、征税对象

企业所得税的征税对象,是指企业的生产经营所得、其他所得和清算所得。

(一)居民企业的征税对象

居民企业应就来源于中国境内、境外的所得作为征税对象。所得,包括销售货物所得、提供劳务所得、转让财产所得、股息红利等权益性投资所得、利息所得、租金所得、特许权使用费所得、接受捐赠所得和其他所得。

(二)非居民企业的征税对象

非居民企业在中国境内设立机构、场所的,应当就其所设机构、场所取得来源于中国境内的所得,以及发生在中国境外但与其所设机构、场所有实际联系的所得,缴纳企业所得税。非居民企业在中国境内未设立机构、场所的,或者虽设立机构、场所但取得的所得与其所设机构、场所没有实际联系的,应当就其来源于中国境内的所得缴纳企业所得税。

上述所称实际联系,是指非居民企业在中国境内设立的机构、场所拥有的据以取得所得的股权、债权,以及拥有、管理、控制据以取得所得的财产。

(三)所得来源的确定

1.销售货物所得,按照交易活动发生地确定。

2.提供劳务所得,按照劳务发生地确定。

3.转让财产所得。(1)不动产转让所得按照不动产所在地确定。(2)动产转让所得按照转让动产的企业或者机构、场所所在地确定。(3)权益性投资资产转让所得按照被投资企业所在地确定。

4.股息、红利等权益性投资所得,按照分配所得的企业所在地确定。

5.利息所得、租金所得、特许权使用费所得,按照负担、支付所得的企业或者机构、场所所在地确定,或者按照负担、支付所得的个人的住所地确定。

6.其他所得,由国务院财政、税务主管部门确定。

三、税率

(一)基本税率为25%。适用于居民企业和在中国境内设有机构、场所且所得与机构、场所有关联的非居民企业。

(二)低税率为20%。适用于在中国境内未设立机构、场所的,或者虽设立机构、场所但取得的所得与其所设机构、场所没有实际联系的非居民企业。但实际征税时适用10%的税率。

四、税收优惠

企业所得税的税收优惠方式包括免税、减税、加计扣除、加速折旧、减计收入、税额抵免等。

(一)免征与减征优惠

1. 从事农、林、牧、渔业项目的所得

(1)企业从事下列项目的所得,免征企业所得税:

①蔬菜、谷物、薯类、油料、豆类、棉花、麻类、糖料、水果、坚果的种植。

②农作物新品种的选育。

③中药材的种植。

④林木的培育和种植。

⑤牲畜、家禽的饲养。

⑥林产品的采集。

⑦灌溉、农产品初加工、兽医、农技推广、农机作业和维修等农、林、牧、渔服务业项目。

⑧远洋捕捞。

(2)企业从事下列项目的所得,减半征收企业所得税:

①花卉、茶以及其他饮料作物和香料作物的种植。

②海水养殖、内陆养殖。

2. 从事国家重点扶持的公共基础设施项目投资经营的所得

企业从事国家重点扶持的公共基础设施项目的投资经营的所得,自项目取得第一笔生产经营收入所属纳税年度起,第 1 年至第 3 年免征企业所得税,第 4 年至第 6 年减半征收企业所得税。

企业承包经营、承包建设和内部自建自用本条规定的项目,不得享受本条规定的企业所得税优惠。

3. 从事符合条件的环境保护、节能节水项目的所得

环境保护、节能节水项目的所得,自项目取得第一笔生产经营收入所属纳税年度起,第 1 年至第 3 年免征企业所得税,第 4 年至第 6 年减半征收企业所得税。

但是以上规定享受减免税优惠的项目,在减免税期限内转让的,受让方自受让之日起,可以在剩余期限内享受规定的减免税优惠;减免税期限届满后转让的,受让方不得就该项目重复享受减免税优惠。

4. 符合条件的技术转让所得

(1)企业所得税法所称符合条件的技术转让所得免征、减征企业所得税,是指一个纳税年度内,居民企业转让技术所有权所得不超过 500 万元的部分,免征企业所得税;超过 500 万元的部分,减半征收企业所得税。

(2)技术转让的范围,包括居民企业转让专利技术、计算机软件著作权、集成电路布图设计权、植物新品种、生物医药新品种,以及财政部和国家税务总局确定的其他技术。

(3)技术转让应签订技术转让合同。

(4)居民企业取得禁止出口和限制出口技术转让所得,不享受技术转让减免企业所得税优惠政策。

(5)居民企业从直接或间接持有股权之和达到 100% 的关联方取得的技术转让所得,不享受技术转让减免企业所得税优惠政策。

(二)高新技术企业优惠

1.国家需要重点扶持的高新技术企业减按 15% 的税率征收企业所得税。

2.经济特区和上海浦东新区新设立高新技术企业过渡性税收优惠:

(1)对经济特区和上海浦东新区内在 2008 年 1 月 1 日(含)之后完成登记注册的新设高新技术企业,在经济特区和上海浦东新区内取得的所得,自取得第一笔生产经营收入所属纳税年度起,第 1 年至第 2 年免征企业所得税,第 3 年至第 5 年按照 25% 的法定税率减半征收企业所得税。

(2)经济特区和上海浦东新区内新设高新技术企业同时在经济特区和上海浦东新区以外的地区从事生产经营的,应当单独计算其在经济特区和上海浦东新内取得的所得,并合理分摊企业的期间费用;没有单独计算的,不得享受企业所得税优惠。

(3)经济特区和上海浦东新区内新设高新技术企业在享受过渡性税收优惠期间,由于复审或抽查不合格而不再具有高新技术企业资格的,从其不再具有高新技术企业资格年度起,停止享受过渡性税收优惠;以后再次被认定为高新技术企业的,不得继续享受或者重新享受过渡性税收优惠。

(三)小型微利企业优惠

小型微利企业减按 20% 的税率征收企业所得税。小型微利企业的条件如下:

1.工业企业年度应纳税所得额不超过 30 万元,从业人数不超过 100 人,资产总额不超过 3 000 万元。

2.其他企业年度应纳税所得额不超过 30 万元,从业人数不超过 80 人,资产总额不超过 1 000 万元。

小型微利企业是指企业的全部生产经营活动产生的所得均负有我国企业所得税纳税义务的企业。仅就来源于我国所得负有我国纳税义务的非居民企业,不适用上述规定。

(四)加计扣除优惠

1. 研究开发费

研究开发费,是指企业为开发新技术、新产品、新工艺发生的研究开发费用,未形成无形资产计入当期损益的,在按照规定据实扣除的基础上,按照研究开发费用的50%加计扣除;形成无形资产的,按照无形资产成本的150%摊销。

企业必须对研究开发费用实行专账管理,同时必须按照《企业研究开发费用税前扣除管理办法(试行)》(国税发〔2008〕116号)中附表的规定项目,准确归集填写年度可加计扣除的各项研究开发费用实际发生金额。企业应于年度汇算清缴所得税申报时向主管税务机关报送《企业研究开发费用税前扣除管理办法(试行)》规定的相应资料。申报的研究开发费用不真实或者资料不齐全的,不得享受研究开发费用加计扣除,主管税务机关有权对企业申报的结果进行合理调整。

企业在一个纳税年度内进行多个研究开发活动的,应按照不同开发项目分别归集可加计扣除的研究开发费用额。

2. 企业安置残疾人员所支付的工资

企业安置残疾人员所支付工资费用的加计扣除,是指企业安置残疾人员的,在按照支付给残疾职工工资据实扣除的基础上,按照支付给残疾职工工资的100%加计扣除。残疾人员的范围适用《中华人民共和国残疾人保障法》的有关规定。企业安置国家鼓励安置的其他就业人员所支付的工资的加计扣除办法,由国务院另行规定。

(五)创投企业优惠

创投企业优惠,是指创业投资企业采取股权投资方式投资于未上市的中小高新技术企业2年以上的,可以按照其投资额的70%在股权持有满2年的当年抵扣该创业投资企业的应纳税所得额;当年不足抵扣的,可以在以后纳税年度结转抵扣。

(六)加速折旧优惠

企业的固定资产由于技术进步等原因,确需加速折旧的,可以缩短折旧年限或者采取加速折旧的方法。可采用以上折旧方法的固定资产是指:

(1)由于技术进步,产品更新换代较快的固定资产。

(2)常年处于强震动、高腐蚀状态的固定资产。

采取缩短折旧年限方法的,最低折旧年限不得低于规定折旧年限的60%;采取加速折旧方法的,可以采取双倍余额递减法或者年数总和法。

(七)减计收入优惠

企业以《资源综合利用企业所得税优惠目录》规定的资源作为主要原材料,生产国家非限制和禁止并符合国家和行业相关标准的产品取得的收入,减按90%计入收入总额。

(八)税额抵免优惠

税额抵免是指企业购置并实际使用《环境保护专用设备企业所得税优惠目录》、《节能节水专用设备企业所得税优惠目录》和《安全生产专用设备企业所得税优惠目录》规定的环境保护、节能节水、安全生产等专用设备的,该专用设备的投资额的 10% 可以从企业当年的应纳税额中抵免;当年不足抵免的,可以在以后 5 个纳税年度结转抵免。

享受前款规定的企业所得税优惠的企业,应当实际购置并自身实际投入使用前款规定的专用设备;企业购置上述专用设备在 5 年内转让、出租的,应当停止享受企业所得税优惠,并补缴已经抵免的企业所得税税款。转让的受让方可以按照该专用设备投资额的 10% 抵免当年企业所得税应纳税额;当年应纳税额不足抵免的,可以在以后 5 个纳税年度结转抵免。

企业同时从事适用不同企业所得税待遇的项目的,其优惠项目应当单独计算所得,并合理分摊企业的期间费用;没有单独计算的,不得享受企业所得税优惠。

自 2009 年 1 月 1 日起,增值税一般纳税人购进固定资产发生的进项税额可从其销项税额中抵扣。如增值税进项税额允许抵扣,其专用设备投资额不再包括增值税进项税额;如增值税进项税额不允许抵扣,其专用设备投资额应为增值税专用发票上注明的价税合计金额。企业购买专用设备取得普通发票的,其专用设备投资额为普通发票上注明的金额。

(九)民族自治地方的优惠

民族自治地方的自治机关对本民族自治地方的企业应缴纳的企业所得税中属于地方分享的部分,可以决定减征或者免征。自治州、自治县决定减征或者免征的,须报省、自治区、直辖市人民政府批准。

对民族自治地方内国家限制和禁止行业的企业,不得减征或者免征企业所得税。

(十)非居民企业优惠

非居民企业减按 10% 的税率征收企业所得税。这里的非居民企业,是指在中国境内未设立机构、场所的,或者虽设立机构、场所但取得的所得与其所设机构、场所没有实际联系的企业。该类非居民企业取得下列所得免征企业所得税。

(1)外国政府向中国政府提供贷款取得的利息所得。

(2)国际金融组织向中国政府和居民企业提供优惠贷款取得的利息所得。

(3)经国务院批准的其他所得。

(十一)特殊行业的优惠

1. 关于鼓励软件产业和集成电路产业发展的优惠政策

(1)软件生产企业实行增值税即征即退政策所退还的税款,由企业用于研究开发软件产品和扩大再生产,不作为企业所得税应税收入,不予征收企业所得税。

(2)我国境内新办软件生产企业经认定后,自获利年度起,第1年和第2年免征企业所得税,第3年至第5年减半征收企业所得税。

(3)国家规划布局内的重点软件生产企业,如当年未享受免税优惠的,减按10%的税率征收企业所得税。

(4)软件生产企业的职工培训费用,可按实际发生额在计算应纳税所得额时扣除。

(5)企事业单位购进软件,凡符合固定资产或无形资产确认条件的,可以按照固定资产或无形资产进行核算,经主管税务机关核准,其折旧或摊销年限可以适当缩短,最短可为2年。

(6)集成电路设计企业视同软件企业,享受上述软件企业的有关企业所得税政策。

(7)集成电路生产企业的生产性设备,经主管税务机关核准,其折旧年限可以适当缩短,最短可为3年。

(8)投资额超过80亿元人民币或集成电路线宽小于0.25微米的集成电路生产企业,可以减按15%的税率缴纳企业所得税,其中,经营期在15年以上的,从开始获利的年度起,第1年至第5年免征企业所得税,第6年至第10年减半征收企业所得税。

(9)对生产线宽小于0.8微米(含)集成电路产品的生产企业,经认定后,自获利年度起,第1年和第2年免征企业所得税,第3年至第5年减半征收企业所得税。

2. 关于鼓励证券投资基金发展的优惠政策

(1)对证券投资基金从证券市场中取得的收入,包括买卖股票、债券的差价收入,股权的股息、红利收入,债券的利息收入及其他收入,暂不征收企业所得税。

(2)对投资者从证券投资基金分配中取得的收入,暂不征收企业所得税。

(3)对证券投资基金管理人运用基金买卖股票、债券的差价收入,暂不征收企业所得税。

(十二)其他优惠

1. 低税率优惠过渡政策

自2008年1月1日起,原享受低税率优惠政策的企业,在新税法施行后5年内逐步过渡到法定税率。其中:享受企业所得税15%税率的企业,2008年按18%税率执行;2009年按20%税率执行;2010年按22%税率执行;2011年按24%税率执行;2012年按25%税率执行。原执行24%税率的企业,2008年起按25%税率执行。

2. 两免三减半、五免五减半过渡政策

自2008年1月1日起,原享受企业所得税"两免三减半"、"五免五减半"等定期减免税优惠的企业。新税法施行后继续按原税收法律、行政法规及相关文件规定的优惠办法及年限享受至期满为止。

但因未获利而尚未享受税收优惠的,其优惠期限从 2008 年度起计算。

适用 15％企业所得税税率并享受企业所得税定期减半优惠过渡的企业,应一律按照规定的过渡税率计算的应纳税额实行减半征税。

3.西部大开发的税收优惠

(1)对设在西部地区国家鼓励类产业的内资企业,在 2011 年 1 月 1 日至 2020 年 12 月 31 日期间,减按 15％的税率征收企业所得税。

(2)对在西部地区 2010 年 12 月 31 日前新办的交通、电力、水利、邮政、广播电视企业,上述项目业务收入占企业总收入 70％以上的,可以享受企业所得税如下优惠政策:内资企业自开始生产经营之日起,第 1 年至第 2 年免征企业所得税,第 3 年至第 5 年减半征收企业所得税。

上述企业同时符合本规定条件的,第 3 年至第 5 年减半征收企业所得税时,按 15％税率计算出应纳所得税额后减半执行。

五、征收管理

(一)纳税地点

1.除税收法律、行政法规另有规定外,居民企业以企业登记注册地为纳税地点;但登记注册地在境外的,以实际管理机构所在地为纳税地点。

2.居民企业在中国境内设立不具有法人资格的营业机构的,应当汇总计算并缴纳企业所得税。企业汇总计算并缴纳企业所得税时,应当统一核算应纳税所得额,具体办法由国务院财政、税务主管部门另行制定。

3.非居民企业在中国境内设立机构、场所的,应当就其所设机构、场所取得的来源于中国境内的所得,以及发生在中国境外但与其所设机构、场所有实际联系的所得,以机构、场所所在地为纳税地点。非居民企业在中国境内设立两个或者两个以上机构、场所的,经税务机关审核批准,可以选择由其主要机构、场所汇总缴纳企业所得税。非居民企业经批准汇总缴纳企业所得税后,需要增设、合并、迁移、关闭机构、场所或者停止机构、场所业务的,应当事先由负责汇总申报缴纳企业所得税的主要机构、场所向其所在地税务机关报告;需要变更汇总缴纳企业所得税的主要机构、场所的,依照前款规定办理。

4.非居民企业在中国境内未设立机构、场所的,或者虽设立机构、场所但取得的所得与其所设机构、场所没有实际联系的所得,以扣缴义务人所在地为纳税地点。

5.除国务院另有规定外,企业之间不得合并缴纳企业所得税。

(二)纳税期限

企业所得税按年计征,分月或者分季预缴,年终汇算清缴,多退少补。

企业所得税的纳税年度,自公历 1 月 1 日起至 12 月 31 日止。企业在一个纳税年度的中间开业,或者由于合并、关闭等原因终止经营活动,使该纳税年度的实际经营期不足 12 个月的,应当以其实际经营期为 1 个纳税年度。企业清算时,应当以清算期间作为 1 个纳税年度。

自年度终了之日起 5 个月内,向税务机关报送年度企业所得税纳税申报表,并汇算清缴,结清应缴应退税款。

企业在年度中间终止经营活动的,应当自实际经营终止之日起 60 日内,向税务机关办理当期企业所得税汇算清缴。

(三)新增企业所得税征管范围调整

自 2009 年 1 月 1 日起,新增企业所得税纳税人中,应缴纳增值税的企业,其企业所得税由国税局管理;应缴纳营业税的企业,其企业所得税由地税局管理。以 2008 年为基年,2008 年年底之前国税局、地税局各自管理的企业所得税纳税人不作调整。

从 2009 年起,企业所得税全额为中央收入的企业和在国税局缴纳营业税的企业,其企业所得税由国税局管理。银行(信用社)、保险公司的企业所得税由国税局管理。除前述规定外的其他各类金融企业的企业所得税由地税局管理。外商投资企业和外国企业常驻代表机构的企业所得税仍由国税局管理。

2008 年年底之前已成立跨区经营汇总纳税的企业,从 2009 年起新设立的分支机构,其企业所得税的征管部门应与总机构企业所得税征管部门相一致;从 2009 年起新增的跨区经营汇总纳税企业,总机构按基本规定确定的原则划分征管归属,其分支机构企业所得税的管理部门也应与总机构企业所得税管理部门相一致。按税法规定免缴流转税的企业,按其免缴的流转税税种确定企业所得税征管归属;既不缴纳增值税,也不缴纳营业税的企业,其企业所得税暂由地税局管理。既缴纳增值税又缴纳营业税的企业,原则上按照其税务登记时自行申报的主营业务应缴纳的流转税税种确定征管归属;企业税务登记时无法确定主营业务的,一般以工商登记注明的第一项业务为准;一经确定,原则上不再调整。

第二节　应纳税所得额的计算

应纳税所得额是企业所得税的计税依据,按照企业所得税法的规定,应纳税所得额为企业每一个纳税年度的收入总额,减除不征税收入、免税收入、各项扣除以及允许弥补的以前年度亏损后的余额。基本公式为:

应纳税所得额＝收入总额－不征税收入－免税收入－各项扣除－以前年度亏损

　　企业应纳税所得额的计算以权责发生制为原则,属于当期的收入和费用,不论款项是否收付,均作为当期的收入和费用;不属于当期的收入和费用,即使款项已经在当期收付,均不作为当期的收入和费用。企业所得税法对应纳税所得额计算做了明确规定,主要内容包括收入总额、扣除范围和标准、资产的税务处理、亏损弥补等。

一、收入总额

　　企业的收入总额包括以货币形式和非货币形式从各种来源取得的收入,具体有:销售货物收入,提供劳务收入,转让财产收入,股息、红利等权益性投资收益,利息收入,租金收入,特许权使用费收入,接受捐赠收入,其他收入。

　　企业取得收入的货币形式,包括现金、存款、应收账款、应收票据、准备持有至到期的债券投资以及债务的豁免等;纳税人以非货币形式取得的收入,包括固定资产、生物资产、无形资产、股权投资、存货、不准备持有至到期的债券投资、劳务以及有关权益等,这些非货币资产应当按照公允价值确定收入额。公允价值是指按照市场价格确定的价值。收入的具体构成为:

(一)一般收入的确认

　　1.销售货物收入是指企业销售商品、产品、原材料、包装物、低值易耗品以及其他存货取得的收入。

　　2.劳务收入是指企业从事建筑安装、修理修配、交通运输、仓储租赁、金融保险、邮电通信、咨询经纪、文化体育、科学研究、技术服务、教育培训、餐饮住宿、中介代理、卫生保健、社区服务、旅游、娱乐、加工以及其他劳务服务活动取得的收入。

　　3.转让财产收入是指企业转让固定资产、生物资产、无形资产、股权、债权等财产取得的收入。

　　企业转让股权收入,应于转让协议生效,且完成股权变更手续时,确认收入的实现。转让股权收入扣除为取得该股权所发生的成本后,为股权转让所得。企业在计算股权转让所得时,不得扣除被投资企业未分配利润等股东留存收益中按该项股权所可能分配的金额。

　　4.股息、红利等权益性投资收益是指企业因权益性投资从被投资方取得的收入。股息、红利等权益性投资收益,除国务院财政、税务主管部门另有规定外,按照被投资方做出利润分配决定的日期确认收入的实现。

　　被投资企业将股权(票)溢价所形成的资本公积转为股本的,不作为投资企业的股息、红利收入,投资方企业也不得增加该项长期投资的计税基础。

　　5.利息收入是指企业将资金提供他人使用但不构成权益性投资,或者因他人占用本企业资金取得的收入,包括存款利息、贷款利息、债券利息、欠款利息等收入。利息收入,按照合同约定的债务人应付利息的日期确认收入的实现。

6.租金收入是指企业提供固定资产、包装物或者其他有形资产的使用权取得的收入。租金收入,按照合同约定的承租人应付租金的日期确认收入的实现。

7.特许权使用费收入是指企业提供专利权、非专利技术、商标权、著作权以及其他特许权的使用权取得的收入。特许权使用费收入,按照合同约定的特许权使用人应付特许权使用费的日期确认收入的实现。

8.接受捐赠收入是指企业接受的来自其他企业、组织或者个人无偿给予的货币性资产、非货币性资产。接受捐赠收入,按照实际收到捐赠资产的日期确认收入的实现。

9.其他收入是指企业取得的除以上收入外的其他收入,包括企业资产溢余收入、逾期未退包装物押金收入、确实无法偿付的应付款项、已作坏账损失处理后又收回的应收款项、债务重组收入、补贴收入、违约金收入、汇兑收益等。

(二)特殊收入的确认

1.以分期收款方式销售货物的,按照合同约定的收款日期确认收入的实现。

2.企业受托加工制造大型机械设备、船舶、飞机,以及从事建筑、安装、装配工程业务或者提供其他劳务等,持续时间超过 12 个月的,按照纳税年度内完工进度或者完成的工作量确认收入的实现。

3.采取产品分成方式取得收入的,按照企业分得产品的日期确认收入的实现,其收入额按照产品的公允价值确定。

4.企业发生非货币性资产交换,以及将货物、财产、劳务用于捐赠、偿债、赞助、集资、广告、样品、职工福利或者利润分配等用途的,应当视同销售货物、转让财产或者提供劳务,但国务院财政、税务主管部门另有规定的除外。

(三)处置资产收入的确认

1.企业发生下列情形的处置资产,除将资产转移至境外以外,由于资产所有权属在形式和实质上均不发生改变,可作为内部处置资产,不视同销售确认收入,相关资产的计税基础延续计算。

(1)将资产用于生产、制造、加工另一产品。

(2)改变资产形状、结构或性能。

(3)改变资产用途(如,自建商品房转为自用或经营)。

(4)将资产在总机构及其分支机构之间转移。

(5)上述两种或两种以上情形的混合。

(6)其他不改变资产所有权属的用途。

2.企业将资产移送他人的下列情形,因资产所有权属已发生改变而不属于内部处置资产,应按规定视同销售确定收入。

223

(1)用于市场推广或销售。

(2)用于交际应酬。

(3)用于职工奖励或福利。

(4)用于股息分配。

(5)用于对外捐赠。

(6)其他改变资产所有权属的用途。

3.企业发生第 2 条规定情形时,属于企业自制的资产,应按企业同类资产同期对外销售价格确定销售收入;属于外购的资产,可按购入时的价格确定销售收入。

(四)相关收入实现的确认

除企业所得税法及其实施条例前述收入的规定外,企业销售收入的确认,必须遵循权责发生制原则和实质重于形式原则。

1.企业销售商品同时满足下列条件的,应确认收入的实现。

(1)商品销售合同已经签订,企业已将商品所有权相关的主要风险和报酬转移给购货方。

(2)企业对已售出的商品既没有保留通常与所有权相联系的继续管理权,也没有实施有效控制。

(3)收入的金额能够可靠地计量。

(4)已发生或将发生的销售方的成本能够可靠地核算。

2.符合上款收入确认条件,采取下列商品销售方式的,应按以下规定确认收入实现时间。

(1)销售商品采用托收承付方式的,在办妥托收手续时确认收入。

(2)销售商品采取预收款方式的,在发出商品时确认收入。

(3)销售商品需要安装和检验的,在购买方接受商品以及安装和检验完毕时确认收入。如果安装程序比较简单,可在发出商品时确认收入。

(4)销售商品采用支付手续费方式委托代销的,在收到代销清单时确认收入。

3.采用售后回购方式销售商品的,销售的商品按售价确认收入,回购的商品作为购进商品处理。有证据表明不符合销售收入确认条件的,如以销售商品方式进行融资,收到的款项应确认为负债,回购价格大于原售价的,差额应在回购期间确认为利息费用。

4.销售商品以旧换新的,销售商品应当按照销售商品收入确认条件确认收入,回收的商品作为购进商品处理。

5.企业为促进商品销售而在商品价格上给予的价格扣除属于商业折扣,商品销售涉及商业折扣的,应当按照扣除商业折扣后的金额确定销售商品收入金额。

债权人为鼓励债务人在规定的期限内付款而向债务人提供的债务扣除,属于现金折扣,销售商品涉及现金折扣的,应当按扣除现金折扣前的金额确定销售商品收入金额,现金折扣在实际发生时作为财务费用扣除。

企业因售出商品的质量不合格等原因而在售价上给予的减让属于销售折让;企业因售出商品质量、品种不符合要求等原因而发生的退货属于销售退回。企业已经确认销售收入的售出商品发生销售折让和销售退回,应当在发生当期冲减当期销售商品收入。

6.企业在各个纳税期末,提供劳务交易的结果能够可靠估计的,应采用完工进度(完工百分比)法确认提供劳务收入。

(1)提供劳务交易的结果能够可靠估计,是指同时满足下列条件:

①收入的金额能够可靠地计量。

②交易的完工进度能够可靠地确定。

③交易中已发生和将发生的成本能够可靠地核算。

(2)企业提供劳务完工进度的确定,可选用下列方法:

①已完工作的测量。

②已提供劳务占劳务总量的比例。

③发生成本占总成本的比例。

(3)企业应按照从接受劳务方已收或应收的合同或协议价款确定劳务收入总额,根据纳税期末提供劳务收入总额乘以完工进度扣除以前纳税年度累计已确认提供劳务收入后的金额,确认为当期劳务收入;同时,按照提供劳务估计总成本乘以完工进度扣除以前纳税期间累计已确认劳务成本后的金额,结转为当期劳务成本。

(4)下列提供劳务满足收入确认条件的,应按规定确认收入:

①安装费。应根据安装完工进度确认收入。安装工作是商品销售附带条件的,安装费在确认商品销售实现时确认收入。

②宣传媒介的收费。应在相关的广告或商业行为出现于公众面前时确认收入。广告的制作费,应根据制作广告的完工进度确认收入。

③软件费。为特定客户开发软件的收费,应根据开发的完工进度确认收入。

④服务费。包含在商品售价内可区分的服务费,在提供服务的期间分期确认收入。

⑤艺术表演、招待宴会和其他特殊活动的收费。在相关活动发生时确认收入。收费涉及几项活动的,预收的款项应合理分配给每项活动,分别确认收入。

⑥会员费。申请入会或加入会员,只允许取得会籍,所有其他服务或商品都要另行收费的,在取得该会员费时确认收入。申请入会或加入会员后,会员在会员期内不再付费就可得到各种服务或商品,或者以低于非会员的价格销售商品或提供服务的,该会员费应在整个受益期内分期确认收入。

⑦特许权费。属于提供设备和其他有形资产的特许权费,在交付资产或转移资产

所有权时确认收入;属于提供初始及后续服务的特许权费,在提供服务时确认收入。

⑧劳务费。长期为客户提供重复的劳务收取的劳务费,在相关劳务活动发生时确认收入。

7.企业以买一赠一等方式组合销售本企业商品的,不属于捐赠,应将总的销售金额按各项商品的公允价值的比例来分摊确认各项的销售收入。

8.企业取得财产(包括各类资产、股权、债权等)转让收入、债务重组收入、接受捐赠收入、无法偿付的应付款收入等,不论是以货币形式、还是非货币形式体现,除另有规定外,均应一次性计入确认收入的年度计算缴纳企业所得税。

【例6-1】 ABC公司2011年1月1日至2011年12月31日收入情况如下:

(1)全年销售产品,开具增值税专用发票,不含税销售额12 000万元,销项税额2 040万元;

(2)提供加工修理修配劳务,开具增值税专用发票,不含税销售额100万元,销项税额17万元;

(3)销售下脚料不含税收入10万元,增值税销项税额1.7万元;

(4)非独立核算的本公司门市部采取收取手续费方式,代销厨具一批,取得代销手续费收入10万元;

(5)将1幢自用的仓库出租给M公司,租赁期5年,每年的租金收入为24万元。

(6)单独核算出租包装物,取得租金收入2万元;

(7)提供技术咨询服务,取得服务费收入10万元;

(8)将一批自产的成本为8万元、市价(不含增值税)为10万元的不锈钢厨具作为非货币性福利发放给本企业职工。

(9)对外非公益性捐赠2009年3月购入的机器设备一套。设备原价60万元,已提折旧15万元,捐赠日公允价值为50万元。

(10)用一批自产的成本为80万元、市价(不含增值税)为100万元的厨具换入乙公司生产的不锈钢材料一批,交易双方均不牵涉补价。该项交易不具备商业实质,企业没有确认收入;

(11)以一批自产库存厨具抵偿所欠乙公司的债务140万元,该批库存厨具的成本80万元,市价100万元;

(12)出售给丙公司专利权一项,收入20万元。该专利权系年初从乙公司购入,购入时成本20万元,已摊销4万元。

(13)因丙公司违反合同规定,收取违约金5万元;

(14)接受乙公司捐赠的材料一批,取得捐赠方开具的增值税专用发票,注明价款10万元,税款1.7万元;

(15)向乙公司收取的包装物押金1.17万元,已超过1年;

(16)对 A 公司进行长期股权投资,享有 A 公司 30％有表决权的股份;A 公司 2011 年度实现净利润 200 万元,2011 年 12 月 31 日共计发放现金股利 100 万元。

(17)对 B 公司进行股权投资,享有 B 公司 10％的股权,B 公司共计发放现金股利 50 万元;

(18)按面值购买国债 100 万元,年利率 6％,持有期间取得国债利息收入 3 万元,并以 102 万元的价格将国债全部出售;

(19)以存款 100 万元购入股票 10 万股,另外支付相关税费 0.5 万元,作为交易性金融资产核算,持有期间获得现金股利 4 万元;

(20)在 A、B、C 三国设分支机构进行投资,投资收益分别为:50 万美元、100 万英镑、—40 万欧元。汇率:美元 1∶6.7;英镑 1∶10.5;欧元 1∶9。

(21)因积极开展校企合作,成立生产性实训基地,获得所在市(副省级)经济技术开发区专项财政资金支持 20 万元。

要求:计算并分析 ABC 公司 2011 年度的收入总额。

题解:

1.计算 ABC 公司 2011 年度的收入总额

ABC 公司 2011 年度的收入总额＝12 000＋100＋10＋10＋24＋2＋10＋10＋50＋100＋100＋(140－100－17)＋4＋5＋11.7＋1.17÷(1＋17％)＋100×30％＋50×10％＋3＋(102－100)＋4＋20＝12 524.7(万元)

2.难点分析

(1)对外非公益性捐赠的机器设备,应当按捐赠日的公允价值 50 万元,确认视同销售收入;

(2)非货币性资产交换,因没有商业实质,按会计准则不确认收入,但按所得税法规定,应当按公允价值 100 万元,确认视同销售收入;

(3)用自产货物偿还债务,应当将资产的处置收益与债务重组利得分开。债务重组利得 23 万元;

(4)逾期的包装物押金,按税法应当确认不含增值税收入 1 万元;

(5)权益性投资收益,按照被投资方做出利润分配决定的日期确认收入的实现。因此对 A 公司的投资收益,按税法应确认投资收益 30 万元;

(6)按税法规定,通过支付现金方式取得的投资资产,以购买价款为成本。因此,交易性金融资产的计税基础为 100.5 万元,会计上记入当期投资收益的相关费用 0.5 万元,不能冲减投资收益。若该项交易性金融资产的购入与处置均在同一会计年度,则税法与会计不产生差异;

(7)境外投资所得单独补税,在计算应纳税所得额时,不计入收入总额。

二、不征税收入和免税收入

(一)不征税收入

1.财政拨款。是指各级人民政府对纳入预算管理的事业单位、社会团体等组织拨付的财政资金,但国务院和国务院财政、税务主管部门另有规定的除外。

2.依法收取并纳入财政管理的行政事业性收费、政府性基金。行政事业性收费是指依照法律、法规等有关规定,按照国务院规定程序批准,在实施社会公共管理,以及在向公民、法人或者其他组织提供特定公共服务过程中,向特定对象收取并纳入财政管理的费用。政府性基金,是指企业依照法律、行政法规等有关规定,代政府收取的具有专项用途的财政资金。具体规定如下:

(1)企业按照规定缴纳的、由国务院或财政部批准设立的政府性基金以及由国务院和省、自治区、直辖市人民政府及其财政、价格主管部门批准设立的行政事业性收费,准予在计算应纳税所得额时扣除。

企业缴纳的不符合上述第(1)条审批管理权限设立的基金、收费,不得在计算应纳税所得额时扣除。

(2)企业收取的各种基金、收费,应计入企业当年收入总额。

(3)对企业依照法律、法规及国务院有关规定收取并上缴财政的政府性基金和行政事业性收费,准予作为不征税收入,于上缴财政的当年在计算应纳税所得额时从收入总额中减除;未上缴财政的部分,不得从收入总额中减除。

3.国务院规定的其他不征税收入。是指企业取得的,由国务院财政、税务主管部门规定专项用途并经国务院批准的财政性资金。

财政性资金,是指企业取得的来源于政府及其有关部门的财政补助、补贴、贷款贴息,以及其他各类财政专项资金,包括直接减免的增值税和即征即退、先征后退、先征后返的各种税收,但不包括企业按规定取得的出口退税款。

(1)企业取得的各类财政性资金,除属于国家投资和资金使用后要求归还本金的以外,均应计入企业当年收入总额。国家投资,是指国家以投资者身份投入企业,并按有关规定相应增加企业实收资本(股本)的直接投资。

(2)对企业取得的由国务院财政、税务主管部门规定专项用途并经国务院批准的财政性资金,准予作为不征税收入,在计算应纳税所得额时从收入总额中减除。

(3)纳入预算管理的事业单位、社会团体等组织按照核定的预算和经费报领关系收到的由财政部门或上级单位拨入的财政补助收入,准予作为不征税收入,在计算应纳税所得额时从收入总额中减除,但国务院和国务院财政、税务主管部门另有规定的除外。

4.专项用途财政性资金企业所得税处理规定。自2011年1月1日起,企业取得的专项用途财政性资金：

(1)企业从县级以上人民政府财政部门及其他部门取得的应计入收入总额的财政性资金，凡同时符合下列条件的，可以作为不征税收入：

①企业能够提供规定资金专项用途的资金拨付文件。

②财政部门或其他拨付资金的政府部门对该资金有专门的资金管理办法或具体管理要求。

③企业对该资金以及以该资金发生的支出单独进行核算。

(2)企业将符合第(1)条规定条件的财政性资金作不征税收入处理后，在5年(60个月)内未发生支出且未缴回财政部门或其他拨付资金的政府部门的部分，应计入取得该资金第六年的应税收入总额；计入应税收入总额的财政性资金发生的支出，允许在计算应纳税所得额时扣除。

(二)免税收入

1.国债利息收入。

2.符合条件的居民企业之间的股息、红利等权益性收益。是指居民企业直接投资于其他居民企业取得的投资收益。

3.在中国境内设立机构、场所的非居民企业从居民企业取得与该机构、场所有实际联系的股息、红利等权益性投资收益。该收益都不包括连续持有居民企业公开发行并上市流通的股票不足12个月取得的投资收益。

4.符合条件的非营利组织的收入。

5.非营利组织的下列收入为免税收入：

(1)接受其他单位或者个人捐赠的收入。

(2)除税法规定的财政拨款以外的其他政府补助收入，但不包括因政府购买服务取得的收入。

(3)按照省级以上民政、财政部门规定收取的会费。

(4)不征税收入和免税收入孳生的银行存款利息收入。

(5)财政部、国家税务总局规定的其他收入。

【例6-2】 ABC公司2011年1月1日至2011年12月31日收入情况见[例6-1]所示。

要求：指出ABC公司2011年度的收入总额中，哪些属于不征税收入？哪些属于免税收入？

题解：

(1)ABC公司2011年度第(21)项收入20万元，属于不征税收入；

(2)ABC公司2011年度第(16)项对A公司投资收益30万元、第(17)项对B公司投资收益5万元、第(18)项国债利息收入3万元，属于免税收入。

三、扣除项目

(一)扣除项目的原则

企业申报的扣除项目和金额要真实、合法。所谓真实是指能提供证明有关支出确属已经实际发生;合法是指符合国家税法的规定,若其他法规规定与税收法规规定不一致,应以税收法规的规定为标准。除税收法规另有规定外,税前扣除一般应遵循以下原则:

(1)权责发生制原则,是指企业费用应在发生的所属期扣除,而不是在实际支付时确认扣除。

(2)配比原则,是指企业发生的费用应当与收入配比扣除。除特殊规定外,企业发生的费用不得提前或滞后申报扣除。

(3)相关性原则,企业可扣除的费用从性质和根源上必须与取得应税收入直接相关。

(4)确定性原则,即企业可扣除的费用不论何时支付,其金额必须是确定的。

(5)合理性原则,符合生产经营活动常规,应当计入当期损益或者有关资产成本的必要和正常的支出。

(二)扣除项目的范围

企业所得税法规定,企业实际发生的与取得收入有关的、合理的支出,包括成本、费用、税金、损失和其他支出,准予在计算应纳税所得额时扣除。

1. 扣除要求

(1)企业发生的支出应当区分收益性支出和资本性支出。收益性支出在发生当期直接扣除;资本性支出应当分期扣除或者计入有关资产成本,不得在发生当期直接扣除。

(2)企业的不征税收入用于支出所形成的费用或者财产,不得扣除或者计算对应的折旧、摊销扣除。

(3)除企业所得税法和本条例另有规定外,企业实际发生的成本、费用、税金、损失和其他支出,不得重复扣除。

2. 扣除范围

(1)成本。是指企业在生产经营活动中发生的销售成本、销货成本、业务支出以及其他耗费,即企业销售商品(产品、材料、下脚料、废料、废旧物资等)、提供劳务、转让固定资产、无形资产(包括技术转让)的成本。

(2)费用。是指企业每一个纳税年度为生产、经营商品和提供劳务等所发生的销售(经营)费用、管理费用和财务费用。已经计入成本的有关费用除外。

（3）税金。是指企业发生的除企业所得税和允许抵扣的增值税以外的企业缴纳的各项税金及其附加。即企业按规定缴纳的消费税、营业税、城市维护建设税、关税、资源税、土地增值税、房产税、车船税、土地使用税、印花税、教育费附加等产品销售税金及附加。这些已纳税金准予税前扣除。准许扣除的税金有两种方式：一是在发生当期扣除；二是在发生当期计入相关资产的成本，在以后各期分摊扣除。

（4）损失。是指企业在生产经营活动中发生的固定资产和存货的盘亏、毁损、报废损失，转让财产损失，呆账损失，坏账损失，自然灾害等不可抗力因素造成的损失以及其他损失。

企业发生的损失，减除责任人赔偿和保险赔款后的余额，依照国务院财政、税务主管部门的规定扣除。

企业已经作为损失处理的资产，在以后纳税年度又全部收回或者部分收回时，应当计入当期收入。

（5）扣除的其他支出。是指除成本、费用、税金、损失外，企业在生产经营活动中发生的与生产经营活动有关的、合理的支出。

（三）扣除项目的标准

在计算应纳税所得额时，下列项目可按照实际发生额或规定的标准扣除。

1. 工资、薪金支出

企业发生的合理的工资、薪金支出准予据实扣除。工资、薪金支出是企业每一纳税年度支付给本企业任职或与其有雇佣关系的员工的所有现金或非现金形式的劳动报酬，包括基本工资、资金、津贴、补贴、年终加薪、加班工资，以及与任职或者是受雇有关的其他支出。

"合理的工资、薪金"，是指企业按照股东大会、董事会、薪酬委员会或相关管理机构制定的工资、薪金制度规定实际发放给员工的工资、薪金。税务机关在对工资、薪金进行合理性确认时，可按以下原则掌握：

（1）企业制定了较为规范的员工工资、薪金制度。

（2）企业所制定的工资薪金制度符合行业及地区水平。

（3）企业在一定时期所发放的工资、薪金是相对固定的，工资薪金的调整是有序进行的。

（4）企业对实际发放的工资薪金，已依法履行了代扣代缴个人所得税义务。

（5）有关工资薪金的安排，不以减少或逃避税款为目的。

（6）属于国有性质的企业，其工资薪金，不得超过政府有关部门给予的限定数额；超过部分，不得计入企业工资薪金总额，也不得在计算企业应纳税所得额时扣除。

2. 职工福利费、工会经费、职工教育经费

企业发生的职工福利费、工会经费、职工教育经费按标准扣除，未超过标准的按实际数扣除,超过标准的只能按标准扣除。

(1)企业发生的职工福利费支出,不超过工资、薪金总额14%的部分准予扣除。

(2)企业拨缴的工会经费,不超过工资薪金总额2%的部分准予扣除。

自2010年7月1日起,企业拨缴的职工工会经费,不超过工资薪金总额2%的部分,凭工会组织开具的《工会经费收入专用收据》在企业所得税税前扣除。

(3)除国务院财政、税务主管部门另有规定外,企业发生的职工教育经费支出,不超过工资、薪金总额2.5%的部分准予扣除,超过部分准予结转以后纳税年度扣除。

上述计算职工福利费、工会经费、职工教育经费的"工资、薪金总额",是指企业按照上述第1条规定实际发放的工资、薪金总和,不包括企业的职工福利费、职工教育经费、工会经费以及养老保险费、医疗保险费、失业保险费、工伤保险费、生育保险费等社会保险费和住房公积金。属于国有性质的企业,其工资、薪金,不得超过政府有关部门给予的限定数额;超过部分,不得计入企业工资、薪金总额,也不得在计算企业应纳税所得额时扣除。

3.社会保险费

(1)企业依照国务院有关主管部门或者省级人民政府规定的范围和标准为职工缴纳的"五险一金",即基本养老保险费、基本医疗保险费、失业保险费、工伤保险费、生育保险费等基本社会保险费和住房公积金,准予扣除。

(2)企业为投资者或者职工支付的补充养老保险费、补充医疗保险费,在国务院财政、税务主管部门规定的范围和标准内,准予扣除。企业依照国家有关规定为特殊工种职工支付的人身安全保险费和符合国务院财政、税务主管部门规定可以扣除的商业保险费准予扣除。

(3)企业参加财产保险,按照规定缴纳的保险费,准予扣除。企业为投资者或者职工支付的商业保险费,不得扣除。

4.利息费用

企业在生产、经营活动中发生的利息费用,按下列规定扣除。

(1)非金融企业向金融企业借款的利息支出、金融企业的各项存款利息支出和同业拆借利息支出、企业经批准发行债券的利息支出可据实扣除。

(2)非金融企业向非金融企业借款的利息支出,不超过按照金融企业同期同类贷款利率计算的数额的部分可据实扣除,超过部分不许扣除。

(3)关联企业利息费用的扣除。企业从其关联方接受的债权性投资与权益性投资的比例超过规定标准而发生的利息支出,不得在计算应纳税所得额时扣除。

①在计算应纳税所得额时,企业实际支付给关联方的利息支出,不超过以下规定比例和税法及其实施条例有关规定计算的部分,准予扣除,超过的部分不得在发生当期和以后年度扣除。

企业实际支付给关联方的利息支出,除符合下面第②条规定外,其接受关联方债权性投资与其权益性投资比例为:金融企业为 5：1;其他企业为 2：1。

②企业如果能够按照税法及其实施条例的有关规定提供相关资料,并证明相关交易活动符合独立交易原则的;或者该企业的实际税负不高于境内关联方的,其实际支付给境内关联方的利息支出,在计算应纳税所得额时准予扣除。

5. 借款费用

(1)企业在生产经营活动中发生的合理的不需要资本化的借款费用,准予扣除。

(2)企业为购置、建造固定资产、无形资产和经过 12 个月以上的建造才能达到预定可销售状态的存货发生借款的,在有关资产购置、建造期间发生的合理的借款费用,应予以资本化,作为资本性支出计入有关资产的成本;有关资产交付使用后发生的借款利息,可在发生当期扣除。

6. 汇兑损失

企业在货币交易中,以及纳税年度终了时将人民币以外的货币性资产、负债按照期末即期人民币汇率中间价折算为人民币时产生的汇兑损失,除已经计入有关资产成本以及与向所有者进行利润分配相关的部分外,准予扣除。

7. 业务招待费

企业发生的与生产经营活动有关的业务招待费支出,按照发生额的 60% 扣除,但最高不得超过当年销售(营业)收入的 5‰。

对从事股权投资业务的企业(包括集团公司总部、创业投资企业等),其从被投资企业所分配的股息、红利以及股权转让收入,可以按规定的比例计算业务招待费扣除限额。

8. 广告费和业务宣传费

企业发生的符合条件的广告费和业务宣传费支出,除国务院财政、税务主管部门另有规定外,不超过当年销售(营业)收入 15% 的部分,准予扣除;超过部分,准予结转以后纳税年度扣除。

企业申报扣除的广告费支出应与赞助支出严格区分。企业申报扣除的广告费支出,必须符合下列条件:广告是通过工商部门批准的专门机构制作的;已实际支付费用,并已取得相应发票;通过一定的媒体传播。

9. 环境保护专项资金

企业依照法律、行政法规有关规定提取的用于环境保护、生态恢复等方面的专项资金,准予扣除。上述专项资金提取后改变用途的,不得扣除。

10. 保险费

企业参加财产保险,按照规定缴纳的保险费,准予扣除。

11. 租赁费

企业根据生产经营活动的需要租入固定资产支付的租赁费,按照以下方法扣除:

(1)以经营租赁方式租入固定资产发生的租赁费支出,按照租赁期限均匀扣除。经营性租赁是指所有权不转移的租赁。

(2)以融资租赁方式租入固定资产发生的租赁费支出,按照规定构成融资租入固定资产价值的部分应当提取折旧费用,分期扣除。融资租赁,是指在实质上转移与一项资产所有权有关的全部风险和报酬的一种租赁。

12. 劳动保护费

企业发生的合理的劳动保护支出,准予扣除。

13. 公益性捐赠支出

公益性捐赠是指企业通过公益性社会团体、公益性群众团体或者县级(含县级)以上人民政府及其部门,用于《中华人民共和国公益事业捐赠法》规定的公益事业的捐赠。

(1)企业发生的公益性捐赠支出,不超过年度利润总额12%的部分,准予扣除。年度利润总额,是指企业依照国家统一会计制度的规定计算的年度会计利润。

(2)捐赠资产的价值,按以下原则确认:

①接受捐赠的货币性资产,应当按照实际收到的金额计算;

②接受捐赠的非货币性资产,应当以其公允价值计算。

14. 有关资产的费用

企业转让各类固定资产发生的费用,允许扣除。企业按规定计算的固定资产折旧费、无形资产和递延资产的摊销费,准予扣除。

15. 总机构分摊的费用

非居民企业在中国境内设立的机构、场所,就其中国境外总机构发生的与该机构、场所生产经营有关的费用,能够提供总机构出具的费用汇集范围、定额、分配依据和方法等证明文件,并合理分摊的,准予扣除。

16. 资产损失

企业当期发生的固定资产和流动资产盘亏、毁损净损失,由其提供清查盘存资料经主管税务机关审核后,准予扣除;企业因存货盘亏、毁损、报废等原因不得从销项税金中抵扣的进项税金,应视同企业财产损失,准予与存货损失一起在所得税前按规定扣除。

17. 准予扣除的其他项目

如会员费、合理的会议费、差旅费、违约金、诉讼费用等。

18. 手续费及佣金支出

(1)企业发生与生产经营有关的手续费及佣金支出,不超过以下规定计算限额以内的部分,准予扣除;超过部分,不得扣除。

①保险企业:财产保险企业按当年全部保费收入扣除退保金等后余额的15%(含本数,下同)计算限额;人身保险企业按当年全部保费收入扣除退保金等后余额的10%计算限额。

②其他企业:按与具有合法经营资格中介服务机构或个人(不含交易双方及其雇员、代理人和代表人等)所签订服务协议或合同确认的收入金额的计算限额。

(2)企业应与具有合法经营资格中介服务企业或个人签订代办协议或合同,并按国家有关规定支付手续费及佣金。除委托个人代理外,企业以现金等非转账方式支付的手续费及佣金不得在税前扣除。企业为发行权益性证券支付给有关证券承销机构的手续费及佣金不得在税前扣除。

(3)企业不得将手续费及佣金支出计入回扣、业务提成、返利、进场费等费用。

(4)企业已计入固定资产、无形资产等相关资产的手续费及佣金支出,应当通过折旧、摊销等方式分期扣除,不得在发生当期直接扣除。

(5)企业支付的手续费及佣金不得直接冲减服务协议或合同金额,并如实入账。

(6)企业应当如实向当地主管税务机关提供当年手续费及佣金计算分配表和其他相关资料,并依法取得合法真实凭证。

四、不得扣除的项目

在计算应纳税所得额时,下列支出不得扣除:

1.向投资者支付的股息、红利等权益性投资收益款项。

2.企业所得税税款。

3.税收滞纳金。是指纳税人违反税收法规,被税务机关处以的滞纳金。

4.罚金、罚款和被没收财物的损失。是指纳税人违反国家有关法律、法规规定,被有关部门处以的罚款,以及被司法机关处以的罚金和被没收财物。

5.超过规定标准的捐赠支出。

6.赞助支出,是指企业发生的与生产经营活动无关的各种非广告性质支出。

7.未经核定的准备金支出,是指不符合国务院财政、税务主管部门规定的各项资产减值准备、风险准备等准备金支出。

根据财税〔2011〕104号规定,金融企业涉农贷款和中小企业贷款损失准备税前扣除政策,继续执行至2013年12月31日。即:金融企业在计算所得税时,涉农贷款和中小企业贷款损失准备金可全额扣除。

8.企业之间支付的管理费、企业内营业机构之间支付的租金和特许权使用费,以及非银行企业内营业机构之间支付的利息,不得扣除。

9.与取得收入无关的其他支出。

【例6-3】　ABC公司2011年度收入情况如[例6-1]所示,有关扣除项目情况如下:

(1)产品销售成本6 000万元;

(2)提供加工修理修配劳务,成本70万元;

(3)销售下脚料,发生清理费用1万元;

（4）计入营业税金及附加账户的金额 120 万元；

（5）摊销出租包装物成本 1 万元；

（6）提供技术咨询服务，发生费用 5 万元；

（7）用于职工福利的自产不锈钢厨具的成本 8 万元；

（8）对外非公益性捐赠的机器设备，捐赠日该批设备的账面价值与计税基础相同，均为 45 万元；

（9）用于换取钢材的自产不锈钢厨具的成本为 80 万元；

（10）用于抵债的自产货物成本 80 万元；

（11）营业外支出账户中列支金额合计 82.35 万元，具体情况为：

①因违反合同，支付给乙公司违约金 2 万元；

②因无故延期纳税，支付税收滞纳金 1 万元；

③因违法经营接受处罚支付罚金 10 万元；

④非公益性捐赠机器设备的账面价值 45 万元，应交增值税 8.5 万元，应交城建税及教育费附加 0.85 万元，清理费 1 万元；

⑤通过非营利机构向玉树地震灾区捐款 10 万元；

⑥盘亏设备一台，账面原值 10 万元，已提折旧 6 万元。

（12）销售费用账户中列支的金额合计 1 846.4 万元，其中：

①本年度广告费支出共计 1 500 万元，其中 30 万元不符合税法规定；

②业务宣传费 12 万元；

（13）管理费用账户中列支金额合计 799.8 万元，其中：

①业务招待费 60 万元；

②符合加计扣除条件的费用化研发支出 40 万元；

（14）财务费用费用账户中列支金额合计 271 万元，其中：

①向工商银行借款 1 000 万元，年利率 6%，利息支出 60 万元；

②支付给银行的罚息 5 万元；

③向乙公司借款 500 万元，年利率 12%，利息支出 60 万元；

④向关联企业借款 1 500 万元（该关联企业对本企业的权益投资 500 万元），年利率 9%，支付利息 135 万元；

⑤全年银行手续费支出 6 万元；

⑥现金折扣 5 万元。

（15）ABC 公司 2011 年度已经计入相关成本、费用的工资总额 1 700 万元，其中符合国家税收优惠政策可以加计扣除的残疾人工资 60 万元；

（16）ABC 公司 2011 年度已经计入相关成本、费用的职工福利费 255 万元，职工教育经费 45 万元，工会经费 51 万元；

(17)ABC公司2011年度已经计入相关成本、费用的养老保险费340万元,医疗保险费204万元,工伤保险费6.8万元,失业保险费34万元,女工生育保险费5.1万元。ABC公司女工工资总额850万元;当地规定2011年度"社会保险费"企业负担部分的缴存比例分别为工资总额的:养老保险费15%;医疗保险费11.5%;失业保险费2%;女工生育保险费0.6%;工伤保险费0.4%。

(18)ABC公司2011年度已经计入相关成本、费用的住房公积金150万元,当地规定缴存比例为工资总额的8%;

(19)ABC公司2011年度已经计入相关成本、费用的资产折旧费合计130万元,具体情况如下:

①电子设备原值100万元,会计年折旧额28万元,税法年折旧额20万元;

②房屋建筑物会计年折旧额75万元,税法年折旧额65万元;

③机器设备会计年折旧额27万元,税法年折旧额25万元。

(20)ABC公司2011年计提资产减值损失35万元;

(21)ABC公司2010年度按税法可以在本年及以后年度结转扣除的广告费200万元。

要求:分析计算按税法规定准予扣除项目的金额。

题解:

(1)产品销售成本6000万元准予扣除;

(2)提供加工修理修配劳务,成本70万元准予扣除;

(3)销售下脚料,发生清理费用1万元准予扣除;

(4)计入营业税金及附加账户的金额120万元准予扣除;

(5)摊销出租包装物成本1万元准予扣除;

(6)提供技术咨询服务,发生费用5万元准予扣除;

(7)用于职工福利的自产不锈钢厨具的成本8万元准予扣除;

(8)对外非公益性捐赠的机器设备,视同销售成本45万元准予扣除;

(9)用于换取钢材的自产不锈钢厨具的成本为80万元,视同销售成本准予扣除;

(10)用于抵债的自产货物成本80万元准予扣除;

(11)营业外支出账户中列支的第②、③、④项不得扣除;第①、⑤、⑥项准予扣除。

营业外支出准予扣除合计=2+10+4=16(万元)

(12)销售费用账户中列支的第①项不符合税法规定的广告费30万元不得扣除。

销售费用准予扣除金额=1 846.4-30=1 816.4(万元)

(13)管理费用账户中:

①业务招待费的扣除限额,税法规定按实际发生额的60%与销售(营业)收入合计的5‰两者孰低扣除。

实际发生额的 60％＝60×60％＝36(万元)

销售(营业)收入合计的 5‰＝(主营业务收入＋其他业务收入＋视同销售收入)×5‰＝(12 000＋100＋10＋10＋24＋2＋10＋10＋50＋100＋1)×5‰＝12 317×5‰＝61.585(万元)

所以,准予扣除的业务招待费为 36 万元。

②加计扣除费用化研发支出＝40×50％＝20(万元)

管理费用准予扣除金额＝(799.8－60)＋36＋20＝795.8(万元)

(14)财务费用费用账户中:

①向工商银行借款 1 000 万元,年利率 6％,利息支出 60 万元准予扣除;

②支付给银行的罚息 5 万元准予扣除;

③向乙公司借款 500 万元,年利率 12％,利息支出 60 万元:

准予扣除金额＝500×6％＝30(万元)

④向关联企业借款 1 500 万元(该关联企业对本企业的权益投资 500 万元),年利率 9％,支付利息 135 万元:

准予扣除金额＝500×2×6％＝60(万元)

⑤全年银行手续费支出 6 万元准予扣除;

⑥现金折扣 5 万元准予扣除。

财务费用准予扣除金额＝(271－60－135)＋30＋60＝166(万元)

(15)符合国家税收优惠政策的残疾人工资可以加计扣除 60 万元;

(16)ABC 公司 2011 年度已经计入相关成本、费用的职工福利费 255 万元,职工教育经费 45 万元,工会经费 51 万元:

①准予扣除的职工福利费＝1 700×14％＝238(万元)

②准予扣除的职工教育经费＝1 700×2.5％＝42.5(万元)

③准予扣除的工会经费＝1 700×2％＝34(万元)

准予扣除的三项经费合计＝238＋42.5＋34＝314.5(万元)

由于三项经费已经计入相关的成本、费用中,因此在计算准予扣除项目金额时,应调减额＝(255＋45＋51)－314.5＝36.5(万元)

(17)ABC 公司 2011 年度已经计入相关成本、费用的养老保险费 340 万元,医疗保险费 204 万元,工伤保险费 6.8 万元,失业保险费 34 万元,女工生育保险费 5.1 万元。

①准予扣除的养老保险费＝1 700×15％＝255(万元)

②准予扣除的医疗保险费＝1 700×11.5％＝195.5(万元)

③准予扣除的工伤保险费＝1 700×0.4％＝6.8(万元)

④准予扣除的失业保险费＝1 700×2％＝34(万元)

⑤准予扣除的女工生育保险费＝850×0.6％＝5.1(万元)

准予扣除的社会保险费合计＝255＋195.5＋6.8＋34＋5.1＝496.4(万元)

由于社会保险费已经计入相关的成本、费用中,因此在计算准予扣除项目金额时,应调减额＝(340＋204＋6.8＋34＋5.1)－496.4＝93.5(万元)

(18)ABC公司2011年度已经计入相关成本、费用的住房公积金150万元。

准予扣除的住房公积金＝1 700×8％＝136(万元)

由于住房公积金已经计入相关的成本、费用中,因此在计算准予扣除项目金额时,应调减额＝150－136＝14(万元)

(19)ABC公司2011年度已经计入相关成本、费用的资产折旧费合计130万元。

按税法规定计入相关成本、费用的资产折旧费＝20＋65＋25＝110(万元)

由于资产折旧费已经计入相关成本、费用中,因此在计算准予扣除项目金额时,应调减额＝130－110＝20(万元)

(20)ABC公司2011年计提资产减值损失35万元不得扣除;

(21)ABC公司2010年度按税法可以在本年及以后年度结转扣除的广告费200万元;

2011年度广告费扣除限额＝(主营业务收入＋其他业务收入＋视同销售收入)×15％＝(12 000＋100＋10＋10＋24＋2＋10＋10＋50＋100＋1)×15％＝12 317×15％＝1 847.55(万元)

2011年度符合条件的广告费和业务宣传费支出＝(1 500＋12)－30＝1 482(万元)

2011年度广告费扣除限额余额＝1 847.55－1 482＝365.55(万元)＞200(万元)

2011年度允许扣除以前年度结转扣除的广告费200万元。

2011年度ABC公司按税法规定准予扣除项目金额合计＝6 000＋70＋1＋120＋1＋5＋8＋45＋80＋80＋16＋1 816.4＋795.8＋166＋60－36.5－93.5－14－20＋200＝9 300.2(万元)

五、亏损弥补

1.亏损是指企业依照《中华人民共和国企业所得税法》及其暂行条例的规定,每一纳税年度的收入总额减除不征税收入、免税收入和各项扣除后小于零的数。税法规定,企业某一纳税年度发生的亏损可以用下一年度的所得弥补,下一年的所得不足以弥补的,可以逐年延续弥补,但最长不得超过5年。而且,企业在汇总计算缴纳企业所得税时,其境外营业机构的亏损不得抵减境内营业机构的盈利。

2.企业筹办期间不计算为亏损年度,企业自开始生产经营的年度,为开始计算企业损益的年度。企业从事生产经营之前进行筹办活动期间发生筹办费用支出,不得计算为当期的亏损,企业可以在开始经营之日的当年一次性扣除,也可以按照新税法有关长期待摊费用的处理规定处理,但一经选定,不得改变。

3.税务机关对企业对以前年度纳税情况进行检查进调增的应纳税所得额,凡企业以前年度发生亏损、且该亏损属于企业所得税法规定允许弥补的,应允许调增的应纳税所得额弥补该亏损。弥补该亏损后仍有余额的,按照企业所得税法规定计算缴纳企业所得税。对检查调增的应纳税所得额应根据情节,依照《中华人民共和国征收管理法》有关规定进行处理或处罚。

本规定自 2010 年 12 月 1 日开始执行。以前(含 2008 年度之前)没有处理的事项,按本规定执行。

【例 6-4】 ABC 公司 2011 年度收入总额、不征税收入、免税收入、准予扣除项目金额如[例 6-1]、[例 6-2]、[例 6-3]所示,2006 年至 2010 年盈亏情况如下:

单位:万元

年份	2006	2007	2008	2009	2010
盈亏	−300	200	−400	300	−100

要求:计算 ABC 公司 2011 年度允许弥补的以前年度亏损额。

题解:

(1)ABC 公司 2011 年度的盈亏额＝收入总额−不征税收入−免税收入−准予扣除项目金额＝12 524.7−20−(30＋5＋3)−9 300.2＝3 166.5(万元)

(2)ABC 公司 2006 年至 2010 年度按税法规定,可以用 2011 年度盈利弥补的累计亏损额＝−400＋(300−100)−100＝−300(万元)

(3)ABC 公司 2011 年度允许弥补的以前年度亏损额＝300(万元)

第三节　应纳税额的计算

一、居民企业应纳税额的计算

居民企业应缴纳所得税额等于应纳税所得额乘以适用税率,基本计算公式为:

应纳税额＝应纳税所得额×适用税率−减免税额−抵免税额

在实际过程中,应纳税所得额的计算一般有两种方法

(一)直接计算法

在直接计算法下,企业每一纳税年度的收入总额减除不征税收入、免税收入、各项扣除以及允许弥补的以前年度亏损后的余额为应纳税所得额。

【例 6-5】 ABC 公司 2011 年度收入总额、不征税收入、免税收入、准予扣除项目金

额、弥补以前年度亏损情况见[例 6-1]、[例 6-2]、[例 6-3]、[例 6-4]所示。

要求:用直接法计算 ABC 公司 2011 年度的应纳税所得额及应纳所得税额。

题解:

(1)ABC 公司 2011 年度应纳税所得额＝收入总额－不征税收入－免税收入－各项扣除－以前年度亏损＝12 524.7－20－(30＋5＋3)－9 300.2－300＝2 866.5(万元)

(2)ABC 公司 2011 年度应纳税额＝应纳税所得额×税率＝2 866.5×25％＝716.625(万元)

(二)间接计算法

在间接计算法下,是在会计利润总额的基础上加或减按照税法规定调整的项目金额后,即为应纳税所得额。计算公式为:

应纳税所得额＝会计利润总额±纳税调整项目金额＋境外应税所得弥补境内亏损－弥补以前年度亏损

税收调整项目金额包括两方面的内容,一是企业的财务会计处理和税收规定不一致的应予以调整的金额;二是企业按税法规定准予扣除的税收金额。

【例 6-6】　ABC 公司 2011 年度有关收入情况、扣除项目情况、弥补以前年度亏损情况见[例 6-1]、[例 6-3]、[例 6-4]所示。其他有关资料如下:

(1)计入公允价值变动损益账户情况:

①2011 年末,ABC 公司将处于行权期的以现金结算的股份支付公允价值变动 10 万元,借记"公允价值变动损益"账户,贷记"应付职工薪酬——股份支付"账户;

②2011 年末,将一项以公允价值模式进行后续计量的投资性房地产的公允价值变动 3 万元,借记"投资性房地产——公允价值变动"账户,贷记"公允价值变动损益"账户;

③2011 年末,将一项交易性金融资产公允价值的变动 10 万元,借记"交易性金融资产——公允价值变动"账户,贷记"公允价值变动损益"账户。

(2)ABC 公司 2011 年度对 A 公司进行长期股权投资,初始投资成本 280 万元,享有 A 公司有表决权股份的 30％,采用权益法核算。这项投资的公允价值 300 万元,后续计量时调整初始投资成本 20 万元,借记"长期股权投资——成本"账户,贷记"营业外收入账户"。

要求:用间接法计算 ABC 公司 2011 年度的应纳税所得额及应纳所得税额。

题解:

(1)计算会计利润总额

利润总额＝营业收入－营业成本－营业税金及附加－销售费用－管理费用－财务费用－资产减值损失＋公允价值变动收益＋投资收益＋营业外收入－营业外支出＝(12 000＋100＋10＋100＋10＋10＋24＋2＋10＋1)－(6 000＋70＋8＋80＋1＋1＋5)－

241

$120-1\,846.4-799.8-271-35+3+(60+5+3+2+3.5+335+1\,050-360)+(23+4+5+11.7+20+20)-82.35=4\,132.65(万元)$

(2)纳税调整增加额＝视同销售收入＋其他＋三项经费调整＋业务招待费调整＋广告费调整＋非公益性捐赠支出＋利息支出＋住房公积金＋罚金、罚款和被没收财物的损失＋税收滞纳金＋各类基本社会保障性缴款＋固定资产折旧＋准备金调整项目＝$150+0.5+(17+2.5+17)+24+30+55.35+105+14+10+1+93.5+20+35=574.85(万元)$

(3)纳税调整减少额＝按权益法核算长期股权投资对初始投资成本调整确认收益＋按权益法核算的长期股权投资持有期间的投资损益＋公允价值变动净收益＋境外应税所得＋免税收入＋不征税收入＋视同销售成本＋广告费和业务宣传费支出＋加计扣除＝$20+30+3+20+1\,025+38+125+200+80=1541(万元)$

(4)应纳税所得额＝会计利润总额±纳税调整项目金额＋境外应税所得弥补境内亏损－弥补以前年度亏损＝$4\,132.65+574.85-1\,541-300=2\,866.5(万元)$

(5)ABC 公司 2011 年度应纳税额＝应纳税所得额×税率＝$2\,866.5×25\%=716.625(万元)$

从［例 6-5］及［例 6-6］的计算结果可以看出,无论采用直接法还是间接法,应纳税所得额和应纳税额一致。

二、境外所得抵扣税额的计算

企业取得的下列所得已在境外缴纳的所得税税额,可以从其当期应纳税额中抵免,抵免限额为该项所得依照本法规定计算的应纳税额;超过抵免限额的部分,可以在以后 5 个年度内,用每年度抵免限额抵免当年应抵税额后的余额进行抵补:

1.居民企业来源于中国境外的应税所得。

2.非居民企业在中国境内设立机构、场所,取得发生在中国境外但与该机构、场所有实际联系的应税所得。

居民企业从其直接或者间接控制的外国企业分得的来源于中国境外的股息、红利等权益性投资收益,外国企业在境外实际缴纳的所得税税额中属于该项所得负担的部分,可以作为该居民企业的可抵免境外所得税额,在企业所得税税法规定的抵免限额内抵免。

抵免限额,是指企业来源于中国境外的所得,依照企业所得税法和本条例的规定计算的应纳税额。除国务院财政、税务主管部门另有规定外,该抵免限额应当分国(地区)不分项计算,计算公式为:

抵免限额＝中国境内、境外所得依照企业所得税法和条例规定计算的应纳税总额×来源于某国(地区)的应纳税所得额÷中国境内、境外应纳税所得总额

【例 6-7】 ABC 公司 2011 年度境内应纳税所得额为 2 866.5 万元,适用 25％的企业所得税税率。另外,ABC 公司分别在 A、B、C 国设有分支机构(我国与 A、B、C 国已经缔结避免双重征税协定),在 A 国分支机构的应纳税所得额为 418.75 万元,A 国税率为 20％;在 B 国的分支机构的应纳税所得额为 1500 万元,B 国税率为 30％;在 C 国分支机构发生亏损 360 万元,C 国税率为 25％。假设 ABC 公司在 A、B、C 三国所得按我国税法计算的应纳税所得额和按 A、B、C 三国税法计算的应纳税所得额一致,在 A、B 两国分别缴纳了 83.75 万元和 450 万元的企业所得税。

要求:计算 ABC 公司汇总时在我国应缴纳的企业所得税税额。

(1)该企业按我国税法计算的境内、境外所得的应纳税额:

应纳税额＝(2 866.5＋418.75＋1 500)×25％＝1 196.3125(万元)

(2)A、B 两国的扣除限额:

A 国扣除限额＝1 196.3125×[418.75÷(2 866.5＋418.75＋1 500)]＝104.6875(万元)

B 国扣除限额＝1 196.3125×[1 500÷(2 866.5＋418.75＋1 500)]＝375(万元)

在 A 国缴纳的所得税为 83.75 万元,低于扣除限额 104.6875 万元,可全额扣除。

在 B 国缴纳的所得税为 450 万元,高于扣除限额 375 万元,其超过扣除限额的部分 75 万元当年不能扣除。

(3)汇总时在我国应缴纳的所得税＝1 196.3125－83.75－375＝737.5625(万元)

在 C 国的分支机构亏损,只能用以后年度来源于 C 国的盈利弥补,不得冲减境内所得。

三、居民企业核定征收应纳税额的计算

(一)核定征收企业所得税的范围

1.依照法律、行政法规的规定可以不设置账簿的。

2.依照法律、行政法规的规定应当设置但未设置账簿的。

3.擅自销毁账簿或者拒不提供纳税资料的。

4.虽设置账簿,但账目混乱或者成本资料、收入凭证、费用凭证残缺不全,难以查账的。

5.发生纳税义务,未按照规定的期限办理纳税申报,经税务机关责令限期申报,逾期仍不申报的。

6.申报的计税依据明显偏低,又无正当理由的。

特殊行业、特殊类型的纳税人和一定规模以上的纳税人不适用本办法。上述特定纳税人由国家税务总局另行明确。

(二)核定征收的办法

税务机关应根据纳税人具体情况,对核定征收企业所得税的纳税人,核定应税所得率或者核定应纳所得税额。

1.具有下列情形之一的,核定其应税所得率

(1)能正确核算(查实)收入总额,但不能正确核算(查实)成本费用总额的。

(2)能正确核算(查实)成本费用总额,但不能正确核算(查实)收入总额的。

(3)通过合理方法,能计算和推定纳税人收入总额或成本费用总额的。

纳税人不属于以上情形的,核定其应纳所得税额。

2.税务机关采用下列方法核定征收企业所得税

(1)参照当地同类行业或者类似行业中经营规模和收入水平相近的纳税人的税负水平核定。

(2)按照应税收入额或成本费用支出额定率核定。

(3)按照耗用的原材料、燃料、动力等推算或测算核定。

(4)按照其他合理方法核定。

采用前款所列一种方法不足以正确核定应纳税所得额或应纳税额的,可以同时采用两种以上的方法核定。采用两种以上方法测算的应纳税额不一致时,可按测算的应纳税额从高核定。

采用应税所得率方式核定征收企业所得税的,应纳所得税额计算公式如下:

应纳所得税额＝应纳税所得额×适用税率

应纳税所得额＝应税收入额×应税所得率

或:应纳税所得额＝成本(费用)支出额÷(1－应税所得率)×应税所得率

实行应税所得率方式核定征收企业所得税的纳税人,经营多业的,无论其经营项目是否单独核算,均由税务机关根据其主营项目确定适用的应税所得率。

主营项目应为纳税人所有经营项目中,收入总额或者成本(费用)支出额或者耗用原材料、燃料、动力数量所占比重最大的项目。

应税所得率按表 6-1 规定的幅度标准确定。

表 6-1　应税所得率的幅度标准

行业	应税所得率(%)	行业	应税所得率(%)
农、林、牧、渔业	3—10	制造业	5—15
批发和零售贸易业	4—15	交通运输业	7—15
行业	应税所得率(%)	行业	应税所得率(%)
建筑业	8—20	饮食业	8—25
娱乐业	15—30	其他行业	10—30

纳税人的生产经营范围、主营业务发生重大变化,或者应纳税所得额或应纳税额增减变化达到 20％的,应及时向税务机关申报调整已确定的应纳税额或应税所得率。

四、非居民企业应纳税额的计算

对于在中国境内未设立机构、场所的,或者虽设立机构、场所但取得的所得与其所设机构、场所没有实际联系的非居民企业的所得,按照下列方法计算应纳税所得额。

(1)股息、红利等权益性投资收益和利息、租金、特许权使用费所得,以收入全额为应纳税所得额。

(2)转让财产所得,以收入全额减除财产净值后的余额为应纳税所得额。

(3)其他所得,参照前两项规定的方法计算应纳税所得额。

扣缴义务人在每次向非居民企业支付或者到期应支付所得时,应从支付或者到期应支付的款项中扣缴企业所得税。

扣缴企业所得税应纳税额＝应纳税所得额×实际征收率

五、非居民企业所得税核定征收办法

非居民企业因会计账簿不健全,资料残缺难以查账,或者其他原因不能准确计算并据实申报其应纳税所得额的,税务机关有权采取以下方法核定其应纳税所得额:

(1)按收入总额核定应纳税所得额。适用于能够正确核算收入或通过合理方法推定收入总额,但不能正确核算成本费用的非居民企业。计算公式如下:

应纳税所得额＝收入总额×经税务机关核定的利润率

(2)按成本费用核定应纳税所得额。适用于能够正确核算成本费用,但不能正确核算收入总额的非居民企业。计算公式如下:

应纳税所得额＝成本费用总额÷(1－经税务机关核定的利润率)×经税务机关核定的利润率

(3)按经费支出换算收入核定应纳税所得额。适用于能够正确核算经费支出总额,但不能正确核算收入总额和成本费用的非居民企业。计算公式如下:

应纳税所得额＝经费支出总额÷(1－经税务机关核定的利润率－营业税税率)×经税务机关核定的利润率

(4)税务机关可按照以下标准确定非居民企业的利润率:

①从事承包工程作业、设计和咨询劳务的,利润率为 15％－30％。

②从事管理服务的,利润率为 30％－50％。

③从事其他劳务或劳务以外经营活动的,利润率不低于15%。

税务机关有根据认为非居民企业的实际利润率明显高于上述标准的,可以按照比上述标准更高的利润率核定其应纳税所得额。

(5)采取核定征收方式征收企业所得税的非居民企业,在中国境内从事适用不同核定利润率的经营活动,并取得应税所得的,应分别核算并适用相应的利润率计算缴纳企业所得税;凡不能分别核算的,应从高适用利润率,计算缴纳企业所得税。

六、房地产开发企业所得税预缴税款的处理

房地产开发企业按当年实际利润据实分季(或月)预缴企业所得税的,对开发、建造的住宅、商业用房以及其他建筑物、附着物、配套设施等开发产品,在未完工前采取预售方式销售取得的预售收入,按照规定的预计利润率分季(或月)计算出预计利润额,计入利润总额预缴,开发产品完工、结算计税成本后按照实际利润再行调整。

预计利润率暂按以下规定的标准确定:

(一)非经济适用房开发项目

1.位于省、自治区、直辖市和计划单列市人民政府所在地城区和郊区的,不得低于20%。

2.位于地级市、地区、盟、州城区及郊区的,不得低于15%。

3.位于其他地区的,不得低于10%。

(二)经济适用房开发项目

经济适用房开发项目符合建设部、国家发展改革委员会、国土资源部、中国人民银行《关于印发〈经济适用房管理办法〉的通知》(建住房〔2004〕77号)等有关规定的,不得低于3%。

第四节　企业所得税的会计处理

税前会计利润与应纳税所得额之间存在差异,在纳税实务中,通常采用间接法将税前会计利润调整成为应纳税所得额,据此计算当期应交所得税,再根据调整项目差异的性质,永久性差异按应付税款法进行所得税会计核算,直接确认为当期利润表中的所得税费用,而将暂时性差异按资产负债表债务法进行所得税会计核算,确认相关的递延所得税资产与递延所得税负债,并在此基础上确定当期会计利润表中的所得税费用。

一、纳税调整项目及差异

税前会计利润与应纳税所得额之间的差异,需要通过企业所得税年度申报表附表《纳税调整项目明细表》进行调整,两者的差异涉及收入类、扣除类、资产类、准备金、房地产企业预售收入计算的预计利润、特别纳税调整应税所得、其他等七个方面的调整项目。在对纳税调整结果进行所得税会计处理时,需要分别差异的性质。

(一)永久性差异

永久性差异是指在某一会计期间,税前会计利润与纳税所得之间由于计算口径不同而形成的差异。这种差异在本期产生,不能在以后各期转回,即永久存在,故被称为永久性差异。永久性差异主要有以下四种类型:

1. 会计收益非应税收益

按会计准则或制度核算时作为收入计入利润总额,但按税法规定在计算应纳税所得额时不确认为收益。例如:财政拨款、行政事业性收费、政府性基金、财政性资金等不征税收入;国债利息收入、符合条件的居民企业之间的股息、红利等权益性收益、符合条件的非营利组织的收入等免税收入。

2. 应税收益非会计收益

按会计标准规定核算时不作为收益计入利润总额,但按税法规定在计算应纳税所得额时确认为收益,需交纳所得税。例如:企业销售时,因误开发票作废,但由于冲转发票存根未予保留,税法上仍视为销售收入征税;销售退回与折让,未取得合法凭证,税法上也不予认定,仍按销售收入征税;企业与关联企业以不合理定价手段减少应纳税所得额;企业收到的价外费用、部分视同销售等,会计上可能不作为收入,但在税法上要求作为应税收入。

3. 会计费用非应税费用

按会计标准规定核算时确认为费用或损失,在计算利润总额时可以扣除,但按税法规定在计算应纳税所得额时不允许扣除。这些项目主要有两种情况:

(1)范围不同。即会计上作为费用或损失的项目,在税法上不作为扣除项目处理。范围不同的项目主要有:

①违法经营的罚款和被没收财物的损失。会计上作营业外支出处理,但税法上不允许扣减应税利润。

②各项税收的滞纳金和罚款。会计上可列作营业外支出,但税法规定不得抵扣应税利润。

③各种非救济公益性捐赠和赞助支出。会计上可列为营业外支出,但税法规定不得抵扣应税利润。

(2)标准不同。即有些在会计上作为费用或损失的项目,税法上可作为扣除项目,但规定了计税开支的标准限额,超限额部分在会上仍列为费用或损失,但税法不允许抵扣应税利润。标准不同的项目主要有:

①利息支出。会计上可在费用中据实列支,但税法规定向非金融机构借款的利息支出,高于按照金融机构同类、同期贷款利率计算的数额的部分,不准扣减应税利润。

②工资、薪金支出。会计上将工资、薪金全部列为成本费用,但税法规定合理的工资、薪金准予扣除。属于国有性质的企业,其工资薪金,不得超过政府有关部门给予的限定数额;超过部分,不得计入企业工资薪金总额,也不得在计算企业应纳税所得额时扣除。

③"三项经费"中的职工福利费和工会经费。会计上列入相关的成本费用。税法规定企业发生的职工福利费、工会经费、职工教育经费按标准扣除,未超过标准的按实际数扣除,超过标准的只能按标准扣除。除职工教育经费可以结转扣除属于暂时性差异外,其他两项经费不得结转扣除,属于永久性差异。

④公益、救济性捐赠。会计上列为营业外支出,但税法规定在年度会计利润总额12%范围之内的部分准予扣除,超额部分不得扣除。

⑤业务招待费。会计上列为管理费用,但税法规定按实际发生额的60%扣除,并且最高不得超过企业全年销售(营业)收入的5‰,超过部分不得扣除。

⑥社会保险费。会计上列为相关的成本费用,但税法规定,企业依照国务院有关主管部门或者省级人民政府规定的范围和标准为职工缴纳的"五险一金"准予扣除,超过部分不得扣除。

⑦广告费和业务宣传费。会计上列入相关的成本费用,但税法规定,不符合条件的广告费不得扣除。

4.应税费用非会计费用

按会计标准规定核算时不确认为费用或损失,在计算利润总额时不可以扣除,但按税法规定在计算应纳税所得额时允许扣除,主要包括:

(1)研究开发费。企业为开发新技术、新产品、新工艺发生的研究开发费用,未形成无形资产计入当期损益的,在按照规定据实扣除的基础上,按照研究开发费用的50%加计扣除;形成无形资产的,按照无形资产成本的150%摊销。

(2)企业安置残疾人员所支付的工资。企业安置残疾人员所支付工资费用的加计扣除,是指企业安置残疾人员的,在按照支付给残疾职工工资据实扣除的基础上,按照支付给残疾职工工资的100%加计扣除。残疾人员的范围适用《中华人民共和国残疾人保障法》的有关规定。企业安置国家鼓励安置的其他就业人员所支付的工资的加计扣除办法,由国务院另行规定。

(二)暂时性差异

暂时性差异是指资产、负债的账面价值与其计税基础不同产生的差额。因资产、负债的账面价值与其计税基础不同,产生了在未来收回资产或清偿负债的期间内,应纳税所得额增加或减少并导致未来期间应交所得税增加或减少的情况,形成企业的资产和负债,在有关暂时性差异发生当期,符合确认条件的情况下,应当确认相关的递延所得税负债或递延所得税资产。

根据暂时性差异对未来期间应纳税所得额的影响,分为应纳税暂时性差异和可抵扣暂时性差异。

除因资产,负债的账面价值与其计税基础不同产生的暂时性差异以外,按照税法规定可以结转以后年度的未弥补亏损和税款抵减,也视同可抵扣暂时性差异处理。

1. 应纳税暂时性差异

应纳税暂时性差异,是指在确定未来收回资产或清偿负债期间的应纳税所得额时,将导致产生应税金额的暂时性差异,即在未来期间不考虑该事项影响的应纳税所得额的基础上,由于该暂时性差异的转回,会进一步增加转回期间的应纳税所得额和应交所得税金额,在其产生当期应当确认相关的递延所得税负债。

应纳税暂时性差异通常产生于以下情况:

(1)资产的账面价值大于其计税基础。资产的账面价值代表的是企业在持续使用或最终出售该项资产时将取得的经济利益的总额,而计税基础代表的是资产在未来期间可予税前扣除的总金额。资产的账面价值大于其计税基础,该项资产未来期间产生的经济利益不能全部税前抵扣,两者之间的差额需要交税,产生应纳税暂时性差异。例如,一项资产的账面价值为 500 万元,计税基础如为 375 万元,两者之间的差额会造成未来期间应纳税所得额和应交所得税的增加,在其产生当期,应确认相关的递延所得税负债。

(2)负债的账面价值小于其计税基础。负债的账面价值为企业预计在未来期间清偿该项负债时的经济利益流出,而其计税基础代表的是账面价值在扣除税法规定未来期间允许税前扣除的金额之后的差额。负债的账面价值与其计税基础不同产生的暂时性差异,实质上是税法规定就该项负债在未来期间可以税前扣除的金额(即与该项负债相关的费用支出在未来期间可予税前扣除的金额)。负债的账面价值小于其计税基础,则意味着就该项负债在未来期间可以税前抵扣的金额为负数,即应在未来期间应纳税所得额的基础上调增,增加未来期间的应纳税所得额和应交所得税金额,产生应纳税暂时性差异,应确认相关的递延所得税负债。

2. 可抵扣暂时性差异

可抵扣暂时性差异是指在确定未来收回资产或清偿负债期间的应纳税所得额时,

将导致产生可抵扣金额的暂时性差异。该差异在未来期间转回时会减少转回期间的应纳税所得额,减少未来期间的应交所得税。在可抵扣暂时性差异产生当期,符合确认条件时,应当确认相关的递延所得税资产。

可抵扣暂时性差异一般产生于以下情况:

(1)资产的账面价值小于其计税基础,意味着资产在未来期间产生的经济利益少,按照税法规定允许税前扣除的金额多,两者之间的差额可以减少企业在未来期间的应纳税所得额并减少应交所得税,符合有关条件时,应当确认相关的递延所得税资产。例如,一项资产的账面价值为 500 万元,计税基础为 650 万元,则企业在未来期间就该项资产可以在其自身取得经济利益的基础上多扣除 150 万元,未来期间应纳税所得额会减少,应交所得税也会减少,形成可抵扣暂时性差异。

(2)负债的账面价值大于其计税基础,负债产生的暂时性差异实质上是税法规定就该项负债可以在未来期间税前扣除的金额。即:

负债产生的暂时性差异=账面价值-计税基础=账面价值-(账面价值-未来期间计税时按照税法规定可予税前扣除的金额)=未来期间计税时按照税法规定可予税前扣除的金额

负债的账面价值大于其计税基础,意味着未来期间按照税法规定与负债相关的全部或部分支出可以自未来应税经济利益中扣除,减少未来期间的应纳税所得额和应交所得税。符合有关确认条件时,应确认相关的递延所得税资产。

【例 6-8】 根据本章[例 6-1]、[例 6-3]资料,分析说明哪些属于永久性差异,哪些属于暂时性差异。

题解:

1.[例 6-1]中:

(1)第(9)项视同销售,属于永久性差异。对外非公益性捐赠设备,按税法规定,既要确认应税收入 50 万元和应税成本 45 万元,从而确认资产的处置收益 5 万元缴纳企业所得税,又要将企业计入营业外支出账户的金额 55.35 万元剔除,增加应纳税所得额,缴纳所得税。

(2)第(10)项视同销售,属于暂时性差异。

因为,换入材料的账面价值为 80 万元,计税基础为 100 万元,尽管在当期调增了应税所得 20 万元,多交所得税,但产生了 20 万元可抵扣暂时性差异,可以随材料生产成产品出售后转回。

(3)第(16)项,对 A 公司进行长期股权投资,会计收益 60 万元,应税收益 30 万元,属于暂时性差异。这项差异当 A 公司作出利润分配决定时转回。

(4)第(18)项,持有期间取得国债利息收入 3 万元,属于永久性差异。

(5)第(19)项,以存款 100 万元购入股票 10 万股,另外支付相关税费 0.5 万元,作为交易性金融资产核算,持有期间获得现金股利 4 万元,属于暂时性差异。

会计在当期确认收益 3.5 万元,应税收益 4 万元。但这项资产的账面价值 100 万元,计税基础 100.5 万元,当交易性金融资产处置时,暂时性差异转回。

(6)第(21)项,属于永久性差异。企业取得的专项财政资金支持款 20 万元属于不征税收。

2.[例 6-3]中:

(1)第(11)项,营业外支出账户中列的②支付税收滞纳金 1 万元;③违法经营支付罚金 10 万元;④非公益性捐赠机器设备 55.35 万元,属于永久性差异。

(2)第(12)项,销售费用账户中列支的不符合税法规定的广告费 30 万元,属于永久性差异;

(3)第(13)项,管理费用账户中业务招待费支出调增应税所得额 24 万元的、可以加计扣除 20 万元的费用化研发支出,属于永久性差异。

(4)第(14)项,财务费用账户中利息调增应税所得 105 万元,属于永久性差异。

(5)第(15)项,符合国家税收优惠政策可以加计扣除的残疾人工资 60 万元,属于永久性差异。

(6)第(16)项,职工福利费超过限额 17 万元,工会经费超过限额 17 万元,属于永久性差异;职工教育经费超过限额 2.5 万元,可以结转扣除,属于暂时性差异。

(7)第(17)项,社会保险费超过限额 93.5 万元,属于永久性差异。

(8)第(18)项,住房公积金超过限额 14 万元,属于永久性差异。

(9)第(19)项,资产折旧费调整应税所得 20 万元,属于暂时性差异,当资产处置或实际报损时转回。

(10)第(20)项,不得扣除的资产减值准备金 35 万元,属于暂时性差异,当资产处置或实际报损时转回。

(11)第(21)项,本年度扣除以前年度的广告费 200 万元,属于可抵扣暂时性差异的转回。

3.特殊项目产生的暂时性差异

(1)未作为资产、负债确认的项目产生的暂时性差异。某些交易或事项发生以后,因为不符合资产、负债确认条件而未体现为资产负债表中的资产或负债,但按照税法规定能够确定其计税基础的,其账面价值零与计税基础之间的差异也构成暂时性差异。如企业发生的符合条件的广告费和业务宣传支出,除另有规定外,不超过当年销售收入 15% 的部分准予扣除;超过部分准予在以后纳税年度结转扣除。该类费用在发生时按照会计准则规定即计入当期损益,不形成资产负债表中的资产,但按照税法规定可以确定其计税基础的,两者之间的差异也形成暂时性差异。

【例 6-9】　ABC 公司 2010 年发生了 1 700 万元广告费支出,发生时已作为销售费用计入当期损益。税法规定,该类支出不超过当年销售收入15%的部分允许当期税前扣除,超过部分允许向以后年度结转税前扣除。ABC公司2010年实现销售收入10 000万元。

该广告费支出因按照会计准则规定在发生时已计入当期损益,不体现为期末资产负债表中的资产,如果将其视为资产,其账面价值为0。

因按照税法规定,该类支出税前列支有一定的标准限制,根据当期ABC公司销售收入15%计算,当期可予税前扣除1 500万元,当期未予税前扣除的200万元可以向以后年度结转,其计税基础为200万元。

该项资产的账面价值0与其计税基础200万元之间产生了200万元的暂时性差异,该暂时性差异在未来期间可减少企业的应纳税所得额,为可抵扣暂时性差异,符合确认条件时,应确认相关的递延所得税资产。

(2)可抵扣亏损及税款抵减产生的暂时性差异。按照税法规定可以结转以后年度的未弥补亏损及税款抵减,虽不是因资产、负债的账面价值与计税基础不同产生的,但与可抵扣暂时性差异具有同样的作用,均能够减少未来期间的应纳税所得额,进而减少未来期间的应交所得税,会计处理上视同可抵扣暂时性差异,符合条件的情况下,应确认与其相关的递延所得税资产。

【例6-10】 ABC公司2010年累计未弥补的亏损300万元,按照税法规定,该亏损可用于抵减以后5个年度的应纳税所得额。该公司预计其于未来5年期间能够产生足够的应纳税所得额弥补该亏损。

分析:该经营亏损不是资产、负债的账面价值与其计税基础不同产生的,但从性质上可以减少未来期间企业的应纳税所得额和应交所得税,属于可抵扣暂时性差异。企业预计未来期间能够产生足够的应纳税所得额利用该可抵扣亏损时,应确认相关的递延所得税资产。

二、应付税款法所得税会计核算

应付税款法是指将税前会计利润与应纳税所得额之间的差异对所得税的影响额,直接计入当期损益,不递延到以后各期的方法。

(一)应付税款法核算程序

1.按会计准则、制度计算本期会计利润;

2.确定需要纳税调整的项目与金额;

3.按间接法计算应纳税所得额;

4.按应纳税所得额计算当期应交所得税额;

5.按照计算的应交所得税额确定当期的所得税费用。

(二)应付税款法的账务处理

在应付税款法下,企业需要设置"所得税费用"和"应交税费——应交所得税"账户进行核算。

【例 6-11】 根据[例 6-6]资料,采用应付税款法核算 ABC 公司 2011 年度的企业所得税。

题解:

(1)计算会计利润总额

利润总额＝4 132.65(万元)

(2)计算纳税调整项目金额

纳税调整金额＝574.85－1 541＝－966.15(万元)

(3)计算应纳税所得额

应纳税所得额＝4 132.65＋574.85－1 541－300＝2 866.5(万元)

(4)计算 ABC 公司 2011 年度应纳税额

应纳所得税额＝2 866.5×25％＝716.625(万元)

(5)所得税会计分录

借:所得税费用   716.625

 贷:应交税费——应交所得税   716.625

三、资产负债表债务法所得税会计核算

(一)资产负债表债务法核算程序

1.按照相关会计准则规定确定资产负债表中除递延所得税资产和递延所得税负债以外的其他资产和负债项目的账面价值。

2.按照会计准则中对于资产和负债计税基础的确定方法,以适用的税收法规为基础,确定资产负债表中有关资产、负债项目的计税基础。

3.比较资产、负债的账面价值与其计税基础,对于两者之间存在差异的,分析其性质,除准则中规定的特殊情况外,分别应纳税暂时性差异与可抵扣暂时性差异,确定资产负债表日递延所得税负债和递延所得税资产的应有金额,并与期初递延所得税资产和递延所得税负债的余额相比,确定当期应予进一步确认的递延所得税资产和递延所得税负债金额或应予转销的金额,作为递延所得税。

4.就企业当期发生的交易或事项,按照适用的税法规定计算确定当期应纳税所得额,将应纳税所得额与适用的所得税税率计算的结果确认为当期应交所得税,作为当期所得税。

5.确定利润表中的所得税费用。利润表中的所得税费用包括当期所得税(当期应

交所得税)和递延所得税两个组成部分,企业在计算确定了当期所得税和递延所得税后,两者之和(或之差),是利润表中的所得税费用。

(二)递延所得税负债和递延所得税资产的确认计量

1.递延所得税负债的确认和计量

【例 6-12】 ABC 公司 2011 年度发生的应纳税暂时性差异情况如下:

(1)2011 年购入股票 10 万股,每股买价 10 元,按交易性金融资产进行会计核算。该股票的计税基础为 100 万元,年末,因股票价格上涨到每股 11 元,公司确认了 10 万元公允价值变动损益,账面价值调整为 110 万元;

(2)2011 年用于出租的投资性房地产,采用公允价值模式进行后续计量,年末该投资性房地产的计税基础为 400 万元,账面价值为 403 万元;

(3)对 A 公司进行长期股权投资,初始投资成本 280 万元。因采用权益法核算,调整初始投资成本确认收益 20 万元;会计确认投资收益 60 万元,应税收益 30 万元。年末该项投资的账面价值 330 万元,计税基础 280 万元。

ABC 公司适用的所得税税率为 25%,年初递延所得税负债余额为零。

要求:计算 ABC 公司 2011 年度应当确认的递延所得税负债金额。

题解:

(1)ABC 公司 2011 年应纳税暂时性差异＝(110－100)＋(402－400)＋(330－280)＝62(万元)

(2)ABC 公司 2011 年应确认的递延所得税负债＝62×25%＝15.5(万元)

2.递延所得税资产的确认和计量

【例 6-13】 ABC 公司 2011 年度发生和转回的可抵扣暂时性差异如下:

(1)企业用成本为 80 万元,市价为 100 万元的自产货物换入材料,因没有商业实质,会计不确认收入。换入材料的账面价值 80 万元,计税基础 100 万元;

(2)以存款 100 万元购入股票 10 万股,另外支付相关税费 0.5 万元,作为交易性金融资产核算。这项资产的账面价值 100 万元,计税基础 100.5 万元;

(3)职工教育经费超过限额 2.5 万元,调增当期应纳税所得额。按税法规定,该项调整可以结转扣除;

(4)固定资产入账价值和计税基础一致:房屋建筑物 1 500 万元、机器设备 200 万元、电子设备 85 万元,会计折旧年限分别为 20 年、10 年、3 年,税法折旧年限分别为 20 年、10 年、5 年。2011 年度会计折旧额分别为 75 万元、27 万元、28 万元,税法折旧分别为 65 万元、25 万元、20 万元。2011 年末,固定资产账面价值 950 万元,计税基础 1 000 万元;

(5)坏账准备年初贷方余额 65 万元,本年度计提坏账准备金 35 万元,年末余额

100万元。年末应收项目账面价值1 000万元,计税基础1 100万元;

(6)本年度扣除以前年度的广告费200万元;

(7)本年度弥补以前年度亏损300万元;

(8)处于行权期的用现金结算的股份支付,本期借记公允价值变动损益10万元,贷记应付职工薪酬10万元。年末,该项负债的账面价值40万元,计税基础30万元。

ABC公司适用的所得税税率为25%,除上述情况外没有其他可抵扣暂时性差异,年初递延所得税资产借方余额148.75万元。

要求:

(1)计算ABC公司2011年末递延所得税资产余额;

(2)计算ABC公司2011年度应确认的递延所得税资产。

题解:

(1)ABC公司2011年末递延所得税资产余额=(20+0.5+2.5+50+100+10)×25%=45.75(万元)

(2)ABC公司2011年度应确认的递延所得税资产=45.75-148.75=-103(万元)

(3)所得税会计处理

3.适用税率变化对已确认递延所得税资产和递延所得税负债的影响

因税收法规的变化,导致企业在某一会计期间适用的所得税税率发生变化的,企业应对已确认的递延所得税资产和递延所得税负债按照新的税率进行重新计量。递延所得税资产和递延所得税负债的金额代表的是有关可抵扣暂时性差异或应纳税暂时性差异于未来期间转回时,导致企业应交所得税金额的减少或增加的情况。适用税率变动的情况下,应对原已确认的递延所得税资产及递延所得税负债的金额进行调整,反映税率变化带来的影响。

除直接计入所有者权益的交易或事项产生的递延所得税资产及递延所得税负债,相关的调整金额应计入所有者权益以外,其他情况下因税率变化产生的调整金额应确认为税率变化当期的所得税费用(或收益)。

(三)所得税费用的确认和计量

所得税会计的主要目的之一是为了确定当期应交所得税以及利润表中的所得税费用。在按照资产负债表债务法核算所得税的情况下,利润表中的所得税费用包括当期所得税和递延所得税两个部分。

1.当期所得税

当期所得税是指企业按照税法规定计算确定的针对当期发生的交易和事项,应交纳给税务部门的所得税金额,即当期应交所得税。

企业在确定当期应交所得税时,对于当期发生的交易或事项,会计处理与税法处理不同的,应在会计利润的基础上,按照适用税收法规的规定进行调整,计算出当期应纳税所得额,按照应纳税所得额与适用所得税税率计算确定当期应交所得税。

2.递延所得税

递延所得税是指按照所得税准则规定当期应予确认的递延所得税资产和递延所得税负债金额,即递延所得税资产及递延所得税负债当期发生额的综合结果,但不包括计入所有者权益的交易或事项的所得税影响。用公式表示即为:

递延所得税=递延所得税负债的期末余额-递延所得税负债的期初余额-(递延所得税资产的期末余额-递延所得税资产的期初余额)

【例6-14】 沿用[例6-12]、[例6-13]资料,计算 ABC 公司 2011 年度的递延所得税。

题解:

ABC 公司 2011 年度的递延所得税=15.5-0-(45.75-148.75)=118.5

企业因确认递延所得税资产和递延所得税负债产生的递延所得税,一般应当计入所得税费用,但以下两种情况除外:

一是某项交易或事项按照会计准则规定应计入所有者权益的,由该交易或事项产生的递延所得税资产或递延所得税负债及其变化亦应计入所有者权益,不构成利润表中的递延所得税费用(或收益)。

3.所得税费用

计算确定了当期所得税及递延所得税以后,利润表中应予确认的所得税费用为两者之和,即:所得税费用=当期所得税+递延所得税

【例6-15】 沿用[例6-7]、[例6-12]、[例6-13]、[例6-14]资料,ABC 公司 2011 年度在我国应缴纳的所得税 737.5625 万元,递延所得税 118.5 万元。

要求:计算 ABC 公司当期的所得税费用,并作相应的账务处理。

题解:

(1)ABC 公司 2011 年度应确认的所得税费用=737.5625+118.5=856.0625(万元)

(2)所得税会计处理

借:所得税费用	856.0625
贷:应交税费——应交所得税	737.5625
递延所得税负债	15.5
递延所得税资产	103

第五节　企业所得税申报

一、企业所得税申报的基本要求

1.按月或按季预缴的,应当自月份或者季度终了之日起 15 日内,向税务机关报送预缴企业所得税纳税申报表,预缴税款。

2.企业所得税年度汇算清缴,应当自年度终了之日起 5 个月内,向税务机关报送年度企业所得税纳税申报表,并汇算清缴,结清应缴应退税款。

3.企业应当在办理注销登记前,就其清算所得向税务机关申报并依法缴纳企业所得税。

4.企业在报送企业所得税纳税申报表时,应当按照规定附送财务会计报告和其他有关资料。

5.依照企业所得税法缴纳的企业所得税,以人民币计算。所得以人民币以外的货币计算的,应当折合成人民币计算并缴纳税款。

6.企业在纳税年度内无论盈利或者亏损,都应当依照企业所得税法规定的期限,向税务机关报送预缴企业所得税纳税申报表、年度企业所得税纳税申报表、财务会计报告和税务机关规定应当报送的其他有关资料。

二、企业所得税申报实务

【例 6-16】　ABC 公司 2011 年度的基本情况如下:

(一)纳税人基本信息

1.纳税人识别号:330100699831055

2.纳税人名称:ABC 公司

8.法人代表:郑天乐

4.注册资金:2 000 万元

5.主营业务:不锈钢厨具的生产、销售、加工、修理修配

6.职工人数:300 人

7.税款征收方式:查账征收

8.会计核算:企业会计准则

9.纳税人类型及税种税率:增值税一般纳税人,增值税税率为 17％,城建税税率为 7％,教育费附加为 3％,企业所得税税率为 25％。不考虑地方教育费附加及水利建设

专项基金。

10. 企业所得税汇算清缴:2012 年 3 月 15 日

(二)企业生产经营情况

1. 收入情况:见本章[例 6-1]

2. 成本费用等扣除项目情况:见本章[例 6-3]

3. 亏损弥补情况:见本章[例 6-4]

4. 境外投资情况:见本章[例 6-7]

5. 固定资产折旧情况:见本章[例 6-13]

6. 所得税会计处理:见本章[例 6-15]

7. 其他资料:

(1)2011 年末,ABC 公司将处于行权期的以现金结算的股份支付公允价值变动 10 万元,借记"公允价值变动损益"账户,贷记"应付职工薪酬——股份支付"账户;

(2)2011 年末,将一项以公允价值模式进行后续计量的投资性房地产的公允价值变动 3 万元,借记"投资性房地产——公允价值变动"账户,贷记"公允价值变动损益"账户;

(3)2011 年末,将一项交易性金融资产公允价值的变动 10 万元,借记"交易性金融资产——公允价值变动"账户,贷记"公允价值变动损益"账户;

(4)ABC 公司 2011 年度对 A 公司进行长期股权投资,初始投资成本 280 万元,享有 A 公司有表决权股份的 30%,采用权益法核算。这项投资的公允价值 300 万元,后续计量时调整初始投资成本 20 万元,借记"长期股权投资——成本"账户,贷记"营业外收入账户";

(5)ABC 公司 2011 年 1—4 季度共预缴企业所得税 700 万元,其中第 4 季度预交企业所得税 180 万元,于 2012 年 1 月 15 日缴入国库。

要求:

1. 按会计准则,编制 ABC 公司 2011 年度利润表;

2. 根据上述资料,编制 ABC 公司 2011 年度企业所得税汇算清缴附表 1-11;

3. 根据年度利润表、附表及其他相关资料,编制 ABC 公司 2011 年度企业所得税年度申报表。

题解:

ABC 公司 2011 年度企业所得税汇算清缴年度利润表、申报表附表、年度申报表填写结果,见表 6-2、表 6-3、表 6-4、表 6-5、表 6-6、表 6-7、表 6-8、表 6-9、表 6-10、表 6-11、表 6-12、表 6-13、表 6-14 所示。

表 6-2　利润表

编制单位:ABC 公司　　　　　　　　2011 年　　　　　　　　单位:元　　　　　　　会企 02 表

项　　目	本期金额	上期金额
一、营业收入	122 670 000.00	
减:营业成本	61 650 000.00	
营业税金及附加	1 200 000.00	
销售费用	18 464 000.00	
管理费用	7 998 000.00	
财务费用	2 710 000.00	
资产减值损失	350 000.00	
加:公允价值变动收益(损失以"—"填列)	30 000.00	
投资收益(损失以"—"填列)	10 985 000.00	
其中:对联营企业和合营企业的投资收益		
二、营业利润(亏损以"—"填列)	41 313 000.00	
加:营业外收入	837 000.00	
减:营业外支出	823 500.00	
其中:非流动资产处置损失		
三、利润总额(亏损总额以"—"填列)	41 326 500.00	
减:所得税费用	8 560 625.00	
四、净利润(净亏损以"—"填列)	32 765 875.00	
五、每股收益:		
(一)基本每股收益		
(二)稀释每股收益		

表 6-3　企业所得税年度纳税申报表附表一(1)收入明细表

填报时间:2012 年 3 月 15 日　　　　　　　　　　　　金额单位:元(列至角分)

行次	项目	金额
1	一、销售(营业)收入合计(2+13)	124 170 000
2	(一)营业收入合计(3+8)	122 670 000
3	1.主营业务收入(4+5+6+7)	122 100 000
4	(1)销售货物	122 100 000
5	(2)提供劳务	
6	(3)让渡资产使用权	
7	(4)建造合同	
8	2.其他业务收入(9+10+11+12)	570 000
9	(1)材料销售收入	100 000
10	(2)代购代销手续费收入	100 000

259

行次	项目	金额
11	(3)包装物出租收入	30 000
12	(4)其他	340 000
13	(二)视同销售收入(14+15+16)	1 500 000
14	(1)非货币性交易视同销售收入	1 000 000
15	(2)货物、财产、劳务视同销售收入	500 000
16	(3)其他视同销售收入	
17	二、营业外收入(18+19+20+21+22+23+24+25+26)	837 000
18	1.固定资产盘盈	
19	2.处置固定资产净收益	
20	3.非货币性资产交易收益	
21	4.出售无形资产收益	40 000
22	5.罚款净收入	50 000
23	6.债务重组收益	230 000
24	7.政府补助收入	200 000
25	8.捐赠收入	117 000
26	9.其他	200 000

经办人(签章):　　　　　　　　　　　　　　　　代表人(签章):郑天乐

表 6-4　企业所得税年度纳税申报表附表二(1)　成本费用明细表

填报时间:2012 年 3 月 15 日　　　　　　　　　　金额单位:元(列至角分)

行次	项目	金额
1	一、销售(营业)成本合计(2+7+12)	62 900 000
2	(一)主营业务成本(3+4+5+6)	61 580 000
3	(1)销售货物成本	61 580 000
4	(2)提供劳务成本	
5	(3)让渡资产使用权成本	
6	(4)建造合同成本	
7	(二)其他业务成本(8+9+10+11)	70 000
8	(1)材料销售成本	10 000
9	(2)代购代销费用	
10	(3)包装物出租成本	10 000
11	(4)其他	50 000
12	(三)视同销售成本(13+14+15)	1 250 000
13	(1)非货币性交易视同销售成本	800 000
14	(2)货物、财产、劳务视同销售成本	450 000

续表

行次	项目	金额
15	（3）其他视同销售成本	
16	二、营业外支出(17+18+……+24)	823 500
17	1.固定资产盘亏	40 000
18	2.处置固定资产净损失	
19	3.出售无形资产损失	
20	4.债务重组损失	
21	5.罚款支出	130 000
22	6.非常损失	
23	7.捐赠支出	653 500
24	8.其他	
25	三、期间费用(26+27+28)	29 172 000
26	1.销售(营业)费用	18 464 000
27	2.管理费用	7 998 000
28	3.财务费用	2 710 000

经办人(签章)： 法定代表人(签章)：郑天乐

表6-5 企业所得税年度纳税申报表附表三 纳税调整项目明细表

填报时间:2012年3月15日 金额单位:元(列至角分)

行次	项目	账载金额	税收金额	调增金额	调减金额
		1	2	3	4
1	一、收入类调整项目	*	*	1 505 000	1 1165 000
2	1.视同销售收入(填写附表一)	*	*	1 500 000	*
♯3	2.接受捐赠收入	*			*
4	3.不符合税收规定的销售折扣和折让				*
*5	4.未按权责发生制原则确认的收入				
*6	5.按权益法核算长期股权投资对初始投资成本调整确认收益	*	*	*	200 000
7	6.按权益法核算的长期股权投资持有期间的投资损益	*	*		300 000
*8	7.特殊重组				
*9	8.一般重组				
*10	9.公允价值变动净收益(填写附表七)	*	*		30 000
11	10.确认为递延收益的政府补助				
12	11.境外应税所得(填写附表六)	*	*		10 250 000
13	12.不允许扣除的境外投资损失	*	*		*
14	13.不征税收入(填附表一-[3])	*	*	*	

261

行次	项目	账载金额	税收金额	调增金额	调减金额
		1	2	3	4
15	14.免税收入(填附表五)	*	*	*	380 000
16	15.减计收入(填附表五)	*	*	*	
17	16.减、免税项目所得(填附表五)	*	*	*	
18	17.抵扣应纳税所得额(填附表五)	*	*	*	
19	18.其他	35 000	40 000	5 000	
20	二、扣除类调整项目	*	*	3 693 500	4 050 000
21	1.视同销售成本(填写附表二)	*	*		1 250 000
22	2.工资薪金支出	17 000 000	17 000 000	0	0
23	3.职工福利费支出	2 550 000	2 380 000	170 000	
24	4.职工教育经费支出	450 000	425 000	25 000	
25	5.工会经费支出	510 000	340 000	170 000	
26	6.业务招待费支出	600 000	360 000	240 000	*
27	7.广告费和业务宣传费支出(填写附表八)	*	*	300 000	2 000 000
28	8.捐赠支出	653 500	100 000	553 500	*
29	9.利息支出	1 950 000	900 000	1 050 000	
30	10.住房公积金	1 500 000	1 360 000	140 000	*
31	11.罚金、罚款和被没收财物的损失	100 000	*	100 000	*
32	12.税收滞纳金	10 000	*	10 000	*
33	13.赞助支出		*		*
34	14.各类基本社会保障性缴款	5 899 000	4 964 000	935 000	
35	15.补充养老保险、补充医疗保险				
36	16.与未实现融资收益相关在当期确认的财务费用				
37	17.与取得收入无关的支出		*		*
38	18.不征税收入用于支出所形成的费用		*		*
39	19.加计扣除(填附表五)	*	*	*	800 000
40	20.其他				
41	三、资产类调整项目	*	*	200 000	200 000
42	1.财产损失				
43	2.固定资产折旧(填写附表九)	*	*	200 000	
44	3.生产性生物资产折旧(填写附表九)	*	*		
45	4.长期待摊费用的摊销(填写附表九)	*	*		
46	5.无形资产摊销(填写附表九)	*	*		
47	6.投资转让、处置所得(填写附表十一)	*	*		
48	7.油气勘探投资(填写附表九)	*	*		
49	8.油气开发投资(填写附表九)	*	*		
50	9.其他				
51	四、准备金调整项目(填写附表十)	*	*	350 000	
52	五、房地产企业预售收入计算的预计利润	*	*		

续表

行次	项目	账载金额	税收金额	调增金额	调减金额
		1	2	3	4
53	六、特别纳税调整应税所得	＊	＊		＊
54	七、其他	＊	＊		200 000
55	合　　计	＊	＊	5 748 500	15 410 000

注:

1.标有＊的行次为执行新会计准则的企业填列,标有♯的行次为除执行新会计准则以外的企业填列。

2.没有标注的行次,无论执行何种会计核算办法,有差异就填报相应行次,填＊号不可填列

3.有二级附表的项目只填调增、调减金额,账载金额、税收金额不再填写。

经办人(签章):　　　　　　　　　　　　　　　法定代表人(签章):郑天乐

表 6-6　企业所得税年度纳税申报表附表四　企业所得税弥补亏损明细表

填报时间:2012 年 3 月 15 日　　　　　　　　　　金额单位:元(列至角分)

行次	项目	年度	盈利额或亏损额	合并分立企业转入可弥补亏损额	当年可弥补的所得额	以前年度亏损弥补额					本年度实际弥补的以前年度亏损额	可结转以后年度弥补的亏损额
						前四年度	前三年度	前二年度	前一年度	合计		
		1	2	3	4	5	6	7	8	9	10	11
1	第一年	2006	−3 000 000		−3 000 000	2 000 000		10 00 000		3 000 000		＊
2	第二年	2007	2 000 000		2 000 000	＊						
3	第三年	2008	−4 000 000		−4 000 000		＊	2 000 000		2 000 000	2 000 000	
4	第四年	2009	3 000 000		3 000 000							
5	第五年	2010	−1 000 000		−1 000 000	＊	＊	＊	＊		1 000 000	
6	本年	2011	31 665 000		31 665 000	＊	＊	＊	＊		3 000 000	
7	可结转以后年度弥补的亏损额合计											

经办人(签章):　　　　　　　　　　　　　　　法定代表人(签章):郑天乐

表 6-7　企业所得税年度纳税申报表附表五　税收优惠明细表

填报时间:2012 年 3 月 15 日　　　　　　　　　　金额单位:元(列至角分)

行次	项目	金额
1	一、免税收入(2+3+4+5)	380 000
2	1.国债利息收入	30 000
3	2.符合条件的居民企业之间的股息、红利等权益性投资收益	350 000
4	3.符合条件的非营利组织的收入	
5	4.其他	
6	二、减计收入(7+8)	
7	1.企业综合利用资源,生产符合国家产业政策规定的产品所取得的收入	
8	2.其他	

行次	项目	金额
9	三、加计扣除额合计(10+11+12+13)	800 000
10	1.开发新技术、新产品、新工艺发生的研究开发费用	200 000
11	2.安置残疾人员所支付的工资	600 000
12	3.国家鼓励安置的其他就业人员支付的工资	
13	4.其他	
14	四、减免所得额合计(15+25+29+30+31+32)	
15	(一)免税所得(16+17+…+24)	
16	1.蔬菜、谷物、薯类、油料、豆类、棉花、麻类、糖料、水果、坚果的种植	
17	2.农作物新品种的选育	
18	3.中药材的种植	
19	4.林木的培育和种植	
20	5.牲畜、家禽的饲养	
21	6.林产品的采集	
22	7.灌溉、农产品初加工、兽医、农技推广、农机作业和维修等农、林、牧、渔服务业项目	
23	8.远洋捕捞	
24	9.其他	
25	(二)减税所得(26+27+28)	
26	1.花卉、茶以及其他饮料作物和香料作物的种植	
27	2.海水养殖、内陆养殖	
28	3.其他	
29	(三)从事国家重点扶持的公共基础设施项目投资经营的所得	
30	(四)从事符合条件的环境保护、节能节水项目的所得	
31	(五)符合条件的技术转让所得	
32	(六)其他	
33	五、减免税合计(34+35+36+37+38)	
34	(一)符合条件的小型微利企业	
35	(二)国家需要重点扶持的高新技术企业	
36	(三)民族自治地方的企业应缴纳的企业所得税中属于地方分享的部分	
37	(四)过渡期税收优惠	
38	(五)其他	
39	六、创业投资企业抵扣的应纳税所得额	
40	七、抵免所得税额合计(41+42+43+44)	
41	(一)企业购置用于环境保护专用设备的投资额抵免的税额	
42	(二)企业购置用于节能节水专用设备的投资额抵免的税额	
43	(三)企业购置用于安全生产专用设备的投资额抵免的税额	
44	(四)其他	
45	企业从业人数(全年平均人数)	
46	资产总额(全年平均数)	
47	所属行业(工业企业　　其他企业)	工业企业

经办人(签章)：　　　　　　　　　　　　　　法定代表人(签章)：郑天乐

填报时间:2012年3月15日

表6-8　企业所得税年度纳税申报表附表六　境外所得税抵免计算明细表

金额单位:元(列至角分)

抵免方式		境外所得已纳税款抵扣方法													定率抵扣		
	国家或地区	境外所得	境外所得换算含税所得	弥补以前年度亏损	免税所得	弥补亏损前境外应税所得额	可弥补境内亏损	境外应纳税所得额	税率(%)	境外所得应纳税额	境外所得可抵免税额	境外所得税款抵免限额	本年可抵免境外所得税款	未超过境外所得税款抵免限额的余额	本年可抵免以前年度所得税额	前五年境外所得已缴税款未抵免余额	定率抵免
列次	1	2	3	4	5	6(3-4-5)	7	8(6-7)	9	10(8×9)	11	12	13	14(12-13)	15	16	17
直接抵免	A	3 350 000	4 187 500			4 187 500		4 187 500	25	1 046 875	837 500	1 046 875	837 500	209 375			
直接抵免	B	10 500 000	15 000 000			15 000 000		15 000 000	25	3 750 000	4 500 000	3 750 000	3 750 000	0			
直接抵免	C	−3 600 000	0	*	*	0	0	0	25						*	*	*
间接抵免				*	*				25		*	*	*	*	*	*	*
间接抵免				*	*				25		*	*	*	*	*	*	*
间接抵免				*	*				25		*	*	*	*	*	*	*
合计	*	10 250 000	19 187 500			19 187 500		19 187 500	*	4 796 875	5 337 500	4 796 875	4 587 500	209 375			

经办人(签章):

法定代表人(签章):郑天乐

表 6-9 企业所得税年度纳税申报表附表七 以公允价值计量资产纳税调整表

填报时间:2012 年 3 月 15 日　　　　　　　　　　　金额单位:元(列至角分)

行次	资产种类	期初金额		期末金额		纳税调整额(纳税调减以"—"表示)
		账载金额(公允价值)	计税基础	账载金额(公允价值)	计税基础	
		1	2	3	4	5
1	一、公允价值计量且其变动计入当期损益的金融资产	1 000 000	1 000 000	1 100 000	1 000 000	—100 000
2	1.交易性金融资产	1 000 000	1 000 000	1 100 000	1 000 000	—100 000
3	2.衍生金融工具					
4	3.其他以公允价值计量的金融资产					
5	二、公允价值计量且其变动计入当期损益的金融负债	300 000	300 000	400 000	300 000	100 000
6	1.交易性金融负债					
7	2.衍生金融工具					
8	3.其他以公允价值计量的金融负债	300 000	300 000	400 000	300 000	100 000
9	三、投资性房地产	4 000 000	4 000 000	4 030 000	4 000 000	—30 000
10	合计	5 300 000	5 300 000	5 530 000	5 300 000	—30 000

经办人(签章):　　　　　　　　　　　　　　　法定代表人(签章):郑天乐

表 6-10 企业所得税年度纳税申报表附表八 广告费和业务宣传费跨年度纳税调整表

填报时间:2012 年 3 月 15 日　　　　　　金额单位:元(列至角分)

行次	项目	金额
1	本年度广告费和业务宣传费支出	15 000 000
2	其中:不允许扣除的广告费和业务宣传费支出	300 000
3	本年度符合条件的广告费和业务宣传费支出(1—2)	14 700 000
4	本年计算广告费和业务宣传费扣除限额的销售(营业)收入	124 170 000
5	税收规定的扣除率(本行填写百分数,例如:××%)	15
6	本年广告费和业务宣传费扣除限额(4×5)	18 625 500
7	本年广告费和业务宣传费支出纳税调整额(3≤6,本行=2 行;3>6,本行=1—6)	300 000
8	本年结转以后年度扣除额(3>6,本行=3—6;3≤6,本行=0)	0
9	加:以前年度累计结转扣除额	2 000 000
10	减:本年扣除的以前年度结转额	2 000 000
11	累计结转以后年度扣除额(8+9—10)	0

经办人(签章):　　　　　　　　　　　　法定代表人(签章):郑天乐

表 6-11　企业所得税年度纳税申报表附表九　资产折旧、摊销纳税调整明细表

填报时间:2012 年 3 月 15 日　　　　　　　　　　　　　　金额单位:元(列至角分)

行次	资产类别	资产原值		折旧、摊销年限		本期折旧、摊销额		纳税调整额
		账载金额	计税基础	会计	税收	会计	税收	
		1	2	3	4	5	6	7
1	一、固定资产							
2	1.房屋建筑物	15 000 000	15 000 000	20	20	750 000	650 000	100 000
3	2.飞机、火车、轮船、机器、机械和其他生产设备	2 000 000	2 000 000	10	10	270 000	250 000	20 000
4	3.与生产经营有关的器具工具家具							
5	4.飞机、火车、轮船以外的运输工具							
6	5.电子设备	850 000	850 000		5	280 000	200 000	80 000
7	二、生产性生物资产			*	*			
8	1.林木类							
9	2.畜类							
10	三、长期待摊费用			*	*			
11	1.已足额提取折旧的固定资产的改建支出							
12	2.租入固定资产的改建支出							
13	3.固定资产大修理支出							
14	4.其他长期待摊费用							
15	四、无形资产							
16	五、油气勘探投资							
17	六、油气开发投资							
18	合计			*	*	1 300 000	1 200 000	200 000

经办人(签章):　　　　　　　　　　　　　　法定代表人(签章):郑天乐

表 6-12　企业所得税年度纳税申报表附表十　资产减值准备项目调整明细表

填报时间:2012 年 3 月 15 日　　　　　　　　　　　　　　金额单位:元(列至角分)

行次	准备金类别	期初余额	本期转回额	本期计提额	期末余额	纳税调整额
		1	2	3	4	5
1	坏(呆)账准备	650 000	0	350 000	1 000 000	350 000
2	存货跌价准备					
3	*其中:消耗性生物资产减值准备					
4	*持有至到期投资减值准备					
5	*可供出售金融资产减值		——			
6	♯短期投资跌价准备					
7	长期股权投资减值准备					
8	*投资性房地产减值准备					
9	固定资产减值准备					
10	在建工程(工程物资)减值准备					
11	*生产性生物资产减值准备					
12	无形资产减值准备					
13	商誉减值准备					
14	贷款损失准备					
15	矿区权益减值					
16	其他					
17	合计	650 000	0	350 000	1 000 000	350 000

注:表中﹡项目为执行新会计准则企业专用;表中加﹟项目为执行企业会计制度、小企业会计制度的企业专用。

经办人(签章):　　　　　　　　　　　　　　法定代表人(签章):郑天乐

表6-13　企业所得税年度纳税申报表附表十一　长期股权投资所得（损失）明细表

填报时间：2012年3月15日

金额单位：元（列至角分）

行次	被投资企业	期初投资额	本年度增(减)投资额	投资成本		会计核算投资收益	股息红利				投资转让					
				初始投资成本	权益法核算对初始投资成本调整产生的收益		会计投资损益	税收确认的股息红利		会计与税收的差异	投资转让净收入	投资转让的会计成本	投资转让让税收成本	会计上确认的转让所得或损失	按税收计算的投资转让所得或损失	会计与税收的差异
								免税收入	全额征税收入							
	1	2	3	4	5	6(7+14)	7	8	9	10(7−8−9)	11	12	13	14(11−12)	15(11−13)	16(14−15)
1	A公司	0	2 800 000	2 800 000	200 000	600 000	600 000	300 000		300 000						
2	B公司	0	1 000 000	1 000 000		50 000	50 000	50 000		0						
3																
4																
合计	*		3 800 000	3 800 000	200 000	650 000	650 000	350 000		300 000						

投资损失补充资料

行次	项目	年度	当年度结转金额	已弥补金额	本年度实补金额	结转以后年度待弥补金额
1	第一年	2003				
2	第二年	2004				
3	第三年	2005				
4	第四年	2006				
5	第五年	2007				
以前年度结转在本年度税前扣除的股权投资转让损失						

备注：

经办人（签章）：　　　　　　　　　　法定代表人（签章）：郑天乐

269

表 6-14 中华人民共和国企业所得税年度纳税申报表(A 类)

税款所属期间:2011 年 01 月 01 日至 2011 年 12 月 31 日

纳税人名称:ABC 公司

纳税人识别号:330100699831055 　　　　　　　　金额单位:元(列至角分)

类别	行次	项目	金额
利润总额计算	1	一、营业收入(填附表一)	122 670 000.00
	2	减:营业成本(填附表二)	61 650 000.00
	3	营业税金及附加	1 200 000.00
	4	销售费用(填附表二)	18 464 000.00
	5	管理费用(填附表二)	7 998 000.00
	6	财务费用(填附表二)	2 710 000.00
	7	资产减值损失	350 000.00
	8	加:公允价值变动收益	30 000.00
	9	投资收益	10 985 000.00
	10	二、营业利润	41 313 000.00
	11	加:营业外收入(填附表一)	837 000.00
	12	减:营业外支出(填附表二)	823 500.00
	13	三、利润总额(10+11−12)	41 326 500.00
应纳税所得额计算	14	加:纳税调整增加额(填附表三)	5 748 500
	15	减:纳税调整减少额(填附表三)	15 410 000
	16	其中:不征税收入	200 000
	17	免税收入	380 000
	18	减计收入	
	19	减、免税项目所得	
	20	加计扣除	800 000
	21	抵扣应纳税所得额	
	22	加:境外应税所得弥补境内亏损	
	23	纳税调整后所得(13+14−15+22)	31 665 000
	24	减:弥补以前年度亏损(填附表四)	3 000 000
	25	应纳税所得额(23−24)	28 665 000

续表

类别	行次	项目	金额
应纳税额计算	26	税率(25%)	25
	27	应纳所得税额(25×26)	7 162 150
	28	减:减免所得税额(填附表五)	
	29	减:抵免所得税额(填附表五)	
	30	应纳税额(27-28-29)	7 162 150
	31	加:境外所得应纳所得税额(填附表六)	4 796 875
	32	减:境外所得抵免所得税额(填附表六)	4 587 500
	33	实际应纳所得税额(30+31-32)	7 371 525
	34	减:本年累计实际已预缴的所得税额	7 000 000
	35	其中:汇总纳税的总机构分摊预缴的税额	
	36	汇总纳税的总机构财政调库预缴的税额	
	37	汇总纳税的总机构所属分支机构分摊的预缴税额	
	38	合并纳税(母子体制)成员企业就地预缴比例(本行填写百分数,例如:××%)	
	39	合并纳税企业就地预缴的所得税额	
	40	本年应补(退)的所得税额(33-34)	371 525
附列资料	41	以前年度多缴的所得税额在本年抵减额	
	42	以前年度应缴未缴在本年入库所得税额	2 171 525

纳税人公章:	代理申报中介机构公章:	主管税务机关受理专用章:
经办人:	经办人及执业证件号码:	受理人:
申报日期:2012 年 3 月 15 日		
	代理申报日期: 年 月 日	受理日期: 年 月 日

经办人(签章): 　　　　　　　　　　　　　　　　　　　　法定代表人(签章):郑天乐

思考训练

一、单项选择题

1.根据企业所得税法的规定,下列是企业所得税纳税人的是( )。

A.个体工商户 　　　　　　　　　　B.个人独资企业

C.合伙企业 　　　　　　　　　　　　D.非居民企业

2.企业应当自月份或季度终了之日起( )日内,向税务机关报送预缴企业所得税申报表,预缴税款。

A. 10   B. 15

C. 7   D. 5

3. 下列项目中,应计入应纳税所得额征收企业所得税的是( )。

A. 债务重组时债务人取得的重组收益

B. 依法纳入财政管理的行政事业性收费

C. 企业购买国债取得的利息收入

D. 居民企业直接投资于其他居民企业取得的投资收益

4. 下列各项中,关于企业所得税所得来源地确定表述正确的是( )。

A. 权益性投资资产转让所得按照投资企业所在地确定

B. 销售货物所得,按照交易活动发生地确定

C. 提供劳务所得,按照所得支付地确定

D. 转让不动产,按照转让不动产的企业或机构、场所所在地确定

5. 下列关于居民企业和非居民企业的说法,不符合企业所得税法的规定的是( )。

A. 企业分为居民企业和非居民企业

B. 居民企业应当就其来源于中国境内、境外所得缴纳企业所得税

C. 非居民企业在中国境内设立机构、场所,应当就其来源于中国境内、境外所得都要缴纳企业所得税

D. 非居民企业在中国境内未设立机构、场所的,只就其来源于中国境内的所得缴纳企业所得税

6. 按照企业所得税法和实施条例规定,下列有关企业所得税税率说法不正确的是( )。

A. 居民企业适用税率为 25%

B. 国家重点扶持的高新技术企业减按 15% 的税率征税

C. 符合条件的小型微利企业适用税率为 20%

D. 未在中国境内设立机构、场所的非居民企业,取得中国境内的所得适用税率为 15%

7. 某国家重点扶持的高新技术企业,2009 年亏损 15 万元,2010 年度亏损 10 万元,2011 年度盈利 125 万元,根据企业所得税法的规定,企业 2011 年应纳企业所得税税额为( )。

A. 18.75 万元   B. 17.25 万元

C. 15 万元   D. 25 万元

8. 某软件生产企业为居民企业,2010 年实际发生的工资支出 100 万元,职工福利费支出 15 万元,职工培训费用支出 4 万元,2010 年该企业计算应纳税所得额时,应调增应纳税所得额( )。

A.1 万元   B.1.5 万元

C.2 万元   D.2.5 万元

9.在中国境内未设立机构、场所的非居民企业从中国境内取得的下列所得,不应按收入全额计算征收企业所得税的有(　　)。

A. 股息   B. 利息

C. 租金   D. 转让财产所得

10.下列收入是企业所得税不征税收入的是(　　)。

A. 转让财产收入   B. 财政拨款收入

C. 国债利息收入   D. 居民企业之间的股息收入

二、多项选择题

1.依据企业所得税法的规定,判定居民企业的标准有(　　)。

A. 登记注册地标准   B. 经营行为实际发生地标准

C. 所得来源地标准   D. 实际管理机构所在地标准

2.非居民企业在中国境内设立从事生产经营活动的机构、场所包括(　　)。

A. 提供劳务的场所

B. 办事机构

C. 在中国境内从事生产经营活动的营业代理人

D. 来华人员居住地

E. 农场

3.《中华人民共和国企业所得税法》中规定的企业所得税税率有(　　)。

A.25%   B.18%

C.20%   D.33%

4.下列(　　)税金在计算应纳税所得额时,不得扣除。

A. 企业所得税   B. 允许抵扣的增值税

C. 消费税   D. 营业税

5.企业发生下列情形的处置资产,按规定视同销售确定收入的有(　　)。

A. 用于非货币性资产交换   B. 用于职工奖励或福利

C. 用于股息分配   D. 用于对外捐赠

6.在计算应纳税所得额时,下列支出不得扣除(　　)。

A. 向投资者支付的股息、红利等权益性投资收益款项

B. 税收滞纳金

C. 企业所得税税款

D. 经核定的准备金支出

7.根据企业所得税法律制度的规定,企业使用或者销售的存货,可以选择的成本计算方法有( )。

A.先进先出法　　　　　　　　B.加权平均法

C.后进先出法　　　　　　　　D.个别计价法

8.房地产企业 2011 年取得销售商品房的预售收入,应按预售收入和预计毛利率计算预计毛利额,在申报缴纳企业所得税时,预计毛利额填写在企业所得税年度纳税申报表的( )栏目内是错误的。

A.销售(营业)收入　　　　　　B.纳税调整增加额

C.其他收入　　　　　　　　　D.纳税调整减少额

9.企业所得税法中所称应纳税所得额,是指企业每一纳税年度的收入总额,减除下列( )后余额。

A.不征税收入　　　　　　　　B.免税收入

C.各项扣除项目　　　　　　　D.允许弥补的以前年度亏损

E.减免和抵免的税额

10.税法规定的企业所得税的税收优惠方式包括免税、减税、( )等。

A.加计扣除　　　　　　　　　B.减计收入

C.税额抵免　　　　　　　　　D.费用返还

E.加速折旧

三、判断题

1.居民企业承担无限纳税义务,非居民企业承担有限纳税义务。　　　　　( )

2.由于个人独资企业不适用企业所得税法,所以一人有限公司也不适用企业所得税法。　　　　　　　　　　　　　　　　　　　　　　　　　　　( )

3.企业以经营租赁方式租入固定资产发生的租赁费支出,按照固定资产使用年限均匀扣除。　　　　　　　　　　　　　　　　　　　　　　　　　　　( )

4.企业所得税法中的转让财产收入是指企业转让固定资产、无形资产、流动资产、股权、股票、债券、债权等所取得的收入。　　　　　　　　　　　　　　　( )

5.财政性资金,是指企业取得的来源于政府及其有关部门的财政补助、补贴、贷款贴息,以及其他各类财政专项资金,包括直接减免的增值税和即征即退、先征后退、先征后返的各种税收及出口退税款。　　　　　　　　　　　　　　　( )

6.企业的不征税收入用于支出所形成的费用,不得在计算应纳税所得额时扣除;企业的不征税收入用于支出所形成的资产,其计算的折旧、摊销可以在计算应纳税所得额时扣除。　　　　　　　　　　　　　　　　　　　　　　　( )

7.企业受托加工制造大型机械设备、船舶、飞机等,以及从事建筑、安装、装配工程业务或者提供劳务等,持续时间超过 12 个月的,按照全部完工进度或者完成的工作量确认收入的实现。　　　　　　　　　　　　　　　　　　　　　　（　）

8.企业发生的支出应当区分收益性支出和资本性支出。收益性支出在发生当期直接扣除;资本性支出则不得扣除。　　　　　　　　　　　　　　　　　（　）

9.企业以买一赠一等方式组合销售本企业商品的,不属于捐赠,应将总的销售金额按各项商品的公允价值的比例来分摊确认各项的销售收入。　　　　　（　）

10.纳税人按财务制度规定提取的存货减值准备金在计算应纳税所得额时准予扣除。　　　　　　　　　　　　　　　　　　　　　　　　　　　　　（　）

四、实务题

(一)甲公司为农业综合开发公司,目前主要经营花卉种植和土特产销售。2011 年资产总额 1 500 万元,从业人员 80 人,对不同经营项目分别核算,实现销售收入 4 000 万元(其中花卉收入 2 000 万元,培植花卉新品种技术转让收入 100 万元),各项成本费用 3 000 万元(其中花卉种植成本费用 1 200 万元,培植花卉新品种技术成本费用 30 万元),2011 年度企业所得税已预缴 100 万元。

要求:根据上述资料,计算该公司 2011 年度应缴的企业所得税。

(二)某企业 2011 年度境内应纳税所得额为 100 万元,适用 25％的企业所得税税率。另外,该企业分别在 A、B 两国设有分支机构(我国与 A、B 两国已经缔结避免双重征税协定),在 A 国分支机构的应纳税所得额为 50 万元,A 国税率为 20％;在 B 国的分支机构的应纳税所得额为 30 万元,B 国税率为 30％。假设该企业在 A、B 两国所得按我国税法计算的应纳税所得额和按 A、B 两国税法计算的应纳税所得额一致,两个分支机构在 A、B 两国分别缴纳了 10 万元和 9 万元的企业所得税。

要求:计算该企业汇总时在我国应缴纳的企业所得税税额。

(三)甲公司于 2011 年 12 月底购入一台机器设备,成本为 525 000 元,预计使用年限为 6 年,预计净残值为零。会计上按直线法计提折旧,因该设备符合税法规定的税收优惠条件,计税时可采用年数总和法计提折旧,假定税法规定的使用年限及净残值均与会计相同。本例中假定该公司各会计期间均未对固定资产计提减值准备,除该项固定资产产生的会计与税法之间的差异外,不存在其他会计与税收的差异。

要求:
(1)计算 2012 年至 2017 年的会计折旧和计税折旧额;
(2)计算 2012 年至 2017 年年末机器设备的账面价值和计税基础;
(3)计算 2012 年至 2017 年发生或转回的应纳税暂时性差异额;

（4）计算 2012 年至 2017 年每年应确认的递延所得税负债金额；

（5）计算 2012 年至 2017 年每年末递延所得税负债余额；

（6）编制 2012 年至 2017 年每年确认递延所得税负债的会计分录。

（四）M 公司的纳税人识别号为 330100699831066，注册资金 1 000 万元，职工 200 人，采用企业会计准则，所得税实行查账征收，按季度预交，年度终了汇算清缴，时间为次年 4 月 15 日。2011 年度的基本情况如下：

1. 收入情况：

（1）全年销售产品，开具增值税专用发票，不含税销售额 10 000 万元；

（2）将 1 幢自用的仓库出租给 M 公司，租赁期 5 年，每年的租金收入为 24 万元。

（3）单独核算出租包装物，取得租金收入 2 万元；

（4）将一批自产的成本为 8 万元、市价（不含增值税）为 10 万元的不锈钢厨具作为非货币性福利发放给本企业职工。

（5）用一批自产的成本为 80 万元、市价（不含增值税）为 100 万元的厨具换入乙公司生产的不锈钢材料一批，交易双方均不牵涉补价。该项交易不具备商业实质，企业没有确认收入；

（6）以一批自产库存厨具抵偿所欠乙公司的债务 140 万元，该批库存厨具的成本 80 万元，市价 100 万元；

（7）因丙公司违反合同规定，收取违约金 5 万元；

（8）对 A 公司进行长期股权投资，享有 A 公司 30% 有表决权的股份；A 公司 2011 年度实现净利润 100 万元，2011 年 12 月 31 日共计发放现金股利 50 万元。

（9）对 B 公司进行股权投资，享有 B 公司 10% 的股权，B 公司共计发放现金股利 50 万元；

（10）按面值购买国债 100 万元，年利率 6%，持有期间取得国债利息收入 3 万元，并以 102 万元的价格将国债全部出售；

（11）以存款 100 万元购入股票 10 万股，另外支付相关税费 0.5 万元，作为交易性金融资产核算，持有期间获得现金股利 4 万元；

（12）在 A、B、C 三国设分支机构进行投资，投资收益分别为：50 万美元、100 万英镑、-40 万欧元。汇率：美元 1∶6.7；英镑 1∶10.5；欧元 1∶9。

2. 成本费用等扣除项目情况：

（1）产品销售成本 5 000 万元；

（2）营业税金及附加账户的金额 100 万元；

（3）摊销出租包装物成本 1 万元；

（4）用于职工福利的自产不锈钢厨具的成本 8 万元；

(5)用于换取钢材的自产不锈钢厨具的成本为 80 万元；

(6)用于抵债的自产货物成本 80 万元；

(7)营业外支出账户中列支金额合计 13 万元，具体情况为：

①因违反合同，支付给乙公司违约金 2 万元；

②因无故延期纳税，支付税收滞纳金 1 万元；

③因违法经营接受处罚支付罚金 10 万元；

(8)销售费用账户中列支的金额合计 1 346.4 万元，其中：

①本年度广告费支出共计 1 000 万元，其中 30 万元不符合税法规定；

②业务宣传费 12 万元；

(9)管理费用账户中列支金额合计 799.8 万元，其中：

①业务招待费 60 万元；

②符合加计扣除条件的费用化研发支出 40 万元；

(10)财务费用费用账户中列支金额合计 260 万元，其中：

①向工商银行借款 1 000 万元，年利率 6%，利息支出 60 万元；

②支付给银行的罚息 5 万元；

③向乙公司借款 500 万元，年利率 12%，利息支出 60 万元；

④向关联企业借款 1 500 万元(该关联企业对本企业的权益投资 500 万元)，年利率 9%，支付利息 135 万元；

(11)工资总额 1700 万元，其中符合国家税收优惠政策可以加计扣除的残疾人工资 40 万元；

(12)实际发生职工福利费 250 万元，职工教育经费 45 万元，工会经费 45 万元；

(13)企业负担交纳养老保险费 320 万元，医疗保险费 200 万元，工伤保险费 6.8 万元，失业保险费 34 万元，女工生育保险费 5.1 万元。女工工资总额 850 万元；当地规定 2011 年度"社会保险费"企业负担部分的缴存比例分别为工资总额的：养老保险费 15%；医疗保险费 11.5%；失业保险费 2%；女工生育保险费 0.6%；工伤保险费 0.4%。

(14)住房公积金 140 万元，当地规定缴存比例为工资总额的 8%；

(15)资产折旧费合计 125 万元，具体情况如下：

①电子设备原值 100 万元，会计年折旧额 25 万元，税法年折旧额 20 万元；

②房屋建筑物会计年折旧额 70 万元，税法年折旧额 65 万元；

③机器设备会计年折旧额 30 万元，税法年折旧额 25 万元。

(16)计提资产减值损失 15 万元；

(17)可以在本年扣除的以前年度广告费 200 万元。

3.历年盈亏情况：2006－2010 年纳税调整后所得分别为：－300 万元、200 万元、－300 万元、300 万元、－100 万元。

4. 境外投资情况：分别在 A、B、C 国设有分支机构,在 A 国分支机构的应纳税所得额为 418.75 万元,A 国税率为 20%;在 B 国的分支机构的应纳税所得额为 1 500 万元,B 国税率为 30%;在 C 国分支机构发生亏损 360 万元,C 国税率为 25%。在境外计算的应纳税所得额与我国一致,在 A、B 两国分别缴纳了 83.75 万元和 450 万元的企业所得税。

5. 资产减值准备情况:坏账准备年初贷方余额 85 万元,本年度计提坏账准备金 15 万元,年末余额 100 万元。年末应收项目账面价值 1 000 万元,计税基础 1 100 万元;

6. 2011 年末,交易性金融资产公允价值的变动 10 万元,借记"交易性金融资产——公允价值变动"账户,贷记"公允价值变动损益"账户。

7. 对 A 公司的长期股权投资,初始投资成本 280 万元,因调整初始投资成本 20 万元,借记"长期股权投资——成本"账户,贷记"营业外收入账户"。

8. 2011 年 1—4 季度共预缴企业所得税 200 万元,其中第 4 季度预缴企业所得税 50 万元,于 2012 年 1 月 15 日缴入国库。

要求:

1. 计算收入总额、免税收入;

2. 计算准予扣除项目的成本、费用、税金、损失;

3. 计算纳税调整增加额和纳税调整减少额;

4. 用直接法和间接法分别计算应纳税所得额;

5. 计算境外所得应补税额、应纳税额;

6. 分析纳税调整项目的性质,计算永久性差异、应纳税暂时性差异、可抵扣暂时性差异;

7. 分别按应付税款法和资产负债表债务法进行所得税会计处理;

8. 按会计准则,编制 M 公司 2011 年度利润表;

9. 编制 M 公司 2011 年度企业所得税汇算清缴附表 1-11;

10. 根据年度利润表、附表及其他相关资料,编制 M 公司 2011 年度企业所得税年度申报表。

第七章　个人所得税实务

☆ 了解个人所得税法的基本规定
☆ 熟悉个人所得税的优惠政策
☆ 熟悉居民纳税人和费居民纳税人的区别
☆ 懂得个人所得税纳税的申报要求

能力目标

☆ 能判个人所得税纳税人的类型
☆ 会计算个人所得税税款
☆ 能填写个人所得税申报表

引导案例

中国公民张三是某外商投资企业的中方雇员,2011 年度每月份分别从雇佣单位和派遣单位取得工资 1 万元和 0.5 万元;向 A 公司提供设计服务,取得含税劳务报酬 5 万元;取得 2010 年存入、2011 年到期的银行存款利息 2 万元;取得国债利息 1 万元。上述各项收入,凡需要缴纳个人所得税的,均由支付单位扣缴了个人所得税,并取得了完税凭证原件。2012 年 1 月 15 日,张三接到税务机关的通知,其年所得额已经超过 12 万元,需要在 2012 年 3 月 31 日之前进行自行申报。为了能顺利进行自行申报,张三需要掌握:

1.2011 年度各项收入,税法是怎样规定代扣代缴的?

2.2011 年度各月份由雇佣单位和派遣单位支付的工资,是否需要自行申报?怎样计算应补缴的税款?

3.年所得 12 万元是怎样界定和计算的?

4.年所得 12 万元以上自行申报表应当如何填写?

第一节　个人所得税的基本规定

个人所得税是以自然人取得的各类应税所得为征税对象而征收的一种所得税,是政府利用税收对个人收入进行调节的一种手段。

我国的个人所得税法,目前适用的是 2011 年 6 月 30 日,由第十一届全国人民代表大会常务委员会第二十一次会议修改通过的《个人所得税法》以及《国务院关于修改〈中华人民共和国个人所得税法实施条例〉的决定》(国务院令第 600 号),自 2011 年 9 月 1 日起施行。

一、纳税义务人

个人所得税的纳税义务人,包括中国公民、个体工商业户、个人独资企业、合伙企业投资者、在中国有所得的外籍人员(包括无国籍人员,下同)和香港、澳门、台湾地区同胞。上述纳税义务人依据住所和居住时间两个标准,区分为居民和非居民,分别承担不同的纳税义务。

(一)居民纳税义务人

居民纳税义务人负有无限纳税义务。其所取得的应纳税所得,无论是来源于中国境内还是中国境外任何地方,都要在中国缴纳个人所得税。根据《个人所得税法》规定,居民纳税义务人是指在中国境内有住所,或者无住所而在中国境内居住满 1 年的个人。

个人所得税的居民纳税义务人包括以下两类:

1.在中国境内定居的中国公民和外国侨民。但不包括虽具有中国国籍,却并没有在中国大陆定居,而是侨居海外的华侨和居住在香港、澳门、台湾的同胞。

2.从公历 1 月 1 日起至 12 月 31 日止,居住在中国境内的外国人、海外侨胞和香港、澳门、台湾同胞。这些人如果在一个纳税年度内,一次离境不超过 30 日,或者多次离境累计不超过 90 日的,仍应被视为全年在中国境内居住,从而判定为居民纳税义务人。

现行税法中关于"中国境内"的概念,是指中国大陆地区,目前还不包括香港、澳门和台湾地区。

(二)非居民纳税义务人

非居民纳税义务人是指不符合居民纳税义务人判定标准(条件)的纳税义务人,非居民纳税义务人承担有限纳税义务,即仅就其来源于中国境内的所得,向中国缴纳个人所得税。

《个人所得税法》规定,非居民纳税义务人是"在中国境内无住所又不居住或者无住所而在境内居住不满1年的个人"。也就是说,非居民纳税义务人,是指习惯性居住地不在中国境内,而且不在中国居住,或者在一个纳税年度内,在中国境内居住不满1年的个人。

在现实生活中,习惯性居住地不在中国境内的个人,只有外籍人员、华侨或香港、澳门和台湾同胞。因此,非居民纳税义务人,实际上只能是在一个纳税年度中,没有在中国境内居住,或者在中国境内居住不满1年的外籍人员、华侨或香港、澳门、台湾同胞。

(三)不同纳税义务人纳税义务比较

居民纳税人和非居民纳税人承担不同的纳税义务,见表7-1所示。

表 7-1　居民纳税人和非居民纳税人的纳税义务

纳税人类别	居住时间	来源于中国境内所得		来源于中国境外所得	
		境内雇主支付或负担	境外雇主支付或负担	境内雇主支付或负担	境外雇主支付或负担
非居民纳税人	不超过90天或不超过税收协定183天	√	×	×	×
	超过90天或税收协定183天,但不到1年	√	√	×	×
居民纳税人	满1年不满5年	√	√	√	×
	超过5年	√	√	√	√

二、征税范围

下列各项个人所得,应纳个人所得税。

(一)工资、薪金所得

工资、薪金所得,是指个人因任职或者受雇而取得的工资、薪金、奖金、年终加薪、劳动分红、津贴、补贴以及任职或者受雇有关的其他所得。

通常情况下,把直接从事生产、经营或服务的劳动者(工人)的收入称为工资,即所谓"蓝领阶层"所得;而将从事社会公职或管理活动的劳动者(公职人员)的收入称为薪金,即所谓"白领阶层"所得。

根据我国目前个人收入的构成情况,规定对于一些不属于工资、薪金性质的补贴、津贴或者不属于纳税人本人工资、薪金所得项目的收入,不予征税。这些项目包括:

1.独生子女补贴。

2.执行公务员工资制度未纳入基本工资总额的补贴、津贴差额和家属成员的副食品补贴。

3.托儿补助费。

4.差旅费津贴、误餐补助。

(二)个体工商户的生产、经营所得

(三)对企事业单位的承包经营、承租经营的所得

对企事业单位的承包经营、承租经营所得,是指个人承包经营或承租经营以及转包、转租取得的所得。

(四)劳务报酬所得

劳务报酬所得,是指个人独立从事各种非雇佣的各种劳务所取得的所得。

(五)稿酬所得

稿酬所得,是指个人因其作品以图书、报刊形式出版、发表而取得的所得。

(六)特许权使用费所得

特许权使用费所得,是指个人提供专利权、商标权、著作权、非专利技术以及其他特许权的使用权取得的所得。提供著作权的使用权取得的所得,不包括稿酬所得。

(七)利息、股息、红利所得

利息、股息、红利所得,是指个人拥有债权、股权而取得的利息、股息、红利所得。

个人在个人银行结算账户的存款自 2003 年 9 月 1 日起孳生的利息,应按"利息、股息、红利所得"项目计征个人所得税,税款由办理个人银行结算账户业务的储蓄机构在结付利息时代扣代缴。自 2008 年 10 月 9 日起暂免征收储蓄存款利息的个人所得税。

(八)财产租赁所得

财产租赁所得,是指个人出租建筑物、土地使用权、机器设备、车船以及其他财产取得的所得。

个人取得的财产转租收入,属于"财产租赁所得"的征税范围,由财产转租人缴纳个人所得税。在确认纳税义务人时,应以产权凭证为依据;对无产权凭证的,由主管税务机关根据实际情况确定。产权所有人死亡,在未办理产权继承手续期间,该财产出租而有租金收入的,以领取租金的个人为纳税义务人。

(九)财产转让所得

财产转让所得,是指个人转让有价证券、股权、建筑物、土地使用权、机器设备、车船以及其他财产取得的所得。

对个人取得的各项财产转让所得,除股票转让所得外,都要征收个人所得税。具体规定为:

1．股票转让所得。国务院决定,对股票转让所得暂不征收个人所得税。

2．量化资产股份转让。集体所有制企业在改制为股份合作制企业时,对职工个人以股份形式取得的拥有所有权的企业量化资产,暂缓征收个人所得税;待个人将股份转让时,就其转让收入额,减除个人取得该股份时实际支付的费用支出和合理转让费用后的余额,按"财产转让所得"项目计征个人所得税。

3．个人出售自有住房。

(1)根据《个人所得税法》的规定,个人出售自有住房取得的所得应按照"财产转让所得"项目征收个人所得税。应纳税所得税额按下列原则确定:

①个人出售除已购公有住房以外的其他自有住房,其应纳税所得额按照个人所得税法的有关规定确定。

②个人出售已购公有住房,其应纳税所得额为个人出售已购公有住房的销售价,减除住房面积标准的经济适用房价款、原支付超过住房面积标准的房价款、向财政或原产权单位缴纳的所得收益以及税法规定的合理费用后的余额。

③职工以成本价(或标准价)出资的集资合作建房、安居工程住房、经济适用住房以及拆迁安置住房,比照已购公有住房确定应纳税所得额。

(2)为鼓励个人换购住房,对出售自有住房并拟在现住房出售后1年内按市场价重新购房的纳税人,其出售现住房所应缴纳的个人所得税,视其重新购房的价值可全部或部分予以免税。具体办法为:

①个人出售现住房所应缴纳的个人所得税税款,应在办理产权过户手续前,以纳税保证金形式向当地主管税务机关缴纳。税务机关在收取纳税保证金时,应向纳税人正式开具"中华人民共和国纳税保证金收据",并纳入专户存储。

②个人出售现住房后1年内重新购房的,按照购房金额大小相应退还纳税保证金。购房金额大于或等于原住房销售额(原住房为已购公有住房的,原住房销售额应扣除已按规定向财政或原产权单位缴纳的所得收益,下同)的,全部退还纳税保证金;购房金额小于原住房销售额的,按照购房金额占原住房销售额的比例退还纳税保证金,余额作为个人所得税缴入国库。

③个人出售现住房后1年内未重新购房的,所缴纳的纳税保证金全部作为个人所得税缴入国库。

④个人在申请退还纳税保证金时,应向主管税务机关提供合法、有效的售房、购房合同和主管税务机关要求提供的其他有关证明材料,经主管税务机关审核确认后方可办理纳税保证金退还手续。

⑤跨行政区域售、购住房又符合退还纳税保证金条件的个人,应向纳税保证金缴纳地主管税务机关申请退还纳税保证金。

(3)企事业单位将自建住房以低于购置或建造成本价格销售给职工的个人所得税

的征税规定。

①根据住房制度改革政策的有关规定,国家机关、企事业单位及其他组织(以下简称单位)在住房制度改革期间,按照所在地县级以上人民政府的房改成本价格向职工出售公有住房,职工因支付的房改成本价格低于房屋建造成本价格或市场价格而取得的差价收益,免征个人所得税。

②除上述符合规定的情形外,根据《中华人民共和国个人所得税法》及其实施条例的有关规定,单位按低于购置或建造成本价格出售住房给职工,职工因此而少支出的差价部分,属于个人所得税应税所得,应按照"工资、薪金所得"项目缴纳个人所得税。

其中"差价部分",是指职工实际支付的购房价款低于该房屋的购置或建造成本价格的差额。

③对职工取得的上述应税所得,比照《国家税务总局关于调整个人取得全年一次性奖金等计算征收个人所得税方法问题的通知》(国税发〔2005〕9 号)规定的全年一次性奖金的征税办法,计算征收个人所得税。此前未征收税款不再追征,已征税款不予退还。

(4)对个人转让自用 5 年以上并且是家庭唯一生活用房取得的所得,继续免征个人所得税。

(5)个人现自有住房房产证登记的产权人为 1 人,在出售后 1 年内又以产权人配偶名义或产权人夫妻双方名义按市场价重新购房的,产权人出售住房所得应缴纳的个人所得税,可以全部或部分予以免税;以其他人名义按市场价重新购房的,产权人出售住房所得应缴纳的个人所得税,不予免税。

(十)偶然所得

偶然所得是指个人得奖、中奖、中彩以及其他偶然性质的所得。

(十一)经国务院财政部门确定征税的其他所得

除上述列举的各项个人应税所得外,其他确有必要征税的个人所得,由国务院财政部门确定。个人取得的所得,难以界定应纳税所得项目的,由主管税务机关确定。

三、税率

(一)工资、薪金所得适用税率

工资、薪金所得,适用七级超额累进税率,税率为 3%—45%,见表 7-2 所示。

表 7-2　工资、薪金所得个人所得税税率表

级数	全月应纳税所得额		税率(%)	速算扣除数
	含税级距	不含税级距		
1	不超过 1 500 元的	不超过 1 455 元的	3	0
2	超过 1 500 元至 4 500 元的部分	超过 1 455 元至 4 155 元的部分	10	105
3	超过 4 500 元至 9 000 元的部分	超过 4 155 元至 7 755 元的部分	20	555
4	超过 9 000 元至 35 000 元的部分	超过 7 755 元至 27 255 元的部分	25	1 005
5	超过 35 000 元至 55 000 元的部分	超过 27 255 元至 41 255 元的部分	30	2 755
6	超过 55 000 元至 80 000 元的部分	超过 41 255 元至 57 505 元的部分	35	5 505
7	超过 80 000 元的部分	超过 57 505 元的部分	45	13 505

注:本表所称全月含税应纳税所得额和全月不含税应纳税所得额,是指依照税法的规定,以每月收入额减除费用 3500 元后的余额或者再减除附加减除费用和的余额。

(二)个体工商户的生产、经营所得和对企事业单位的承包经营、承租经营所得适用税率

1.个体工商户的生产、经营所得和对企事业单位的承包经营、承租经营所得,适用 5%－35% 的超额累进税率,见表 7-3 所示。

表 7-3　个体工商户的生产、经营所得和对企事业单位的
承包经营、承租经营所得个人所得税税率表

级数	全年应纳税所得额		税率(%)	速算扣除数
	含税级距	不含税级距		
1	不超过 15 000 元的	不超过 14 250 元的	5	0
2	超过 15 000 元至 30 000 元的部分	超过 14 250 元至 27 750 元的部分	10	750
3	超过 30 000 元至 60 000 元的部分	超过 27 750 元至 51 750 元的部分	20	3 750
4	超过 60 000 元至 100 000 元的部分	超过 51 750 元至 79 750 元的部分	30	9 750
5	超过 100 000 元的部分	超过 79750 元的部分	35	14 750

注:本表所称全年含税应纳税所得额和全年不含税应纳税所得额,对个体工商户的生产、经营所得来源,是指以每一纳税年度的收入总额,减除成本、费用以及损失后的余额;对企事业单位的承包经营、承租经营所得来源,是指以每一纳税年度的收入总额,减除必要费用后的余额。

(1)承包、承租人对企业经营成果不拥有所有权,仅是按合同(协议)规定取得一定所得的,其所得按"工资、薪金"所得项目征税,适用 3%－45% 的七级超额累进税率。

(2)承包、承租人按合同(协议)的规定只向发包、出租方交纳一定费用后,企业经营成果归其所有的,承包、承租人取得的所得,按对企事业单位的承包经营、承租经营所得项目,适用 5%－35% 的五级超额累进税率征税。

2.个人独资企业和合伙企业的生产经营所得,也适用 5%－35% 的五级超额累进税率。

(三)稿酬所得适用税率

稿酬所得,适用比例税率,税率为 20%,并按应纳税额减征 30%。故其实际税率为 14%。

(四)劳务报酬所得适用税率

劳务报酬所得,适用比例税率,税率为 20%。对劳务报酬所得一次收入畸高的,可以实行加成征收,具体办法由国务院规定。

根据《个人所得税法实施条例》规定,"劳务报酬所得一次收入畸高",是指个人一次取得劳务报酬,其应纳税所得额超过 20 000 元。对应纳税所得额超过 20 000—50 000 元的部分,依照税法规定计算应纳税额后再按应纳税额加征五成;超过 50 000 元的部分,加征十成。因此,劳务报酬所得实际上适用 20%、30%、40%的三级超额累进税率,见表 7-4 所示。

表 7-4 劳务报酬所得个人所得税税率表

级数	每次应纳税所得额	税率(%)
1	不超过 20 000 元的部分	20
2	超过 20 000—50 000 元的部分	30
3	超过 50 000 元的部分	40

注:本表所称每次应纳税所得额,是指每次收入额减除费用 800 元(每次收入额不超过 4 000 元时)或者减除 20%的费用(每次收入额超过 4 000 元时)后的余额。

(五)特许权使用费所得,利息、股息、红利所得,财产租赁所得,财产转让所得,偶然所得和其他所得适用税率

特许权使用费所得,利息、股息、红利所得,财产租赁所得,财产转让所得,偶然所得和其他所得,适用比例税率,税率为 20%。从 2007 年 8 月 15 日起,居民储蓄利息税率调为 5%,自 2008 年 10 月 9 日起暂免征收储蓄存款利息的个人所得税。对个人出租住房取得的所得减按 10%的税率征收个人所得税。

四、应纳税所得额的规定

由于个人所得税的应税项目不同,并且取得某项所得所需费用也不相同,因此,计算个人应纳税所得额,需按不同应税项目分项计算。以某项应税项目的收入额减去税法规定的该项费用减除标准后的余额,为该项应纳税所得额。

(一)每次收入的确定

《个人所得税法》对纳税义务人的征税方法有三种:一是按年计征,如个体工商户和承包、承租经营所得;二是按月计征,如工资、薪金所得;三是按次计征,如劳务报酬所

得,稿酬所得,特许权使用费所得,利息、股息、红利所得,财产租赁所得,偶然所得和其他所得等 7 项所得。劳务报酬所得等 7 个项目的"次",具体是:

1.劳务报酬所得,根据不同劳务项目的特点,分别规定为:

(1)只有一次性收入的,以取得该项收入为一次。

(2)属于同一事项连续取得收入的,以 1 个月内取得的收入为一次。

2.稿酬所得,以每次出版、发表取得的收入为一次。具体又可细分为:

(1)同一作品再版取得的所得,应视作另一次稿酬所得计征个人所得税。

(2)同一作品先在报刊上连载,然后再出版,或先出版,再在报刊上连载的,应视为两次稿酬所得征税。即连载作为一次,出版作为另一次。

(3)同一作品在报刊上连载取得收入的,以连载完成后取得的所有收入合并为一次,计征个人所得税。

(4)同一作品在出版和发表时,以预付稿酬或分次支付稿酬等形式取得的稿酬收入,应合并计算为一次。

(5)同一作品出版、发表后,因添加印数而追加稿酬的,应与以前出版、发表时取得的稿酬合并计算为一次,计征个人所得税。

3.特许权使用费所得,以某项使用权的一次转让所取得的收入为一次。特许权使用费所得的"次",为每一项使用权的每次转让所取得的收入为一次。如果该次转让取得的收入是分笔支付的,则应将各笔收入相加为一次的收入,计征个人所得税。

4.财产租赁所得,以 1 个月内取得的收入为一次。

5.利息、股息、红利所得,以支付利息、股息、红利时取得的收入为一次。

6.偶然所得,以每次收入为一次。

7.其他所得,以每次收入为一次。

(二)费用减除标准

1.工资、薪金所得,以每月收入额减除费用 3 500 元后的余额为应纳税所得额。

2.个体工商户的生产、经营所得,以每一纳税年度的收入总额,减除成本、费用以及损失后的余额,为应纳税所得额。成本、费用,是指纳税义务人从事生产、经营所发生的各项直接支出和分配计入成本的间接费用以及销售费用、管理费用、财务费用;所说的损失,是指纳税义务人在生产、经营过程中发生的各项营业外支出。

从事生产、经营的纳税义务人未提供完整、准确的纳税资料,不能正确计算应纳税所得额的,由主管税务机关核定其应纳税所得额。

个人独资企业的投资者以全部生产经营所得为应纳税所得额;合伙企业的投资者按照合伙企业的全部生产经营所得和合伙协议约定的分配比例,确定应纳税所得额,合伙协议没有约定分配比例的,以全部生产经营所得和合伙人数量平均计算每个投资者的应纳税所得额。

上述所称生产经营所得,包括企业分配给投资者个人的所得和企业当年留存的所得(利润)。

3.对企事业单位的承包经营、承租经营所得,以每一纳税年度的收入总额,减除必要费用后的余额,为应纳税所得额。每一纳税年度的收入总额,是指纳税义务人按照承包经营、承租经营合同规定分得的经营利润和工资、薪金性质的所得;所说的减除必要费用,是指按月减除3 500元。

4.劳务报酬所得、稿酬所得、特许权使用费所得、财产租赁所得,每次收入不超过4 000元的,减除费用800元;4 000元以上的,减除20%的费用,其余额为应纳税所得额。

5.财产转让所得,以转让财产的收入额减除财产原值和合理费用后的余额,为应纳税所得额。财产原值,是指:

(1)有价证券,为买入价以及买入时按照规定交纳的有关费用。

(2)建筑物,为建造费或者购进价格以及其他有关费用。

(3)土地使用权,为取得土地使用权所支付的金额,开发土地的费用以及其他有关费用。

(4)机器设备、车船,为购进价格、运输费、安装费以及其他有关费用。

(5)其他财产,参照以上方法确定。

纳税义务人未提供完整、准确的财产原值凭证,不能正确计算财产原值的,由主管税务机关核定其财产原值。

合理费用,是指卖出财产时按照规定支付的有关费用。

6.利息、股息、红利所得,偶然所得和其他所得,以每次收入额为应纳税所得额。

自2005年6月13日起,个人从上市公司取得的股息、红利所得按以下规定处理:

(1)对个人投资者从上市公司取得的股息、红利所得,自2005年6月13日起暂减按50%计入个人应纳税所得额,依照现行税法规定计征个人所得税。

(2)对证券投资基金从上市公司分配取得的股息、红利所得,扣缴义务人在代扣代缴个人所得税时,减按50%计算应纳税所得额。

(三)附加减除费用适用的范围和标准

1.适用范围

(1)在中国境内的外商投资企业和外国企业中工作取得工资、薪金所得的外籍人员。

(2)应聘在中国境内的企业、事业单位、社会团体、国家机关中工作取得工资、薪金所得的外籍专家。

(3)在中国境内有住所而在中国境外任职或者受雇取得工资、薪金所得的个人。

(4)财政部确定的取得工资、薪金所得的其他人员。

2.附加减除费用标准

从 2011 年 9 月 1 日起,适用范围内的人员每月工资、薪金所得在减除 3 500 元费用的基础上,再减除 1 300 元。

3.华侨和香港、澳门、台湾同胞参照上述附加减除费用标准执行

(四)应纳税所得额的其他规定

1.个人将其所得通过中国境内的社会团体、国家机关向教育和其他社会公益事业以及遭受严重自然灾害地区、贫困地区捐赠,捐赠额未超过纳税义务人申报的应纳税所得额 30% 的部分,可以从其应纳税所得额中扣除。

个人通过非营利的社会团体和国家机关向农村义务教育的捐赠,准予在缴纳个人所得税前的所得额中全额扣除。农村义务教育的范围,是政府和社会力量举办的农村乡镇(不含县和县级市政府所在地的镇)、村的小学和初中以及属于这一阶段的特殊教育学校。纳税人对农村义务教育与高中在一起的学校的捐赠,也享受此项所得税前扣除。

2.个人的所得(不含偶然所得和经国务院财政部门确定征税的其他所得)用于资助非关联的科研机构和高等学校研究开发新产品、新技术、新工艺所发生的研究开发经费,经主管税务机关确定,可以全额在下月(工资、薪金所得)或下次(按次计征的所得)或当年(按年计征的所得)计征个人所得税时,从应纳税所得额中扣除,不足抵扣的,不得结转抵扣。

3.个人取得的应纳税所得,包括现金、实物和有价证券。所得为实物的,应当按照取得的凭证上所注明的价格计算应纳税所得额;无凭证的实物或者凭证上所注明的价格明显偏低的,由主管税务机关参照当地的市场价格核定应纳税所得额。所得为有价证券的,由主管税务机关根据票面价格和市场价格核定应纳税所得额。

五、年所得 12 万元的规定

(一)年所得 12 万元的构成

1.包括在 12 万元中的年所得

工资、薪金所得;个体工商户的生产、经营所得;对企事业单位的承包经营、承租经营所得;劳务报酬所得;稿酬所得;特许权使用费所得;利息、股息、红利所得;财产租赁所得;财产转让所得;偶然所得;经国务院财政部门确定征税的其他所得。

2.不包含在 12 万元中的所得

(1)免税所得。即省级人民政府、国务院部委、中国人民解放军军以上单位,以及外国组织、国际组织颁发的科学、教育、技术、文化、卫生、体育、环境保护等方面的奖金;国债和国家发行的金融债券利息;按照国家统一规定发给的补贴、津贴,即按照国务院规定发放的政府特殊津贴、院士津贴、资深院士津贴,以及国务院规定免征个人所得税的其他补贴、津贴;福利费、抚恤金、救济金;保险赔款;军人的转业费、复员费;按照国家统一规定发给干部、职工的安家费、退职费、退休工资、离休工资、离休生活补助费。

(2)暂免征税所得。即依照我国有关法律规定应予免税的各国驻华使馆、领事馆的外交代表、领事官员和其他人员的所得;中国政府参加的国际公约、签订的协议中规定免税的所得。

(3)其他免税所得。如按照国家规定单位为个人缴付和个人缴付的基本养老保险费、基本医疗保险费、失业保险费、住房公积金。

(二)年所得12万元的计算

1.工资、薪金所得,按照未减除费用及附加减除费用的收入额计算。

2.个体工商户的生产、经营所得,按照应纳税所得额计算。实行查账征收的,按照每一纳税年度的收入总额减除成本、费用以及损失后的余额计算;实行定期定额征收的,按照纳税人自行申报的年度应纳税所得额计算,或者按照其自行申报的年度应纳税经营额乘以应税所得率计算。

3.对企事业单位的承包经营、承租经营所得,按照每一纳税年度的收入总额计算,即按照承包经营、承租经营者实际取得的经营利润,加上从承包、承租的企事业单位中取得的工资、薪金性质的所得计算。

4.劳务报酬所得,稿酬所得,特许权使用费所得,按照未减除费用的收入额计算。不得减除纳税人在提供劳务或让渡特许权使用权过程中缴纳的有关税费。

5.财产租赁所得,按照未减除费用和修缮费用的收入额计算。不得减除纳税人在出租财产过程中缴纳的有关税费;对于纳税人一次取得跨年度财产租赁所得的,全部视为实际取得所得年度的所得。

6.财产转让所得,按照应纳税所得额计算,即按照转让财产的收入额减除财产原值和转让财产过程中缴纳的税金及有关合理费用后的余额计算。采取核定征收个人所得税的,按照实际征收率(1%、2%、3%)分别换算为应税所得率(5%、10%、15%)。

7.利息、股息、红利所得,偶然所得和其他所得,按照收入额全额计算。

8.股票转让所得,以一个纳税年度内,个人股票转让所得与损失盈亏相抵后的正数为申报所得数额,盈亏相抵为负数的,此项所得按"零"填写。

六、税收优惠

(一)免征个人所得税的优惠

1.省级人民政府、国务院部委和中国人民解放军军以上单位,以及外国组织颁发的科学、教育、技术、文化、卫生、体育、环境保护等方面的奖金。

2.国债和国家发行的金融债券利息。

3.按照国家统一规定发给的补贴、津贴。

4.福利费、抚恤金、救济金。

5.保险赔款。

6.军人的转业费、复员费。

7.按照国家统一规定发给干部、职工的安家费、退职费、退休工资、离休工资、离休生活补助费。

8.依照我国有关法律规定应予免税的各国驻华使馆、领事馆的外交代表、领事官员和其他人员的所得。

9.中国政府参加的国际公约以及签订的协议中规定免税的所得。

10.符合税法规定条件的发给见义勇为者的奖金。

11.企业和个人按照省级以上人民政府规定的比例提取并缴付的住房公积金、医疗保险金、基本养老保险金、失业保险金,不计入个人当期的工资、薪金收入,免予征收个人所得税。超过规定的比例缴付的部分计征个人所得税。

个人领取原提存的住房公积金、医疗保险金、基本养老保险金时,免予征收个人所得税。

12.对个人取得的教育储蓄存款利息所得以及国务院财政部门确定的其他专项储蓄存款或者储蓄性专项基金存款的利息所得,免征个人所得税。

13.储蓄机构内从事代扣代缴工作的办税人员取得的扣缴利息税手续费所得,免征个人所得税。

14.生育妇女按照县级以上人民政府根据国家有关规定制定的生育保险办法,取得的生育津贴、生育医疗费或其他属于生育保险性质的津贴、补贴,免征个人所得税。

15.对延长离休退休年龄的高级专家从其劳动人事关系所在单位取得的,单位按国家有关规定向职工统一发放的工资、薪金、奖金、津贴、补贴等收入,视同离休、退休工资,免征个人所得税。

从其劳动人事关系所在单位之外的其他地方取得的培训费、讲课费、顾问费、稿酬等各种收入,依法计征个人所得税。

延长离休退休年龄的高级专家是指:

(1)享受国家发放的政府特殊津贴的专家、学者。

(2)中国科学院、中国工程院院士。

16.个人通过扣缴单位统一向灾区的捐赠,由扣缴单位凭政府机关或非营利组织开具的汇总捐赠凭据、扣缴单位记载的个人捐赠明细表等,由扣缴单位在代扣代缴税款时,依法据实扣除。

个人直接通过政府机关、非营利组织向灾区的捐赠,采取扣缴方式纳税的,捐赠人应及时向扣缴单位出示政府机关、非营利组织开具的捐赠凭据,由扣缴单位在代扣代缴税款时,依法据实扣除;个人自行申报纳税的,税务机关凭政府机关、非营利组织开具的接受捐赠凭据,依法据实扣除。

扣缴单位在向税务机关进行个人所得税全员全额扣缴申报时,应一并报送由政府机关或非营利组织开具的汇总接受捐赠凭据(复印件)、所在单位每个纳税人的捐赠总额和当期扣除的捐赠额。

17.外籍个人以非现金形式或实报实销形式取得的住房补贴、伙食补贴、搬迁费、洗衣费。

18.外籍个人按合理标准取得的境内、外出差补贴。

19.外籍个人取得的探亲费、语言训练费、子女教育费等,经当地税务机关审核批准为合理的部分。

20.个人举报、协查各种违法、犯罪行为而获得的资金。

21.个人办理代扣代缴税款手续,按规定取得的扣缴手续费。

22.个人转让自用达5年以上并且是唯一的家庭居住用房取得的所得。

23.对按《国务院关于高级专家离休退休若干问题暂行规定》和《国务院办公厅关于杰出高级专家暂缓离休审批问题的通知》精神,达到离休、退休年龄,但确因工作需要,适当延长离休、退休年龄的高级专家(指享受国家发放的政府特殊津贴的专家、学者),其在生长离休、退休期间的工资、薪金所得,视同退休工资、离休工资免征 个人所得税。

24.外籍个人从外商投资企业取得的股息、红利所得。

25.符合税法规定条件的外籍专家取得的工资、薪金所得可免征个人所得税。

26.股权分置改革中非流通股股东通过对价方式向流通股股东支付的股份、现金等收入,暂免征收流通股股东应缴纳的个人所得税。

27.对被拆迁人按照国家有关城镇房屋拆迁管理办法规定的标准取得拆迁补偿款,免征个人所得税。

28.个人取得单张有奖发票奖金所得不超过800元(含800元)的,暂免征收个人所得税;个人取得单张有奖发票资金所得超过800元的,应全额按照个人所得税法规定的"偶然所得"项目征收个人所得税。

(二)减征个人所得税的优惠

1.残疾、孤老人员和烈属的所得。

2.因严重自然灾害造成重大损失的。

3.其他经国务院财政部门批准减税的。

(三)非居民纳税人的减免税优惠

1.《个人所得税法实施条例》规定:在中国境内无住所,但是居住1年以上5年以下的个人,其来源于中国境外的所得,经主管税务机关批准,可以只就由中国境内公司、企业以及其他经济组织或者个人支付的部分缴纳个人所得税;居住超过5年的个人,从第

6 年起,应当就其来源于中国境内外的全部所得缴纳个人所得税。

2.对在中国境内无住所,但在一个纳税年度中在中国境内居住不超过 90 日的纳税人的减免税优惠。

《个人所得税法实施条例》规定:在中国境内无住所,但是在一个纳税年度中在中国境内连续或者累计居住不超过 90 日的个人,其来源于中国境内的所得,由境外雇主支付并且不由该雇主在中国境内的机构、场所负担的部分,免予缴纳个人所得税。

七、征收管理

(一)申报期限

1. 自行申报纳税的申报期限

(1)年所得 12 万元以上的纳税人,在纳税年度终了后 3 个月内向主管税务机关办理纳税申报。

(2)个体工商户和个人独资、合伙企业投资者取得的生产、经营所得应纳的税款,分月预缴的,纳税人在每月终了后 15 日内办理纳税申报;分季预缴的,纳税人在每个季度终了后 15 日内办理纳税申报;纳税年度终了后,纳税人在 3 个月内进行汇算清缴。

(3)纳税人年终一次性取得对企事业单位的承包经营、承租经营所得的,自取得所得之日起 30 日内办理纳税申报;在 1 个纳税年度内分次取得承包经营、承租经营所得的,在每次取得所得后的次月 15 日内申报预缴;纳税年度终了后 3 个月内汇算清缴。

(4)从中国境外取得所得的纳税人,在纳税年度终了后 30 日内向中国境内主管税务机关办理纳税申报。

(5)除以上规定的情形外,纳税人取得其他各项所得须申报纳税的,在取得所得的次月 15 日内向主管税务机关办理纳税申报。

2. 代扣代缴期限

扣缴义务人每月所扣的税款,应当在次月 15 日内缴入国库。

(二)申报地点

1. 自行申报纳税的申报地点

(1)在中国境内有任职、受雇单位的,向任职、受雇单位所在地主管税务机关申报。

(2)在中国境内有两处或者两处以上任职、受雇单位的,选择并固定向其中一处单位所在地主管税务机关申报。

(3)在中国境内无任职、受雇单位,年所得项目中有个体工商户的生产、经营所得或者对企事业单位的承包经营、承租经营所得的,向其中一处实际经营所在地主管税务机关申报。

(4)在中国境内无任职、受雇单位,年所得项目中无生产、经营所得的,向户籍所在地主管税务机关申报。在中国境内有户籍,但户籍所在地与中国境内经常居住地不一致的,选择并固定向其中一地主管税务机关申报。在中国境内没有户籍的,向中国境内经常居住地主管税务机关申报。

(5)其他所得的纳税人,纳税申报地点分别为:

①从两处或者两处以上取得工资、薪金所得的,选择并固定向其中一处单位所在地主管税务机关申报。

②从中国境外取得所得的,向中国境内户籍所在地主管税务机关申报。在中国境内有户籍,但户籍所在地与中国境内经常居住地不一致的,选择并固定向其中一地主管税务机关申报。在中国境内没有户籍的,向中国境内经常居住地主管税务机关申报。

③个体工商户向实际经营所在地主管税务机关申报。

④个人独资、合伙企业投资者兴办两个或两个以上企业的,区分不同情形确定纳税申报地点:

兴办的企业全部是个人独资性质的,分别向各企业的实际经营管理所在地主管税务机关申报;兴办的企业中含有合伙性质的,向经常居住地主管税务机关申报;兴办的企业中含有合伙性质,个人投资者经常居住地与其兴办企业的经营管理所在地不一致的,选择并固定向其参与兴办的某一合伙企业的经营管理所在地主管税务机关申报;除以上情形外,纳税人应当向取得所得所在地主管税务机关申报。

纳税人不得随意变更纳税申报地点,因特殊情况变更纳税申报地点的,须报原主管税务机关备案。

2. 代扣代缴的纳税地点

代扣代缴的纳税地点为扣缴义务人所在地的主管税务机关。

第二节　个人所得税的计算

一、工资、薪金所得应纳税额的计算

应纳税额=应纳税所得额×适用税率—速算扣除数

　　　　=(每月收入额—3 500元或4 800元)×适用税率—速算扣除数

【例7-1】　某纳税人2012年5月工资4 200元,该纳税人不适用附加减除费用的规定。

要求:计算其当月应纳个人所得税税额。

题解:

(1)应纳税所得额=4 200—3 500=700(元)

(2)应纳税额＝700×3％－0＝21(元)

【例7-2】　某外商投资企业中工作的外国专家,2012年5月份取得由该企业发放的工资收入10 400元人民币。

要求:计算其应纳个人所得税税额。

题解:

(1)应纳税所得额＝10 400－(3 500＋1 300)＝5 600(元)

(2)应纳税额＝5 600×20％－555＝565(元)

二、个体工商户的生产、经营所得应纳税额的计算

应纳税额＝应纳税所得额×适用税率－速算扣除数

或＝(全年收入总额－成本、费用以及损失)×适用税率－速算扣除数

(一)对个体工商户个人所得税计算征收的有关规定

1.自2011年9月1日起,个体工商户业主的费用扣除标准统一确定为42 000元/年,即3 500元/月。

2.个体工商户向其从业人员实际支付的合理的工资、薪金支出,允许在税前据实扣除。

3.个体工商户拨缴的工会经费、发生的职工福利费、职工教育经费支出分别在工资薪金总额2％、14％、2.5％的标准内据实扣除。

4.个体工商户每一纳税年度发生的广告费和业务宣传费用不超过当年销售(营业)收入15％的部分,可据实扣除;超过部分,准予在以后纳税年度结转扣除。

5.个体工商户每一纳税年度发生的与其生产经营业务直接相关的业务招待费支出,按照发生额的60％扣除,但最高不得超过当年销售(营业)收入的5‰。

6.个体工商户在生产、经营期间借款利息支出,凡有合法证明的,不高于按金融机构同类、同期贷款利率计算的数额的部分,准予扣除。

【例7-3】　某个体运输公司,2012年12月取得营业额为200 000元,准予扣除的当月成本、费用及相关税金共计为160 000元。1－11月份累计应纳税所得额为120 000元,1－11月已预缴个人所得税30 000元。

要求:计算该个体工商户2012年应补缴的个人所得税。

题解:

按税法规定,先计算全年应纳税所得额,再计算全年应纳税额。该个体工商户2012年应补缴的个人所得税计算如下:

(1)全年应纳税所得额＝(200 000－160 000)＋120 000＝160 000(元)

(2)全年应纳个人所得税＝160 000×35％－14 750＝41 250(元)

(3)该个体工商户2012年度应补缴个人所得税＝41 250－30 000＝11 250(元)

(二)个人独资企业和合伙企业应纳个人所得税的计算

1. 查账征税

(1)自2011年9月1日起,个人独资企业和合伙企业投资者的生产经营所得依法计征个人所得税时,个人独资企业和合伙企业投资者本人的费用扣除标准统一确定为42 000元/年,即3 500元/月。投资者的工资不得在税前扣除。

(2)投资者及其家庭发生的生活费用不允许在税前扣除。

(3)企业生产经营和投资者及其家庭生活共用的固定资产,难以划分的,由主管税务机关根据企业的生产经营类型、规模等具体情况,核定准予在税前扣除的折旧费用的数额或比例。

(4)企业向其从业人员实际支付的合理的工资、薪金支出,允许在税前据实扣除。

(5)企业拨缴的工会经费、发生的职工福利费、职工教育经费支出分别在工资薪金总额2%、14%、2.5%的标准内据实扣除。

(6)每一纳税年度发生的广告费和业务宣传费用不超过当年销售(营业)收入15%的部分,可据实扣除;超过部分,准予在以后纳税年度结转扣除。

(7)每一纳税年度发生的与其生产经营业务直接相关的业务招待费支出,按照发生额的60%扣除,但最高不得超过当年销售(营业)收入的5‰。

(8)企业计提的各种准备金不得扣除。

(9)投资者兴办两个或两个以上企业,并且企业性质全部是独资的,年度终了后,汇算清缴时,应纳税款的计算按以下方法进行:汇总其投资兴办的所有企业的经营所得作为应纳税所得额,以此确定适用税率,计算出全年经营所得的应纳税额,再根据每个企业的经营所得占所有企业经营所得的比例,分别计算出每个企业的应纳税额和应补缴税额。计算公式如下:

①应纳税所得额=各个企业的经营所得之和

②应纳税额=应纳税所得额×税率-速算扣除数

③本企业应纳税额=应纳税额×本企业的经营所得÷各个企业的经营所得之和

④本企业应补缴的税额=本企业应纳税额-本企业预缴的税额

【例7-4】 某合伙企业有甲、乙、丙三人进行合伙,投资比例为甲50%,乙30%,丙20%,协议按照投资比例进行分配。该单位2012年度收入1 000万元,税前可扣除成本830万元,列支广告费支出140万元,扣除投资者三人的费用12.6万元。

要求:计算甲、乙、丙三人各自应缴纳的个人所得税。

题解:

(1)合伙企业2012年度的应纳税所得额=1 000-830-140-12.6=17.4(万元)

(2)合伙企业个人所得税实行"先分后税"办法纳税。即先将合伙企业的所得按协议比例进行分配,再比照个体工商户生产经营所得分别交纳个人所得税。

①甲合伙人应纳税额=17.4×50%×30%－0.975=1.635(万元)

②乙合伙人应纳税额=17.4×30%×20%－0.375=0.669(万元)

③甲合伙人应纳税额=17.4×20%×20%－0.375=0.321(万元)

2. 核定征收

核定征收方式,包括定额征收、核定应税所得率征收以及其他合理的征收方式。

实行核定应税所得率征收方式的,应纳所得税额的计算公式如下:

(1)应纳所得税额=应纳税所得额×适用税率

(2)应纳税所得额=收入总额×应税所得率

或　　　　　　　　＝成本费用支出额÷(1－应税所得率)×应税所得率

应税所得率应按表 7-5 规定的标准执行。

表 7-5　个人所得税应税所得率表

行业	应税所得率(%)
工业、交通运输业、商业	5—20
建筑业、房地产开发业	7—20
饮食服务业	7—25
娱乐业	20—40
其他行业	10—30

企业经营多业的,无论其经营项目是否单独核算,均应根据其主营项目确定其适用的应税所得率。

实行核定征税的投资者,不能享受个人所得税的优惠政策。

实行查账征税方式的个人独资企业和合伙企业改为核定征税方式后,在查账征税方式下认定的年度经营亏损未弥补完的部分,不得再继续弥补。

三、对企事业单位的承包经营、承租经营所得应纳税额的计算

应纳税额=应纳税所得额×适用税率－速算扣除数

　　　或=(纳税年度收入总额－必要费用)×适用税率－速算扣除数

【例 7-5】 2012 年 3 月 1 日,某个人与事业单位签订承包合同经营招待所,承包期为 3 年。2012 年招待所实现承包经营利润 200 000 元,按合同规定承包人每年应从承包经营利润中上缴承包费 5 000 元。

要求:计算承包人 2012 年应纳个人所得税税额。

题解:

(1)年应纳税所得额=承包经营利润－上缴费用－每月必要费用扣减合计

$=200\,000-50\,000-(3\,500\times10)=115\,000(元)$

(2)应纳税额＝年应纳税所得额×适用税率－速算扣除数

$=115\,000\times35\%-14\,750=25\,500(元)$

四、劳务报酬所得应纳税额的计算

(一)每次收入不足 4 000 元的

应纳税额＝应纳税所得额×适用税率

或＝(每次收入额－800)×20％

(二)每次收入在 4 000 元以上不超过 25 000 元

应纳税额＝应纳税所得额×适用税率＝每次收入额×(1－20％)×20％

(三)每次收入超过 25 000 元的

应纳税额＝应纳税所得额×适用税率－速算扣除数

或　　　＝每次收入额×(1－20％)×适用税率－速算扣除数

【例 7-6】　某个人 2012 年取得下列劳务收入：

(1)2 月,提供审稿劳务,取得收入 3 000 元；

(2)3 月,提供广告设计劳务,取得收入 5 000 元；

(3)6 月,提供技术服务,取得收入 30 000 元；

(4)9 月,提供建筑设计劳务,取得收入 70 000 元；

要求：计算该个人 2012 年各项劳务应缴纳的个人所得税。

题解：

(1)审稿应纳个人所得税＝(3 000－800)×20％＝440(元)

(2)广告设计应纳个人所得税＝5 000(1－20％)×20％＝800(元)

(3)技术服务应纳个人所得税＝30 000(1－20％)×30％－2 000＝5 200(元)

(4)建筑设计应纳个人所得税＝70 000(1－20％)×40％－7 000＝15 400(元)

(四)为纳税人代付税款的计算方法

如果单位或个人为纳税人代付税款的,应当将单位或个人支付给纳税人的不含税支付额(或称纳税人取得的不含税收入额)换算为应纳税所得额,然后按规定计算应代付的个人所得税款。其计算公式为：

1.不含税收入额不超过 3 360 元的

(1)应纳税所得额＝(不含税收入额－800)÷(1－税率)

(2)应纳税额＝应纳税所得额×适用税率

2.不含税收入额超过 3 360 元的

(1)应纳税所得额＝[(不含税收入额－速算扣除数)×(1－20％)]÷[1－税率×(1

－20％）]

或＝[（不含税收入额－速算扣除数）×（1－20％）]÷当级换算系数

（2）应纳税额＝应纳税所得额×适用税率－速算扣除数

注意：上述两种计算方法中，公式（1）中的税率，是指不含税劳务报酬收入所对应的税率，见表7-6所示；公式（2）中的税率，是指应纳税所得额按含税级距所对应的税率，见表7-4所示。

表7-6　不含税劳务报酬收入适用税率表

级数	不含税劳务报酬收入额	税率（％）	速算扣除数（元）	换算系数（％）
1	未超过3 360元的部分	20	0	无
2	超过3 360－21 000元的部分	20	0	84
3	超过21 000－49 500元的部分	30	2 000	76
4	超过49 500元的部分	40	7 000	68

【例7-7】　某歌星参加演出，根据协议规定，举办方应向其支付劳务报酬50 000元，与其报酬相关的个人所得税由举办方承担。

要求：计算举办方应代付的个人所得税。

题解：

（1）代付个人所得税的应纳税所得额＝[（50 000－7 000）×（1－20％）]÷68％＝50 588.24（元）

（2）应代付个人所得税＝50 588.24×40％－7 000＝13 235.30（元）

五、稿酬所得应纳税额的计算

（一）每次收入不足4 000元的

应纳税额＝应纳税所得额×适用税率×（1－30％）

　　　　＝（每次收入额－800）×20％×（1－30％）

（二）每次收入在4 000元以上的

应纳税额＝应纳税所得额×适用税率×（1－30％）

　　　　＝每次收入额×（1－20％）×20％×（1－30％）

【例7-8】　某作家出版小说，一次取得含税稿酬收入50 000元。

要求：计算该作家应缴纳的个人所得税。

题解：

应纳税额＝应纳税所得额×适用税率×（1－30％）

　　　　＝50 000×（1－20％）×20％×（1－30％）＝5 600（元）

六、特许权使用费所得应纳税额的计算

特许权使用费所得应纳税额的计算公式为：

(一)每次收入不足 4 000 元的

应纳税额＝应纳税所得额×适用税率＝(每次收入额－800)×20％

(二)每次收入在 4 000 元以上的

应纳税额＝应纳税所得额×适用税率＝每次收入额×(1－20％)×20％

【例 7-9】 某工程师 2012 年 8 月将自己发明的一项专利技术的使用权,分别转让给 A 公司和 B 公司使用,取得技术转让收入 3 000 元和 4 500 元。

要求:计算该工程师 2012 年 8 月转让专利技术应缴纳的个人所得税。

题解:

该工程师 2012 年 8 月转让专利技术应缴纳的个人所得税＝(3 000－800)×20％＋4 500(1－20％)×20％＝440＋720＝1 160(元)

七、利息、股息、红利所得应纳税额的计算

应纳税额＝应纳税所得额×适用税率＝每次收入额×20％

【例 7-10】 某个人 2012 年 8 月 15 日取得以下收入:

(1)2007 年 8 月 15 日,存入银行 50 000 元,存期 5 年,年利率 6％,于 2012 年 8 月 15 日到期,取得存款利息 15 000 元;

(2)通过二级市场购买在上证所交易的 A 公司股票 10 000 股,A 公司 2012 年度现金股利于 8 月 15 日发放,每股 0.2 元(含税)。

要求:计算该个人应缴纳的个人所得税。

题解:

(1)从 2007 年 8 月 15 日起个人存款利息按 5％的税率征收个人所得税;储蓄存款在 2007 年 8 月 14 日以前孳生的利息按 20％的税率征收个人所得税;自 2008 年 10 月 9 日(含)起暂免征储蓄存款利息个人所得税。

存款利息应纳个人所得税＝50 000×6％×5％＋50 000×6％×(55÷365)×5％＝150＋22.60＝172.60(元)

(2)现金股利应纳个人所得税＝10 000×0.2×50％×20％＝200(元)

八、财产租赁所得应纳税额的计算

(一)应纳税所得额

财产租赁所得一般以个人每次取得的收入,定额或定率减除规定费用后的余额为

应纳税所得额。每次收入不超过 4 000 元,定额减除费用 800 元;每次收入在 4 000 元以上,定率减除 20% 的费用。财产租赁所得以 1 个月内取得的收入为一次。

在确定财产租赁的应纳税所得额时,纳税人在出租财产过程中缴纳的税金和教育费附加,可持完税(缴款)凭证,从其财产租赁收入中扣除。准予扣除的项目除了规定费用和有关税、费外,还准予扣除能够提供有效、准确凭证,证明由纳税人负担的该出租财产实际开支的修缮费用。允许扣除的修缮费用,以每次 800 元为限。一次扣除不完的,准予在下一次继续扣除,直到扣完为止。

个人出租财产取得的财产租赁收入,在计算缴纳个人所得税时,应依次扣除以下费用:

1. 财产租赁过程中缴纳的税费。

2. 由纳税人负担的该出租财产实际开支的修缮费用。

3. 税法规定的费用扣除标准。

应纳税所得额的计算公式为:

(1)每次(月)收入不超过 4 000 元的:

应纳税所得额 = 每次(月)收入额 − 准予扣除项目 − 修缮费用(800 元为限) − 800 元

(2)每次(月)收入超过 4 000 元的:

应纳税所得额 = 〔每次(月)收入额 − 准予扣除项目 − 修缮费用(800 元为限)〕×(1 − 20%)

(二)个人将承租房屋转租取得的租金收入,属于个人所得税应税所得,应按"财产租赁所得"项目计算缴纳个人所得税。具体规定为:

1. 取得转租收入的个人向房屋出租方支付的租金,凭房屋租赁合同和合法支付凭据允许在计算个人所得税时,从该项转租收入中扣除。

2. 有关财产租赁所得个人所得税前扣除税费的扣除次序调整为:

(1)财产租赁过程中缴纳的税费。

(2)向出租方支付的租金。

(3)由纳税人负担的租赁财产实际开支的修缮费用。

(4)税法规定的费用扣除标准。

(三)应纳税额的计算方法

财产租赁所得适用 20% 的比例税率。但对个人按市场价格出租的居民住房取得的所得,自 2001 年 1 月 1 日起暂减按 10% 的税率征收个人所得税。其应纳税额的计算公式为:

应纳税额 = 应纳税所得额 × 适用税率

【例 7-11】 生活在 A 市的张先生于 2012 年 1 月将其自有的一套普通住宅出租给王某居住,租金按年收取,每月 3 000 元,租赁期 5 年。出租当月,张先生按王某的要求对出租房进行修缮,发生费用 2 400 元,并按税法规定缴纳了营业税、城建税、教育费附加、房产税等相关税费。

要求:计算张先生 2012 年全年租金收入应缴纳的个人所得税。

题解:

(1)计算出租房屋缴纳的营业税、城建税、教育费附加、房产税等相关税费。

财税〔2008〕24 号文件规定:对个人出租住房取得的所得减按 10% 的税率征收个人所得税;对个人出租、承租住房签订的租赁合同,免征印花税。对个人出租住房,不区分用途,在 3% 税率的基础上减半征收营业税,按 4% 的税率征收房产税,免征城镇土地使用税。

出租房屋每个月相关税费 $= 3\ 000 \times 3\% \times 50\% \times (1+7\%+3\%) + 3\ 000 \times 4\% = 49.5 + 120 = 169.5$(元)

(2)1—3 月每月应纳的个人所得税 $=(3\ 000 - 169.5 - 800 - 800) \times 10\% = 123.05$(元)

(3)4—12 月每月应纳的个人所得税 $=(3\ 000 - 169.5 - 800) \times 10\% = 203.05$(元)

(4)2012 年全年应纳的个人所得税 $= 123.05 \times 3 + 203.05 \times 9 = 369.15 + 1\ 827.5 = 2\ 196.25$(元)

九、财产转让所得应纳税额的计算

应纳税额 $=$ 应纳税所得额 $\times$ 适用税率 $=$(收入总额 $-$ 财产原值 $-$ 合理税费)$\times 20\%$

【例 7-12】 某个人建房一幢,造价 740 000 元,支付其他费用 60 000 元。该个人房屋建成后出售,售价 1 000 000 元,在卖房过程中按规定支付交易费等有关费用 50 000 元。

要求:计算其应纳个人所得税。

题解:

(1)应纳税所得额 $=$ 财产转让收入 $-$ 财产原值 $-$ 合理费用

$= 1\ 000\ 000 - (740\ 000 + 60\ 000) - 50\ 000 = 150\ 000$(元)

(2)应纳税额 $= 150\ 000 \times 20\% = 30\ 000$(元)

十、偶然所得、其他所得应纳税额的计算

应纳税额 $=$ 应纳税所得额 $\times$ 适用税率 $=$ 每次收入额 $\times 20\%$

【例 7-13】 张某在参加商场的有奖销售过程中,中奖所得共计价值 50 000 元。领奖时从中奖收入中拿出 10 000 元通过教育部门向某希望小学捐赠。

要求:计算商场应代扣代缴的个人所得税。

题解：

(1)根据税法有关规定,张某的捐赠额小于所得额的30％,可以全部从应纳税所得额中扣除。

(2)应纳税所得额＝偶然所得－捐赠额＝50 000－10 000＝40 000(元)

(3)商场应代扣代缴的个人所得税＝应纳税所得额×适用税率＝40 000×20％＝8 000(元)

(4)张某实际可得金额＝50 000－10 000－8 000＝32 000(元)

十一、应纳税额计算中的特殊问题

(一)对个人取得全年一次性奖金等计算征收个人所得税的方法

全年一次性奖金是指行政机关、企事业单位等扣缴义务人根据其全年经济效益和对雇员全年工作业绩的综合考核情况,向雇员发放的一次性奖金。一次性奖金也包括年终加薪、实行年薪制和绩效工资办法的单位根据考核情况兑现的年薪和绩效工资。

纳税人取得全年一次性奖金,单独作为1个月工资、薪金所得计算纳税,自2005年1月1日起按以下计税办法,由扣缴义务人发放时代扣代缴：

1.先将雇员当月内取得的全年一次性奖金,除以12个月,按其商数确定适用税率和速算扣除数。

如果在发放年终一次性奖金的当月,雇员当月工资薪金所得低于税法规定的费用扣除额,应将全年一次性奖金减除“雇员当月工资薪金所得与费用扣除额的差额”后的余额,按上述办法确定全年一次性奖金的适用税率和速算扣除数。

2.将雇员个人当月内取得的全年一次性奖金,按上述方法确定的适用税率和速算扣除数计算征税,计算公式如下：

(1)如果雇员当月工资薪金所得高于(或等于)税法规定的费用扣除额的,适用公式为：

应纳税额＝雇员当月取得全年一次性奖金×适用税率－速算扣除数

(2)如果雇员当月工资薪金所得低于税法规定的费用扣除额的,适用公式为：

应纳税额＝(雇员当月取得全年一次性奖金－雇员当月工资薪金所得与费用扣除额的差额)×适用税率－速算扣除数

3.在一个纳税年度内,对每一个纳税人,该计税办法只允许采用一次。

【例7-14】 中国公民李四2012年在我国境内1—12月每月的工资为5 000元,12月31日又一次性领取年终含税奖金60 000元。

要求：计算李四取得年终奖金应缴纳的个人所得税。

303

题解:

(1)年终奖金适用的税率和速算扣除数为:

按 12 个月分摊后,每月的奖金＝60 000÷12＝5 000(元),根据工资、薪金七级超额累进税率的规定,适用的税率和速算扣除数分别为 20%、555 元。

(2)年终奖应缴纳个人所得税为:

应纳税额＝年终奖金收入×适用的税率－速算扣除＝60 000×20%－555＝11 445(元)

(二)雇主为雇员承担全年一次性奖金部分税款有关个人所得税计算方法

1.雇主为雇员负担全年一次性奖金部分个人所得税款,属于雇员又额外增加了收入,应将雇主负担的这部分税款并入雇员的全年一次性奖金,换算为应纳税所得额后,按照规定方法计征个人所得税。

2.将不含税全年一次性奖金换算为应纳税所得额的计算方法。

(1)雇主为雇员定额负担税款的计算公式:

应纳税所得额＝雇员取得的全年一次性奖金＋雇主替雇员定额负担的税款－当月工资薪金低于费用扣除标准的差额

(2)雇主为雇员按一定比例负担税款的计算公式:

①查找不含税全年一次性奖金的适用税率和速算扣除数。

未含雇主负担税款的全年一次性奖金收入÷12,根据其商数找出不含税级距对应的适用税率 A 和速算扣除数 A

②计算含税全年一次性奖金。

应纳税所得额＝(未含雇主负担税款的全年一次性奖金收入－当月工资薪金低于费用扣除标准的差额－不含税级距的速算扣除数 A×雇主负担比例)÷(1－不含税级距的适用税率 A×雇主负担比例)

3.将应纳税所得额÷12,根据其商数找出对应的适用税率 B 和速算扣除数 B,据以计算税款。计算公式:

应纳税额＝应纳税所得额×适用税率 B－速算扣除数 B

实际缴纳税额＝应纳税额－雇主为雇员负担的税额

4.雇主为雇员负担的个人所得税款,应属于个人工资薪金的一部分。凡单独作为企业管理费列支的,在计算企业所得税时不得税前扣除。

【例 7-15】 中国公民张三 2012 年在我国境内 1—12 月每月的工资为 5 000 元,12月 31 日又一次性领取由雇主负担 50%税款的年终奖金 60 000 元。

要求:计算张三取得年终奖金自己应承担的个人所得税。

题解:

(1)查找不含税全年一次性奖金的适用税率和速算扣除数。

按 12 个月分摊后,每月的奖金＝60 000 ÷ 12＝5 000(元),根据工资、薪金七级超额累进税率的规定,适用的税率 A 和速算扣除数 A 分别为 20％、555 元。

(2)计算含税全年一次性奖金。

应纳税所得额＝(60 000－555×50％)÷(1－20％×50％)＝66 358.33(元)

(3)计算适用税率 B 和速算扣除数 B,据以计算税款。

按 12 个月分摊后,每月的奖金＝66 358.33 ÷ 12＝5 529.86(元),根据工资、薪金七级超额累进税率的规定,适用的税率 B 和速算扣除数 B 分别为 20％、555 元。

应纳税额＝66 358.33×20％－555＝12 716.67(元)

张三自己应承担的个人所得税＝12 716.67(1－50％)＝6 358.33(元)

(三)特定行业职工取得的工资、薪金所得的计税方法

对采掘业、远洋运输业、远洋捕捞业这三个特定行业的职工取得的工资、薪金所得,可按月预缴,年度终了后 30 日内,合计其全年工资、薪金所得,再按 12 个月平均并计算实际应纳的税款,多退少补。用公式表示为:

应纳所得税额＝[(全年工资、薪金收入÷12－费用扣除标准)×税率－速算扣除数]×12

【例 7-16】 从事采掘工作的张某,2011 年度有关收入和税款缴纳情况如下:

项目＼月份	1	2	3	4	5	6	7	8	9	10	11	12	合计
收入	5 000	2 000	8 000	4 000	4 000	7 000	1 000	1 000	10 000	8 000	3 000	7 000	60 000
税款	325	0	825	175	175	625	0	0	745	345	0	245	3 460

要求:计算张某 2011 年度应纳个人所得税额和年终应补退税额。

题解:

(1)2011 年 1－8 月,采用九级超额累进税计算税额,2011 年 9－12 月,采用七级超额累进税计算税额。

应纳税额＝[(60 000÷12－2 000)×15％－125]×8＋[(60 000÷12－3 500)×3％]×4＝2 600＋180＝2 780(元)

(2)应补退税款＝2 780－3 460＝－680(元)

张某在 2011 年度终了后 30 日内,可以向主管税务机关退回多缴税款 680 元。

(四)在外商投资企业、外国企业和外国驻华机构工作的中方人员取得的工资、薪金所得的征税问题

1.在外商投资企业、外国企业和外国驻华机构工作的中方人员取得的工资、薪金收入,凡是由雇佣单位和派遣单位分别支付的,支付单位应按税法规定代扣代缴个人所得

税。同时,按税法规定,纳税义务人应以每月全部工资、薪金收入减除规定费用后的余额为应纳税所得额。为了有利于征管,对雇佣单位和派遣单位分别支付工资、薪金的,采取由支付者中的一方减除费用的方法,即只由雇佣单位在支付工资、薪金时,按税法规定减除费用,计算扣缴个人所得税;派遣单位支付的工资、薪金不再减除费用,以支付金额直接确定适用税率,计算扣缴个人所得税。

上述纳税义务人,应持两处支付单位提供的原始明细工资、薪金单(书)和完税凭证原件,选择并固定到一地税务机关申报每月工资、薪金收入,汇算清缴其工资、薪金收入的个人所得税,多退少补。具体申报期限,由各省、自治区、直辖市税务机关确定。

【例7-17】 张先生为A外商投资企业的中方雇员,2012年8月,该外商投资企业支付给张先生的薪金为7 500元,同月,张先生还收到其所在的派遣单位发给的工资3 900元。

要求:

(1)计算A外商投资企业应扣缴的个人所得税;

(2)计算派遣单位应扣缴的个人所得税;

(2)计算张先生实际应缴的个人所得税。

题解:

(1)A外商投资企业应为张先生扣缴的个人所得税为:

扣缴税额=(7 500－3 500)×10％－105＝295(元)

(2)派遣单位应为张先生扣缴的个人所得税为:

扣缴税额=3 900×10％－105＝285(元)

(3)张先生实际应缴的个人所得税为:

应纳税额=(7 500＋3 900－3 500)×20％－555＝1 025(元)

因此,在张先生到某税务机关申报时,还应补缴445元。

2.对外商投资企业、外国企业和外国驻华机构发放给中方工作人员的工资、薪金所得,应全额征税。但对可以提供有效合同或有关凭证,能够证明其工资、薪金所得的一部分按照有关规定上缴派遣(介绍)单位的,可扣除其实际上缴的部分,按其余额计征个人所得税。

(五)在中国境内无住所的个人取得工资薪金所得的征税问题

1.关于工资、薪金所得来源地的确定。

根据规定,属于来源于中国境内的工资薪金所得应为个人实际在中国境内工作期间取得的工资、薪金,即:个人实际在中国境内工作期间取得的工资、薪金,不论是由中国境内还是境外企业或个人雇主支付,均属来源于中国境内的所得;个人实际在中同境外工作期间取得的工资、薪金,不论是由中国境内还是境外企业或个人雇主支付,均属于来源于中国境外的所得。

2.在中国境内无住所而在一个纳税年度中在中国境内连续或累计工作不超过90日或在税收协定规定的期间内在中国境内连续或累计居住不超过183日的个人,由中国境外雇主支付并且不是由该雇主的中国境内机构负担的工资、薪金,免于申报缴纳个人所得税。对前述个人应仅就其实际在中国境内工作期间由中国境内企业或个人雇主支付或者由中国境内机构负担的工资、薪金所得申报纳税。

应纳税额=(当月境内外工资、薪金应纳税所得额×适用税率-速算扣除数)×当月境内支付工资÷当月境内外支付工资总额×当月境内工作天数÷当月天数

上述个人每月应纳的税款应按税法规定的期限申报缴纳。

3.在中国境内无住所而在一个纳税年度中在中国境内连续或累计工作超过90日或在税收协定规定的期间内在中国境内连续或累计居住超过183日但不满1年的个人,其实际在中国境内工作期间取得的由中国境内企业或个人雇主支付和由境外企业或个人雇主支付的工资薪金所得,均应申报缴纳个人所得税;其在中国境外工作期间取得的工资、薪金所得,除中国境内企业或高层管理人员,不予征收个人所得税。

应纳税额=(当月境内外工资、薪金应纳税所得额×适用税率-速算扣除数)×当月境内工作天数÷当月天数

4.在中国境内无住所但在境内居住满1年而不超过5年的个人,其在中国境内工作期间取得的由中国境内企业或个人雇主支付和由中国境外企业或个人雇主支付的工资、薪金,均应申报缴纳个人所得税;其在临时离境工作期间的工资薪金所得,仅就由中国境内企业或个人雇主支付的部分申报纳税。

应纳税额=(当月境内外工资、薪金应纳税所得额×适用税率-速算扣除数)×(1-当月境外支付工资/当月境内外支付工资总额×当月境外工作天数/当月天数)

5.中国境内企业董事、高层管理人员纳税义务的确定。

担任中国境内企业董事或高层管理职务的个人,其取得的由该中国境内企业支付的董事费或工资薪金,应自其担任该中国境内企业董事或高层管理职务起,至其解除上述职务止的期间,不论其是否在中国境外履行职务,均应申报缴纳个人所得税;其取得的由中国境外企业支付的工资、薪金,应依照前述规定确定纳税义务。

6.不满1个月的工资、薪金所得应纳税款的计算。

属于前述情况中的个人,凡应仅就不满1个月期间的工资、薪金所得申报纳税的,均应按全月工资、薪金所得计算实际应纳税额。其计算公式如下:

应纳税额=(当月工资、薪金应纳税所得额×适用税率-速算扣除数)×当月实际在中国天数/当月天数

如果属于上述情况的个人取得的是日工资、薪金,应以日工资、薪金乘以当月天数换算成月工资、薪金后,按上述公式计算应纳税额。

【例 7-18】 某外籍个人在 2012 年 1 月 1 日起担任中国境内某外商投资企业的副总经理,由该企业每月支付其工资 30 000 元,同时,该企业外方的境外总机构每月也支付其工资 10 000 美元。其大部分时间是在境外履行职务,2012 年来华工作时间预计不超过 183 天。

要求: 分析该外籍人员 2012 年度在我国应承担的纳税义务:

题解:

(1)由于其属于企业的高层管理人员,因此,根据规定,该人员于 2012 年 1 月 1 日起至 12 月 31 日在华任职期间,由该企业支付的每月 30 000 元工资、薪金所得,应按月依照税法规定的期限申报缴纳个人所得税。

(2)由于其 2012 年来华工作时间预计不超过 183 天,根据税收协定的规定,其境外雇主支付的工资、薪金所得,在我国可免予申报纳税。

(六)两个以上的纳税人共同取得同一项所得的计税问题

两个或两个以上的纳税义务人共同取得同一项所得的(如共同写作一部著作而取得稿酬所得),可以对每个人分得的收入分别减除费用,并计算各自应纳的税款。即采用"先分后税"办法纳税。

【例 7-19】 甲、乙两人受托共同翻译进口成套设备说明书,获得翻译收入 7 000 元。其中,甲分得 5 000 元,乙分得 2 000 元。

要求: 计算甲、乙两人应纳的个人所得税。

题解:

(1)甲应纳的个人所得税＝5 000(1－20％)×20％＝800(元)

(2)乙应纳的个人所得税＝(2 000－800)×20％＝240(元)

(七)境外所得的税额扣除

1.已在境外缴纳的个人所得税税额是指纳税义务人从中国境外取得的所得,依照该所得来源国家或者地区的法律应当缴纳并且实际已经缴纳的税额。

2.依照本法规定计算的应纳税额是指纳税义务人从中国境外取得的所得,区别不同国家或者地区和不同应税项目,依照我国税法规定的费用减除标准和适用税率计算的应纳税额;同一国家或者地区内不同应税项目,依照我国税法计算的应纳税额之和,为该国家或者地区的扣除限额。

纳税义务人在中国境外一个国家或者地区实际已经缴纳的个人所得税税额,低于依照按我国税法规定计算出的该国家或者地区扣除限额的,应当在中国缴纳差额部分的税款;超过该国家或者地区扣除限额的,其超过部分不得在本纳税年度的应纳税额中扣除,但是可以在以后纳税年度的该国家或者地区扣除限额的余额中补扣,补扣期限最长不得超过 5 年。

【例 7-20】 居民纳税人王某 2011 年度,从 A、B 两国取得应税收入。其中,在 A 国某公司任职,每月的工资、薪金收入 20 000 元,全年 240 000 元,因提供一项专利技术使用权,一次取得特许权使用费收入 30 000 元,该两项收入在 A 国缴纳个人所得税 30 000元;因在 B 国出版著作,获得稿酬收入 15 000 元,并在 B 国缴纳该项收入的个人所得税 1 720 元。

要求:计算王某 2011 年度境外所得在境内应补缴的个人所得税。

题解:

1.A 国所纳个人所得税的抵减。

按照我国税法规定的费用减除标准和税率,计算该纳税义务人从 A 国取得的应税所得应纳税额,该应纳税额即为抵减限额。

(1)工资、薪金所得。该纳税义务人从 A 国取得的工资、薪金收入,应每月减除费用 4 800 元,其余额 1—8 月份按九级超额累进税率表的适用税率计算应纳税额,9—12 月份按七级超额累进税率表的适用税率计算应纳税额。

全年应纳税额=[(20 000−4 800)×20%−375]×8+[(20 000−4 800)×25%−1 005]×4=2 665×8+2 795×4=21 320+11 180=32 500(元)

(2)特许权使用费所得。该纳税义务人从 A 国取得的特许权使用费收入,应减除 20%的费用,其余额按 20%的比例税率计算应纳税额。

应纳税额=30 000×(1−20%)×20%=4 800(元)

(3)A 国抵减限额=32 500+4 800=37 300(元)

(4)A 国所得在境内应补税额=37 300−30 000=7 300(元)

2.B 国所纳个人所得税的抵减。

B 国抵免限额=[15 000×(1−20%)×20%]×(1−30%)=1 680(元)

王某的稿酬所得在 B 国实际缴纳个人所得税 1 720 元,超出抵减限额 40 元,不能在本年度扣除,但可在以后 5 个纳税年度的该国减除限额的余额中补减。

第三节 个人所得税申报

一、自行申报纳税

自行申报纳税是由纳税人自行在税法规定的纳税期限内,向税务机关申报取得的应税所得项目和数额,如实填写个人所得税纳税申报表,并按照税法规定计算应纳税额,据此缴纳个人所得税的一种方法。

(一)自行申报纳税的纳税义务人

1.自 2006 年 1 月 1 日起,年所得 12 万元以上的。

2.从中国境内两处或者两处以上取得工资、薪金所得的。

3.从中国境外取得所得的。

4.取得应税所得,没有扣缴义务人的。

5.国务院规定的其他情形。

其中,年所得 12 万元以上的纳税人,无论取得的各项所得是否已足额缴纳了个人所得税,均应当按照本办法的规定,于纳税年度终了后向主管税务机关办理纳税申报;其他情形的纳税人,均应当按照自行申报纳税管理办法的规定,于取得所得后向主管税务机关办理纳税申报。同时需注意的是,年所得 12 万元以上的纳税人,不包括在中国境内无住所,且在一个纳税年度中在中国境内居住不满 1 年的个人;从中国境外取得所得的纳税人是指在中国境内有住所,或者无住所而在一个纳税年度中在中国境内居住满 1 年的个人。

(二)自行申报纳税的内容

年所得 12 万元以上的纳税人,在纳税年度终了后,应当填写《个人所得税纳税申报表(适用于年所得 12 万元以上的纳税人申报)》,并在办理纳税申报时报送主管税务机关,同时报送个人有效身份证件复印件,以及主管税务机关要求报送的其他有关资料。

(三)自行申报纳税的申报方式

纳税人可以采取数据电文、邮寄等方式申报,也可以直接到主管税务机关申报,或者采取符合主管税务机关规定的其他方式申报。纳税人采取邮寄方式申报的,以邮政部门挂号信函收据作为申报凭据,以寄出的邮戳日期为实际申报日期。

纳税人也可以委托有税务代理资质的机构或者他人代为办理申纳税申报。

(四)自行申报实务

【例 7-21】 中国公民李四,身份证号码:33010619580802001X,是 A 公司(外商投资企业)的中方雇员,2011 年度所取得的收入情况如下:

(1)1—12 月份每月取得由雇佣单位支付的含税工资、薪金 20 000 元;

(2)1—12 月份每月取得由派遣单位支付的含税工资、薪金 3 000 元;

(3)5 月份一次取得税前稿费收入 10 000 元;

(4)6 月份一次取得税前翻译收入 30 000 元;

(5)7 月份一次取得税前审稿收入 4 000 元;

(6)8 月份取得国债利息收入 10 000 元;

(7)12 月 31 日取得全年含税奖金 60 000 元。

上述各项收入,凡需要缴纳个人所得税的,均由支付单位扣缴了个人所得税,并取得了完税凭证原件。

2012年2月15,李四接到税务机关的通知,其年所得额已经超过12万元,需要在3月底之前进行自行申报,李四接到通知的当日赴税务机关办理了自行申报。

要求:

(1)计算2011年度李四的年所得;

(2)计算扣缴义务人代扣代缴的个人所得税;

(3)计算李四自行申报时应该补缴的个人所得税;

(4)填写年所得12万元的申报表。

题解:

(1)2011年度李四的年所得额=(20 000+3 000)×12+10 000+30 000+4 000+60 000=380 000(元)

(2)扣缴义务人代扣代缴的个人所得税:

①雇佣单位扣缴税款=〔(20 000-2 000)×20%-375〕×8+〔(20 000-3 500)×25%-1 005〕×4=25 800+12 480=38 280(元)

②派遣单位扣缴税款=(3 000×15%-125)×8+(3 000×10%-105)×4=2 600+780=3 380(元)

③稿费收入扣缴税款=10 000×(1-20%)×20%×(1-30%)=1 120(元)

④翻译收入扣缴税款=30 000(1-20%)×30%-2 000=5 200(元)

⑤审稿收入扣缴税款=(4 000-800)×20%=640(元)

⑥国债免税

⑦年终一次性奖金应纳税额=60 000×20%-555=11 445(元)

(3)计算李四自行申报时应该补缴的个人所得税:

李四应持两处支付单位提供的原始明细工资、薪金单(书)和完税凭证原件,到税务机关申报工资、薪金收入,汇算清缴其工资、薪金收入的个人所得税,多退少补。

应纳税额=〔(20 000+3 000-2 000)×25%-1 375〕×8+〔(20 000+3 000-3 500)×25%-1 005〕×4=31 000+15 480=46 480(元)

应补税额=46 480-38 280-3 380=4 820(元)

(4)填写年所得12万元的申报表,见表7-7所示。

所得年份：2011年　　　　　　　　　　　　　填表日期：2012年2月15日

表 7-7　个人所得税纳税申报表
（适用于年所得 12 万元以上的纳税人申报）

金额单位：人民币元（列至角分）

纳税人姓名	李四	国籍（地区）	中国	身份证照类型	身份证	身份证照号码	3 3 0 1 0 6 1 9 5 8 0 8 0 2 0 0 1 X
任职、受雇单位	A公司	任职受雇单位代码		身份受雇单位所属行业		职业	
在华天数		境内有效联系地址		境内有效联系地址		职务	联系电话
此行由取得经营所得的纳税人填写	经营单位纳税人识别号			经营单位纳税人名称		境内有效联系地址邮编	

所得项目	年所得额 境内	境外	合计	应纳税所得额	应纳税额	已缴(扣)税额	抵扣税额	减免税额	应补税额	应退税额	备注
1. 工资、薪金所得	336 000		336 000	306 000	57 925	53 105			4 820		
2. 个体工商户的生产、经营所得											
3. 对企事业单位的承包经营、承租经营所得											
4. 劳务报酬所得	34 000		34 000	27 200	5 840	5 840			0		
5. 稿酬所得	10 000		10 000	8 000	1 600	1 120		480	0		
6. 特许权使用费所得											
7. 利息、股息、红利所得											
8. 财产租赁所得											
9. 财产转让所得											
其中：股票转让所得						—			—	—	
个人房屋转让所得						—			—	—	
10. 偶然所得						—			—	—	
11. 其他所得						—			—	—	
合　计	380 000		380 000	341 200	64 885	64 405			4 820		

我声明：此纳税申报表是根据《中华人民共和国个人所得税法》及有关法律、法规的规定填报的，我保证它是真实的、可靠的、完整的。

纳税人（签字）：

代理人（签字、盖章）：

联系电话：

税务机关受理时间：　　　年　　月　　日

税务机关受理人（签字）：

受理申报税务机关名称（盖章）：

二、代扣代缴申报

(一)代扣代缴报送资料

1. 填写报送《扣缴个人所得税报告表》,见表 7-8 所示;

2. 代扣代收税款凭证;

3. 包括每一纳税人姓名、单位、职务、收入、税款等内容的支付个人收入明细表;

4. 税务机关要求报送的其他有关资料。

(二)代扣代缴申报实务

【例 7-22】　境内的 N 公司是居民纳税企业,纳税人识别号:330100676752210,2012 年 8 月向个人支付了下列款项。

(1)向张三等 4 名职工(中国籍)支付工资,情况如下:

姓名	身份证号	应付工资	社保费及公积金	代扣个税	实发工资
张三	330106196206080001	8 000	1 200	225	6 575
李四	330106197805060022	7 000	1 000	145	5 855
王五	330105198510060031	6 000	800	39	5 161
赵六	330105199112020033	5 000	600	27	4 373
合计		26 000	3 600	436	21 964

(2)向境内某广告代理公司的王莉(中国籍,身份证号码:33010318806050088)个人支付广告设计费 50 000 元,代扣代缴个人所得税 10 000 元。

要求:填写 N 公司 2012 年 8 月《扣缴个人所得税报告表》。

题解:

N 公司 2012 年 8 月《扣缴个人所得税报告表》见表 7-8 所示。

表 7-8　扣缴个人所得税报告表

地税编码：| 3 | 3 | 0 | 1 | 0 | 0 | 6 | 7 | 6 | 7 | 5 | 2 | 1 | 1 | 0 |

扣缴义务人名称（公章）：N公司

税款所属期：2012年8月1日至2012年8月31日

金额单位：元（列至角分）

填表日期：2012年9月12日

序号	纳税人姓名	证照类型	证照号码	所得项目	境外工作天数	收入额			免税收入额	允许扣除的费用额	费用扣除标准	准予扣除的捐赠额	应纳税所得额	税率%	速算扣除数	应纳（扣缴）税额	已纳（扣缴）税额	完税凭证字号	备注
						人民币	外币折合人民币	人民币合计											
1	2	3	4	5	6	7	8	9	10	11	12	13	14	15	16	17	18	19	20
1	张三	略	略	工资	12.8	6 800		6 800		3 500	3 500		3 300	10	105	225	225		
2	李四	略	略	工资	12.8	6 000		6 000		3 500	3 500		2 500	10	105	145	145		
3	王五	略	略	工资	12.8	5 200		5 200		3 500	3 500		1 300	3	0	39	39		
4	赵六	略	略	工资	12.8	4 400		4 400		3 500	3 500		900	3	0	27	27		
5	王莉	略	略	劳务	12.8	50 000		50 000		10 000	20%		40 000	20	2 000	10 000	10 000		
合　计						72 400		72 400		24 000			48 000			10 436	10 436		

扣缴义务人或代理人声明：此报告表是根据国家税收法律的规定填报的，我确定它是真实的、可靠的、完整的。

扣缴义务人

办税人员（鉴章）：　　　　　　财务负责人（鉴章）：

法定代表人（鉴章）：　　　　　　联系电话：

代理人

代理人名称：

代理人（公章）：

受理人（鉴章）：　　　　　受理日期：　　　年　　月　　日　　　受理税务机关：

本表一式三份，一份纳税人留存，一份主管税务机关留存，一份征收部门留存。

经办人（鉴章）：

联系电话：

受理税务机关：

思考训练

一、单项选择题

1. 李先生 2012 年 3 月购买体育彩票中得奖金 15 000 元,他应缴纳个人所得税为（　　）。

　　A. 免　　　　　　　　　　　　　　　8. 3 000

　　C. 1 500　　　　　　　　　　　　　D. 4 500

2. 下列应税项目在计算应纳所得税额时,不采用定额费用扣除费用的有（　　）。

　　A. 财产转让所得

　　B. 承包所得（不拥有所有权的承包方式）

　　C. 设计费

　　D. 工资

3. 下列所得不采用五级超额累进税率计算个人所得税的有（　　）。

　　A. 个体工商户的生产经营所得　　　　B. 个人独资企业和合伙企业

　　C. 承包经营者取得的承租、承包所得　　D. 财产租赁所得

4. 个人取得的下列所得中,按"其他所得"征收个人所得税是（　　）。

　　A. 境外博彩所得　　　　　　　　　　B. 为他人提供担保获得报酬

　　C. 保险赔偿收入　　　　　　　　　　D. 企业自然人股息

5. 下列所得中,免缴个人所得税的是（　　）。

　　A. 年终加薪　　　　　　　　　　　　B. 拍卖本人文字作品原稿的收入

　　C. 个人保险所获赔款　　　　　　　　D. 从投资管理公司取得的派息分红

6. 下列属于减税项目的是（　　）。

　　A. 国债和国家发行的金融债券利息

　　B. 因严重自然灾害造成重大损失的

　　C. 军人的转业费、复员费

　　D. 按照国家统一规定发给干部、职工的退休工资、离休工资、离休生活补助费

7. 按照个人所得税法的有关规定,计算个体户的应纳税所得额时,下列各项可以直接扣除的是（　　）。

　　A. 固定资产盘亏净损失　　　　　　　B. 购置的价值为 7 万元的测试仪器

　　C. 个体户业主的工资　　　　　　　　D. 分配给投资者的股利

8. 下列所得项目中,不采用代扣代缴方式征收个人所得税的是（　　）。

　　A. 工资、薪金所得　　　　　　　　　B. 劳务报酬所得

　　C. 偶然所得　　　　　　　　　　　　D. 个体工商户的生产经营所得

9.个人独资、合伙企业每一纳税年度发生的广告和业务宣传费用,不超过当年销售（营业）收入（　　）的部分,可以税前据实扣除。超过部分,准予在以后纳税年度内结转扣除。

A.8.5％　　　　　　B.15％　　　　　　C.2.5％　　　　　　D.5％

10.按照个人所得税法的有关规定,下列表述不正确的是（　　）。

A.若个人发表一篇作品,出版单位分三次支付稿酬、则这三次稿酬应合并为一次征税

B.若个人在两处出版同一作品而分别取得稿酬,则应分别单独纳税

C.个人的同一作品连载之后又出书取得稿酬的收入同再版稿酬分别征税

D.若因作品加印而获得稿酬,应就此次稿酬单独纳税

二、多项选择题

1.以下各项所得适用累进税率形式的有（　　）。

A.工资薪金所得；　　　　　　　　　　B.个体工商户生产经营所得；

C.财产转让所得；　　　　　　　　　　D.承包承租经营所得。

2.下列个体工商户个人所得税前的扣除规定中,说法正确的有（　　）。

A.个人独资企业向其从业人员实际支付的合理的工资、薪金支出,允许在税前据实扣除

B.个人独资企业每一纳税年度发生的与其生产经营业务直接相关的业务招待费支出,按照发生额的60％扣除,但最高不得超过当年销售（营业）收入的5‰

C.个人独资企业拨缴的工会经费、发生的职工福利费、职工教育经费支出分别在工资薪金总额2％、14％、2.5％的标准内据实扣除

D.个人独资企业计提的各种准备金可以在税前扣除

3.下列关于自行申报纳税的申报地点,说法正确的有（　　）。

A.在中国境内有任职、受雇单位的,向任职、受雇单位所在地主管税务机关申报

B.在中国境内有两处或者两处以上任职、受雇单位的,选择并固定向其中一处单位所在地主管税务机关申报

C.在中国境内无任职、受雇单位,年所得项目中无生产、经营所得的,向户籍所在地主管税务机关申报

D.个体工商户向实际经营所在地主管税务机关申报

4.下列各项个人所得,免纳个人所得税（　　）。

A.省级人民政府、国务院部委和中国人民解放军军以上单位,以及外国组织、国际组织颁发的科学、教育、技术、文化、卫生、体育、环境保护等方面的奖金

B.国债和国家发行的金融债券利息

C. 按照国家统一规定发给的补贴、津贴

D. 福利费、抚恤金、救济金

E. 保险赔款

5. 下列各项中，属于个人所得税中居民纳税人的有（　　）。

A. 在中国境内无住所，但一个纳税年度中在中国境内居住满365天的个人

B. 在中国境内无住所且不居住的个人

C. 在中国境内无住所，而在境内居住超过90天（或183天）不满1年的个人

D. 在中国境内有住所的个人

E. 在中国境内无住所，并在境内居住满1年不满5年的个人

6. 某城市公民张先生为自由职业者，2011年10月取得以下收入中，属于劳务报酬的有（　　）。

A. 为甲企业兼职促销员，因业绩突出甲企业提供免费丽江游

B. 自己开设酒吧取得的收入

C. 为出版社审稿取得收入

D. 在杂志上发表摄影作品取得收入

E. 为电视剧制作单位提供剧本取得的剧本使用费收入

7. 以下项目作为一次性收入计缴个人所得税的有（　　）。

A. 张某8月份在某单位讲课三次，即8月5日、8月15日和8月25日各讲一次课，每次取得讲课收入1 000元

B. 李某出书一本，出版社分两次支付稿酬，每次得稿酬5 000元

C. 吴某将住房出租10个月，共取得房租收入10 000元

D. 杨某1月份两次购买体育彩票分别获得2万元和5万元

E. 陈某承揽一项设计劳务，工期半年，每一个月结算一次

8. 年所得12万元以上的纳税人的年所得不包括（　　）。

A. 每月减除费用2 000元　　　　　　　　B. 住房公积金

C. 保险赔款　　　　　　　　　　　　　　D. 国债利息收入

9. 下列所得应按特许权使用费所得，征收个人所得税的是（　　）。

A. 专利权　　　　　B. 著作权　　　　　C. 稿酬　　　　　D. 非专利技术

10. 下列财产转让中，不征收或免征个人所得税的有（　　）。

A. 个人转让自用5年以上且是家庭唯一住房的所得

B. 个人因离婚办理房屋产权过户手续

C. 个人转让机器设备的所得

D. 个人转让境内上市公司股票所得

E. 个人转让离婚析产房屋所取得的收入

三、判断题

1.个人将其应税所得,全部用于公益救济性捐赠,将不承担缴纳所得税义务。 （　　）

2.个人取得稿酬收入,其应纳税所得额可减按 70%计算个人所得税。 （　　）

3.个人转让房屋所得应该按照财产转让所得缴纳个人所得税。 （　　）

4.张某获得县级体育比赛一等奖 10 万元,应该免征个人所得税。 （　　）

5.在两处以上取得工资薪金所得而没有扣缴义务人的,纳税人应当自行申报缴纳个人所得税。 （　　）

6.不动产转让所得以实现转让的地点为所得地。 （　　）

7.中秋节,公司为员工发放月饼,不应并入工资薪金代扣代缴个人所得税。（　　）

8.纳税人(在中国境内无住所的个人除外)一次取得数月奖金或年终加薪,应将全部奖金或年终加薪同当月的工资、薪金合并计征个人所得税。 （　　）

9.个人取得转租房屋收入个人所得税前扣除税费的扣除次序是,先扣除税法规定的费用扣除标准,再扣除租赁费、财产租赁过程中缴纳的税费、修缮费用。 （　　）

10.个人将股份转让时,就其转让收入额,减除个人取得该股份时实际支付的费用和合理转让费用后的余额,按"财产转让所得"项目计征个人所得税。 （　　）

四、实务题

1.某研究所高级工程师张先生 2011 年 10 月份的收入情况如下:

(1)月工资收入为 5 300 元;

(2)向某家公司转让专有技术一项,获得特许权使用费 6 000 元;

(3)为某企业进行产品设计,取得报酬 50 000 元;

(4)因汽车失窃,获得保险公司赔偿 80 000 元。

要求:计算张先生应该缴纳的个人所得税。

2.2012 年 7 月杨女士将自有住房按市场价格出租给张某用于居住,租期一年,每月取得租金收入 3 500 元,当年 8 月发生房屋修缮费用 2 000 元。假设不考虑出租房屋的其他税种。

要求:计算杨女士当年应纳个人所得税。

3.中国公民赵某 2011 年 12 月取得以下收入:

(1)购买福利彩票支出 500 元,取得一次性中奖收入 200 000 元;

(2)为某企业设计照明线路,取得一次性设计收入 15 000 元;

(3)将自有的两套住房中的一套出租,出租后仍用于居住,每月取得租金收入

2 700元。

　　要求：根据上述资料，计算赵某应纳的个人所得税。

　　4.2011年10月份，中国公民张先生由一中方企业派往国内一外商投资企业工作，派遣单位和雇佣单位每月分别支付给张先生工资4 000元和8 000元。按照协议，张先生向派遣单位缴纳1 000元，能够提供相关的证明。

　　问：

　　(1)派遣单位应代扣代缴张先生个人所得税多少元？

　　(2)雇佣单位应代扣代缴张先生个人所得税多少元？

　　(3)张先生汇算清缴时，应补缴个人所得税多少元？

　　5.中国公民李某2011年全年收入情况如下：

　　(1)8月份出版一本著作，取得出版社稿酬8 000元。在此之前，部分章节6月至7月被某晚报连载，6月份取得稿酬1 000元，7月份取得稿酬1 500元，因该书畅销，9月份出版社增加印数，又取得追加稿酬4 000元，后被电影公司拍成电影，取得报酬1万元；

　　(2)7月将境内一处门面房出租，租赁期限1年，月租金4 000元，当月发生修缮费1 500元(不考虑其他税费)；

　　(3)2011年10月从A国某大学取得演讲收入30 000元，该收入在A国已纳个人所得税5 000元；同时从A国取得彩票中奖收入2 000元，该收入在A国已纳个人所得税500元；

　　(4)月工资收入4 200元；年终单位一次发放全年奖金25 000元。

　　要求：

　　(1)计算下列税款：

　　①出版与连载收入及电影公司支付的报酬应缴纳的个人所得税；

　　②取得的租赁所得应缴纳的个人所得税；

　　③从A国取得的演讲收入和中奖收入在我国应补缴的个人所得税；

　　④全年工资和奖金应缴纳的个人所得税。

　　(2)填写工资薪金个人所得税扣缴报告表。

　　(3)计算2011年度的年所得，填写年所得超过12万元个人所得税申报表。

第八章 其他税费实务

☆ 了解城建税、房产税、土地使用税、印花税、土地增值税法的基本规定
☆ 熟悉城建税、房产税、土地使用税、印花税、土地增值税的优惠政策
☆ 熟悉城建税、房产税、土地使用税、印花税、土地增值税纳税申报表的基本格式

☆ 懂城建税、房产税、土地使用税、印花税、土地增值税的计税依据
☆ 会计算城建税、房产税、土地使用税、印花税、土地增值税税款并进行账务处理
☆ 能填写城建税、房产税、土地使用税、印花税、土地增值税申报表

2012届会计专业毕业生王小莉在 ABC 公司从事税务工作不久,但经过自己的努力和虚心请教,已经对公司的纳税工作基本流程以及增值税、消费税、营业税、企业所得税、个人所得税等主要税种有了较为深入的了解。随着工作经验的不断积累,发现公司除了会涉及上述主要税种之外,诸如城建税、房产税、印花税、土地使用税等小税种也会经常遇到,不可忽视。自己只有不断学习,全面了解公司所涉及的相关税费,方能胜任税务会计工作。

第一节　城市维护建设税实务

城市维护建设税是对从事工商经营，缴纳增值税、消费税、营业税的单位和个人征收的一种税。我国现行城市维护建设税的基本规范，是 1985 年 2 月 8 日国务院发布并于同年 1 月 1 日实施的《中华人民共和国城市维护建设税暂行条例》。

一、城市维护建设税的基本规定

(一)纳税义务人

城建税的纳税义务人是指负有缴纳增值税、消费税和营业税（简称"三税"）义务的单位和个人，包括国有企业、集体企业、私营企业、股份制企业、其他企业和行政单位、事业单位、军事单位、社会团体、其他单位，以及个体工商户及其他个人。

自 2010 年 12 月 1 日起，对外商投资企业、外国企业及外籍个人征收城市维护建设税。对外资企业 2010 年 12 月 1 日（含）之后发生纳税义务的增值税、消费税、营业税征收城市维护建设税；对外资企业 2010 年 12 月 1 日之前发生纳税义务的"三税"，不征收城市维护建设税。

(二)税率

城建税的税率是指纳税人应缴纳的城建税税额与纳税人实际缴纳的"三税"税额之间的比率。城建税按纳税人所在地的不同，设置了三档地区差别比例税率，除特殊规定外，即：

1.纳税人所在地为市区的，税率为 7％；

2.纳税人所在地为县城、镇的，税率为 5％；

3.纳税人所在地不在市区、县城或者镇的，税率为 1％。

城建税的适用税率，应当按纳税人所在地的规定税率执行。但是，对下列两种情况，可按缴纳"三税"所在地的规定税率就地缴纳城建税：

（1）由受托方代扣代缴、代收代缴"三税"的单位和个人，其代扣代缴、代收代缴的城建税按受托方所在地适用税率执行；

（2）流动经营等无固定纳税地点的单位和个人，在经营地缴纳"三税"的，其城建税的缴纳按经营地适用税率执行。

(三)税收优惠

城建税原则上不单独减免，但因城建税又具附加税性质，当主税发生减免时，城建税相应发生税收减免。城建税的税收减免具体有以下几种情况：

1.城建税按减免后实际缴纳的"三税"税额计征,即随"三税"的减免而减免。

2.对于因减免税而需进行"三税"退库的,城建税也可同时退库。

3.海关对进口产品代征的增值税、消费税,不征收城建税。

4.对"三税"实行先征后返、先征后退、即征即退办法的,除另有规定外,对随"三税"附征的城建税和教育费附加,一律不予退(返)还。

5.对国家重大水利工程建设基金免征城市维护建设税。

(四)税收征管

1.纳税环节

城建税的纳税环节是指《城市维护建设税暂行条例》规定的纳税人应当缴纳城建税的环节。城建税的纳税环节,实际就是纳税人缴纳"三税"的环节。纳税人只要发生"三税"的纳税义务,就要在同样的环节,分别计算缴纳城建税。

2.纳税地点

城建税以纳税人实际缴纳的增值税、消费税、营业税税额为计税依据,分别与"三税"同时缴纳。所以,纳税人缴纳"三税"的地点,就是该纳税人缴纳城建税的地点。但是,属于下列情况的,纳税地点为:

(1)代扣代缴、代收代缴"三税"的单位和个人,同时也是城建税的代扣代缴、代收代缴义务人,其城建税的纳税地点在代扣代收地。

(2)跨省开采的油田,下属生产单位与核算单位不在一个省内的,其生产的原油,在油井所在地缴纳增值税,其应纳税款由核算单位按照各油井的产量和规定税率计算汇拨各油井缴纳。所以,各油井应纳的城建税,应由核算单位计算,随同增值税一并汇拨油井所在地,由油井在缴纳增值税的同时,一并缴纳城建税。

(3)对管道局输油部分的收入,由取得收入的各管道局于所在地缴纳营业税。所以,其应纳城建税,也应由取得收入的各管道局于所在地缴纳营业税时一并缴纳。

(4)对流动经营等无固定纳税地点的单位和个人,应随同"三税"在经营地按适用税率缴纳。

3.纳税期限

由于城建税是由纳税人在缴纳"三税"时同时缴纳的,所以其纳税期限分别与"三税"的纳税期限一致。根据增值税法和消费税法规定,增值税、消费税的纳税期限均分别为1日、3日、5日、10日、15日或者1个月;根据营业税法规定,营业税的纳税期限分别为5日、10日、15日或者1个月。增值税、消费税、营业税的纳税人的具体纳税期限,由主管税务机关根据纳税人应纳税额大小分别核定;不能按照固定期限纳税的,可以按次纳税。

二、城市维护建设税的计算

(一)计税依据

城建税的计税依据是指纳税人实际缴纳的"三税"税额。纳税人违反"三税"有关税法而加收的滞纳金和罚款,是税务机关对纳税人违法行为的经济制裁,不作为城建税的计税依据,但纳税人在被查补"三税"和被处以罚款时,应同时对其偷漏的城建税进行补税、征收滞纳金和罚款。

城建税以"三税"税额为计税依据并同时征收,如果要免征或者减征"三税",也就要同时免征或者减征城建税。

但对出口产品退还增值税、消费税的,不退还已缴纳的城建税。

自2005年1月1日起,经国家税务总局正式审核批准的当期免抵的增值税税额应纳入城建税和教育费附加的计征范围,分别按规定的税(费)率征收城建税和教育费附加。2005年1月1日前,已按免抵的增值税税额征收的城建税和教育费附加不再退还,未征的不再补征。

(二)应纳税额的计算

城建税纳税人的应纳税额大小是由纳税人实际缴纳的"三税"税额决定的,其计算公式为:

应纳税额＝纳税人实际缴纳的增值税、消费税、营业税税额×适用税率

【例8-1】　某市区B公司(纳税人识别号:330100676752288),2012年8月份实际缴纳增值税300 000元,缴纳消费税400 000元,缴纳营业税200 000元。

要求:计算该企业应纳的城建税税额。

题解:

应纳城建税税额＝(300 000＋400 000＋200 000)×7％＝900 000×7％＝63 000(元)

三、城市维护建设税的会计处理

企业应当在"应交税费"账户下设置"应交城市维护建设税"明细账户,专门用来核算企业应交城市维护建设税的发生和缴纳情况。该账户的贷方反映企业按税收政策法规定计算出的应当缴纳的城市维护建设税,借方反映企业实际向税务机关缴纳的城市维护建设税,余额在贷方反映企业应交而未交的城市维护建设税。

【例8-2】　沿用[例8-1]资料,编制城市维护建设税的会计分录。

借:营业税金及附加　　　　　　　　　　　　　　　　　　　63 000

　　贷:应交税费——应交城市维护建设税　　　　　　　　　63 000

四、城市维护建设税的申报

【例 8-3】 沿用[例 8-1]资料,编制城市维护建设税的纳税申报表。

B 公司 2012 年 8 月城市维护建设税申报表如表 8-1 所示。

表 8-1 城市维护建设税申报表

填表日期:2012 年 9 月 10 日

纳税人识别号:330100676752288

纳税人名称:B 公司

申报所属期起:2012 年 8 月 1 日

申报所属期止:2012 年 8 月 31 日

单位:元(列至角分)

税(费种)	计税(费)依据			税(费)率	应纳税(费)额	减免税(费)额	应缴纳税(费)额
	增值税额	消费税额	营业税额				
1	2	3	4	5	6=(2+3+4)×5	7	8=6-7
城市维护建设税	300 000	400 000	200 000	7%	63 000		63 000

如纳税人填报,由纳税人填写以下各栏			如委托税务代理机构填报,由税务代理机构填写以下各栏	
会计主管(签章)	经办人(签章)		税务代理机构名称	税务代理机构(公章)
			税务代理机构地址	
			代理人(签章)	
申报声明	此纳税申报表是根据国家税收法律的规定填报的,我确信它是真实的、可靠的、完整的。申明人:法定代表人(负责人)签字或盖章(公章)		以下由税务机关填写	
			受理日期	受理人
			审核日期	审核人
			审核记录	

五、教育费附加

教育费附加是对缴纳增值税、消费税、营业税的单位和个人,就其实际缴纳的税额为计算依据征收的一种附加费。

教育费附加是为加快地方教育事业,扩大地方教育经费的资金而征收的一项专用基金。现行的教育费附加征收规定,是国务院于 1986 年 4 月 28 日颁布的《征收教育费附加的暂行规定》,并从同年 7 月 1 日开始在全国范围内施行。

(一)教育费附加的征收范围及计征依据

教育费附加对缴纳增值税、消费税、营业税的单位和个人征收,以其实际缴纳的增值税、消费税和营业税为计征依据,分别与增值税、消费税和营业税同时缴纳。

自 2010 年 12 月 1 日起,对外商投资企业、外国企业及外籍个人征收教育费附加。对外资企业 2010 年 12 月 1 日(含)之后发生纳税义务的增值税、消费税、营业税征收教育附加;对外资企业 2010 年 12 月 1 日之前发生纳税义务的"三税",不征收教育费附加。

(二)教育费附加计征比率

教育费附加计征比率曾几经变化。按照 1994 年 2 月 7 日《国务院关于教育费附加征收问题的紧急通知》的规定,现行教育费附加征收比率为 3%。

(三)教育费附加的计算

应纳教育费附加＝实际缴纳的增值税、消费税、营业税×征收比率

【例 8-4】　沿用[例 8-1]资料,计算该企业应缴纳的教育费附加。

应纳教育费附加＝(300 000＋400 000＋200 000)×3%＝900 000×3%＝27 000(元)

(四)教育费附加的减免规定

1.对海关进口的产品征收的增值税、消费税,不征收教育费附加。

2.对由于减免增值税、消费税和营业税而发生退税的,可同时退还已征收的教育费附加。但对出口产品退还增值税、消费税的,不退还已征的教育费附加。

3.对国家重大水利工程建设基金免征教育费附加。

(五)教育费附加的会计处理

企业应当在"应交税费"账户下设置"应交教育费附加"明细账户,专门用来核算企业应交教育费附加的发生和缴纳情况。该账户的贷方反映企业按税收政策法规定计算出的应当缴纳的教育费附加,借方反映企业实际向税务机关缴纳的教育费附加,余额在贷方反映企业应交而未交的教育费附加。

【例 8-5】　沿用[例 8-4]资料,编制教育费附加的会计分录。

借:营业税金及附加　　　　　　　　　　　　　　　　27 000

　　贷:应交税费——应交城市维护建设税　　　　　　　27 000

第二节　房产税实务

房产税是以房屋为征税对象,按照房屋的计税余值或租金收入,向产权所有人征收的一种财产税。现行房产税法的基本规范,是 1986 年 9 月 15 日国务院颁布的《中华人民共和国房产税暂行条例》。

325

一、房产税的基本规定

(一)纳税义务人

房产税以在征税范围内的房屋产权所有人为纳税人。其中:

1.产权属国家所有的,由经营管理单位纳税;产权属集体和个人所有的,由集体单位和个人纳税。

2.产权出典的,由承典人纳税。

3.产权所有人、承典人不在房屋所在地的,由房产代管人或者使用人纳税。

4.产权未确定及租典纠纷未解决的,亦由房产代管人或者使用人纳税。

5.纳税单位和个人无租使用房产管理部门、免税单位及纳税单位的房产,应由使用人代为缴纳房产税。

6.自2009年1月1日起,外商投资企业、外国企业和组织以及外籍个人,依照《中华人民共和国房产税暂行条例》缴纳房产税。

(二)征税范围

房产税以房产为征税对象。所谓房产,是指有屋面和围护结构(有墙或两边有柱),能够遮风避雨,可供人们在其中生产、学习、工作、娱乐、居住或贮藏物资的场所。房地产开发企业建造的商品房,在出售前,不征收房产税;但对出售前房地产开发企业已使用或出租、出借的商品房应按规定征收房产税。

房产税的征税范围为城市、县城、建制镇和工矿区。具体规定如下:

1.城市是指国务院批准设立的市。

2.县城是指县人民政府所在地的地区。

3.建制镇是指经省、自治区、直辖市人民政府批准设立的建制镇。

4.工矿区是指工商业比较发达、人口比较集中、符合国务院规定的建制镇标准但尚未设立建制镇的大中型工矿企业所在地。开征房产税的工矿区须经省、自治区、直辖市人民政府批准。

房产税的征税范围不包括农村,这主要是为了减轻农民的负担。

(三)税率

我国现行房产税采用的是比例税率。由于房产税的计税依据分为从价计征和从租计征两种形式,所以房产税的税率也有两种:

1.按房产原值一次减除10%—30%后的余值计征的,税率为1.2%。

2.按房产出租的租金收入计征的,税率为12%。

从2001年1月1日起,对个人按市场价格出租的居民住房,用于居住的,可暂减按4%的税率征收房产税。

(四)税收优惠

1.国家机关、人民团体、军队自用的房产免征房产税。但上述免税单位的出租房产以及非自身业务使用的生产、营业用房,不属于免税范围。

2.由国家财政部门拨付事业经费的单位,如学校、医疗卫生单位、托儿所、幼儿园、敬老院、文化、体育、艺术这些实行全额或差额预算管理的事业单位所有的,本身业务范围内使用的房产免征房产税。

由国家财政部门拨付事业经费的单位,其经费来源实行自收自支后,从事业单位实行自收自支的年度起,免征房产税 3 年。

上述单位所属的附属工厂、商店、招待所等不属于单位公务、业务的用房,应照章纳税。

3.宗教寺庙、公园、名胜古迹自用的房产免征房产税。

宗教寺庙、公园、名胜古迹中附设的营业单位,如影剧院、饮食部、茶社、照相馆等所使用的房产及出租的房产,不属于免税范围,应照章纳税。

4.个人所有非营业用的房产免征房产税。

个人所有的非营业用房,主要是指居民住房,不分面积多少,一律免征房产税。

对个人拥有的营业用房或者出租的房产,不属于免税房产,应照章纳税。

5.对行使国家行政管理职能的中国人民银行总行(含国家外汇管理局)所属分支机构自用的房产,免征房产税。

6.经财政部批准免税的其他房产。

(1)损坏不堪使用的房屋和危险房屋,经有关部门鉴定,在停止使用后,可免征房产税。

(2)纳税人因房屋大修导致连续停用半年以上的,在房屋大修期间免征房产税,免征税额由纳税人在申报缴纳房产税时自行计算扣除,并在申报表附表或备注栏中作相应说明。

(3)在基建工地为基建工地服务的各种工棚、材料棚、休息棚和办公室、食堂、茶炉房、汽车房等临时性房屋,在施工期间,一律免征房产税。但工程结束后,施工企业将这种临时性房屋交还或估价转让给基建单位的,应从基建单位接收的次月起,照章纳税。

(4)利用地下人防设施,暂不征收房产税。

(5)对非营利性医疗机构、疾病控制机构和妇幼保健机构等卫生机构自用的房产,免征房产税。

(6)老年服务机构自用的房产,免征房产税。

(7)从 2001 年 1 月 1 日起,对按政府规定价格出租的公有住房和廉租住房,包括企业和自收自支事业单位向职工出租的单位自有住房,房管部门向居民出租的公有住房,落实私房政策中带户发还产权并以政府规定租金标准向居民出租的私有住房等,暂免征收房产税。

(8)对邮政部门坐落在城市、县城、建制镇、工矿区范围内的房产,应当依法征收房产税;对坐落在城市、县城、建制镇、工矿区范围以外的尚在县邮政局内核算的房产,在单位财务账中划分清楚的,从 2001 年 1 月 1 日起不再征收房产税。

除上面提到的可以免纳房产税的情况以外,如纳税人确有困难的,可由省、自治区、直辖市人民政府确定,定期减征或者免征房产税。

(9)向居民供热并向居民收取采暖费的供热企业暂免征收房产税。"供热企业"包括专业供热企业、兼营供热企业、单位自供热及为小区居民供热的物业公司等,不包括从事热力生产但不直接向居民供热的企业。

(10)对在一个纳税年度内月平均实际安置残疾人就业人数占单位在职职工总数的比例高于 25%(含 25%)且实际安置残疾人人数高于 10 人(含 10 人)的单位,可减征或免征该年度城镇土地使用税。

(11)自 2011 年 1 月 1 日起至 2012 年 12 月 31 日,对高校学生公寓实行免征房产税政策。

(12)自 2011 年 1 月 1 日起至 2012 年 12 月 31 日,对商品储备管理公司及其直属库承担商品储备业务自用的房产、土地,免征房产税。

(五)征收管理

1. 纳税义务发生时间

(1)纳税人将原有房产用于生产经营,从生产经营之月起缴纳房产税。

(2)纳税人自行新建房屋用于生产经营,从建成之次月起缴纳房产税。

(3)纳税人委托施工企业建设的房屋,从办理验收手续之次月起缴纳房产税。

(4)纳税人购置新建商品房,自房屋交付使用之次月起缴纳房产税。

(5)纳税人购置存量房,自办理房屋权属转移、变更登记手续,房地产权属登记机关签发房屋权属证书之次月起,缴纳房产税。

(6)纳税人出租、出借房产,自交付出租、出借房产之次月起,缴纳房产税。

(7)房地产开发企业自用、出租、出借本企业建造的商品房,自房屋使用或交付之次月起,缴纳房产税。

(8)自 2009 年 1 月 1 日起,纳税人因房产的实物或权利状态发生变化而依法终止房产税纳税义务的,其应纳税款的计算应截止到房产的实物或权利状态发生变化的当月末。

2. 纳税期限

房产税实行按年计算、分期缴纳的征收方法,具体纳税期限由省、自治区、直辖市人民政府确定。

3. 纳税地点

房产税在房产所在地缴纳。房产不在同一地方的纳税人,应按房产的坐落地点分别向房产所在地的税务机关纳税。

二、房产税的计算

(一)计税依据

房产税的计税依据是房产的计税价值或房产的租金收入。按照房产计税价值征税的,称为从价计征;按照房产租金收入计征的,称为从租计征。

1. 从价计征

房产税依照房产原值一次减除 10%－30% 后的余值计算缴纳。各地扣除比例由当地省、自治区、直辖市人民政府确定。

(1)房产原值是指纳税人按照会计制度规定,在账簿"固定资产"科目中记载的房屋原价。自 2009 年 1 月 1 日起,对依照房产原值计税的房产,不论是否记载在会计账簿固定资产科目中,均应按照房屋原价计算缴纳房产税。房屋原价应根据国家有关会计制度规定进行核算。对纳税人未按国家会计制度规定核算并记载的,应按规定予以调整或重新评估。

(2)房产原值应包括与房屋不可分割的各种附属设备或一般不单独计算价值的配套设施。

(3)纳税人对原有房屋进行改建、扩建的,要相应增加房屋的原值。

①对投资联营的房产,在计征房产税时应予以区别对待。对于以房产投资联营,投资者参与投资利润分红,共担风险的,按房产余值作为计税依据计征房产税;对以房产投资,收取固定收入,不承担联营风险的,实际是以联营名义取得房产租金,应由出租方按租金收入计缴房产税。

②对融资租赁的房屋,应以房产余值计算征收,至于租赁期内房产税的纳税人,由当地税务机关根据实际情况确定。

(4)房屋附属设备和配套设施的计税规定。

从 2006 年 1 月 1 日起,房屋附属设备和配套设施计征房产税按以下规定执行:

①凡以房屋为载体,不可随意移动的附属设备和配套设施,如给排水、采暖、消防、中央空调、电气及智能化楼宇设备等,无论在会计核算中是否单独记账与核算,都应计入房产原值,计征房产税。

②对于更换房屋附属设备和配套设施的,在将其价值计入房产原值时,可扣减原来相应设备和设施的价值;对附属设备和配套设施中易损坏、需要经常更换的零配件,更新后不再计入房产原值。

(5)居民住宅区内业主共有的经营性房产缴纳房产税。

从 2007 年 1 月 1 日起,对居民住宅区内业主共有的经营性房产,由实际经营(包括自营和出租)的代管人或使用人缴纳房产税。其中自营的,依照房产原值减除 10％－30％后的余值计征,没有房产原值或不能将业主共有房产与其他房产的原值准确划分开的,由房产所在地方税务机关参照同类房产核定房产原值;出租的,依照租金收入计征。

2. 从租计征

房产出租的,以房产租金收入为房产税的计税依据。

如果是以劳务或者其他形式为报酬抵付房租收入的,应根据当地同类房产的租金水平,确定一个标准租金额从租计征。

纳税人对个人出租房屋的租金收入申报不实或申报数与同一地段同类房屋的租金收入相比明显不合理的,税务部门可以采取科学合理的方法核定其应纳税款。具体办法由各省、自治区、直辖市地方税务机关结合当地实际情况制定。

对出租房产,租赁双方签订的租赁合同约定有免收租金期限的,免收租金期间由产权所有人按照房产原值缴纳房产税。

(二)应纳税额的计算

1. 从价计征的计算

从价计征是按房产的原值减除一定比例后的余值计征,其计算公式为:

应纳税额＝应税房产原值×(1－扣除比例)×1.2％

房产原值是"固定资产"科目中记载的房屋原价;减除一定比例是省、自治区、直辖市人民政府规定的 10％－30％的减除比例;计征的适用税率为 1.2％。

【例 8-6】 某企业的经营用房原值为 5 000 万元,按照当地规定允许减除 30％后余值计税,适用税率为 1.2％。

要求:计算其应纳房产税税额。

题解:

应纳税额＝5 000×(1－30％)×1.2％＝42(万元)

2. 从租计征的计算

从租计征是按房产的租金收入计征,其计算公式为:

应纳税额＝租金收入×12％(或 4％)

【例 8-7】 某公司出租房屋 3 间,年租金收入为 30 000 元,适用税率为 12％。

要求:计算其应纳房产税税额。

题解:

应纳税额＝30 000×12％＝3 600(元)

三、房产税的账务处理

房产税应纳税款,通过"应交税费——应交房产税"科目进行核算。该科目贷方反映应缴纳的房产税,借方反映企业实际已经缴纳的房产税,余额在贷方反映企业应缴而未缴的房产税。

【例 8-8】 2012 年初,A 房地产开发公司(纳税人识别号:330100676752277)在城区有办公楼 1 幢,"固定资产——房屋"账面原值为 5 800 万元;另有写字楼 1 幢,"固定资产——房屋"账面原值为 1 200 万元,一直专门用于出租,每年获得租金收入 120 万元。当地政府规定,从价计征房产税的,按房产原值扣除 30% 后作为房产的计税余值,每年 5 月份和 11 月份,分别缴纳上半年和下半年的房产税。

要求:计算 A 房地产开发公司应纳的房产税,并作相应的会计处理。

题解:

(1)计算房产税

①自用房产年应纳房产税额$=5\,800\times(1-30\%)\times1.2\%=48.72$(万元)

②自用房产月应纳房产税额$=48.72\div12=4.06$(万元)

③出租房产年应纳房产税额$=120\times12\%=14.4$(万元)

④出租房产月应纳房产税额$=14.4\div12=1.2$(万元)

⑤每月合计应纳房产税额$=4.06+1.2=5.26$(万元)

(2)账务处理:

借:管理费用　　　　　　　　　　　　　　　　　　　　　　　5.26

　　贷:应交税费——应交房产税　　　　　　　　　　　　　　5.26

四、房产税的申报

【例 8-9】 沿用[例 8-8]资料,填写 A 房地产开发公司 2012 年 11 月份缴纳下半年房产税的申报表。

A 房地产开发公司 2012 年下半年房产税申报表见表 8-2 所示。

表8-2 房产税纳税申报表

填表日期：2012年11月10日

纳税人识别号 | 3 | 3 | 0 | 1 | 0 | 0 | 6 | 7 | 6 | 7 | 5 | 2 | 2 | 7 | 7

金额单位：元（列至角分）

纳税人名称	A房地产开发公司	税款所属日期	2012年7月1日至2012年12月	税务机关管理编码	
地址		纳税开户银行		账号	
房产座落地点		建筑面积(m²)		房屋结构	

上期申报房产原值（评估）	本期增减	本期实际房产原值	从价计税的房产原值	从租计税的房产原值	税法规定的免税房产原值	扣除率%	房产余值	适用税率	应纳税额	租金收入	适用税率	应纳税额	全年应缴纳税额	交纳次数	应纳税额	已纳税额	应补（退）税额
				其中			以房产余值征计征房产税			以租金收入计征房产税					本期		
1	2	3=1+2	4=3-5-6	5=3-4-6	6	7	8=4-4×7	9	10=8×9	11	12	13=11×12	14=10+13	15	16=14÷15	17	18=16-7
7 000 0000	0	70 000 000	58 000 000	12 000 000	0	30%	40 600 000	1.2%	487 200	1 200 000	12%	144 000	631 200	2	315 600	0	315 600

备注：房产税征收期1-3季度为季度终了后次月10日内。第四季度征收跨年，必须在12月10日前缴纳。

如纳税人填报，由纳税人填写以下各栏

纳税人（公章）：
会计主管：
办税人员（签章）：
日期：　　　　　　　　　　联系电话：

如委托代理填报，由代理人填写以下各栏

代理人名称（签章）：
代理人地址：
经办人（签章）：
日期：　　　　　　　　　　联系电话：

以下由税务机关填写

收到申报表日期：
接受人：
税务号码记录：

332

第三节　城镇土地使用税实务

城镇土地使用税是以城镇土地为征税对象,对拥有土地使用权的单位和个人征收的一种税。现行城镇土地使用税法的基本规范,是 2006 年 12 月 31 日国务院修改并颁布的《中华人民共和国城镇土地使用税暂行条例》。

一、城镇土地使用税的基本规定

(一)纳税义务人

在城市、县城、建制镇、工矿区范围内使用土地的单位和个人,为城镇土地使用税的纳税人。

城镇土地使用税的纳税人通常包括以下几类:

(1)拥有土地使用权的单位和个人。

(2)拥有土地使用权的单位和个人不在土地所在地的,其土地的实际使用人和代管人为纳税人。

(3)土地使用权未确定或权属纠纷未解决的,其实际使用人为纳税人。

(4)土地使用权共有的,共有各方都是纳税人,由共有各方分别纳税。

(二)征税范围

城镇土地使用税的征税范围,包括在城市、县城、建制镇和工矿区内的国家所有和集体所有的土地。

城镇土地使用税的征税范围中,城市的土地包括市区和郊区的土地,县城的土地是指县人民政府所在地的城镇的土地,建制镇的土地是指镇人民政府所在地的土地。

建立在城市、县城、建制镇和工矿区以外的工矿企业则不需缴纳城镇土地使用税。

另外,自 2009 年 1 月 1 日起,公园、名胜古迹内的索道公司经营用地,应按规定缴纳城镇土地使用税。

(三)税率

城镇土地使用税采用定额税率,即采用有幅度的差别税额,按大、中、小城市和县城、建制镇、工矿区分别规定每平方米土地使用税年应纳税额。具体标准如表 8-3 所示。

表 8-3　城镇土地使用税税率

级别	人口(人)	每平方米税额(元)
大城市	50 万以上	1.5—30
中等城市	20 万—50 万	1.2—24
小城市	20 万以下	0.9—18
县城、建制镇、工矿区		0.6—12

各省、自治区、直辖市人民政府可根据市政建设情况和经济繁荣程度在规定税额幅度内,确定所辖地区的适用税额幅度。经济落后地区,土地使用税的适用税额标准可适当降低,但降低额不得超过上述规定最低税额的 30%。经济发达地区的适用税额标准可以适当提高,但须报财政部批准。

(四)税收优惠

1. 法定免缴土地使用税的优惠

(1)国家机关、人民团体、军队自用的土地。

(2)由国家财政部门拨付事业经费的单位自用的土地。

(3)宗教寺庙、公园、名胜古迹自用的土地。

(4)市政街道、广场、绿化地带等公共用地。

(5)直接用于农、林、牧、渔业的生产用地。

(6)经批准开山填海整治的土地和改造的废弃土地,从使用的月份起免缴土地使用税 5 年至 10 年。

(7)对非营利性医疗机构、疾病控制机构和妇幼保健机构等卫生机构自用的土地,免征城镇土地使用税。

(8)企业办的学校、医院、托儿所、幼儿园,其用地能与企业其他用地明确区分的,免征城镇土地使用税。

(9)免税单位无偿使用纳税单位的土地(如公安、海关等单位使用铁路、民航等单位的土地),免征城镇土地使用税。

(10)对行使国家行政管理职能的中国人民银行总行(含国家外汇管理局)所属分支机构自用的土地,免征城镇土地使用税。

(11)为了体现国家的产业政策,支持重点产业的发展,对石油、电力、煤炭等能源用地,民用港口、铁路等交通用地和水利设施用地,三线调整企业、盐业、采石场、邮电等一些特殊用地划分了征免税界限和给予政策性减免税照顾。

2. 省、自治区、直辖市地方税务局确定减免土地使用税的优惠

(1)个人所有的居住房屋及院落用地。

(2)房产管理部门在房租调整改革前经租的居民住房用地。

（3）免税单位职工家属的宿舍用地。

（4）民政部门举办的安置残疾人占一定比例的福利工厂用地。

（5）集体和个人办的各类学校、医院、托儿所、幼儿园用地。

（五）征收管理

1. 纳税期限

城镇土地使用税实行按年计算、分期缴纳的征收方法,具体纳税期限由省、自治区、直辖市人民政府确定。

2. 纳税义务发生时间

（1）纳税人购置新建商品房,自房屋交付使用之次月起,缴纳城镇土地使用税。

（2）纳税人购置存量房,自办理房屋权属转移、变更登记手续,房地产权属记机关签发房屋权属证书之次月起,缴纳城镇土地使用税。

（3）纳税人出租、出借房产,自交付出租、出借房产之次月起,缴纳城镇土地使用税。

（4）以出让或转让方式有偿取得土地使用权的,应由受让方从合同约定交付土地时间的次月起缴纳城镇土地使用税;合同未约定交付时间的,由受让方从合同签订的次月起缴纳城镇土地使用税。

（5）纳税人新征用的耕地,自批准征用之日起满1年时开始缴纳土地使用税。

（6）纳税人新征用的非耕地,自批准征用次月起缴纳土地使用税。

3. 纳税地点和征收机构

城镇土地使用税在土地所在地缴纳。

纳税人使用的土地不属于同一省、自治区、直辖市管辖的,由纳税人分别向土地所在地的税务机关缴纳土地使用税;在同一省、自治区、直辖市管辖范围内,纳税人跨地区使用的土地,其纳税地点由各省、自治区、直辖市地方税务局确定。

土地使用税由土地所在地的地方税务机关征收,其收入纳入地方财政预算管理。

二、城镇土地使用税的计算

（一）计税依据

城镇土地使用税以纳税人实际占用的土地面积为计税依据,土地面积计量标准每平方米。即税务机关根据纳税人实际占用的土地面积,按照规定的税额计算应纳税额,向纳税人征收土地使用税。

纳税人实际占用的土地面积按下列办法确定:

1. 由省、自治区、直辖市人民政府确定的单位组织测定土地面积的,以测定的面积为准。

2. 尚未组织测量,但纳税人持有政府部门核发的土地使用证书的,以证书确认的土地面积为准。

3.尚未核发土地使用证书的,应由纳税人申报土地面积,据以纳税,待核发土地使用证以后再作调整。

(二)应纳税额的计算

城镇土地使用税的应纳税额可以通过纳税人实际占用的土地面积乘以该土地所在地段的适用税额求得。其计算公式为:

全年应纳税额＝实际占用应税土地面积(平方米)×适用税额

【例 8-10】 设在某城市的一家企业使用土地面积为 10 000 平方米,经税务机关核定,该土地为应税土地,每平方米年税额为 4 元。

要求:计算其全年应纳的土地使用税税额。

题解:

年应纳土地使用税税额＝10 000×4＝40 000(元)

三、城镇土地使用税的账务处理

企业按规定计提的城镇土地使用税,借记"管理费用"账户,贷记"应交税费——应交城镇土地使用税"账户。

【例 8-11】 沿用[例 8-10]资料,编制计提城镇土地使用税的会计分录。

借:管理费用   40 000

   贷:应交税费——应交城镇土地使用税   40 000

四、城镇土地使用税的申报

城镇土地使用税的纳税人应按照条例的有关规定及时办理纳税申报,并如实填写《城镇土地使用税纳税申报表》,见表 8-4 所示。

表 8-4 城镇土地使用税纳税申报表

填表日期： 年 月 日

税款所属时期： 年 月 日至 年 月 日　　　　　　　　　　金额单位:元(列至角分)

纳税人名称						企 业 编 码						
地　　址						邮 政 编 码						
办税员姓名			电话			税务登记证号						
土地所处地点	上期占地面积	本期增减	增减时间	本期实际占地面积	法定免税面积	应税面积	土地等级	适用税额	全年应缴税额	缴纳次数	本期		
											每次应纳税额	已纳税额	应补(退)税额
1	2	3	4=2+3	5	6=4-5	7	8	9=7×8	10	11=9÷10	12	13=11-12
合计												

如纳税人填报,由纳税人填写:		如委托代理人填报,由代理人填写以下各栏			
会计主管(签章)	纳税人(公章)	代理人名称		代理人(公章)	
		代理人地址			
		经办人姓名		电话	
以下由税务机关填写					
收到申报表日期			接收人		

第四节　印花税实务

印花税是以经济活动和经济交往中,书立、领受应税凭证的行为为征税对象征收的一种税。印花税因其采用在应税凭证上粘贴印花税票的方法缴纳税款而得名。现行印花税法的基本规范,是 1988 年 8 月 6 日国务院发布并于同年 10 月 1 日实施的《中华人民共和国印花税暂行条例》。

一、印花税的基本规定

(一)印花税的纳税人

按照规定,凡是在中国境内书立、领受税法列举凭证的单位和个人,都是印花税的纳税人。具体包括:

1. 立合同人

指合同的当事人。所谓当事人,是指对凭证有直接权利义务关系的单位和个人,但不包括合同的担保人、证人、鉴定人。

2. 立据人

产权转移书据的纳税人是立据人。是指土地、房屋权属转移过程中买卖双方的当事人。

3. 立账簿人

营业账簿的纳税人是立账簿人。所谓立账簿人,指设立并使用营业账簿的单位和个人。例如,企业单位因生产、经营需要,设立了营业账簿,该企业即为纳税人。

4. 领受人

权利、许可证照的纳税人是领受人。领受人,是指领取或接受并持有该项凭证的单位和个人。例如,某人因其发明创造,经申请依法取得国家专利机关颁发的专利证书,该人即为纳税人。

5. 使用人

在国外书立、领受,但在国内使用的应税凭证,其纳税人是使用人。

6. 各类电子应税凭证的签订人

即以电子形式签订的各类应税凭证的当事人。

值得注意的是,对应税凭证,凡由两方或两方以上当事人共同书立的,其当事人各方都是印花税的纳税人,应各就其所持凭证的计税金额履行纳税义务。

(二)税目

印花税的税目,指印花税法明确规定的应当纳税的项目,它具体划定了印花税的征税范围。一般地说,列入税目的就要征税,未列入税目的就不征税。印花税共有 13 个税目。

1. 购销合同

包括供应、预购、采购、购销结合及协作、调剂、补偿、贸易等合同。此外,还包括出版单位与发行单位之间订立的图书、报纸、期刊和音像制品的应税凭证,例如订购单、订数单等。还包括发电厂与电网之间、电网与电网之间签订的购售电合同。但是,电网与用户之间签订的供用电合同不属于印花税列举征税的凭证,不征收印花税。

2. 加工承揽合同

包括加工、定做、修缮、修理、印刷、广告、测绘、测试等合同。

3. 建设工程勘察设计合同。 包括勘察、设计合同。

4. 建筑安装工程承包合同

包括建筑、安装工程承包合同。承包合同,包括总承包合同、分包合同和转包合同。

5. 财产租赁合同

包括租赁房屋、船舶、飞机、机动车辆、机械、器具、设备等合同,还包括企业、个人出租门店、柜台等签订的合同。

6. 货物运输合同

包括民用航空、铁路运输、海上运输、公路运输和联运合同,以及作为合同使用的单据。

7. 仓储保管合同

包括仓储、保管合同,以及作为合同使用的仓单、栈单等。

8. 借款合同

银行及其他金融组织与借款人(不包括银行同业拆借)所签订的合同,以及只填开借据并作为合同使用、取得银行借款的借据。银行及其他金融机构经营的融资租赁业务,是一种以融物方式达到融资目的的业务,实际上是分期偿还的固定资金借款,因此融资租赁合同也属于借款合同。

9. 财产保险合同

包括财产、责任、保证、信用保险合同,以及作为合同使用的单据。财产保险合同,分为企业财产保险、机动车辆保险、货物运输保险、家庭财产保险和农牧业保险五大类。"家庭财产两全保险"属于家庭财产保险性质,其合同在财产保险合同之列,应照章纳税。

10. 技术合同

包括技术开发、转让、咨询、服务等合同,以及作为合同使用的单据。技术转让合同,包括专利申请权转让、专利实施许可和非专利技术转让。技术咨询合同,是当事人就有关项目的分析、论证、预测和调查订立的技术合同。但一般的法律、会计、审计等方面的咨询不属于技术咨询,其所立合同不贴印花。

技术服务合同,包括技术服务合同、技术培训合同和技术中介合同。但不包括以常规手段或者为生产经营目的进行一般加工、修理、修缮、广告、印刷、测绘、标准化测试,以及勘察、设计等所书立的合同。

11. 产权转移书据

包括财产所有权和版权、商标专用权、专利权、专有技术使用权等转移书据和土地使用权出让合同、土地使用权转让合同、商品房销售合同等权力转移合同。

产权转移书据是指单位和个人产权的买卖、继承、赠与、交换、分割等所立的书据。"财产所有权"转换书据的征税范围,是指经政府管理机关登记注册的动产、不动产的所有权转移所立的书据,以及企业股权转让所立的书据,并包括个人无偿赠送不动产所签订的"个人无偿赠与不动产登记表"。

12. 营业账簿

指单位或者个人记载生产经营活动的财务会计核算账簿。营业账簿按其反映内容的不同,可分为记载资金的账簿和其他账簿。

记载资金的账簿,是指反映生产经营单位资本金数额增减变化的账簿。其他账簿,是指除上述账簿以外的有关其他生产经营活动内容的账簿,包括日记账簿和各明细分类账簿。

13. 权利、许可证照

包括政府部门发给的房屋产权证、工商营业执照、商标注册证、专利证、土地使用证。

(三)税率

印花税的税率设计,遵循税负从轻、共同负担的原则。所以,税率比较低;凭证的当事人,即对凭证有直接权利与义务关系的单位和个人均应就其所持凭证依法纳税。

印花税的税率有两种形式,即比例税率和定额税率。

1. 比例税率。在印花税的 13 个税目中,各类合同以及具有合同性质的凭证(含以电子形式签订的各类应税凭证)、产权转移书据、营业账簿中记载资金的账簿,适用比例税率。

印花税的比例税率分为 4 个档次,分别是 0.05‰、0.3‰、0.5‰、1‰。

2. 定额税率。在印花税的 13 个税目中,"权利、许可证照"和"营业账簿"税目中的其他账簿,适用定额税率,均为按件贴花,税额为 5 元。印花税税目税率详见表 8-5 所示。

表 8-5　印花税税目税率表

税目	范围	税率	纳税人	说明
1. 购销合同	包括供应、预购、采购、购销结合及协作、调剂、补偿、易货等合同	按购销金额 0.3‰贴花	立合同人	
2. 加工承揽合同	包括加工、定做、修缮、修理、印刷广告、测绘、测试等合同	按加工或承揽收入 0.5‰贴花	立合同人	
3. 建设工程勘察设计合同	包括勘察、设计合同	按收取费用 0.5‰贴花	立合同人	
4. 建筑安装工程承包合同	包括建筑、安装工程承包合同	按承包金额 0.3‰贴花	立合同人	
5. 财产租赁合同	包括租赁房屋、船舶、飞机、机动车辆、机械、器具、设备等合同	按租赁金额 1‰贴花。税额不足 1 元,按 1 元贴花	立合同人	

税目	范围	税率	纳税人	说明
6. 货物运输合同	包括民用航空运输、铁路运输、海上运输、内河运输、公路运输和联运合同	按运输费用 0.5‰贴花	立合同人	单据作为合同使用的,按合同贴花
7. 仓储保管合同	包括仓储、保管合同	按仓储保管费用1‰贴花	立合同人	仓单或栈单作为合同使用的,按合同贴花
8. 借款合同	银行及其他金融组织和借款人(不包括银行同业拆借)所签订的借款合同	按借款金额 0.05‰贴花	立合同人	单据作为合同使用的,按合同贴花
9. 财产保险合同	包括财产、责任、保证、信用等保险合同	按保险费收入 1‰贴花	立合同人	单据作为合同使用的,按合同贴花
10. 技术合同	包括技术开发、转让、咨询、服务等合同	按所载金额 0.3‰贴花	立合同人	
11. 产权转移书据	包括财产所有权和版权、商标专用权、专利权、专有技术使用权等转移书据、土地使用权出让合同、土地使用权转让合同、商品房销售合同	按所载金额 0.5‰贴花	立据人	
12. 营业账簿	生产、经营用账册	记载资金的账簿,按实收资本和资本公积的合计金额 0.5‰贴花。其他账簿按件贴花 5 元	立账簿人	
13. 权利、许可证照	包括政府部门发给的房屋产权证、工商营业执照、商标注册证、专利证、土地使用证	按件贴花 5 元	领受人	

(四)优惠政策

1. 对已缴纳印花税凭证的副本或者抄本免税。

但以副本或者抄本视同正本使用的,则应另贴印花。

2. 对财产所有人将财产赠给政府、社会福利单位、学校所立的书据免税。

3. 对国家指定的收购部门与村民委员会、农民个人书立的农副产品收购合同免税。

4. 对无息、贴息贷款合同免税。

5. 对外国政府或者国际金融组织向我国政府及国家金融机构提供优惠贷款所书立的合同免税。

6. 对房地产管理部门与个人签订的用于生活居住的租赁合同免税。

7. 对农牧业保险合同免税。

8.对特殊货运凭证免税,包括:

(1)军事物资运输凭证,即附有军事运输命令或使用专用的军事物资运费结算凭证。

(2)抢险救灾物资运输凭证,即附有县级以上(含县级)人民政府抢险救灾物资运输证明文件的运费结算凭证。

(3)新建铁路的工程临管线运输凭证,即为新建铁路运输施工所需物料,使用工程临管线专用的运费结算凭证。

(五)征收管理

1.纳税方法

印花税的纳税办法,根据税额大小、贴花次数以及税收征收管理的需要,分别采用以下三种纳税办法。

(1)自行贴花办法

这种办法,一般适用于应税凭证较少或者贴花次数较少的纳税人。纳税人根据应纳税凭证的性质和适用的税目税率,自行计算应纳税额,自行购买印花税票,自行一次贴足印花税票并加以注销或划销,纳税义务才算全部履行完毕。这也就是通常所说的"三自"纳税办法。

对已贴花的凭证,修改后所载金额增加的,其增加部分应当补贴印花税票。凡多贴印花税票者,不得申请退税或者抵用。

(2)汇贴或汇缴办法

这种办法,一般适用于应纳税额较大或者贴花次数频繁的纳税人。

一份凭证应纳税额超过500元的,应向当地税务机关申请填写缴款书或者完税证,将其中一联粘贴在凭证上或者由税务机关在凭证上加注完税标记代替贴花。这就是通常所说的"汇贴"办法。

同一种类应纳税凭证,需频繁贴花的,纳税人可以根据实际情况自行决定是否采用按期汇总缴纳印花税的方式,汇总缴纳的期限为1个月。采用按期汇总缴纳方式的纳税人应事先告知主管税务机关。缴纳方式一经选定,1年内不得改变。

实行印花税按期汇总缴纳的单位,对征税凭证和免税凭证汇总时,凡分别汇总的,按本期征税凭证的汇总金额计算缴纳印花税;凡确属不能分别汇总的,应按本期全部凭证的实际汇总金额计算缴纳印花税。

凡汇总缴纳印花税的凭证,应加注税务机关指定的汇缴戳记、编号并装订成册后,将已贴印花或者缴款书的一联粘附册后,盖章注销,保存备查。

(3)委托代征办法

这一办法主要是通过税务机关的委托,经由发放或者办理应纳税凭证的单位代为征收印花税税款。

2.纳税环节

印花税应当在书立或领受时贴花。具体是指在合同签订时、账簿启用时和证照领受时贴花。如果合同是在国外签订，并且不便在国外贴花的，应在将合同带入境时办理贴花纳税手续。

3.纳税地点

印花税一般实行就地纳税。对于全国性商品物资订货会（包括展销会、交易会等）上所签订合同应纳的印花税，由纳税人回其所在地后及时办理贴花完税手续；对地方主办、不涉及省际关系的订货会、展销会上所签合同的印花税，其纳税地点由各省、自治区、直辖市人民政府自行确定。

二、印花税的计算

（一）计税依据的一般规定

印花税的计税依据为各种应税凭证上所记载的计税金额。具体规定为：

1.购销合同的计税依据为合同记载的购销金额。

2.加工承揽合同的计税依据是加工或承揽收入的金额。具体规定：

（1）对于由受托方提供原材料的加工、定做合同，凡在合同中分别记载加工费金额和原材料金额的，应分别按"加工承揽合同"、"购销合同"计税，两项税额相加数，即为合同应贴印花；若合同中未分别记载，则应就全部金额依照加工承揽合同计税贴花。

（2）对于由委托方提供主要材料或原料，受托方只提供辅助材料的加工合同，无论加工费和辅助材料金额是否分别记载，均以辅助材料与加工费的合计数，依照加工承揽合同计税贴花。对委托方提供的主要材料或原料金额不计税贴花。

3.建设工程勘察设计合同的计税依据为收取的费用。

4.建筑安装工程承包合同的计税依据为承包金额。

5.财产租赁合同的计税依据为租赁金额；经计算，税额不足1元的，按1元贴花。

6.货物运输合同的计税依据为取得的运输费金额（即运费收入），不包括所运货物的金额、装卸费和保险费等。

7.仓储保管合同的计税依据为收取的仓储保管费用。

8.借款合同的计税依据为借款金额。针对实际借贷活动中不同的借款形式，税法规定了不同的计税方法：

（1）凡是一项信贷业务既签订借款合同，又一次或分次填开借据的，只以借款合同所载金额为计税依据计税贴花；凡是只填开借据并作为合同使用的，应以借据所载金额为计税依据计税贴花。

（2）借贷双方签订的流动资金周转性借款合同，一般按年（期）签订，规定最高限额，借款人在规定的期限和最高限额内随借随还。为避免加重借贷双方的负担,对这类合同只以其规定的最高限额为计税依据,在签订时贴花一次,在限额内随借随还不签订新合同的,不再另贴印花。

(3)对借款方以财产作抵押,从贷款方取得一定数量抵押贷款的合同,应按借款合同贴花;在借款方因无力偿还借款而将抵押财产转移给贷款方时,应再就双方书立的产权书据,按产权转移书据的有关规定计税贴花。

(4)银行及其他金融组织的融资租赁业务签订的融资租赁合同,应按合同所载租金总额,暂按借款合同计税。

(5)在贷款业务中,如果贷方系由若干银行组成的银团,银团各方均承担一定的贷款数额。借款合同由借款方与银团各方共同书立,各执一份合同正本。对这类合同借款方与贷款银团各方应分别在所执的合同正本上,按各自的借款金额计税贴花。

(6)在基本建设贷款中,如果按年度用款计划分年签订借款合同,在最后一年按总概算签订借款总合同,且总合同的借款金额包括各个分合同的借款金额的,对这类基建借款合同,应按分合同分别贴花,最后签订的总合同,只就借款总额扣除分合同借款金额后的余额计税贴花。

9.财产保险合同的计税依据为支付(收取)的保险费,不包括所保财产的金额。

10.技术合同的计税依据为合同所载的价款、报酬或使用费。对技术开发合同,只就合同所载的报酬金额计税,研究开发经费不作为计税依据。单对合同约定按研究开发经费一定比例作为报酬的,应按一定比例的报酬金额贴花。

11.产权转移书据的计税依据为所载金额。

12.营业账簿税目中记载资金的账簿的计税依据为"实收资本"与"资本公积"两项的合计金额。其他账簿的计税依据为应税凭证件数。

13.权利、许可证照的计税依据为应税凭证件数。

(二)计税依据的特殊规定

1.以"金额""收入""费用"作为计税依据的,应当全额计税,不得作任何扣除。

2.同一凭证,载有两个或两个以上经济事项而适用不同税目税率,如分别记载金额的,应分别计算应纳税额,相加后按合计税额贴花;如未分别记载金额的,按税率高的计税贴花。

3.按金额比例贴花的应税凭证,未标明金额的,应按照凭证所载数量及国家牌价计算金额;没有国家牌价的,按市场价格计算金额,然后按规定税率计算应纳税额。

4.应税凭证所载金额为外国货币的,应按照凭证书立当日国家外汇管理局公布的外汇牌价折合成人民币,然后计算应纳税额。

5.应纳税额不足1角的,免纳印花税;1角以上的,其税额尾数不满5分的不计,满

5 分的按 1 角计算。

6. 有些合同,在签订时无法确定计税金额,可在签订时先按定额 5 元贴花,以后结算时再按实际金额计税,补贴印花。

7. 应税合同在签订时纳税义务即已产生,应计算应纳税额并贴花。所以,不论合同是否兑现或是否按期兑现,均应贴花。

对已履行并贴花的合同,所载金额与合同履行后实际结算金额不一致的,只要双方未修改合同金额,一般不再办理完税手续。

8. 对有经营收入的事业单位,凡属由国家财政拨付事业经费,实行差额预算管理的单位,其记载经营业务的账簿,按其他账簿定额贴花,不记载经营业务的账簿不贴花;凡属经费来源实行自收自支的单位,其营业账簿,应对记载资金的账簿和其他账簿分别计算应纳税额。

9. 商品购销活动中,采用以货换货方式进行商品交易签订的合同,是反映既购又销双重经济行为的合同。对此,应按合同所载的购、销合计金额计税贴花。合同未列明金额的,应按合同所载购、销数量依照国家牌价或者市场价格计算应纳税额。

10. 施工单位将自己承包的建设项目,分包或者转包给其他施工单位所签订的分包合同或者转包合同,应按新的分包合同或转包合同所载金额计算应纳税额。

11. 对股票交易征收印花税。因购买、继承、赠与所书立的股权转让书据,均依书立时证券市场当日实际成交价格计算的金额,由立据卖方当事人按 1‰ 税率缴纳印花税。

12. 对国内各种形式的货物联运,凡在起运地统一结算全程运费的,应以全程运费作为计税依据,由起运地运费结算双方缴纳印花税;凡分程结算运费的,应以分程的运费作为计税依据,分别由办理运费结算的各方缴纳印花税。

印花税票为有价证券,其票面金额以人民币为单位,分为 1 角、2 角、5 角、1 元、2元、5 元、10 元、50 元、100 元九种。

(三)应纳税额的计算方法

纳税人的应纳税额,根据应纳税凭证的性质,分别按比例税率或者定额税率计算,其计算公式为:

应纳税额＝应税凭证计税金额(或应税凭证件数)×适用税率

【例 8-12】　M 公司(纳税人识别号:330100676763366)2012 年 2 月开业,当月发生以下有关业务事项:领受房屋产权证、工商营业执照、土地使用证各 1 件;与其他企业订立转移专用技术使用权书据 1 份,所载金额 100 万元;订立产品购销合同 1 份,所载金额为 200 万元;订立借款合同 1 份,所载金额为 400 万元;企业记载资金的账簿,"实收资本"、"资本公积"为 800 万元;其他营业账簿 10 本。

要求:试计算 M 当年公司 2012 年应缴纳的印花税税额。

题解：

(1)企业领受权利、许可证照应纳税额＝3×5＝15(元)

(2)企业订立产权转移书据应纳税额＝1 000 000×0.5‰＝500(元)

(3)企业订立购销合同应纳税额＝2 000 000×0.3‰＝600(元)

(4)企业订立借款合同应纳税额＝4 000 000×0.05‰＝200(元)

(5)企业记载资金的账簿应纳税额＝8 000 000×0.5‰＝4 000(元)

(6)企业其他营业账簿应纳税额＝10×5＝50(元)

(7)当年企业应纳印花税税额＝15＋500＋600＋200＋4 000＋50＝5 365(元)

三、印花税的会计处理

企业缴纳的印花税不通过"应交税费"科目核算，直接计入企业的管理费用。企业购买印花税票时，借记"管理费用"账户，贷记"银行存款"或"库存现金"账户。

【例 8-13】 沿用[例 8-12]资料，编制 M 公司缴纳印花税时的会计分录。

题解：

借：管理费用　　　　　　　　　　　　　　　　　　　　5 365

　　贷：银行存款　　　　　　　　　　　　　　　　　　　　　5 365

四、印花税的申报

印花税的纳税人应按照条例的有关规定及时办理纳税申报，并如实填写《印花税纳税申报表》，见表 8-6 所示。

【例 8-14】 沿用[例 8-12]资料，编制 M 公司 2012 年 2 月印花税纳税申报表如表 8-6 所示。

表 8-6　印花税纳税申报表

填表日期：2012 年 3 月 10 日

纳税人识别号：330100676763366　　　　　　　　　　　　金额单位：元(列至角分)

纳税人名称		M 公司				税款所属时期		2012 年 2 月	
应税凭证名称	件数	计税金额	适用税率	应纳税额	已纳税额	应补(退)税额	购花贴花情况		
							上期结存	本期购进	本期贴花	本期结存
1	2	3	4	5=2×3×4	6	7=5-6	8	9	10	11=8+9-10
权利许可证照	3	5		15	0	15				
产权转移书据		1 000 000	0.5‰	500	0	500				
借款合同		4 000 000	0.05‰	200	0	200				
购销合同		2 000 000	0.3‰	600	0	600				

续表

纳税人名称			M公司			税款所属时期			2012年2月	
应税凭证名称	件数	计税金额	适用税率	应纳税额	已纳税额	应补(退)税额	购花贴花情况			
							上期结存	本期购进	本期贴花	本期结存
营业账簿(资金)		8 000 000	0.5‰	4 000	0	4 000				
其他营业账簿	10		5	50	0	50				

如纳税人填报,由纳税人填写以下各栏			如委托代理人填报,由代理人填写以下各栏			备注
会计主管(签章)	经办人(签章)	纳税人(签章)	代理人名称		代理人(签章)	
			代理人地址			
			经办人姓名	电话		
以下由税务机关填写						
收到申报表日期				接收人		

第五节　土地增值税实务

　　土地增值税是对有偿转让国有土地使用权及地上建筑物和其他附着物产权,取得增值收入的单位和个人征收的一种税。现行土地增值税的基本规范,是1993年12月13日国务院颁布的《中华人民共和国土地增值税暂行条例》。

一、土地增值税的基本规定

(一)纳税义务人

　　土地增值税的纳税义务人为转让国有土地使用权、地上的建筑及其附着物并取得收入的单位和个人。

(二)征税范围

　　土地增值税是对转让国有土地使用权及其地上建筑物和附着物征收。

1.基本征税范围

　　土地增值税是对转让国有土地使用权及其地上建筑物和附着物的行为征税,不包括国有土地使用权出让所取得的收入。

　　国有土地使用权的转让是指土地使用者通过出让等形式取得土地使用权后,将土

347

地使用权再转让的行为,包括出售交换和赠与,它属于土地买卖的二级市场。土地使用权转让,其地上的建筑物、其他附着物的所有权随之转让。土地使用权的转让,属于土地增值税的征税范围。

土地增值税的征税范围不包括未转让土地使用权、房产产权的行为,是否发生转让行为主要以房地产权属的变更为标准。凡土地使用权、房产产权未转让的,不征收土地增值税。土地增值税的基本范围包括:

(1)转让国有土地使用权。

"国有土地",是指按国家法律规定属于国家所有的土地。出售国有土地使用权是指土地使用者通过出让方式,向政府缴纳了土地出让金,有偿受让土地使用权后,仅对土地进行通水、通电、通路和平整地面等土地开发,不进行房产开发,即所谓"将生地变熟地",然后直接将空地出售出去。

(2)地上的建筑物及其附着物连同国有土地使用权一并转让。

"地上的建筑物",是指建于土地上的一切建筑物,包括地上地下的各种附属设施。"附着物",是指附着于土地上的不能移动或一经移动即遭损坏的物品。纳税人取得国有土地使用权后进行房屋开发建造然后出售的。这种情况即是一般所说的房地产开发。

(3)存量房地产的买卖。

存量房地产是指已经建成并已投入使用的房地产,其房屋所有人将房屋产权和土地使用权一并转让给其他单位和个人。这种行为按照国家有关的房地产法律和法规,应当到有关部门办理房产产权和土地使用权的转移变更手续;原土地使用权属于无偿划拨的,还应到土地管理部门补交土地出让金。

2.具体情况判定

(1)房地产继承、赠与

①房地产的继承。这种行为虽然发生了房地产的权属变更,但作为房产产权、土地使用权的原所有人(即被继承人)并没有因为权属的转让而取得任何收入。因此,这种房地产的继承不属于土地增值税的征税范围。

②房地产的赠与。房地产的赠与是指房产所有人、土地使用权所有人将自己所拥有的房地产无偿地交给其他人的民事法律行为。但这里的"赠与"仅指以下情况:

一是房产所有人、土地使用权所有人将房屋产权、土地使用权赠与直系亲属或承担直接赡养义务人的。

二是房产所有人、土地使用权所有人通过中国境内非营利的社会团体、国家机关将房屋产权、土地使用权赠与教育、民政和其他社会福利、公益事业的。

房地产的赠与虽发生了房地产的权属变更,但作为房产所有人、土地使用权的所有人并没有因为权属的转让而取得任何收入。因此,房地产的赠与不属于土地增值税的征税范围。

（2）房地产的出租

房地产的出租，出租人虽取得了收入，但没有发生房产产权、土地使用权的转让。因此，不属于土地增值税的征税范围。

（3）房地产的抵押

对房地产的抵押，在抵押期间不征收土地增值税。待抵押期满后，视该房地产是否转移占有而确定是否征收土地增值税。对于以房地产抵债而发生房地产权属转让的，应列入土地增值税的征税范围。

（4）房地产的交换

由于这种行为既发生了房产产权、土地使用权的转移，交换双方又取得了实物形态的收入，属于土地增值税的征税范围。但对个人之间互换自有居住用房地产的，经当地税务机关核实，可以免征土地增值税。

（5）以房地产进行投资、联营

对于以房地产进行投资、联营的，投资、联营的一方以土地（房地产）作价入股进行投资或作为联营条件，将房地产转让到所投资、联营的企业中时，暂免征收土地增值税。对投资、联营企业将上述房地产再转让的，应征收土地增值税。

但投资、联营的企业属于从事房地产开发的，或者房地产开发企业以其建造的商品房进行投资和联营的，应当征收土地增值税。

（6）合作建房

对于一方出地，一方出资金，双方合作建房，建成后按比例分房自用的，暂免征收土地增值税；建成后转让的，应征收土地增值税。

（7）企业兼并转让房地产

在企业兼并中，对被兼并企业将房地产转让到兼并企业中的，暂免征收土地增值税。

（8）房地产的代建房行为

这种情况是指房地产开发公司代客户进行房地产的开发，开发完成后向客户收取代建收入的行为。对于房地产开发公司而言，虽然取得了收入，但没有发生房地产权属的转移，其收入属于劳务收入性质，故不属于土地增值税的征税范围。

（9）房地产的重新评估

这种情况下，房地产虽然有增值，但其既没有发生房地产权属的转移，房产产权、土地使用权人也未取得收入，所以不属于土地增值税的征税范围。

（三）税率

土地增值税实行四级超率累进税率，见表 8-7 所示。

表 8-7　土地增值税四级超率累进税率　　　　　　　　单位：%

级数	增值额与扣除项目金额的比率	税率	速算扣除系数
1	不超过 50% 的部分	30	0
2	超过 50% 至 100% 的部分	40	5
3	超过 100% 至 200% 的部分	50	15
4	超过 200% 的部分	60	35

(四)应税收入与扣除项目

1.应税收入的确定

纳税人转让房地产取得的应税收入,包括转让房地产的全部价款及有关的经济收益。从收入的形式来看,包括货币收入、实物收入和其他收入。

2.扣除项目的确定

计算土地增值税应纳税额,并不是直接对转让房地产所取得的收入征税,而是要对收入额减除国家规定的各项扣除项目金额后的余额计算征税。税法准予纳税人从转让收入额中减除的扣除项目包括如下几项:

(1)取得土地使用权所支付的金额。

取得土地使用权所支付的金额包括两方面的内容:

①纳税人为取得土地使用权所支付的地价款。

②纳税人在取得土地使用权时按国家统一规定缴纳的有关费用。

(2)房地产开发成本。

房地产开发成本是指纳税人房地产开发项目实际发生的成本,包括:

①土地征用及拆迁补偿费。包括土地征用费、耕地占用税、劳动力安置费及有关地上、地下附着物拆迁补偿的净支出、安置动迁用房支出等。

②前期工程费。包括规划、设计、项目可行性研究和水文、地质、勘察、测绘、"三通一平"等支出。

③建筑安装工程费。指以出包方式支付给承包单位的建筑安装工程费,以自营方式发生的建筑安装工程费。

④基础设施费。包括开发小区内道路、供水、供电、供气、排污、排洪、通讯、照明、环卫、绿化等工程发生的支出。

⑤公共配套设施费。包括不能有偿转让的开发小区内公共配套设施发生的支出。

⑥开发间接费用。指直接组织、管理开发项目发生的费用,包括工资、职工福利费、折旧费、修理费、办公费、水电费、劳动保护费、周转房摊销等。

(3)房地产开发费用。

房地产开发费用是指与房地产开发项目有关的销售费用、管理费用和财务费用。

根据现行财务会计制度的规定,这三项费用作为期间费用,直接计入当期损益,不按成本核算对象进行分摊。故作为土地增值税扣除项目的房地产开发费用,不按纳税人房地产开发项目实际发生的费用进行扣除,而按下列标准进行扣除。

①纳税人能够按转让房地产项目计算分摊利息支出,并能提供金融机构的贷款证明的,其允许扣除的房地产开发费用＝利息＋(取得土地使用权所支付的金额＋房地产开发成本)×5％以内;

②纳税人不能按转让房地产项目计算分摊利息支出或不能提供金融机构贷款证明的,其允许扣除的房地产开发费用＝(取得土地使用权所支付的金额＋房地产开发成本)×10％以内。

(4)与转让房地产有关的税金。

与转让房地产有关的税金是指在转让房地产时缴纳的营业税、城市维护建设税、印花税。因转让房地产缴纳的教育费附加,也可视同税金予以扣除。

房地产开发企业按照其在转让时缴纳的印花税因列入管理费用中,故在此不允许单独再扣除。其他纳税人缴纳的印花税(按产权转移书据所载金额的5‰贴花)允许在此扣除。

(5)其他扣除项目。

对从事房地产开发的纳税人可按取得土地使用权所支付的金额与房地产开发成本的金额之和,加计20％的扣除。

(6)旧房及建筑物的评估价格。

纳税人转让旧房的,应按房屋及建筑物的评估价格,取得土地使用权所支付的地价款或出让金、按国家统一规定缴纳的有关费用和转让环节缴纳的税金作为扣除项目金额计征土地增值税。对取得土地使用权时未支付地价款或不能提供已支付的地价款凭据的,在计征土地增值税时不允许扣除。

旧房及建筑物的评估价格是指在转让已使用的房屋及建筑物时,由政府批准设立的房地产评估机构评定的重置成本价乘以成新度折扣率后的价格。

纳税人转让旧房及建筑物,凡不能取得评估价格,但能提供购房发票的,经当地税务部门确认,可按发票所载金额并从购买年度起至转让年度止每年加计5％计算扣除。计算扣除项目时"每年"按购房发票所载日期起至售房发票开具之日止,每满12个月计1年;超过1年,未满12个月但超过6个月的,可以视同为1年。

对纳税人购房时缴纳的契税,凡能提供契税完税凭证的,准予作为"与转让房地产有关的税金"予以扣除,但不作为加计5％的基数。

对于转让旧房及建筑物,既没有评估价格,又不能提供购房发票的,地方税务机关可以根据实行核定征收。

(五)税收优惠

1.建造普通标准住宅的税收优惠

纳税人建造普通标准住宅出售,增值额未超过扣除项目金额 20% 的,免征土地增值税。

对于纳税人既建普通标准住宅,又建造其他房地产开发的,应分别核算增值额。不分别核算增值额或不能准确核算增值额的,其建造的普通标准住宅不能适用这一免税规定。

2.国家征用收回的房地产的税收优惠

因国家建设需要依法征用、收回的房地产,免征土地增值税。

3.因城市实施规划、国家建设的需要而搬迁由纳税人自行转让原房地产的税收优惠

因城市实施规划、国家建设的需要而搬迁,由纳税人自行转让原房地产的,免征土地增值税。

4.个人转让房地产的税收优惠

个人因工作调动或改善居住条件而转让原自用住房,经向税务机关申报核准,凡居住满 5 年或 5 年以上的,免予征收土地增值税;居住满 3 年未满 5 年的,减半征收土地增值税。居住未满 3 年的,按规定计征土地增值税。

二、土地增值税的计算

(一)增值额的确定

土地增值税纳税人转让房地产所取得的收入减除规定的扣除项目金额后的余额,为增值额。纳税人有下列情形之一的,按照房地产评估价格计算征收:

1.隐瞒、虚报房地产成交价格的。

2.提供扣除项目金额不实的。

提供扣除项目金额不实的,应由评估机构按照房屋重置成本价乘以成新度折扣率计算的房屋成本价和取得土地使用权时的基准地价进行评估。税务机关根据评估价格确定扣除项目金额。

3.转让房地产的成交价格低于房地产评估价格,又无正当理由的。

转让房地产的成交价格低于房地产评估价格,又无正当理由的,由税务机关参照房地产评估价格确定转让房地产的收入。

(二)应纳税额的计算方法

土地增值税按照纳税人转让房地产所取得的增值额和规定的税率计算征收。土地增值税的计算公式是:

应纳税额 = $\sum$(每级距的土地增值额 × 适用税率)

但在实际工作中,分步计算比较繁琐,一般可以采用速算扣除法计算。即:计算土地增值税税额,可按增值额乘以适用的税率减去扣除项目金额乘以速算扣除系数的简便方法计算,具体公式如下:

1.增值额未超过扣除项目金额 50％时,计算公式为:

土地增值税税额＝增值额×30％

2.增值额超过扣除项目金额 50％,未超过 100％时,计算公式为:

土地增值税税额＝增值额×40％－扣除项目金额×5％

3.增值额超过扣除项目金额 100％,未超过 200％时,计算公式为:

土地增值税税额＝增值额×50％－扣除项目金额×15％

4.增值额超过扣除项目金额 200％时,计算公式为:

土地增值税税额＝增值额×60％－扣除项目金额×35％

【例 8-15】　A 市甲房地产开发公司(纳税人识别号:330100676752211),2012 年 8 月建成一幢普通标准住宅出售,取得销售收入 1 000 万元。该公司为建造普通标准住宅而支付的地价款为 100 万元,建造此楼投入了 300 万元的房地产开发成本(其中:土地征用及拆迁补偿费 40 万元,前期工程费 40 万元,建筑安装工程费 100 万元,基础设施费 80 万元,开发间接费用 40 万元),由于该房地产开发公司同时建造别墅等住宅,对该普通标准住宅所用的银行贷款利息支出无法分摊,该地规定房地产开发费用的计提比例为 10％。

要求:计算其应纳的土地增值税。

题解:

(1)计算扣除项目金额

①取得土地使用权所支付的地价款＝100(万元)

②房地产开发成本＝300(万元)

③房地产开发费用＝(100＋300)×10％＝40(万元)

④与转让房地产有关的税金＝营业税＋城建税＋教育费附加＝1 000×5％(1＋7％＋3％)＝55(万元)

⑤从事房地产开发的加计扣除率＝(100＋300)×20％＝80(万元)

⑥转让房地产的扣除项目金额合计＝100＋300＋40＋55＋80＝575(万元)

(2)计算增值额

增值额＝1 000－575＝425(万元)

(3)计算增值额与扣除项目金额的比率

增值额与扣除项目金额的比率＝425÷575×100％＝73.91％

(4)计算甲房地产开发公司应缴纳的土地增值税

应缴纳土地增值税＝425×40％－575×5％＝141.25(万元)

三、土地增值税的账务处理

房地产开发企业应当在"应交税费"账户下设"应交土地增值税"明细科目,专门用来核算土地增值税的发生和缴纳情况,其贷方反映企业计算出的应交土地增值税,其借方反映企业实际缴纳的土地增值税,余额在贷方反映企业应交未交的土地增值税;房地产开发企业应当缴纳的土地增值税,借记"营业税金及附加"账户,贷记"应交税费——应交土地增值税"账户。

【例 8-16】 沿用[例 8-15]资料,编制甲房地产开发公司土地增值税的会计分录。

借:营业税额及附加   141.25

  贷:应交税费——应交土地增值税   141.25

四、土地增值税的申报

1995 年 5 月 17 日,国家税务总局制定并下发了《土地增值税纳税申报表》。此表包括适用于从事房地产开发纳税人的《土地增值税纳税申报表(一)》(见表 8-8),及适用于非从事房地产开发纳税人的《土地增值税纳税申报表(二)》(见表 8-9)。国家税务总局同时规定,纳税人必须按照税法的有关规定,向房地产所在地主管税务机关如实申报转让房地产所取得的收入,扣除项目金额以及应纳土地增值税税额,并按期缴纳税款。

【例 8-17】 沿用[例 8-15]资料,编制甲房地产开发公司土地增值税纳税申报表如表 8-8 所示。

表 8-8 土地增值税纳税申报表

(从事房地产开发的纳税人适用)

填表日期:2012 年 9 月 3 日

纳税人识别号:330100676752211   金额单位:元(列至角分)

纳税人名称	甲房地产开发公司	税款所属时期	2012 年 8 月
项 目		行 次	金 额
一、转让房地产收入总额 1=2+3		1	10 000 000
其中	货币收入	2	10 000 000
	实物收入及其他收入	3	
二、扣除项目金额合计 4=5+6+13+16+20		4	5 750 000
1.取得土地使用权所支付的金额		5	1 000 000
2.房地产开发成本 6=7+8+9+10+11+12		6	3 000 000
其	土地征用及拆迁补偿费	7	400 000
	前期工程费	8	400 000

354

续表

纳税人名称		甲房地产开发公司	税款所属时期	2012 年 8 月
项 目			行 次	金 额
中	建筑安装工程费		9	1 000 000
	基础设施费		10	800 000
	公共配套设施费		11	
	开发间接费用		12	400 000
3.房地产开发费用 13＝14＋15			13	400 000
其	利息支出		14	
中	其他房地产开发费用		15	400 000
4.与转让房地产有关的税金等 16＝17＋18＋19			16	550 000
其	营业税		17	500 000
中	城市维护建设税		18	35 000
	教育费附加		19	15 000
5.财政部规定的其他扣除项目			20	800 000
三、增值额 21＝1－4			21	4 250 000
四、增值额与扣除项目金额之比(%)22＝21÷4			22	73.91%
五、适用税率(%)			23	40%
六、速算扣除系数(%)			24	5%
七、应缴土地增值税税额 25＝21×23－4×24			25	1 412 500
八、已缴土地增值税税额			26	0
九、应补(退)土地增值税税额 27＝25－26			27	1 412 500

如纳税人填报,由纳税人填写以下各栏		如委托代理人填报,由代理人填写以下各栏			备 注
会计主管	纳税人	代理人名称	代理人		
(签章)	(签章)	代理人地址	(公章)		
		经办人姓名		电话	

以下由税务机关填写

收到申报表日期			接收人	

表 8-9　土地增值税纳税申报表

（非从事房地产开发的纳税人适用）

填表日期：　　年　月　日

纳税人识别号 □□□□□□□□□□□□□□□　　　　　金额单位:元(列至角分)

纳税人名称		税款所属时期	
项　目		行　次	金　额
一、转让房地产收入总额 1＝2＋3		1	
其	货币收入	2	
中	实物收入及其他收入	3	
二、扣除项目金额合计 4＝5＋6＋9		4	
1.取得土地使用权所支付的金额		5	
2.旧房及建筑物的评估价格 6＝7×8		6	
其	旧房及建筑物的重置成本价	7	
中	成新度折扣率	8	
3.与转让房地产有关的税金等 9＝10＋11＋12＋13		9	
其	营业税	10	
中	城市维护建设税	11	
	印花税	12	
	教育费附加	13	
三、增值额 14＝1－4		14	
四、增值额与扣除项目金额之比(%)15＝14÷4		15	
五、租用税率(%)		16	
六、速算扣除系数(%)		17	
七、应缴土地增值税税额 18＝14×16－4×17		18	

如纳税人填报,由纳税人填写以下各栏		如委托代理人填报,由代理人填写以下各栏			备　注
会计主管	纳税人	代理人名称		代理人	
（签章）	（签章）	代理人地址		（公章）	
		经办人姓名	电话		

以下由税务机关填写

收到申报表日期		接收人	

思考训练

一、单项选择题

1.某城市税务分局对辖区内一家内资企业进行税务检查时,发现该企业故意少缴营业税 58 万元,遂按相关执法程序对该企业做出补缴营业税、城建税和教育费附加并加收滞纳金(滞纳时间 50 天)和罚款(与税款等额)的处罚决定。该企业于当日接受了税务机关的处罚,补缴的营业税、城建税及教育费附加合计为(　　)万元。

　　A. 116　　　　　　　　　　　　　　B. 125.28

　　C. 120.64　　　　　　　　　　　　D. 129.2

2. 下列纳税人中应缴纳城建税的是(　　)。

　　A. 印花税的纳税人　　　　　　　　B. 个人所得税的纳税人

　　C. 车船使用税的纳税人　　　　　　D. 既交增值税又交消费税的纳税人

3. 下列各项中,符合城市维护建设税相关规定的是(　　)。

　　A. 跨省开采的油田应按照油井所在地适用税率纳城市维护建设税

　　B. 营业税纳税人跨省承包工程应按劳务发生地适用税率缴纳城市维护建设税

　　C. 流动经营的单位应随同缴纳"三税"的经营地的适用税率缴纳城市维护建设税

　　D. 代扣代缴的城市维护建设税应按被扣缴纳税人所在地的税率缴纳城市维护建设税

4. 设在县城的 B 企业按税法规定代收代缴设在市区的 A 企业的消费税,则下列处理正确的是(　　)。

　　A. 由 B 企业按 5% 税率代征代扣城建税

　　B. 由 A 企业按 5% 税率回所在地缴纳

　　C. 由 B 企业按 7% 税率代征代扣城建税

　　D. 由 A 企业按 7% 税率自行缴纳城建税

5. 下列项目符合房产税现行规定的是(　　)。

　　A. 中央空调无论是否单独记账与核算都应计征房产税

　　B. 中央空调单独记账核算的不征房产税

　　C. 更换房屋附属设备时,应将其价值全部计入房产原值

　　D. 以房屋为载体的消防设备不计征房产税

6. 城镇土地使用税是由(　　)负责征收管理。

　　A. 国税机关　　　　　　　　　　　B. 地税机关

　　C. 土地管理部门　　　　　　　　　D. 财政机关

7. 城镇土地使用税征税方式是(　　)。

　　A. 按年计征,分期缴纳　　　　　　B. 按次计征

　　C. 按年计征,分期预缴　　　　　　D. 按期缴纳

8. 下列合同中,应按照"财产租赁合同"征收印花税的是(　　)。

　　A. 企业与个体工商户签订的租赁合同

　　B. 企业与主管部门签订的租赁承包合同

　　C. 企业与金融机构签订的融资租赁合同

D. 房地产管理部门与个人签订的生活居住用房租赁合同

9. 同一类应税凭证需频繁贴花的,纳税人可以根据实际情况选择纳税方式,缴纳方式一经选定,( )内不得改变。

A. 3 个月　　　　　　　　　　　　B. 6 个月

C. 1 年　　　　　　　　　　　　　D. 2 年

10. 下列各项中,应征土地增值税的是( )。

A. 赠予社会公益事业的房地产

B. 经税务机关核实的个人之间互换自有住房

C. 抵押期满转让给债权人的房地产

D. 兼并企业从被兼并企业得到的房地产

二、多项选择题

1. 下列各项中,符合城市维护建设税征收管理有关规定的有( )。

A. 海关对进口产品代征的增值税、消费税,征收城市维护建设税

B. 海关对进口产品代征的增值税、消费税,不征收城市维护建设税

C. 海关对出口产品退还增值税、消费税的,不退还已缴纳的城市维护建设税

D. 海关对进口产品退还增值税、消费税的,退还已缴纳的城市维护建设税

2. 下列各项中,符合城市维护建设税纳税地点规定的有( )。

A. 取得输油收入的管道局,为管道局所在地

B. 流动经营无固定地点的单位,为单位注册地

C. 流动经营无固定地点的个人,为居住所在地

D. 代征代扣"三税"的单位和个人,为代征代扣地

3. 下列各项中,符合城市维护建设税计税依据规定的有( )。

A. 偷逃营业税而被查补的税款　　　　B. 偷逃消费税而加收的滞纳金

C. 出口货物免抵的增值税税额　　　　D. 出口产品征收的消费税税额

4. 下列各项中,属于城市维护建设税的计税依据的有( )。

A. 应纳"三税"税额　　　　　　　　B. 纳税人滞纳"三税"而加收的滞纳金

C. 纳税人偷逃"三税"被处的罚款　　D. 纳税人偷逃"三税"被查补的税款

5. 按照房产税暂行条例的有关规定,下列有关房屋出租的,由出租人纳税;房屋产权未确定的,由代管人或使用人纳税 的表述中,不正确的是( )。

A. 房屋出租的,由承租人纳税

B. 房屋产权未确定的,暂不缴纳房产税

C. 产权人不在房屋所在地的,由房屋代管人或使用人纳税

D. 某纳税单位无租使用另一纳税单位的房产,由使用人代为缴纳房产税

6.下列关于房产税计税依据的说法正确的有( )。

A.房产原值是指纳税人在账簿"固定资产"和"在建工程"科目中记载的房屋原价

B.纳税人对原有房屋进行改建、扩建的,要相应增加房屋的原值

C.对于融资租赁房屋的情况,在计征房产税时应以房产余值计算征收

D.对居民住宅区内业主共有的经营性房产自营的,以房产余值计算征收房产税

7.由省、自治区、直辖市地方税务局确定减免土地使用税的有( )。

A.对高校后勤实体的用地;

B.对集体和个人办的学校、医院、托儿所、幼儿园的用地;

C.对个人所有的居住房屋及院落的用地;

D.对民政部门举办的安置残疾人占一定比例的福利工厂的用地。

8.以下土地可以免征土地使用税的有( )。

A.非盈利性医疗机构自用的土地　　　　B.农副产品加工场地

C.盐场的矿井用地　　　　　　　　　　D.港口的码头用地

9.下列合同中,应按"产权转移书据"税目征收印花税的有( )。

A.商品房销售合同　　　　　　　　　　B.非专利技术转让合同

C.专利申请权转让合同　　　　　　　　D.土地使用权出让合同

E.企业无偿赠与不动产合同

10.纳税人建造普通标准住宅出售,增值额超过扣除项目金额 20% 的,应就其( )按规定计算缴纳土地增值税。

A.超过部分的金额　　　　　　　　　　B.全部增值额

C.扣除项目金额　　　　　　　　　　　D.出售金额

三、判断题

1.房产税以在征税范围内的房屋产权所有人为纳税人,产权未确定的暂不缴纳。
( )

2.对居民住宅区内业主共有的经营性房产,由实际经营的代管人或使用人缴纳房产税。
( )

3.新建建筑物安装的中央空调设备,已计算在房产原值中的,应征收房产税;旧建筑物安装中央空调设备,不征收房产税。
( )

4.施工企业将临时性房屋交还或估价转让给基建单位的,应从基建单位接受的当月起,照章纳税。
( )

5.纳税人没有取得土地使用证书,也没有有关部门的测定的土地面积,暂按自行申报的面积作为计税依据。
( )

6.纳税人使用的土地不属于同一省、自治区、直辖市管辖的,由纳税人向机构所在

地税务机关缴纳土地使用税。　　　　　　　　　　　　　　　　　　（　　）

7.土地使用权未确定或权属纠纷未解决的土地,暂不缴纳城镇土地使用税。

（　　）

8.城镇土地使用税的征税范围是市区、县政府所在城镇的土地,不包括市郊、农村土地。　　　　　　　　　　　　　　　　　　　　　　　　　　　　　　　（　　）

9.纳税人购置房屋,应自办理房屋权属转移、变更登记手续,房地产权属登记机关签发房屋权属证书之次月起,缴纳房产税。　　　　　　　　　　　　　　　（　　）

10.凡是使用国有土地的企业或单位,都应缴纳城镇土地使用税。　　　（　　）

四、实务题

1.A公司为位于某区的一国有企业,与土地使用税相关的资料如下:A公司提供的政府部门核发的土地使用证书显示:A公司实际占地面积50 000平方米,其中:企业内学校和医院共占地1 000平方米;厂区以外的公用绿化用地5 000平方米,厂区内生活小区的绿化用地500平方米,其余土地均为A公司生产经营用地。2012年3月31日,A公司将一块2 000平方米的土地对外无偿出租给军队作训练基地;2012年4月30日,将一块900平方米的土地无偿借给某国家机关作公务使用。

另外,该公司与某外商投资企业还共同拥有一块面积为3 000平方米的土地,其中A公司实际使用2 000平方米,其余归外商投资企业使用。假设当地的城镇土地使用税每半年征收一次,该地每平方米土地年税额8元。

要求:计算A公司2012年应纳的土地使用税。

2.某市房地产开发公司,2012年发生以下业务:

(1)1月通过竞拍取得市区一处土地的使用权,支付土地出让金5 400万元,缴纳相关税费210万元;

(2)以上述土地开发建设恒富小区项目(含住宅楼、会所和写字楼),住宅、会所和写字楼占地面积各为1/3;

(3)住宅楼开发成本2 500万元,提供金融机构证明,分摊到住宅楼利息支出300万元,包括超过贷款期限的利息50万元;

(4)与住宅楼配套的会所开发成本1 000万元,无法准确分摊利息支出,根据相关规定,会所产权属于住宅楼全体业主所有;

(5)写字楼开发成本4 000万元,无法提供金融机构证明利息支出具体数额;

(6)9月份该建设项目全部竣工验收后,公司将住宅楼出售,取得收入12 000万元;将写字楼的80%出售,取得收入15 000万元,10%无偿交给政府用于派出所、居委会等公共事业。

其他相关资料:该房地产公司所在省规定,按土地增值税暂行条例规定的最高限计算扣除房地产开发费用。

要求:根据上述资料

(1)计算公司应缴纳的营业税;

(2)计算公司缴纳土地增值税时应扣除的土地使用权的金额;

(3)计算公司缴纳土地增值税时应扣除的开发成本的金额;

(4)计算公司缴纳土地增值税时应扣除的开发费用和其他扣除项目;

(5)计算公司缴纳土地增值税时应扣除的税金;

(6)计算公司应缴纳的土地增值税;

(7)编制房地产开发公司2012年度土地增值税申报表。

3.某企业2012年2月开业,领受房屋产权证、工商营业执照、商标注册证、土地使用证各1件,与其他企业订立转移专用技术使用权书据1件,所载金额80万元;订立产品购销合同两件,所载金额为150万元;订立借款合同1份,所载金额为40万元;此外,企业的营业账簿中,"实收资本"科目载有资金500万元,其他账簿20本。2012年12月底该企业"实收资本"所载资金增加到600万元。

要求:

(1)计算该企业2012年2月份应纳印花税额和2012年12月份应补缴税额;

(2)编制印花税纳税申报表。

4.A企业坐落在某市区,2012年初企业共有房产原值4 000万元,7月1日起企业将原值200万元的一栋仓库出租给某商场存放货物,租期1年,每月租金收入1.5万元。8月10日对委托施工单位建设的生产车间办理验收手续,由在建工程转入固定资产原值500万元。房产税计算余值的扣除比例为20%,房产税实行按年计算,分期缴纳的征收方式。当地政府规定,每年在5月份和11月份申报缴纳当年上、下半年的房产税。

要求:

(1)计算该企业2012年应缴纳的房产税;

(2)填制企业2012年11月的房产税纳税申报表。

参考文献

[1] 中国注册会计师协会.税法[M].北京:经济科学出版社,2012.

[2] 梁伟样.税费计算与申报[M].北京:高等教育出版,2011.

[3] 朱丹,方飞虎.税务会计实务[M].杭州:浙江大学出版社,2010.

[4] 刘玉龙.新编纳税筹划与税务会计[M].杭州:浙江工商大学出版社,2011.

[5] 高金平.新企业所得税法与新会计准则差异分析[M].北京:中国财政经济出版社,2008.

[6] 贺志东.新会计准则下企业税务会计操作实务[M].北京:电子工业出版社,2007.

[7] 郭洪荣.企业所得税纳税调整与申报操作实务[M].北京:中国市场出版社,2011.

[8] 邱正山,梁飞媛.企业纳税会计[M].杭州:浙江大学出版社,2008.